保险问道之绿色金融

中国保险资产管理业协会 ▣ 编著

中国财经出版传媒集团
中国财政经济出版社
·北京·

图书在版编目（CIP）数据

保险问道之绿色金融 / 中国保险资产管理业协会编著. -- 北京：中国财政经济出版社，2024. 11.

ISBN 978 – 7 – 5223 – 3485 – 1

Ⅰ. F842. 3

中国国家版本馆 CIP 数据核字第 2024X0A139 号

责任编辑：郁东敏　　　　责任校对：胡永立

封面设计：中通世奥　　　　责任印制：党　辉

保险问道之绿色金融

BAOXIAN WENDAO ZHI LÜSE JINRONG

中国财政经济出版社 出版

URL：http：//www. cfeph. cn

E – mail：cfeph@ cfeph. cn

社址：北京市海淀区阜成路甲 28 号　邮政编码：100142

营销中心电话：010 – 88191522

天猫网店：中国财政经济出版社旗舰店

网址：https：//zgczjjcbs. tmall. com

中煤（北京）印务有限公司印刷　各地新华书店经销

成品尺寸：170mm × 240mm　16 开　23. 5 印张　340 000 字

2024 年 11 月第 1 版　2024 年 11 月北京第 1 次印刷

定价：82. 00 元

ISBN 978 – 7 – 5223 – 3485 – 1

（图书出现印装问题，本社负责调换，电话：010 – 88190548）

本社图书质量投诉电话：010 – 88190744

打击盗版举报热线：010 – 88191661　QQ：2242791300

编　委　会

PREFACE
前言

自2016年中国人民银行等七部门联合发布《关于构建绿色金融体系的指导意见》（银发〔2016〕228号）以来，我国绿色金融体系不断完善，越来越多的社会资本投入绿色产业，加快了我国经济的绿色转型。2024年3月，为贯彻落实党中央、国务院关于碳达峰碳中和重大决策部署、做好绿色金融大文章，中国人民银行等七部门联合发布《关于进一步强化金融支持绿色低碳发展的指导意见》（银发〔2024〕70号），进一步强调要促进绿色金融产品和市场发展，进一步加大资本市场支持绿色低碳发展的力度；4月，国家金融监督管理总局也在印发的《关于推动绿色保险高质量发展的指导意见》（金规〔2024〕5号）中明确提出要完善绿色投资管理体系，强化保险资金的绿色发展支持。

近年来，作为金融市场的重要力量，我国保险资管机构秉承责任投资理念，积极参与绿色金融市场，在清洁能源、节能降碳、生态环境保护、基础设施绿色改造等方面贡献了重要力量。截至2023年12月末，中国保险资产管理业协会登记的债权投资计划、股权投资计划和保险私募基金中，支持“双碳”目标及绿色产业超1.32万亿元，推动了我国绿色低碳经济的蓬勃发展。

为引导保险资管机构进一步加大绿色投资并提高投资质效，中国保险资产管理业协会汇集行业力量，在“2023IAMAC年度课题”成果的基础上，精选来自国寿股权、人保资本、光大永明资产、中诚信国际四家机构的课题研究成果，结合协会欧洲ESG投资与可持续发展高级研修班在国外ESG投资经验方面的总结与思考，策划、出版本书，从国外经验借鉴、绿色投资以及投资风险管理等角度共同探讨我国保险资金参与绿色金融的实践路径。

期待本书能为我国保险资管行业的绿色转型发展提供理论参考和现实借鉴。同时，对参与协会年度课题活动的机构表示衷心感谢，希望业内外机构能够继续深入研究，形成更为丰富的研究成果，为我国保险资管行业的发展贡献力量。

中国保险资产管理业协会

执行副会长兼秘书长

2024 年 9 月

CONTENTS
目录

专题一 ESG 投资概述及国外经验：欧洲 ESG 投资与可持续发展

专题二　绿色固收投资：保险资金绿色债券投资

专题三　绿色股权投资：保险私募股权投资基金 ESG 投资实践探索

专题四　绿色产业投资：保险资金充电桩产业投资思考

专题五　绿色投资风险管理：ESG 理念在信用风险管理中的应用

专题六　绿色投资风险管理：气候风险对基础设施和不动产投资的影响探究

专题一

ESG 投资概述及国外经验：欧洲 ESG 投资与可持续发展[①]

ESG（Environmental，环境；Social，社会；Governance，治理）的概念由联合国全球契约组织（UN Global Compat，UNGC）于2004年首次正式提出。2006年，联合国成立的责任投资原则组织（Principles of Responsible Investment，PRI）发布了“责任投资原则”（PRI）。十余年间，在其大力推动下，ESG 投资理念被全球越来越多的国家和投资机构接受，ESG 投资已经成为全球监管机构以及市场各方普遍认可和共同关注的课题。随着相关探索和实践的深入推进，ESG 投资逐渐发展成为一套关注企业责任、社会福祉和可持续发展的投资理念和评价标准。

欧盟对 ESG 投资的探索实践走在了世界前沿。2019 年的《欧洲绿色协议》指出：为实现 2030 年环境目标，欧盟每年需额外投资数千亿欧元，公共部门资金无法完全负担，引导私营部门投资成为可持续发展转型取得成功的关键因素，而 ESG 信息是私营部门开展可持续发展投资的关键基础。为了实现 2050 碳中和及其他可持续发展转型目标，欧盟监管机构致力于推动 ESG 信息披露制度体系建设，在完善 ESG 投资监管体系、制定配套标准方面积累了宝贵经验，欧洲领先的资管公司也在 ESG 投资领域开展了诸多有益探索实践，这些都对我国监管部门和保险机构具有较强的借鉴意义。

---

① 该研究资料来源于中国保险资产管理业协会国际专家咨询委员会（IEAC）联席主席单位——法国东方汇理资产管理公司与 IEAC 委员单位——法国巴黎资产管理公司共同组织开展的“欧洲 ESG 投资与可持续发展高级研修班”的总结报告。

第一章　ESG 投资理念与方法概述

第一节　ESG 投资的历史沿革与理念概述

一、ESG 投资的起源和历史

ESG 投资理念最早起源于宗教兴起的伦理投资（Ethical Investment），即基于宗教教义或是信仰，筛选或规避掉与之不符的行业或者公司。

20 世纪 90 年代，随着全球变暖、土壤流失、海洋污染、生物灭绝等一系列全球环境问题的加剧，越来越多的国家和机构开始关注与重视可持续发展，一系列国际性气候、生物、环境公约的签订进一步促进了 ESG 理念的萌芽。ESG 投资开始由道德伦理层面转向投资策略层面，在投资决策中综合考虑公司的投资行为对环境、社会及公司治理的影响。1990 年，摩根士丹利国际资本发布了第一个跟踪可持续投资的指数。1992 年，联合国环境规划署金融行动机构倡议金融机构将环境、社会和治理因素纳入投资决策过程，希望通过金融投资促进可持续发展。1997 年，全球报告倡议组织（GRI）成立，其制定了世界上第一份可持续发展报告准则，为日后可持续发展报告编制标准的进一步完善奠定了基础。

进入新千禧年，ESG 投资理念获得广泛发展。2004 年，联合国全球契约组织发布了报告《谁在乎输赢》（Who Cares Wins），对如何在投资中纳入 ESG 因素给出了指引。2006 年，联合国责任投资原则组织（UN PRI）成立。自此，以环境、社会和公司治理因素为核心的 ESG 投资框架正式形成，ESG 投资理念不断推广及发展，逐步成为全球主流的投资策略和投资方法之一，与其相关的投资资产规模及占比均不断攀升。

二、ESG 投资的定义和内涵

ESG 是环境（Environmental）、社会（Social）、公司治理（Governance）的英文首字母缩写，2004 年由联合国环境规划署金融行动（UN EPFI）与联合国全球契约组织（UN GC）共同提出，是一种关注企业环境、社会、治理而非财务绩效的投资理念和企业评价标准。

ESG 投资，其内涵与（负）责任投资、可持续发展投资等概念相同，即将环境、社会和公司治理（ESG）因素纳入金融机构所有投资流程及决策的一种投资策略和实践。

环境因素方面，主要关注公司的能源消耗、排放物和废弃物处理等环境问题。投资者需要了解公司的环境战略和政策，以及公司在环境保护方面的表现，以评估公司的可持续性和未来发展潜力。

社会因素方面，主要关注公司的社会责任、员工福利、产品质量和安全等方面。投资者需要了解公司的社会价值观和战略，以及公司在社会领域的表现，以评估公司的稳定性和风险程度。

公司治理因素方面，主要关注公司的治理结构、管理层薪酬和激励机制、合规和风险管理等方面。投资者需要了解公司的治理结构和政策，以及公司在治理领域的表现，以评估公司的合规性和管理质量。

随着政策法规、数据支撑等因素的不断成熟，ESG 投资已成为全球趋势，并形成了三种内涵：作为一种发展愿景，ESG 是当今复杂的政治经济新格局下的新普世价值观；作为一种评级工具，ESG 拥有日益成熟的评级体系，并在全球各国监督推动下成为强制措施；作为一种投资理念和投资方式，ESG 已被诸多机构证实能够实现风险规避，增加长期投资的可持续性，减少社会的负外部性，并从长期带来超额收益（见图 1-1-1）。

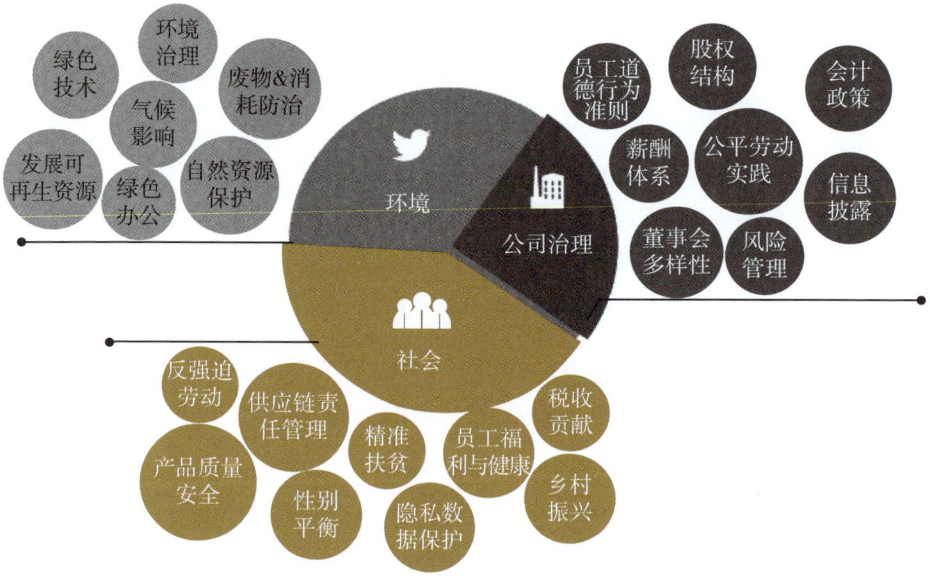

图 1-1-1　ESG 内涵

资料来源：中国证券投资基金业协会

第二节　欧洲 ESG 监管政策及披露要求

一、监管政策

（一）历史沿革

在欧洲市场 ESG 发展进程中，相关部门陆续发表一系列 ESG 相关政策，引导和规范欧洲 ESG 市场的发展。欧盟政策强调对非财务信息的披露，欧盟在修订政策法规对上市公司、资产所有者、资产管理机构在非财务信息的披露与评估上作出日渐明确和强制性的要求，逐步完善了披露政策的操作细节，扩大了资本市场参与主体的范围。

欧盟 2014 年 10 月正式以法律形式颁布《非财务报告指令》，规定员工人数超过 500 人的企业对外非财务信息披露内容要涵盖 ESG 事项，其中强制要求披露环境事项，社会和公司治理事项提供了建议性的披露范围。整体来看，这不仅是欧盟第一次将 ESG 纳入政策法规，而且更加突出环境因素的重要性。

2015 年 9 月联合国提出可持续发展目标（Sustainable Development Goals，SDGs），成为联合国制定的 17 个全球发展目标。欧洲作为全球发达国家最集中的区域，在贫困、健康、教育等社会方面，并不存在可以引起其长期关注的目标，反而由于全球变暖带来的影响在可持续发展理念相对超前的欧洲国家更受重视。因此在 2016 年 12 月《欧洲职业退休规定指令》（IORP）将 ESG 纳入私人养老金投资的治理和风险管理决策，同时要求披露 ESG 因素在投资决策中的作用。

2018 年 3 月 8 日，欧盟委员会发布《可持续发展融资行动计划》，为欧盟制定了一套可持续金融发展的全面战略，围绕 3 大目标提出了 10 项行动，以及 22 条具体行动计划和时间表，这也是欧盟第一版可持续金融战略。

2019 年 12 月，欧盟委员会公布了应对气候变化、推动可持续发展的“欧洲绿色协议”，希望能够在 2050 年前实现欧洲地区的碳中和，通过利用清洁能源、发展循环经济、抑制气候变化、恢复生物多样性、减少污染等措施提高资源利用效率，实现经济可持续发展。此外，2019 年欧盟还发布了气候转型基准（EU Climate Transition Benchmarks，EU CTB）和巴黎协定一致基准（EU Paris - Aligned Benchmarks，EU PAB），即投资组合减排要求的参考指数和关于低二氧化碳排放的参考指数目录。

2020 年 7 月，欧盟制定的《欧盟分类法》（The EU Taxonomy）正式生效，用于引导投资流向可持续项目和活动，来辅助实现欧盟 2030 年的气候和能源目标并实现《欧洲绿色协定》的目标。

2023 年 4 月，欧洲议会和欧盟理事会先后投票通过了欧盟碳边境调节机制（CBAM）、碳市场改革方案和社会气候基金（SCF）等。其中，欧盟 CBAM 主要针对欧盟进口的碳密集型产品，防止“碳泄漏”。

（二）政策目标

欧盟 ESG 相关监管文件的主要目的在于通过提升可持续信息的透明

度，引导可持续发展投资资金有效地流向到符合可持续发展目标的资产、投资项目中去，以更好地实现可持续发展目标。

1.《可持续发展融资行动计划》政策目标

欧盟于 2018 年 3 月 8 日公布，设定了三大目标，分别为：

（1）将资本引向更具可持续性的经济活动；

（2）将可持续性纳入风险管理的主流；

（3）促进金融和经济活动的透明度和长期主义。

2.《欧洲绿色协定》政策目标

欧盟委员会于 2019 年 12 月 11 日发布提出，通过将气候和环境挑战转化为政策领域的机遇，让欧盟地区在 2030 年前温室气体排放量与 1990 年相比至少减少 55%，并且在 2050 年之前成为全球第一个实现碳中和地区，以此提高居民的健康，提升生活质量，且保证这一过渡对所有人都公平、包容。

3.《欧盟可持续金融分类目录》政策目标

《欧盟可持续金融分类目录》的最终报告与政策建议于 2020 年 3 月正式发布，其目标是识别经济活动对于环境目标的短期及长期绩效，引导经济活动实现可持续转型。

（三）具体要求

1.《可持续发展融资行动计划》具体要求

《可持续发展融资行动计划》详细说明了欧盟委员会将采取的可持续金融行动、实施计划和时间表。该行动计划是欧盟的可持续金融发展的综合战略和实施路线图，旨在建立可持续金融综合体系，从而实现欧盟的可持续发展与应对气候变化目标。具体要求包括：

（1）为可持续性的经济活动建立一个欧盟分类体系：其目的是将未来的欧盟可持续性分类方案纳入欧盟法律，并为在不同领域（如标准、标签、审慎监管要求、可持续性基准）使用此类分类方案提供基础。

（2）为绿色金融产品建立标准和标签：在欧盟可持续性分类方案的基础上，建立欧盟可持续金融产品的标准和标签，以保护可持续金融市场的完整和诚信，并帮助投资者更容易获得这些产品。

（3）促进对可持续性项目的投资：调动私人资本用于可持续项目，特别是基础设施建设，同时考虑建立单一的欧盟投资基金，用于 2020 年后的多年融资框架，以便为可持续基础设施投资提供财政支持和技术援助。

（4）将可持续性纳入投资建议：采取行动，在投资公司和保险经销商向投资者提供投资建议时，确保考虑到投资者的可持续性偏好。

（5）开发可持续性基准：传统的基准和指标不适合衡量可持续投资业绩，同时为了减少“洗绿”风险，需要更透明和更健全的可持续基准和指数方法，且方法应反映出与《巴黎协定》目标的一致性。

（6）在评级和市场研究中更好地整合可持续性：欧盟委员会将探讨修订《信用评级机构条例》，将可持续性因素明确纳入其评估中。

（7）明确机构投资者和资产管理者的职责：明确机构投资者和资产管理人在可持续性考虑方面的职责，要求机构投资者和资产管理人在投资决策过程中纳入可持续性考虑因素。

（8）将可持续性纳入审慎监管要求：在欧盟可持续分类法发展的基础上，评估是否可以采用更适当的资本要求，以更好地反映银行和保险公司持有的可持续资产的风险。

（9）加强可持续性信息披露和会计准则制定：评审和修订现有非财务信息披露政策，要求资产管理者披露其在制定投资战略和决策时如何考虑可持续性因素。

（10）促进可持续的公司治理并减弱资本市场的短期行为：公司治理可以大大促进更可持续的经济，使公司能够采取必要的行动；同时短期行为可能导致长期不必要的可持续性风险暴露。委员会将与所有利益相关方接触，更密切地分析这一问题，促进可持续的公司治理。

2.《欧洲绿色协定》具体要求

《欧洲绿色协定》提出的促进欧盟经济向可持续发展转型的措施包括两个方面，一是设计一套深度转型政策，二是将可持续性纳入所有欧盟政策。

（1）深度转型政策：

①提高欧盟 2030 年和 2050 年的气候雄心；

②提供清洁、可负担的、安全的能源；

③推动工业向清洁循环经济转型；

④高能效和高资源效率建造和翻新建筑；

⑤加快向可持续与智慧出行转变；

⑥“从农场到餐桌”：设计公平、健康、环保的食品体系；

⑦保护与修复生态系统和生物多样性；

⑧实现无毒环境零污染的雄心。

（2）可持续性纳入所有欧盟政策：

①欧盟委员会将提出“可持续欧洲投资计划”，帮助各相关方满足额外的融资需求。

②欧盟预算将发挥关键作用，欧盟委员会已经提出气候主流化，要求欧盟所有项目预算的 25% 必须用于应对气候变化，而欧盟预算的收入也将部分来自应对气候变化领域，例如欧盟碳排放权交易市场中拍卖收入的 20% 将划拨给欧盟预算。

③至少 30% 的“投资欧洲基金”会用于应对气候变化。该基金也会强化与欧盟国家的开发性银行和机构合作，鼓励他们全面开展绿色投融资活动。

④加强与欧洲投资银行（EIB）集团、欧盟国家的开发银行与机构以及其他国际金融机构合作。其中，欧洲投资银行目标到 2025 年使自身的气候融资比重翻一番，从 25% 提高至 50%，由此成为欧洲的气候银行。

⑤提出包括“公正转型基金”在内的“公正转型机制”，不让任何人掉队。这也是“可持续欧洲投资计划”的一部分。“公正转型机制”的重点是受此转型影响最大的地区和行业，因为它们的发展依靠化石燃料或碳密集工艺。此机制还将力保受此次转型影响最大的公民和工人，为他们提供就业再培训计划，在新经济行业创造就业机会，或为他们提供节能住房。

⑥私营部门将成为绿色转型融资的关键。欧盟委员会将在 2020 年第三季度出台最新的可持续融资战略，其中包含一系列相关行动。首先，该战略将巩固可持续投资的基础，这需要对可持续发展活动进行分类，同时企业也应当进一步将可持续性纳入其治理框架，企业和金融机构需要增加对气候和环境数据的披露，为此，欧盟委员会将审议《非财务报告指令》。

其次，通过对零售投资产品“贴标”、开发欧盟绿色债券标准，以确保投资者更容易识别可持续性投资并确保其可信度。最后，将气候与环境风险纳入金融体系，更好地将此类风险整合进欧盟审慎框架，并对绿色资产现有的资本要求的适用性进行评估。

3.《欧盟可持续金融分类目录》具体要求

《欧盟可持续金融分类目录》主要就对环境有重大贡献（Substantial Contribution，SC）、对环境无重大危害（Do No Significant Harm，DNSH）和最低保障要求（Minimum Safeguards，MS）三方面进行了相关阐述：

（1）对环境有重大贡献：囊括了对六大环境目标作出实质性贡献，包括缓解气候变化、适应气候变化、水、循环经济、污染预防与治理以及生物多样性。同时，明确对环境有重大贡献活动的定义是指通过提供其产品或服务能够为其他活动作出实质性贡献，如经济活动的生产要素可改善另一主体的环境绩效。

（2）对环境无重大危害：经济活动不会对环境保护目标的实施造成重大损害，包括适应气候变化、预防并控制污染、保护水资源和海洋资源、循环经济、资源回收利用以及生态系统保护。

（3）最低保障要求：包含但不仅限于《经合组织跨国企业准则》（OECD Guidelines for Multinational Enterprises）、《联合国工商业与人权指导原则》（UN Guiding Principles on Business and Human Rights）、《国际劳工组织关于工作中基本原则和权利宣言及其后续措施》、国际劳工组织八项核心公约以及《国际人权法案》（International Bill of Human Rights）。

有关资料见图 1 - 1 - 2。

二、披露要求

欧盟通过《欧盟可持续金融分类目录》（The EU Taxonomy for Sustainable Activities）定义可持续投资项目，通过《可持续金融信息披露条例》（SFDR）和《企业可持续发展报告指引》（CSRD）规定金融机构和企业的披露要求。

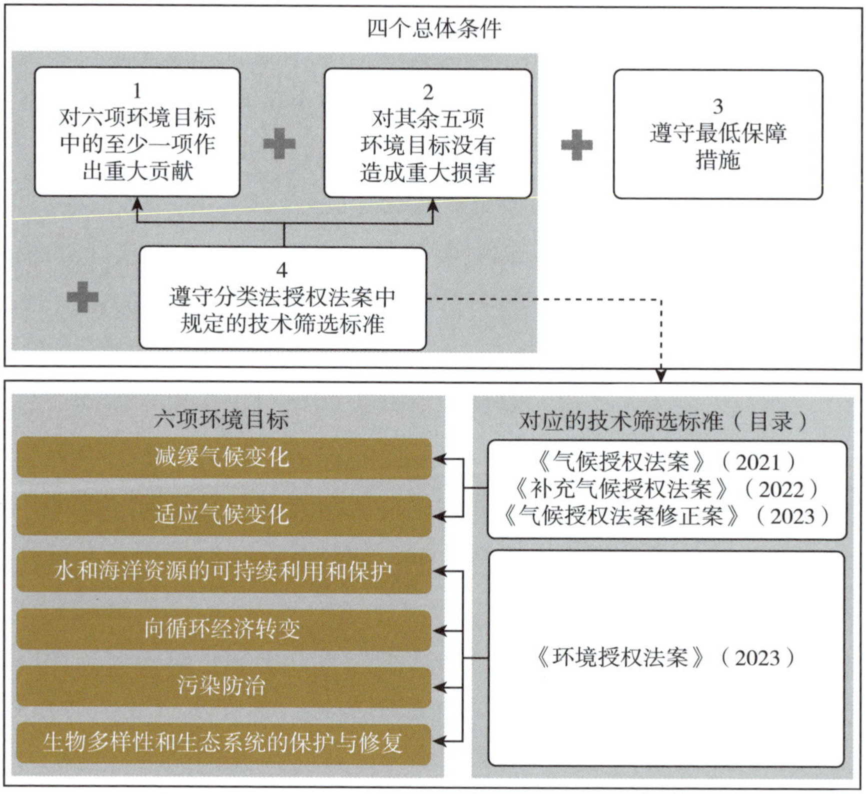

图 1 –1 –2　欧盟分类法（EU Taxonomy）逻辑框架

资料来源：兴业金融碳研究院

《可持续金融信息披露条例》（SFDR）： SFDR 是欧盟委员会针对联合国可持续发展目标承诺的重要监管规则，旨在对金融机构在自身治理、金融服务和金融产品层面规定了可持续信息披露的相关要求，其目的是以一个标准化的方式来提高金融市场可持续性的透明度，避免资管产品发行时的“漂绿”行为，确保 ESG 信息从企业传递到资管产品的一致性。

《企业可持续发展报告指引》（CSRD）： CSRD 的核心理念在于要求企业公开其可持续发展相关的信息。这不仅可以提高这类信息的相关性和可靠性，而且还能为投资者和其他相关利益方提供重要信息，以帮助他们评估与气候变化和其他可持续性因素相关的投资风险。CSRD 同样致力于构建一种透明文化，使企业的对人和环境的影响更为清晰。

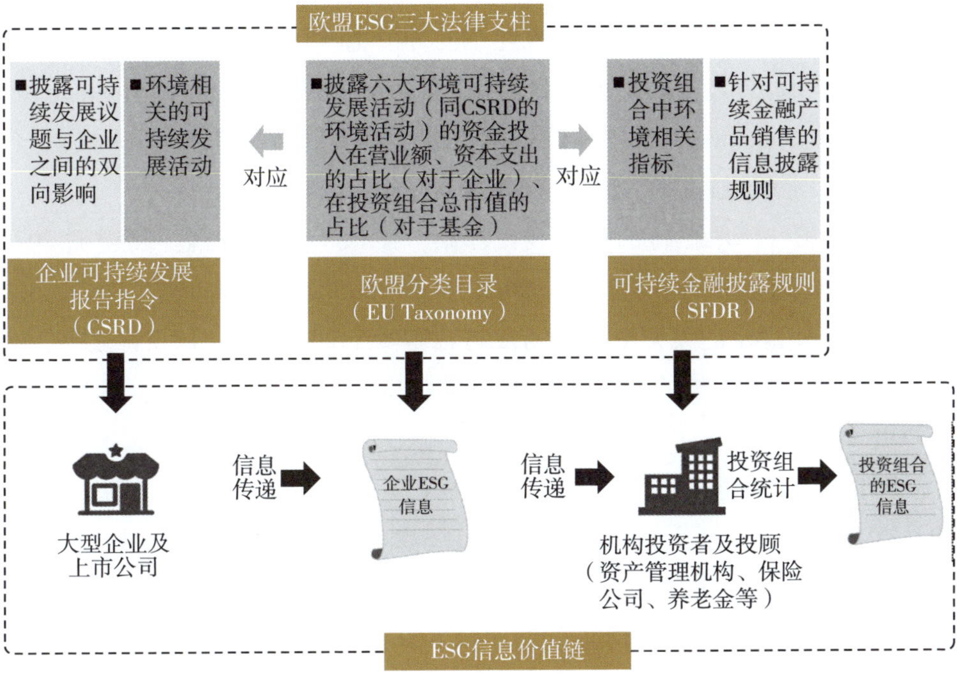

图 1-1-3　欧盟 ESG 信息链的三大法律、规则支柱

资料来源：《中金 ESG 手册（6）：ESG 监管》，欧盟委员会，中金公司研究部

（一）历史沿革

1.《可持续金融信息披露条例》（SFDR）历史沿革

随着 ESG 成为投资热门，大量资产管理公司开始追赶潮流，在推出新 ESG 产品的同时，旧产品也被重新定义为可持续的。然而，分辨资产管理者是否真正关注可持续性问题绝非易事。随着资产管理公司和基金管理人对绿色资产的“漂绿”行为日益增多，监管机构的政策制定者和标准制定者已将注意力转向投资者如何分辨可持续投资产品。决策者则热衷于助推可持续资金投资，以实现各国减少碳排放的目标。

SFDR 是一套针对金融市场参与者（Financial Market Participants，FMPs）和金融顾问的与可持续发展相关的披露规定条例。

在 2021 年 2 月，欧洲监管当局（ESA）公布了监管技术标准（Regulatory Technical Standards，RTS）草案的最终报告。这份报告充实了 SFDR 所要求的关于披露内容、方法和表述的标准。监管技术标准（RTS）草案 open in new window 为披露对可持续性有负面影响的指标（the Principal Adverse Impact Statement，即不利的可持续性影响声明，又称 SFDR PAI）、合同前披露和定期报告提供了具体模板。

SFDR 第一阶段执行的时间线：在第一阶段，所有披露主要遵循 2021 年 3 月 10 日起生效的 SFDR 以及 2022 年 1 月 1 日起生效的欧盟分类法。所有符合 SFDR 规定的大型金融市场参与者需要于 2021 年 6 月 30 日之前，遵循“不披露即解释”的原则，根据要求披露其不利的可持续性影响声明（SFDR PAI）。

SFDR 第二阶段执行的时间线：SFDR 第二阶段自 2023 年 1 月 1 日开始，这个阶段将全面实施披露，金融市场参与者应在 2023 年 6 月 30 日之前披露其第一份涵盖 2022 年全年的公司层面的主要不利影响声明。

2.《企业可持续发展报告指引》（CSRD）历史沿革

欧盟于 2014 年 10 月 22 日通过了《非财务报告指令》（NFRD），要求其成员国将其转化为法律，以报告企业是否实现上述两个目标。为了减轻中小企业的负担，NFRD 仅适用于员工超过 500 人的大型公共利益主体（Public Interest Entity），包括上市公司、银行、保险公司和各成员国认定的涉及公共利益的其他企业。NFRD 要求大型公共利益主体从 2018 年起编报非财务报告，与年度财务报告一并报送和披露，以使利益攸关者了解企业的发展情况、经营业绩、财务状况及其经营活动对社会和环境的影响。

2022 年 11 月 28 日，欧盟理事会正式批准了《企业可持续发展报告指引》（CSRD），拟取代 2014 年发布的《非财务报告指令》。

此后为了进一步细化与配合 CSRD 对企业 ESG 披露的可行性，欧洲财务报告咨询组（EFRAG）获得了欧盟委员会的法律授权和经费支持，开始推进欧盟可持续发展报告准则（ESRS）制定。该准则的起用时间为 2025 年 1 月 1 日，采用分阶段实施的方式。首批 ESRS 由 12 份文件组成，包括 ESRS1 一般要求，ESRS2 一般披露、气候变化等 5 份环境议题标准、雇用劳动等 4 份社会议题标准和商业规范 1 份治理议题标准。以气候变化议题为例，如果企业认为气候变化为重要议题，则根据 E1 气候变化要求进行披露；如果企业认为气候变化不重要而省略 E1 披露要求，则应披露气候变化重要性评估结论的详细说明。

总体来说，《非财务报告指令》为 CSRD 的前身，目前已逐步被 CSRD 所取代（见图 1－1－4）。CSRD 需要配合 ESRS 作为披露标准。而在 ESRS 披露标准的开发过程中，则主要参考了 TCFD 和全球报告倡议组织（GRI）等国际披露指南。

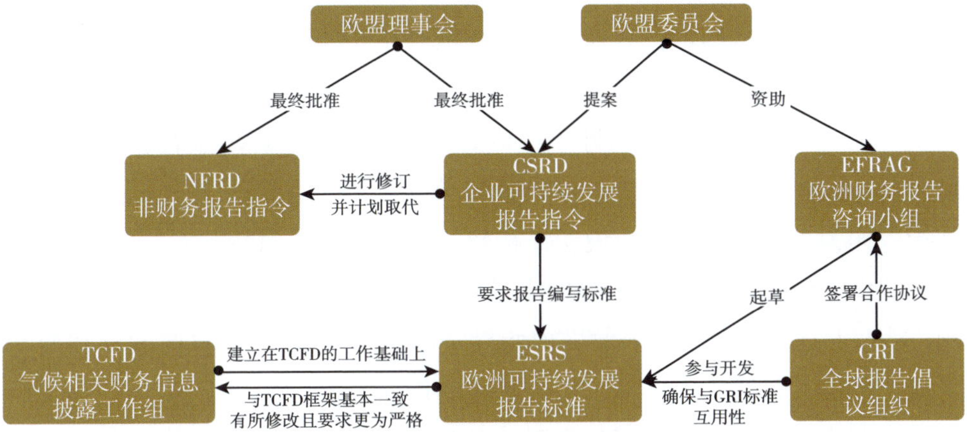

图 1－1－4　CSRD、NFRD 和 ESRS 的演进和关系

资料来源：欧盟委员会，中金公司研究部

（二）披露原则

1.《可持续金融信息披露条例》（SFDR）披露原则

（1）披露对象方面，尽管 SFDR 是属于欧盟范围内的法律，但由于其覆盖面积广泛，其适用主体不仅仅局限于欧盟内的金融机构。披露对象主要包括：欧盟管辖内的金融市场参与者（FMPs）与财务咨询公司；总部在欧盟境外，但在欧盟设有子公司或办事处并开展业务的 FMPs 与财务咨询公司；在欧盟市场进行融资或发行金融产品的非欧盟 FMPs 与财务咨询公司。此外，所有相关的顾问以及咨询类企业也需要遵循 SFDR，例如：提供保险咨询的保险中介、保险公司、提供投资咨询的机构、财务顾问（Financial

Advisor，FA）。

（2）披露渠道方面，SFRD 规定机构与产品主要通过合同前披露、定期报告等方式对产品的 ESG 信息进行披露。

合同前披露（Pre－contractual）：一般来说是针对金融产品的披露要求，金融市场参与者（FMPs）应提前告知投资者将可持续性风险纳入投资决策的方式，以及披露可持续性风险对其所提供金融产品回报的可能影响的评估结果。管理人如果认为不存在与金融产品相关的可持续性风险的，应当解释说明原因。如果评估得出结论认为存在可持续性风险，则应从定性或定量的角度披露这些可持续性风险对金融产品业绩的影响程度。

定期报告：直接向投资者报告在报告期内的投资决策产生的 ESG 风险以及不利的可持续性影响声明（PAI）。对于具有促进环境或社会属性的金融产品，金融市场参与者应披露被投资公司如何满足有关属性；如有指定某指数作为参考基准，则应说明该指数如何满足有关属性。

其中，资产层面 ESG 风险的定量信息披露主要采用不利的可持续性影响声明（PAI）方式，即金融机构所投资的资产因为 ESG 方面的不利变动对资产价值或是对外部环境、社会造成的负面影响。

2.《企业可持续发展报告指引》（CSRD）披露原则

CSRD 在提供 ESG 报告的范围、披露内容、披露准则的自由度和颗粒度、披露内容的审计与鉴证等方面作出明确规定，其重要的特征有：

（1）双重重要性（double materiality）原则。CSRD 对 NFRD 提到的双重重要性的概念进行了明确，要求企业由内向外评估企业对环境和人的影响，由外向内评估可持续性议题对于企业财务的影响。

（2）循序渐进引入鉴证机制，防止企业“漂绿”。目前，欧盟要求企业聘请法定审计师或其他独立机构，对 ESG 报告进行鉴证并提供有限保证（limited assurance）。待 ESRS 完善后，欧盟将进一步要求第三方机构对企业 ESG 报告提供合理保证（reasonable assurance）的鉴证。欧盟通过立法的形式正式引入独立的鉴证机制，旨在解决被广为诟病的 ESG 报告可靠性不高的问题。

（3）标准统一化。之前在 NFRD 的要求下，企业可以采用全球报告倡议组织（GRI）、可持续发展会计准则委员会基金会（SASB）（两者都属于全球公认的 ESG 信息披露框架）等任意指南或标准来制定报告，只需要在报告中说明所引用的框架即可。而 CSRD 则规定，企业的 ESG 披露必须采用统一的披露标准——欧洲可持续发展报告准则（ESRS）。该标准目前由欧洲财务报告咨询小组（EFRAG）负责制定草案。

（三）核心内容

1.《可持续金融信息披露条例》（SFDR）核心内容

（1）主体层面披露：SFDR 对法人主体（即公司层面）的信息披露要求主要为对业务过程中可持续风险政策、负面影响披露，对薪酬政策作出相应披露（见表 1－1－1）。

表 1－1－1　《可持续金融信息披露条例》对法人主体的信息披露要求

信息披露要求	金融市场参与者	财务顾问
可持续风险政策	要求披露在投资决策过程中整合可持续风险政策的信息	要求披露在提供投资建议或保险建议时整合可持续风险政策的信息
不利的可持续性影响	• 在投资决策中考虑可持续因素的主要不利影响 • 尽职调查政策声明 • 大型机构或大型集团强制披露 • 所有机构不遵守就解释	• 在投资建议或保险建议中考虑可持续因素的主要不利影响 • 不遵守就解释
薪酬政策	关于薪酬政策如何与可持续发展风险整合相一致的信息	

（2）产品层面披露：在 SFDR 规则实施后，欧盟金融产品将按照 ESG 标准分为三类：

“条款 9”（Article 9）产品：以可持续投资为目标的产品，俗称“深绿产品”。

“条款 8”（Article 8）产品：倡导 ESG，推动环境或社会因素发展的产品，俗称“浅绿产品”。

“条款 6”（Article 6）产品：未倡导 ESG，不以任何 ESG 因素为主要投资目标的普通产品。

所有类型产品均需要在招募说明书披露、年报、季报等定期报告中根据不同分类的规范进行 ESG 信息披露（见表 1－1－2）。

表 1－1－2　《可持续金融信息披露条例》产品类型划分

<table>
<tr><th>信息披露要求</th><th>一般产品</th><th>考虑环境或社会因素影响的产品</th><th>以可持续投资为目标的产品</th></tr>
<tr><td>SFDR 规定</td><td>Article 6</td><td>Article 8（“浅绿产品”）</td><td>Article 9（“深绿产品”）</td></tr>
<tr><td>整合可持续发展风险</td><td colspan="3">1. 将可持续发展风险纳入投资决策或投资建议/保险建议的方式
2. 评估可持续发展风险对财务回报的潜在影响
3. 如果认为本产品与可持续发展风险无关，需解释原因</td></tr>
<tr><td>主要不利影响</td><td colspan="3">1. 当金融市场参与者考虑这一问题：考虑可持续性因素对本产品的主要不利影响
2. 当金融市场参与者不考虑这一问题：作出不考虑可持续性因素的声明并解释原因</td></tr>
<tr><td>募集说明书可持续发展信息披露</td><td>无额外要求</td><td>1. 如何满足环境或社会因素特征
2. 指数基准与特征一致</td><td>1. 如何达到可持续投资目标
2. 与目标一致的指数基准和一般基准区别</td></tr>
<tr><td>机构官网可持续发展信息披露</td><td>无额外要求</td><td colspan="2">1. 环境或社会因素特征或可持续投资目标的相关描述
2. 用于评估、衡量和监测金融产品的环境或社会特征或可持续影响的方法的信息，包括其数据来源、基础资产的筛选标准以及用于衡量环境或社会特征或金融产品总体可持续影响的相关可持续性指标
3. 募集说明书和定期报告中可持续发展信息披露情况</td></tr>
<tr><td>定期报告可持续发展信息披露</td><td>无额外要求</td><td>1. 环境或社会因素特征的达成程度</td><td>1. 通过可持续指标衡量金融产品的整体可持续性影响
2. 在指定指数作为参考基准的情况下，通过可持续性指标将金融产品的整体可持续性相关影响与指定指数和广泛市场指数的影响进行比较</td></tr>
</table>

资料来源：欧盟委员会，中金公司研究部

（3）不利的可持续性影响声明。SFDR 文件中所列举的不利的可持续性影响声明（PAI）分为强制性披露指标和选择性披露指标，共 64 个。其中：强制性指标主要包括 9 个与环境有关的指标，5 个社会和雇员、尊重人权、反腐败和反贿赂方面的指标，2 个与对主权国家、超国家（即世界银行等机构）的投资有关的指标，2 个与房地产投资有关的指标。可选指标方面，金融市场参与者（FMPs）必须在 22 个可选的环境指标中至少选择 1 个，在 24 个社会指标中至少选择 1 个，并进行报告。

2.《企业可持续发展报告指引》（CSRD）核心内容

自 2018 年生效的 NFRD 要求拥有超过 500 名员工的公共利益实体，例如银行、保险企业和上市企业等，向公众报告其在环境污染、社会责任、人权和多样性等方面的处理和管理情况。然而，此规定的适用范围并未覆盖所有企业，特别是私营公司和中小型企业（SME）。此外，如果一家企业在集团形式下满足 NFRD 的要求，其子公司则无需单独发布报告。由于 NFRD 的披露范围局限，投资者和其他利益相关者在查阅这些报告时常常无法获取到充足信息。

相比之下，CSRD 则对可持续发展报告的要求有所扩大。这一指令将促使约 5 万家欧盟企业以及其海外子公司进行信息披露，这些企业的营业额占所有企业的 75%。CSRD 不仅将上市中小企业（除微型企业外）纳入要求范围，还包括所有受欧盟管辖或在欧盟成员国成立的大企业，以及已经按照 NFRD 规定披露信息的企业。表 1－1－3 为 CSRD 的适用范围。

表 1－1－3 《企业可持续发展报告指引》适用范围

CSRD 的披露主体	说明
之前已受 NFRD 制约的企业	即拥有受监管市场上市证券的欧盟大型“公共利益实体”、信贷机构以及雇员超过 500 人的保险公司
欧盟所有大型企业	满足以下任意两个条件的企业：资产负债表总额超过 2 000 万欧元；净营业额超过 4 000 万欧元；财年均雇员人数超过 250 人
欧盟所有上市企业（微型企业除外）	在欧盟公开上市的企业，满足以下任意两个条件的企业（微型企业除外）：资产负债表不超过 35 万欧元；净营业额超过 4 000 万欧元；财年均雇员人数超过 250 人
所有大型集团的母公司	大型集团是由母公司和子公司组成的集团，综合起来满足以下任意两个条件的企业：资产负债表总额超过 2 000 万欧元；净营业额超过 4 000 万欧元；财年均雇员人数超过 250 人
非欧盟企业	无论是否上市，在欧盟经营的非欧盟企业也有可能属于 CSRD 的适用范围。在以下情况下，非欧盟公司也应按 CSRD 要求披露可持续发展信息：在过去连续两个财年中，每年在欧盟产生的净营业额（合并或单体层面）超过 1.5 亿欧元；并且在欧盟至少拥有一家子公司（该子公司为大型欧盟公司，或是在欧盟监管市场上市的非微型企业），或者上一个财年的年净营业额超过 4 000 万欧元的欧盟分公司

当企业涉及根据 CSRD 编写报告时，三种主要豁免情况（集团豁免、非欧盟母公司豁免和等同性豁免）可以为企业提供编制报告的灵活性。这些豁免情况旨在鼓励和便利符合表 1－1－4 所列条件的企业更全面地提供可持续性报告，同时在一定程度上减轻企业的报告负担。

表 1－1－4　《企业可持续发展报告指引》报告豁免情况

根据 CSRD，将有三种豁免情况，具体如下：	
集团豁免	当母公司提交一份符合 CSRD 要求的可持续发展报告，涵盖所有子公司时，子公司可免于编制自己的可持续发展报告。但若子公司属于欧盟报告范围内，它们仍需准备一份独立的、符合 CSRD 要求的报告
非欧盟母公司豁免	对于非欧盟母公司在欧盟境内的欧盟范围内子公司，前七年内，其中最大的欧盟子公司将被允许撰写一份包括其他符合欧盟范围要求的子公司在内的综合性可持续发展报告
等同性豁免	欧盟委员会有权将特定的可持续性报告框架或报告制度视为“等同于”基于 CSRD 进行报告的制度。具体可参考其他可持续性报告框架的使用情况

披露内容方面，如图 1－1－5 所示，CSRD 要求企业的可持续发展报告需涵盖环境、社会、治理三大领域的以下相关议题。

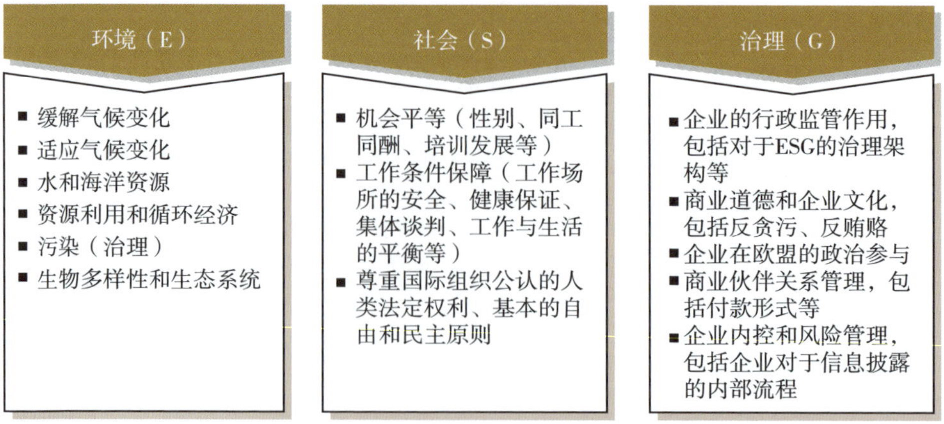

图 1－1－5　《企业可持续发展报告指引》中要求企业必须披露的 ESG 议题

第三节 东方汇理资管及法巴资管的 ESG 投资方法探析

一、东方汇理资管

（一）公司简介及 ESG 投资历史

东方汇理资管（Amundi Asset Management）总部位于法国，为法国农业信贷银行的控股子公司。目前它的业务经营范围遍布 35 个国家，为全球包括政府、机构和个人在内的超 1 亿客户提供专业的资产管理服务。截至 2023 年 6 月，其总资产管理规模逾 2.13 万亿美元，是欧洲最大的资管机构，在全球资管机构中排名第八。与此同时，它也是 ESG 投资领域的领导者。截至 2023 年 6 月，东方汇理资管的 ESG 资产管理规模达到 9 000 亿美元，占总资产管理规模的比例超过 40%（见图 1－1－6）。

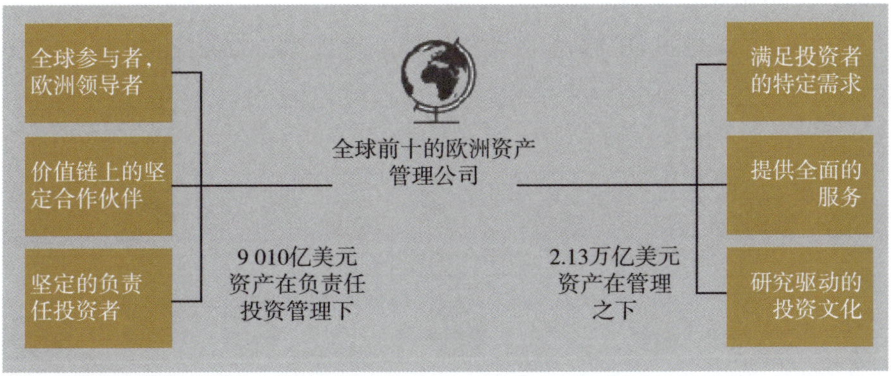

图 1－1－6 东方汇理资管资产管理及 ESG 投资概况

资料来源：Amundi Asset Management，Amundi，A Trusted Partner for Institutional Asset－owners.

自 2010 年成立以来，东方汇理资管不仅持续致力于为客户创造长期稳健的投资收益，也积极为解决包括环境在内主要挑战作出贡献。东方汇理资管作为 ESG 理念的长期实践者，多年来一直致力于将 ESG 投资标准纳入整个投资组合管理流程中，并不断更新与完善相关的方法论。总结来看，其 ESG 投资实践发展历程主要包括：

1989 年，东方汇理资管发行首只道德基金（Ethical Fund）；

2006 年，东方汇理资管作为责任投资原则组织（PRI）的创始签约方，加入 PRI；

2014 年，代表 AP4（瑞士国家养老基金第四基金）和 FRR（法国养老储备基金），与摩根士丹利（MSCI）联手开发低碳指数系列，并成为首批采纳者；

2017 年，与国际金融公司（IFC）一起，发起最大的绿债基金（专用于新兴市场）；

2018 年，Amundi 发布 2018—2021 年 ESG 行动计划；

2019 年，与欧洲投资银行（EIB）和亚洲基础设施投资银行（AIIB）共同发布可持续金融创新伙伴关系；

2021 年 7 月，Amundi 加入“净零资产管理人倡议”（Net Zero Asset Managers Initiative）；

2022 年，Amundi 开启第二个 ESG 行动计划（2022—2025 年）（见图 1－1－7）。

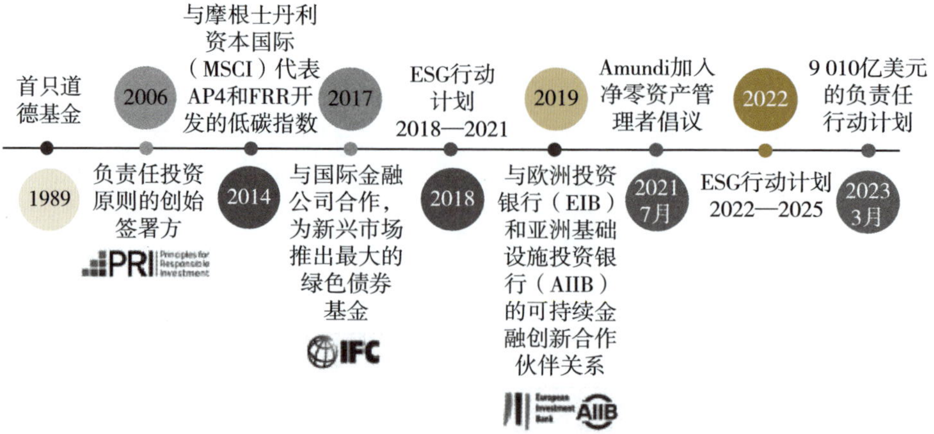

图 1－1－7　东方汇理资管 ESG 投资历史时间线

资料来源：Amundi Asset Management，Amundi，A Trusted Partner for Institutional Asset－owners.

（二）ESG 评估体系

东方汇理资管在 ESG 投资领域的突出特色是基于各国际组织对于 ESG 投资的基本准则，开发了自己独特的 ESG 量化评估体系，得以通过相对量化的方式，对投资对象在环境、社会、公司治理等方面的整体情况进行合理评估，最终帮助其 ESG 投资落地更具可行性，并为其他公司 ESG 投资实践及 ESG 投资理论框架的完善提供了有益借鉴。总体来看，其 ESG 评估体系的基本内涵主要包括同类最佳原则、评估议题、评级方法等。

1. 同类最佳原则

东方汇理资管对企业的 ESG 分析建立在“同类最佳”的基础上。基于第三方财务数据，对每家企业在 ESG 领域的表现相对于其所处行业的平均水平进行量化打分，进而转化为一个评级表，等级划分依次为 A ~ G，A 为最佳，G 为最差。最后在评价标准的制定上，等级为 E、F、G 的标的直接被排除在主动管理型投资组合之外。此外，整体投资组合的 ESG 平均分需要高于 C 级并优于相关基准（见图 1 －1 －8）。

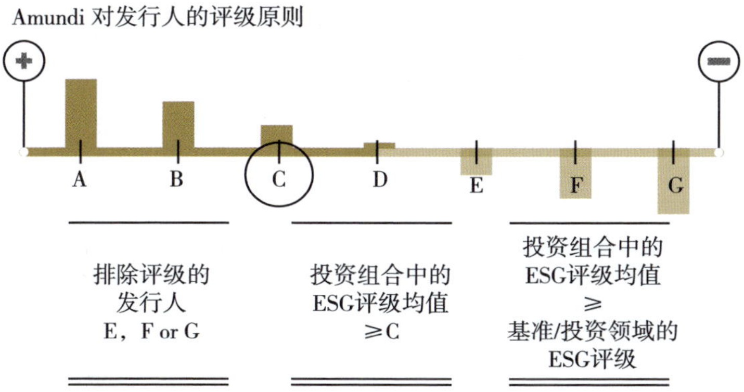

图 1 －1 －8　东方汇理资管 ESG 评级划分原则

资料来源：东方汇理资管官网

2. ESG 评估议题

东方汇理资管 ESG 评估体系由 37 项议题组成，其中 16 项通用标准，21 项特定标准。通过对标的企业在这些议题上具体表现进行评估，可以得到这些因素对被评估企业的影响程度以及这些企业在相关议题上的管理能力及质量。

对于不同行业，各 ESG 议题的权重也有所不同，具体会由 ESG 分析师根据行业特点来确定。一般来讲，在单个行业中，ESG 分析师会针对 4 ~ 5 个相关议题进行重点关注。而当某些公司在某特定议题上面临较高的相关风险时，ESG 分析师也会单独对该议题进行权重提升。例如在汽车行业，由于传统燃油汽车对环境的影响较大，因此环境议题整体占比较高，ESG 分析师会更加关注相关企业在节能减排方面的投入力度及成效。而在银行业，ESG 分析师则会将更多的权重放到公司治理层面，评估其公司治理是否合理及稳定，能否带来长期的企业价值提升（见图 1 - 1 - 9）。

	环境	社会	治理
16个通用指标	■能源消耗和温室气体排放 ■水资源 ■生物多样性、污染和废物	■劳动条件和非歧视 ■健康与安全 ■社会关系 ■客户/供应商关系 ■产品责任 ■当地社区和人权	■董事会的独立性 ■审计与控制 ■薪酬 ■股东权利 ■道德伦理 ■环境、社会和治理（ESG）战略 ■税务实践

	环境	社会
21个行业特定指标	■绿色汽车（汽车行业） ■替代能源和生物燃料的开发与生产（能源/公用事业） ■负责任的林业（纸业与林业） ■生态负责任的融资（银行/金融服务/保险） ■绿色保险（保险业） ■可持续建筑（建筑行业产品） ■包装与生态设计（食品与饮料） ■绿色化学（化学） ■纸张回收（纸业与林业）	■生物伦理（制药） ■药品获取（制药） ■车辆安全（汽车） ■乘客安全（交通） ■健康产品（食品） ■数字鸿沟（电信） ■负责任的营销（制药/银行/其他金融服务/食品和饮料） ■金融服务获取（银行/杂项金融服务） ■健康产品开发（食品和饮料） ■烟草相关风险（烟草） ■编辑伦理（媒体） ■个人数据保护（软件）

图 1 - 1 - 9　东方汇理资管 ESG 评估议题

资料来源：东方汇理资管官网

3. ESG 评级方法

上述 37 项评估标准均会对应到 A ~ G 的评级，根据各议题的权重加权，最终得到标的企业的整体评级结果。每家标的企业最终的评级结果是可比的，不会因为行业不同而导致最终结果不可比，这样在行业层面实现了评级公平。

基于第三方提供的财务数据，东方汇理资管会对 ESG 评分每月进行更新。但对标的企业的跟踪是实时的，即一旦发生相关舆情，就会对标的企业进行相应的 ESG 评估。此外，随着宏观、监管环境以及行业与企业自身情况的特殊变化，ESG 分析师同样会对 ESG 评级方法进行适时更新，确保其始终契合实际且符合大势。

（三）ESG 投资产品体系

为了满足负责任投资者的需求和目标，东方汇理资管创建了一系列基于“多维 ESG 整合和具体举措”这两大支柱的主动和被动投资解决方案（见图 1－1－10）。无论是主动管理、被动管理或是定制化的产品，均深入全面贯彻 ESG 投资理念，以应对环境、社会和公司治理挑战。

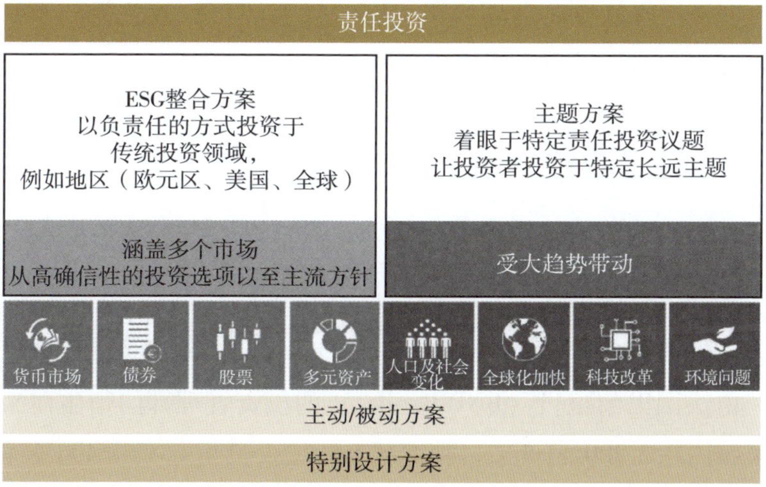

图 1－1－10　东方汇理资管 ESG 产品体系

资料来源：东方汇理资管官网

1. ESG 整合方案

ESG 整合方案同时考虑了环境、社会和治理标准，以负责任的方式投资于传统投资领域，涵盖多个市场及多种传统资产类别，主要分为以下两种情况：

第一种情况，东方汇理资管只投资于其认为具有良好 ESG 实践的公司。与传统投资相比，该方法旨在显著改善其整体投资组合的 ESG 状况。

第二种情况是专注于管理 ESG 相关风险的投资产品。解决方案依赖于东方汇理资管的全资子公司 CPR Asset Management S. A. S，后者可以提供一种有价值的工具，旨在就投资的价值创造潜力方面作出有效决策。

2. 主题方案

主题方案则着眼于某一特定的 ESG 投资主题。其中，环境解决方案旨在管理与气候相关的风险，为能源转型提供资金，并衡量相关影响。为了实现这些目标，东方汇理资管提供了具体的低碳和脱碳战略，以衡量投资组合的减碳效应。另外，该公司还提供股权、绿色债券和实物资产战略，助力能源转型。

东方汇理资管的定制解决方案包括量身定制的投资产品，可提供多种选择。无论是投资领域、管理风格、ESG 标准还是投资主题，解决方案都力求足够灵活，以满足每个投资者的需求。

二、法国巴黎银行资产管理公司

（一）公司简介及 ESG 投资历史

法国巴黎银行资产管理公司（BNP Paribas Asset Management，简称法巴资管）由法国巴黎银行（BNP Paribas）的投资管理部门衍生而来，在 30 多个国家雇用超 3 200 名员工，聘有超 500 位投资精英和约 400 名客户服务专家，为全球 65 个国家的个人、企业和机构客户提供包含主动型、被动型和量化型的全方位投资的优质服务。截至 2023 年 9 月，其总资产管理规模超过 5 200 亿欧元，是全球前 30 大资管公司之一；ESG 整合的投资规模超 3 400 亿欧元，占总资产管理规模的比例超过 60%。

在投资流程及决策过程中，法巴资管一直将 ESG 理念视为核心，且长

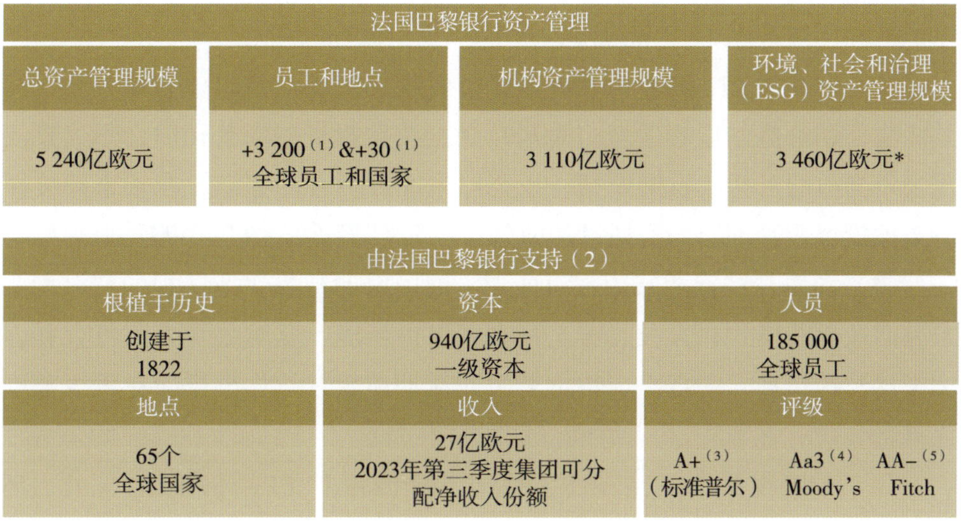

图 1-1-11　法巴资管资产管理及 ESG 投资概况

资料来源：BNP Paribas Asset Management Asia Limited, Welcome to BNP Paribas Asset Management Investment Academy.

期以来坚决贯彻，为推动环境保护、能源转型及可持续发展作出了积极贡献。

回顾其 ESG 投资历程，自 2002 年起，其已成为 ESG 投资领域的主要市场参与者。2004 年起，法巴资管宣布将其每年佣金收入的 5%（2004 年为 500 万欧元）投入 ESG 投资的基础研究，以提高自身分析并解决非财务风险的能力。2021 年，法巴资管加入净零银行联盟（Net-Zero Banking Alliance, NZBA）、净零资产所有者联盟（Net-Zero Asset Owner Alliance, NZAOA）和净零资产管理倡议（The Net Zero Asset Managers initiative, NZAMi），并作出战略决定，监测公司所有的投资和融资活动，为 2050 年实现净零经济提供资金。

（二）ESG 投资框架及产品体系

1. ESG 投资框架

法巴资管公司的 ESG 投资框架有四大支柱：

（1）ESG 整合：投资组合经理将相关 ESG 因素纳入投资决策过程，用以识别和评估 ESG 机会和风险，是 ESG 投资流程的核心。

（2）尽责管理：ESG 分析师及投资经理会定期与被投资企业开会，向其灌输长期价值创造的理念。从 ESG 角度决定投资一家公司时，不仅要注重公司当前的可持续发展特征，还要以主动投资者的姿态，在未来持续保持与被投企业管理层的沟通，帮助公司在 ESG 发展道路上不断改进。

（3）负责任的商业行为：对处于不同国家的被投企业一视同仁，均要求其商业运营模式在人权、劳工权利、保护环境、反腐败等方面符合联合国全球契约精神，一旦出现特定部门或活动违规，就将被排除在可投范围之外。

（4）前瞻视角“3E”：法巴资管认为能源转型（Energy Transition）、环境可持续性（Environmental Sustainability）、平等和包容性增长（Equality and Inclusive Growth）是当下可持续经济的关键。在此基础上，法巴资管建立了一套与“3E”相关的关键绩效指标以引导投资组合的构建。

2. ESG 投资产品体系

在四大支柱基础上，法巴资管建立了 ESG 投资产品体系，主要分为三类：

（1）增强型 ESG 基金：这类基金通常采用排除筛选和同类最优（best in class）方法，构建标准更为严格，预期实现更高的 ESG 目标。此类基金当中亦包含被动投资基金，法巴资管在 ESG 相关指数和 ETF 的开发方面开展了持续性的探索和创新，成为增强型 ESG 基金的重要组成部分。

（2）主题型 ESG 基金：法巴资管构建了包括能源转型、水资源、粮食、全球环境和气候变化等特定领域的一系列主题基金，帮助客户在这些特定领域寻找更有针对性的 ESG 投资机会。

（3）影响力投资基金：这类基金主要投资于绿色债券、绿色基建等领域。“社会影响力”是该类基金投资时的主要考量因素，目的不仅是获得财务回报，更是致力于为社会和环境作出积极贡献。

框架及体系见图 1－1－12。

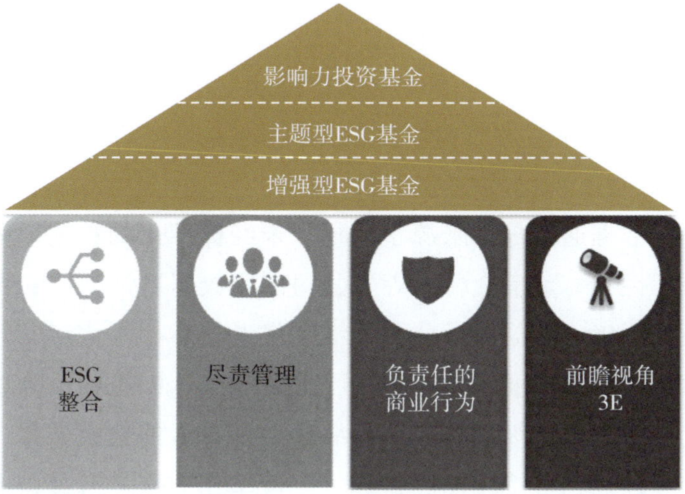

图 1－1－12　法巴资管 ESG 投资框架及产品体系

资料来源：法巴资管官网

第二章　ESG 投资实践分析

第一节　ESG 投资基础设施的构建

一、ESG 的数据治理

ESG 数据是 ESG 评分的起点，数据质量决定了 ESG 指标评分的可信度以及 ESG 评级结果质量。本节主要从 ESG 数据来源和数据治理实践两方面梳理东方汇理资管和法巴资管在 ESG 数据治理方面的先进实践经验。

（一）ESG 数据来源

1. ESG 数据类型

ESG 数据可以分类为公司原始数据（raw data）和模型化数据（modelled data）两类[①]。

公司原始数据通常是指来源于公司、未经标准化的数据，例如二氧化碳排放、员工性别、董事会薪酬等。公司原始数据通常为监管强制要求披露，具有含义明确、涵盖大量公司关键绩效考核指标等优点，但同样存在覆盖面较窄、标准化程度较低和存在行业偏向（sector bias）等缺点。

模型化数据是由评级机构采用评级模型计算后的集成数据，包括指标得分、生物多样性、可持续发展目标等。模型化数据具有覆盖面广、数据颗粒度一致、透明度高等优点，但由于数据经过评级模型处理，包含分析师观点，主观性较强且理解难度较高。

2. ESG 数据供应商

东方汇理资管和法巴资管在 ESG 评级中均主要采用定量分析和定性分析相结合的方法，而定量分析中两家机构的原始数据主要来源于外部数据供应商。东方汇理资管拥有 15 家主要外部数据供应商，按照提供数据类型分为通用数据供应商、争议事件数据供应商、气候数据供应商和主权国家数据供应商四类；法巴资管同样拥有七类、近 20 家提供不同类型数据的供应商（见表 1－2－1）。评级团队在 ESG 评级过程中，根据供应商优势数据类型和数据质量，决定每类评级指标的取数来源。

表 1－2－1　东方汇理资管数据供应商及分类管理情况

数据类别	数据供应商
通用类数据	TRUCOST、MSCI、ISS ESG、V.E VIGEO.EIRIS、SUSTAINALYTICS、REFINITIV、EthiFinance、HUMPACT

① 来源于东方汇理内部培训资料。

续表

数据类别	数据供应商
争议类数据	MSCI；RepRisk ESG data science and quantitative solutions；SUSTAINALYTICS
气候类指标	MSCI；TRUCOST；CDP DRIVING SUSTAINABLE ECONOMIES；FTSE Russell；Climate Bonds；Iceberg Data Lab；LUXEMBOURG GREEN EXCHANGE；carbon4 | finance
主权国家数据	Verisk Maplecroft

资料来源：东方汇理资管

（二）ESG 数据治理实践

1. ESG 数据披露特征

（1）公司原始数据。公司原始数据是评级机构的主要数据来源。根据东方汇理资管的研究结果，公司原始数据呈现出以下三点特征：第一，公司原始数据披露率逐年上升。自 2002 年至 2021 年，全球范围内 ESG 公司原始数据披露率呈波动上升态势。第二，环境、社会和治理三类数据披露率差异明显。① 其中，治理（G）数据披露率远高于其他两类，从 2002 年的约 64% 增长至 2021 年的 74%。社会（S）数据和环境（E）数据披露率较低，在 2002 年分别为 38% 和 33%，而至 2021 年仅分别增长至 45% 和 44%（见图 1－2－1）。第三，三类数据披露率在不同地区和行业中存在差异，在资本市场较弱、基础设施较不完善的市场中，ESG 数据披露情况欠佳。

（2）模型化数据。模型化数据中，由于不同供应商的评分观点和评分方法不同，ESG 评分数据差别较大，这导致不同供应商的 ESG 评分的关联度非常低，东方汇理资管统计样本的相关系数仅为 0.17。在东方汇理资管

① 来源于东方汇理内部培训资料，统计范围为 MSCI World、MSCI Emerging Market、MSCI World Small Cap。

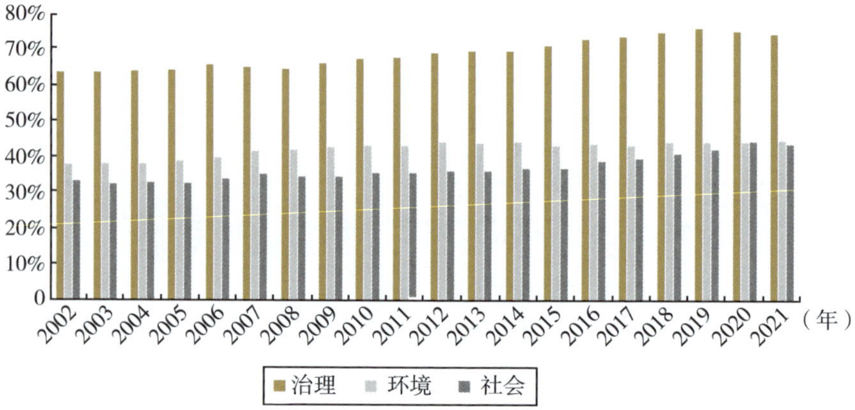

图 1－2－1　2002—2021 年 ESG 数据披露率情况

资料来源：东方汇理资管

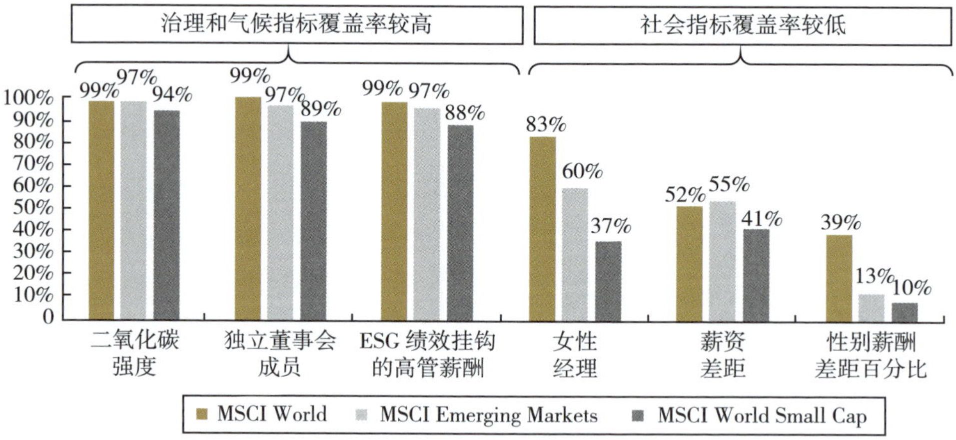

图 1－2－2　ESG 数据在全球市场、新兴市场和小型股市场中的披露情况

资料来源：东方汇理资管

的数据治理实践中，供应商数据很难与东方汇理资管的 ESG 评分要求完全契合，因此东方汇理资管针对不同指标选择数据质量较好的几家供应商，并通过数据加权平均进行指标评分。

2. ESG 数据治理方式

（1）数据治理组织。东方汇理资管和法巴资管均拥有实力强劲的 ESG 投资团队和专设的数据治理机构，对 ESG 数据质量负直接责任。以法巴资管为例，法巴资管的 ESG 评级由公司可持续发展中心、定量研究团队和投资团队的直接支撑。其中，定量研究团队对 ESG 数据治理负责，其主要职能包括：（1）分析数据质量和数据覆盖范围；（2）纠正数据偏差和度量数据相关性；（3）评估削减指标数量并改进数据模型；（4）将指标和评分标准化。实力强大的数据治理团队能够提升 ESG 评级模型的科学性和严谨性，提升资管机构的 ESG 数据管理质量和 ESG 评级可信度。

（2）数据治理工具。数据治理工具是企业数据治理体系的重要基础设施，在战略制定、数据管理和数据操作层面提供能力支持。以东方汇理资管为例，东方汇理资管建有专门的内部 ESG 数据库，用以收集、分析和处理来自供应商的外部数据。同时，东方汇理资管技术和运营平台（Amundi Leading Technologies & Operations，ALTO）将可持续性风险纳入投资决策和业务流程中。该平台在 ESG 数据管理方面拥有三大功能：

第一，ALTO 投资组合管理系统（ALTO Portfolio Management System）帮助投资经理模拟和测试各种 ESG 投资组合，投资经理可以直观地看到投资组合的综合 ESG 分数和行业基准分数统计情况。

第二，ALTO 投资研究平台（ALTO Investment Research）涵盖发行人现在和过去的 ESG 分数情况及行业排名。同时，该系统涵盖了 ESG 评级中各项支撑性细分指标的具体评级和分数，并且可视化地展现了各项指标的权重，帮助投资经理直观地了解发行人存在哪些潜在的可持续发展风险。

第三，IPortal 系统为投资经理提供针对发行人的定性 ESG 研究成果、争议事件分析和参与行为反馈。其中，定性研究成果包括各行业面临的主要 ESG 问题、行业最佳实践、ESG 治理风险与机遇等。

二、ESG 指标体系构建

（一）东方汇理资管的 ESG 指标体系构建

在东方汇理资管的 ESG 分析和评级流程中，根据评级对象选择评分标准和权重是评级的第一步。东方汇理资管拥有独立构建的 ESG 指标体系，该体系分为三级，分别是 ESG 指标（一级），环境、社会和公司治理指标（二级），以及三类二级指标下的细分指标（三级）。三级指标包含 37 项反映不同行业特性的指标，其中有 16 项通用指标和 21 项行业特有指标。如表 1 -2 -2 所示，环境类指标中排放与能源、水资源指标为各行业通用指标，而绿色投资指标则仅适用于金融行业。

表 1 -2 -2　　东方汇理资管 ESG 指标框架（部分）

E	S	G
排放与能源	工作环境	董事会结构
水资源	社会参与和人权	审计和内控
包装物	药品可获得性	薪酬
绿色投资	数字鸿沟	股东权利

资料来源：东方汇理资管

（二）法巴资管的指标体系构建

法巴资管在 ESG 分析和评级流程中同样使用外部供应商数据，但其评级思路与东方汇理资管略有不同，法巴资管认为 ESG 风险和机遇在不同板块和地区间并不总是具有可比性，因此将其评级覆盖的 13 000 多家公司分为 20 个行业组和 4 个地理区域，从而形成 80 个由地理和行业同行组成的 ESG 评分“同行组”，并在“同行组”内进行同类企业比较评分。与评级思路相适配，法巴资管在环境、社会和公司治理的二级指标下，设置了 11 个 ESG 主题，在各主题下选择相应指标纳入同行比较的 ESG 评级中。

法巴资管的评级指标中存在两个特殊的指标——碳排放（carbon emissions）和争议事件（controversies）。这两个指标适用于所有行业，并对敏感度较高的行业投资风险评估产生倾向性影响。

三、ESG 评级体系构建

东方汇理资管和法巴资管的评级方法和流程各有特色，但基本评级体系可概括为 ESG 评级指标和权重选择、ESG 指标评分和定级、ESG 评级修正和审定三个步骤。

（一）ESG 评级指标和权重选择

1. ESG 指标和权重选择思路

ESG 指标和权重的确定是分行业考量的过程，评级团队综合考量指标（针对行业的）重要程度、数据质量、数据可用性和数据差异化因素，选择适用于该行业内企业的指标和权重，分行业进行指标加权，最终构建适用于该行业的评级指标模型。这一过程中，评级机构通常遵循两点原则：（1）分行业考量。一方面指分行业选择指标和权重，另一方面指评级指标包含通用指标和特定行业指标两类；（2）聚焦重点。为使 ESG 评级结果能有效反映关键指标的影响，评级团队通常会对三级指标数量作出限制，东方汇理资管和法巴资管均为每行业 37 个三级指标。

2. ESG 指标和权重选择案例

以东方汇理资管针对技术和硬件行业的指标权重选择为例：

第一步，评估重要性并对 ESG 一级指标进行拆分，评估二级指标权重。东方汇理资管评级团队认为环境（E）、社会（S）和治理（G）因素对技术与硬件部门企业的重要性几乎相等，分别赋予 32%、34% 和 35% 的权重。

第二步，根据行业特性确定每个二级指标下的三级指标及权重。评级团队认为该行业在社会层面应重点关注员工工作环境、生产和顾客责任两项指标，因此分别赋予其 11% 和 10% 的较高权重。环境（E）和治理（G）指标同理。

第三步，选择合适的供应商数据并加权平均计算三级指标。以“生产和顾客责任”指标为例，东方汇理资管评级团队选取了 4 家供应商的评分数据，在对指标构成和数据质量进行评定后，对 4 家数据供应商的数据赋予相同权重，将其加权平均值作为该三级指标的评分结果。

第四步，层层加权得到 ESG 一级指标评分，并根据数据模型对应至评级结果（见表 1-2-3）。

表 1-2-3 东方汇理资管技术和硬件行业的指标和权重模型示例

ESG 评级（一级指标）	二级指标			三级指标		
	指标名称	权重	评级	指标名称	权重	评级
D	E	32%	C	水资源管理	3%	D
				供应链-环境	8%	C
				排放和能源	15%	C
				生物多样性和污染	6%	E
	S	33%	F	工作环境	11%	F
				供应链-社会	8%	F
				生产和顾客责任	10%	E
				数据鸿沟	3%	D
				社会参与和人权	1%	F
	G	35%	E	审计和内控	4%	D
				董事会结构	9%	D
				ESG 战略	4%	E
				道德风险	9%	F
				薪酬	3%	C
				股东权益	3%	D
				纳税情况	3%	F

资料来源：东方汇理资管

（二）ESG 指标评分和定级

ESG 指标评分定级过程可分为“外部供应商数据输入——三级指标评分定级——二级指标评分定级——ESG 评级结果输出”四步，每一环节中的基础数据均会输入评分模型中，上一步输出结果将作为下一步评分的输入数据，层层加权最终得出 ESG 整体评分。东方汇理资管以评分标准差范围对应得出评级结果，例如评级 D 代表标准差范围为（-0.5，+0.5），评级结果可分为 A ~ G 七个等级，其中 A 为最佳，G 为最差。

（三）ESG 评级修正和审定

ESG 评级修正和审定是 ESG 初步评级结果输出后的定性分析过程，机构分析师将整合关键信息，对 ESG 初步评级进行修正和定性调整。导致 ESG 评级修正的因素在不同行业间存在差异，典型因素包括重大 ESG 问题（如气候变化）和争议性事件。例如，在东方汇理资管的评级体系中，若发行人按政策被排除，或出现经 ESG 评级委员会认定重大问题，其评级会下调至 G 档。

四、ESG 治理结构及团队建设

（一）公司 ESG 目标与理念

公司参与 ESG 投资，首先要形成公司 ESG 投资的总体目标与理念，明确公司在 ESG 领域的主要作为和努力方向，并将这些理念、方向具体化，形成自上而下的明确目标，并制定更具操作性的子目标，落地到公司内部工作的方方面面。将这些目标联合起来，就形成了公司 ESG 目标理念的全景与布局。

以 Amundi 为例，如图 1 - 2 - 3 所示，Amundi 提出了公司 ESG 投资的十大目标。这些目标分为三个领域：一是“加强 ESG 解决方案提供能力，服务于可持续发展”，包含 5 项子目标；二是“深化被投企业的参与管理”，包含 2 项子目标；三是“设定与承诺一致的内部目标”，包含 3 项子目标。前两者强调 Amundi 作为资产管理机构的 ESG 责任；后者则强调 Amundi 对自身内部经营管理的 ESG 要求的落地目标。

（二）ESG 治理中的委员会体制

为了使公司 ESG 政策与决策更具权威性和专业性，通常在 CEO 之下设立专门处理 ESG 专业事务的专业委员会，对 ESG 事务进行决策和管理，形成公司专业化的 ESG 治理机制。

加强我们的ESG解决方案，以服务可持续发展

1. 所有的主动管理开放式基金都将进行转型评估
   所有主动管理的开放式基金将整合对公司的评估，这些公司基于他们的脱碳努力和可持续活动的发展，目标是获得比其整体投资组合更好的转型概况
2. 建立广泛的“净零”解决方案
3. 通过扩大我们的影响解决方案的实施范围，实现200亿英镑的影响力投资
4. 40%的 ETF 投资范围将会是 ESG 投资
5. 为客户推出 ALTO 可持续性工具平台，融合了 ESG 和气候分析的技术解决方案

对被投公司实施尽责管理

6. 扩展部署1 000多家公司的气候参与计划
7. 从2022年底开始剥离非常规烃类资产，这些资产占其收入的30%以上

设定与承诺相符的内部目标

8. 将 ESG 标准广泛整合进薪酬政策中
9. 每位员工的运营排放量减少30%
10. 提出并就“气候话语权”进行咨询性投票

Amundi

注：1.适用范围为主动管理的开放式基金，当转型评级方法适用时
2.按照东方汇理资管责任投资（RI）政策所定义的应用范围
3.非常规开采：油砂、页岩油和天然气

图 1－2－3　东方汇理资管 ESG 发展计划

资料来源：东方汇理资管

以 Amundi 为例，公司在 CEO 之下设立了三个 ESG 专业委员会，分别是“ESG 与气候策略委员会”“ESG 评级委员会”和“投票委员会”，以确保 ESG 相关专业决策更加均衡、全面和有效（见图 1－2－4）。

ESG与气候战略委员会
- 指导、验证并监控东方汇理的ESG和气候战略
- 验证负责任投资政策的主要战略方向
- 监控关键战略项目

每月召开

评级委员会
- 定义并验证东方汇理的ESG标准方法论
- 验证排除和行业政策的应用规则
- 审查与ESG评级相关的问题

每月召开

投票委员会
- 监督东方汇理投票政策的应用、实施规则和公开报告
- 作为个别案例投票决策的顾问
- 确保投票活动与关键ESG参与主题保持一致

每月或临时召开

图 1－2－4　东方汇理资管 ESG 治理委员会构成

资料来源：东方汇理资管

其中，ESG 与气候策略委员会的职责包括主要包括：引导、验证、监控 Amundi 的 ESG 与气候策略；验证公司负责任投资政策的主要策略倾向；监控主要策略计划的实施。

ESG 评级委员会的职责包括：定义与批准 Amundi 的 ESG 标准与方法论；批准排除政策和行业政策适用的规则；评判与 ESG 评级相关的问题。

投票委员会的职责包括：监督 Amundi 的投票政策、实施规则以及共同报告的实施情况；对单一投票决策的个案，作为一名顾问发挥作用；确保投票活动与公司 ESG 关键参与主题的一致性。

（三）ESG 业务的专业团队

ESG 本身具有很强的专业性和体系性，公司 ESG 业务要取得长足的发展与进步，必须建立专业的 ESG 团队。随着 ESG 实践的不断深入，必须对 ESG 评价与评级的方法论进行深入研究与探讨，以保持对不同行业、不同公司 ESG 评价的合理性、科学性和可比性，需要专业团队对此领域进行持续跟踪研究与系统化地开发，推动公司 ESG 实践的深化和细化。

以 Amundi 公司的 ESG 专业团队为例，该团队由 72 名专业人员构成（包含高管人员），分为三个方向：

方向一：ESG 方法与解决方案，是一个专注于研究开发 ESG 评价方法、工作方法以及客户解决方案的团队。

方向二：ESG 研究、参与及投票。该方向上的研究员专门进行公司 ESG 实践的研究，按照公司 ESG 评级的方法论，实操地对投资标的进行评级，出具评级报告，并持续跟踪该公司的舆情与争议问题，据之对公司 ESG 评级进行修正和调整；与此同时，这些研究员也负责牵头进行公司的投票并对公司 ESG 实践进行沟通与交流。

方向三：ESG 开发与倡导。该方向的专业人员负责对内、对外的沟通与交流，宣传公司 ESG 工作，并针对监管要求对公司 ESG 相关业务进行规划管理。

第二节　零碳目标及 ESG 因素在投资组合中的考量

一、零碳目标投资流程及管理

（一）零碳目标的重要性与金融界使命

巴黎协定是国际社会在全球减碳与应对气候风险的里程碑。自 2016 年全球 178 个缔约国签订《巴黎协定》以来，全球开启了应对气候变化的统一行动安排。《巴黎协定》的长期目标是将全球平均气温较前工业化时期上升幅度控制在 2℃以内，并努力将温度上升幅度限制在 1.5℃以内。

投资者一方面面临着转型风险、气候风险等，另一方面也面对着巨大的机遇，主要包括两个方面：气候变化缓解（climate change mitigation）和气候变化适应（climate change adaption），前者是说通过减少排放来将温室气体水平稳定在某一个水平；而后者则是努力适应已经在预期之中的气候变化和温度上升。为此，投资者有两个努力的方向：一是重新配置资本，投向低碳解决方案；二是为现有经济零碳转型提供融资，以达成至 2050 年的零碳转型目标。

从当前全球资本市场构成标的的盘点看，要达成巴黎协定的要求，还有很艰巨的转型任务需要完成。图 1－2－5 为全球信用指数和全球权益指数中成分标的与巴黎协定保持一致的情况。可知，无论是信用标的还是股票标的，能够与巴黎协定一致的标的非常少，而超出了《巴黎协定》2℃水平的标的多达 95.5% 和 93.3%，部分标的甚至可能造成超过 4℃以上的后果。

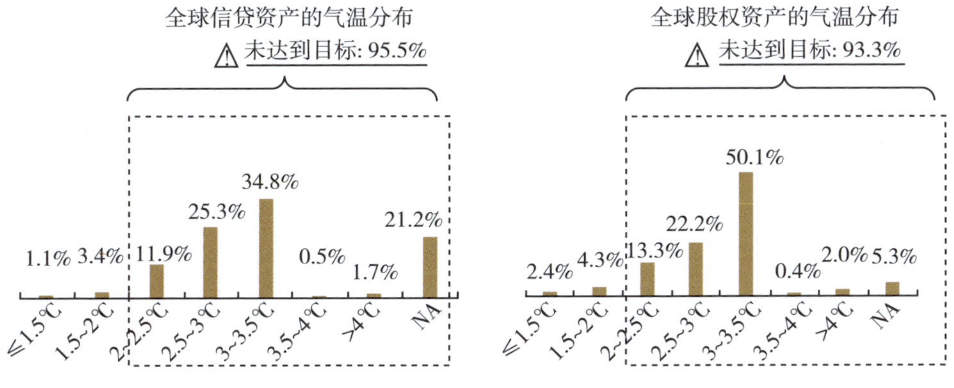

图 1－2－5　全球信用产品及股票产品的温度分布图

资料来源：东方汇理资管

根据科学碳目标倡议（SBTi）① 2022 年发布的监控报告显示，全球信用基准指数中，被验证与 1.5℃相一致的标的公司约占 19%，而已经验证完全低于 2℃的标的公司占 5%，还有 2% 的公司也被认为是达到 2℃标准的。剩下的标的中，有 12% 的企业作出了承诺，但还有 63% 的企业没有设立标准。

为了推动零碳投资的相关工作，国际上已经形成了“资产所有者”联盟的工作框架。表 1－2－4 是两个零碳联盟的主要工作特征和情况。

表 1－2－4　　　　零碳联盟 NZAO 与 PAAO 对比

区分	资产所有者零碳联盟（NZAO，Net Zero Asset Owners Alliance）	巴黎协定一致资产所有者联盟（PAAO，Paris Aligned Asset Owners）
覆盖资产类别	上市公司的股权与债权、基础设施、上市公司私募债、不动产、主权债（只报告）等	上市公司的权益与债权，基础设施、不动产、主权债务

① 科学碳目标倡议（The Science Based Targets initiative，SBTi）是由全球环境信息研究中心（CDP）、世界资源研究所（WRI）、世界自然基金会（WWF）和联合国全球契约组织（UN GC）合作发起的国际倡议，旨在为企业提供设定基于气候科学减排目标的清晰指导框架，以确保企业所设定温室气体排放减排幅度和速度的目标与《巴黎协定》中控制全球温升幅度小于 2℃的目标相一致。如果制定的目标符合将全球气温较工业化前水平升幅控制在低于 2℃以内，并努力限制在 1.5℃以内所需的减碳水平，则该目标被称为科学的碳目标倡议。

续表

区分	资产所有者零碳联盟（NZAO, Net Zero Asset Owners Alliance）	巴黎协定一致资产所有者联盟（PAAO, Paris Aligned Asset Owners）
去碳目标与 GHG	子组合减少排放目标在以下范围： （1）2025 年前 22% ~32% （2）2030 年前 50% 覆盖范围 1 和 2，范围 3 只对行业性目标 （3）绝对压减 KPI 或者以碳密度为基础的压减	（1）2030 年期间目标，或者与全球减碳 50% 的很大一部分更快接轨的目标 （2）范围 1、2、3 均受到鼓励 （3）绝对或者基于密度的减排 KPI
行业目标和投资组合对冲目标	成员应当努力制定 2025 年行业目标（为 2030 年总目标），覆盖至少 70% 的总排放，从最重要的行业开始	一份投资组合覆盖的 5 年目标，在与零碳一致的重要行业增加资产 AUM 的比例，或者符合那些被认为是“一致性”或者与零碳原则“一致性”的标准
为转型融资	只报告气候变化解决方案。个别公开的量化进展目标是可选项	10 年之内，需要一个对气候解决方案进行配置的目标
参与目标	要参与 20 家最高自身排放的公司的决策，或者投资组合中自身排放总和起来占 65% 的那些企业的决策参与（直接、联合，或者通过资产管理人操作）	（1）至少 70% 的受到融资的排放企业，如果未能与零碳轨迹相一致，即要进行参与 （2）到 2030 年，该门槛比例应当增加至最少 90%

（二）零碳目标管理的行动计划与案例

1. 构建零碳目标的投资流程

构建零碳投资组合主要包括以下四个步骤：

第一步：确定零碳的适用范围。确定该投资组合的零碳策略覆盖的资产类别；确定温室气体的覆盖范围（一类温室气体）以及气候“对环境无重大危害”（DNSH）原则的应用范围。

第二步：设定净零奋斗目标并定义指标。通常需要按照科学情景为基础，设定出具体的奋斗目标；对投资组合碳足迹或碳强度设定基线轨迹；设定参考点和投资组合的期间目标；最后，选定净零的衡量指标。

第三步：净零的触发与解决方案。识别出触发事件，可以是排除、优化、选择等事件；定义碳足迹，将其作为一种约束条件或者目标；选择形成净零贡献的具体方案。

第四步：监控、报告并参与净零进展。对净零的关键指标进行监控和报告；定义净零的尽责管理策略；净零策略及行动中的沟通与协调等（见图 1－2－6）。

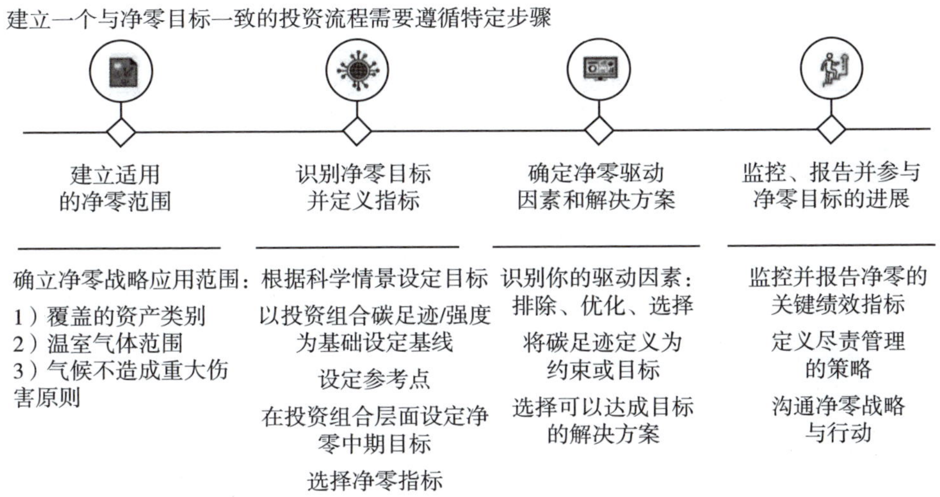

图 1－2－6　东方汇理资管净零流程管理

资料来源：东方汇理资管

构建零碳投资流程中，部分关键环节需要重点关注。比如，定义净零的轨迹时，有两个可选项：巴黎协定一致基准（PAB）和欧洲气候转变基准（CTB），常常是投资者广泛采纳的基线情形。但这些基线情形的使用，须与投资组合、地区特征、大类资产特征等协调一致，从而确保透明度、一致性和可衡量，确保净零过程取得预期的进展。

同时，净零目标的选取与设定对下一步资产配置以及跟踪误差的管理也将产生重要影响。比如，在投资组合的去碳目标中加入范围 3，则去碳目标的达成难度将大大提高，并且会造成投资组合更大比例的跟踪误差，这使得投资管理人必须在数据质量与彻底性之间寻找均衡，否则为了追求更加彻底的目标但数据质量不支持，只会造成更大的误差与问题。因此，实施净零策略，必须应对更多挑战，包括数据质量、重复计算、集中度风险、搁浅资产的锁定等问题。

2. 东方汇理资管的行动方案与客户案例

东方汇理资管（Amundi）为了达成自身的净零奋斗目标，采取了两个方向的举措：一方面，追求净零一致性目标，使基金的排放压减目标与巴黎协定相一致；另一方面，又追求净零贡献方法，提供资金给那些需要转型支持的主体。前者追求投资组合碳强度的缩减目标（比如，到 2025 年减 30%，到 2030 年减 60%），同时通过尽责管理对主要碳排放贡献者进行参与和陪伴。而后者则主要将重点放在与气候相关的主题投资（如水、氢、新能源等）和影响力投资的产品（如绿债和社会责任债券等）。东方汇理资管在后者已经形成了 24 只净零贡献基金，资产管理规模达 87 亿欧元。

对于高排放企业，东方汇理资管的政策不是规避，而是对话沟通，陪伴其转型。首先，将所有经济部门（行业）都纳入减碳的努力中。MSCI World 指数中，高气候影响力的行业占比达 23.6%（2022 年 1 月数据），包括食品加工、公用事业、金属及采矿、建筑材料、能源、食品与耐用品零售、工业、交通、房地产等，东方汇理资管设定了这些高气候风险行业的最低暴露不低于其基准自然权重的 75%。其次，强化对话与沟通。东方汇理资管承诺 2025 年将其气候责任活动扩展到 1 000 家企业（目前只有 464 家）。2022 年，东方汇理资管发起了一项净零参与运动，目标是提升气候信息披露的透明度、可比性和可靠性，以及推动企业提高其气候相关的奋斗目标。

东方汇理资管的产品与策略，也需要与客户进行充分的协调一致与沟通，以便共同推动净零转型的动力。具体步骤上，第一，与客户讨论最初投资策略的建议与可行性评估；第二，对策略的衡量指标与关键任务达成一致；第三，不断细化策略，使双方都对不同变量的敏感度形成共识；第四，修改投资指引以整合净零目标；第五，进行投资组合管理和报告工作。

[案例 1] 某加入净零资产所有者联盟（NZAOA）的保险公司的案例

一家保险公司按范围 1 +2 开展减碳工作。经过东方汇理资管与客户的共同测算，认为保持资产配置的原有结构，到 2024 年可形成 –14% 的减碳目标。如果系统性地以改善倾向进行证券滚动投资，有望更快达成投资组合的去碳目标。如果包括范围 3 的全口径排放，则需彻底改变投资组合的特征。比如，消费者非必需消费品行业，其范围 1 和范围 2 排放都很低，但范围 3 就高得多，反映非必需消费品可能在产业链及废弃物处理上的暴露较大；而反之，公用事业的范围 1 排放很高，该行业在产业链上却很干净；材料行业也是范围 1 很大但范围 2 较少，而到了范围 3 则又比较重，反映材料行业的产业链影响。

报告体系方面，详尽的季度报告可以为客户追踪客户净零目标的成就。经过 5 年的努力，从范围 1 +2 碳足迹来看，投资组合的碳目标已经达成并超越 30% 的减碳目标，并较 2018 年几乎减少了一半。同时，报告也提供碳归因分析，显示不同的举措可能在缩减投资组合碳印迹时的贡献。

为了使投资经理能够很好地管理投资组合的碳风险，东方汇理资管自行开发了 ALTO 系统的 Sustainability 模块，专门进行可持续投资方向的监控和演示。该模块的基础功能有六项：监管标准（SDFR、欧洲分类、粗略监管口径）、气候变化（温度分析与投资组合轨迹、压力测试、净零框架、原始气候指标）、发行人尽责（参与、投票）、生物多样性（原始生物多样性指标）、影响力（分析正向与负向效应、原始影响力指标）、ESG（ESG 评分、代表性 ESG 指标、原始 ESG 指标）。投资组合经理可利用 ALTO 进行投资组合的碳分析和明细展示。

二、投资组合中的 ESG 因素考量

东方汇理资管和法巴资管在投资组合中纳入 ESG 考量时主要有三种手段：实施排除政策，在标的选择中引入 ESG 分析，以及通过参与和投票对被投资企业实施影响。

（一）实施排除政策

东方汇理资管和法巴资管在投资过程中实施严格的负面排除（exclusion）政策。以东方汇理资管为例，其主要将三类行业和企业排除在可投

资范围之外：第一，不遵守国际公约、国际公认的框架和法规的公司，包括生产杀伤性地雷、集束弹药、化学武器、生物武器、贫铀武器及其他违反联合国全球契约组织①的企业。第二，适用东方汇理资管行业排除政策的公司，主要是对核武器、动力煤、非常规化石燃料和烟草四大类行业企业进行排除，并从业务和收入结构角度规定了排除标准。第三，存在争议事件，违反东方汇理资管 ESG 投资价值观的企业，主要是将存在商业渎职行为及实施争议性环境政策的企业排除在投资范围外。

（二）引入 ESG 分析

投资组合管理纳入 ESG 因素考量的关键步骤是在标的选择中引入 ESG 分析方法，即综合分析投资标的的基本面情况和 ESG 表现，从风险、财务和 ESG 角度选择表现最优的投资标的。

1. 在投资标的层面引入 ESG 分析

投资标的评价方面，主要采用以下三类分析的综合结果：第一，自上而下的地区和行业分析。第二，基本面分析，即结合内外部多种信息来源对标的基本面（现金流状况、流动性状况、偿债能力、财务政策等）、标的估值和投资法律风险等因素进行分析，形成基本面评价结论。第三，ESG 分析，通过识别环境、社会和公司治理相关的机遇和风险，将 ESG 评级结果融入对投资标的的分析，结合该结果及对争议性事件和排除政策的考量选择投资标的。

2. 在投资组合层面引入 ESG 分析

投资组合管理方面，机构同样纳入对环境、社会和公司治理相关的机遇和风险的考量。在资产准入方面，投资团队对 ESG 评级为 E、F 和 G 类的股票实施排除。② 此外，投资团队在评价组合管理业绩时，也在投资绩效外增加了 ESG 相关的关键绩效指标。

---

① 联合国全球契约组织（UN GC）：呼吁企业将战略和行动与人权、劳工、环境和反腐败的普遍原则相一致，并采取推进社会目标的行动。

② 此处以东方汇理 ESG 投资实践为例，东方汇理的 ESG 评级结果包含 A ~ G 六级，其中 A 为最优，G 为最差。

（三）表决和实施参与

在投后阶段，资管机构主要通过表决（voting）和实施参与行为（engagement）来影响投资标的的 ESG 治理水平。

1. 通过表决施加影响

在投后阶段，资管机构在符合成本效益的前提下参与年度股东大会，通过行使股东表决权来提升投资标的的 ESG 治理水平。以东方汇理资管为例，东方汇理资管在以下五项关键事项上行使表决权：（1）薪酬政策。东方汇理资管支持将 ESG 评级与企业高管薪酬挂钩，并且倡议将气候治理因素作为受能源转型影响较大行业的企业高管关键绩效指标。（2）股利政策。东方汇理资管支持均衡、可持续和负责任的分红政策。（3）股东决议和气候战略。东方汇理资管支持要求投资标的提高环境和社会问题透明度的股东决议，并鼓励企业就气候战略征询投票顾问意见。（4）"落后者"问题。"落后者"指存在争议行为的企业，这类企业不属于东方汇理资管的主动投资范围，但可能存在于被动型基金中。东方汇理资管对这些"落后者"企业中董事会成员的续任持反对意见。（5）独立董事、性别多样性和限制超编。东方汇理资管积极支持企业设置足够数量的独立董事，并注重考查董事会成员能力和性别多样性。

2. 通过参与施加影响

参与是指资管机构和被投资企业的双向沟通过程，资管机构通过积极实施参与行为来影响被投企业的 ESG 治理水平。以东方汇理资管为例，东方汇理资管的参与过程包括"制定参与计划——对话与建议——评估参与结果"三个环节，并根据本次参与结果调整参与计划，通过多轮调整以达到新的目标。

由于不同行业对 ESG 各项指标的关注度不同，因此除一般性关注问题外，资管机构会根据企业所处行业和经营特点评估重点问题，针对性制定参与计划，实施参与行为。例如，东方汇理资管在对零售巨头沃尔玛的公司治理参与中，鼓励沃尔玛根据科学碳目标倡议（The Science Based Targets

Initiative, SBTi)[①] 制定温室气体减排目标，并对公司将 ESG 评级结果与董事薪酬挂钩这一事项保持关注；此外，还针对沃尔玛通过供应链合作实现去碳化的实践保持关注，并提出询问和建议。

第三节 在资产配置中整合 ESG

一、股票投资中的 ESG 整合

（一）股票投资的分析框架

东方汇理资管的投资分析框架中，除了自下而上的个券分析之外，还十分重视自上而下的经济、宏观、政策与资本市场的总体框架性分析。环境与气候变化已成为影响整个经济与资本市场的重要力量，因此需要构建一体化的分析框架。图 1-2-7 为东方汇理资管包含环境与气候变化政策的框架图。气候问题及其引发的气候变化行动政策，共同作用于资本市场的重要变量：一边是债务性变量，即通货膨胀、债务、投资等，再通过各个资产类别与行业的物理风险影响市场回报预期；另一边是对于生产效率、EPS 的影响，通过转型路径（政策组合、税收、人口迁移等）对资本市场回报产生影响。对发达市场与发展中市场分别展开分析，输出重要结果变量：在基本变量的一侧，主要是收益率曲线、利差、外汇、股权等；而在边际变化的一侧，则重点考察对权益及固定收益的绿色溢价的影响。

（二）基于 ESG 评级的股票投资整合

在股票分析评价中，ESG 整合（ESG integration）是 ESG 投资中非常

① 科学碳目标倡议（The Science Based Targets Initiative, SBTi）是由全球环境信息研究中心（CDP）、世界资源研究所（WRI）、世界自然基金会（WWF）和联合国全球契约组织（UNGC）合作发起的国际倡议。

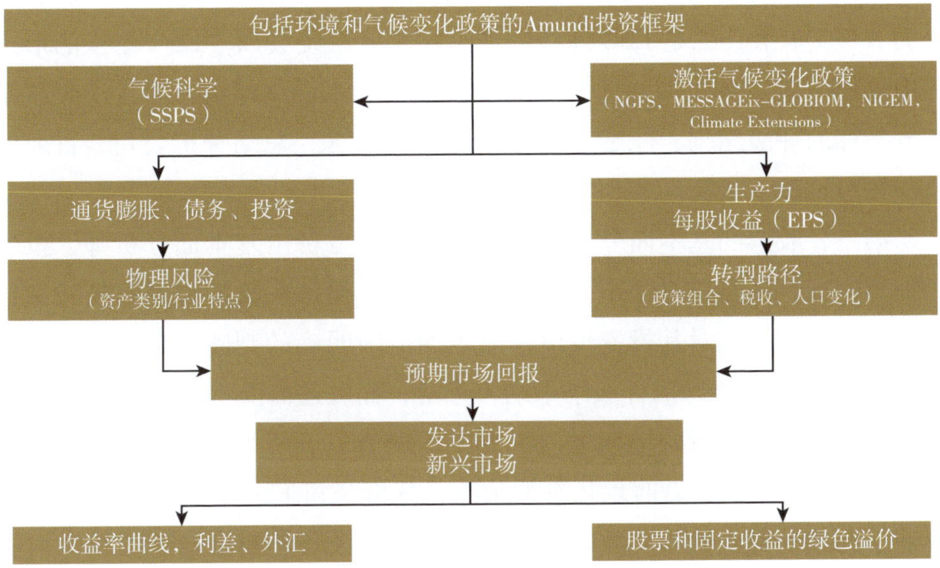

图1-2-7 东方汇理资管投资框架（包含环境与气候变化政策）

资料来源：东方汇理资管

标准的一种策略方式，其根本要义在于将ESG考虑纳入股票投资管理的流程中，使其成为股票投资分析与管理的核心构成与核心流程。具体包含以下重要步骤：

第一，股票排除。在进行ESG评级之前，需要对那些违反ESG投资理念和价值观的个股进行排除。以东方汇理资管为例，其首先确定排除的股票标的包含以下方面：国防、烟草、酒精、赌博、核武等行业，违反人权、劳动权或者使用童工的领域，一般性的商业恶劣行为、有争议的环境实践等。

第二，股票ESG评级。东方汇理资管建立了一套严谨的内部ESG评级体系。对市场上的标的，进行38个指标的扫描与评价，并由专门的团队持续进行ESG评级的更新、审核、调整、报告，力求ESG评级结果的客观公正和真实可靠。此外，ESG专业团队还从事ESG参与和投票的活动，这进一步强化了ESG专业团队在了解企业实际情况和经营策略以及管理思路的深度与能力，也使ESG团队的评级更加可靠。最终的ESG评级结果会呈现在公司投资组合管理系统上，包括三大内容：一是个股的 ESG 评级结果，分为 A ~ G 七级；二是 ESG 评级的详细结果，系统会以“ESG 花”的形式向内部使用者（如投资经理等）呈现，不仅展示最终评级，而且还会展示细分指标的评级结果；三是定期的 ESG 研究报告，总结分析公司、行业的 ESG 评级情况、最新动态和争议问题。

第三，股票的基本面分析。个股的基本面分析由基本面分析师、投资经理等进行，主要是对上市公司财务、经营、技术、政策和商业模式进行评估与分析，从而对其投资价值作出更加清晰明确的判断。基本面分析师不仅要将 ESG 分析师的评级结果纳入考量，而且还需要将 ESG 主要因素的分析纳入基本面分析的框架之内。主要体现为以下两个方面：一是对企业盈利增长、现金流、营收增长等的预测，分析公司 ESG 状况对企业经营的影响。例如，企业营收来源的业务如果存在重大环境污染与地方社会可持续风险，则其收益可能存在不可持续的风险，并且有可能受到政府的管控与惩罚。通过 ESG 分析并对其风险做细致定位后，分析师有义务对其收入及盈利能力作出恰当的调整，以体现对该企业的综合评价。二是分析企业的 ESG 风险对企业的外部环境产生的潜在影响，这要求对该企业采取更高的折现率，以体现其综合风险状况。

第四，股票投资策略。股票投资策略是在产品、专户、主题策略等账户实施有效的选股策略和组合构建策略。股票投资对 ESG 的整合，可以分为不同的维度。一是股票策略与账户的 ESG 设定。投资经理须了解客户、产品说明书要求以及监管要求中的 ESG 要求，从而构建 ESG 要求的基本内容。在没有进一步要求的情况下，账户须执行公司层面确定的 ESG 政策要求。二是股票组合构建与管理中，投资经理须关注投资组合构建与基准指数之间的关系，而这一过程仍需要关注投资组合的 ESG 维度与基准 ESG 维度的关系，这也可能贡献新的跟踪误差和收益来源。三是 ESG 与策略思想的积极融合，投资经理在确定的股票策略中，要考虑 ESG 暴露与偏离的因素。通常情况下，ESG 不应简单视为一种确定的超额收益的来源，从而将策略简化为 ESG 得分的单方向追求，而要具体情况具体分析。

二、多资产组合中的 ESG 整合

多资产组合往往以产品或账户的方式，成为资产管理人向客户提供的一揽子解决方案的载体。因此，多资产组合往往在 ESG 整合中占据更高的类别，并向着更高要求的 ESG 类产品的形态迈进。

多资产策略提供了四种有层次差别和要求差异的类别。从 SFDR 视角看，这些产品的分类与要求存在如下系统性的区分（见图 1－2－8）。

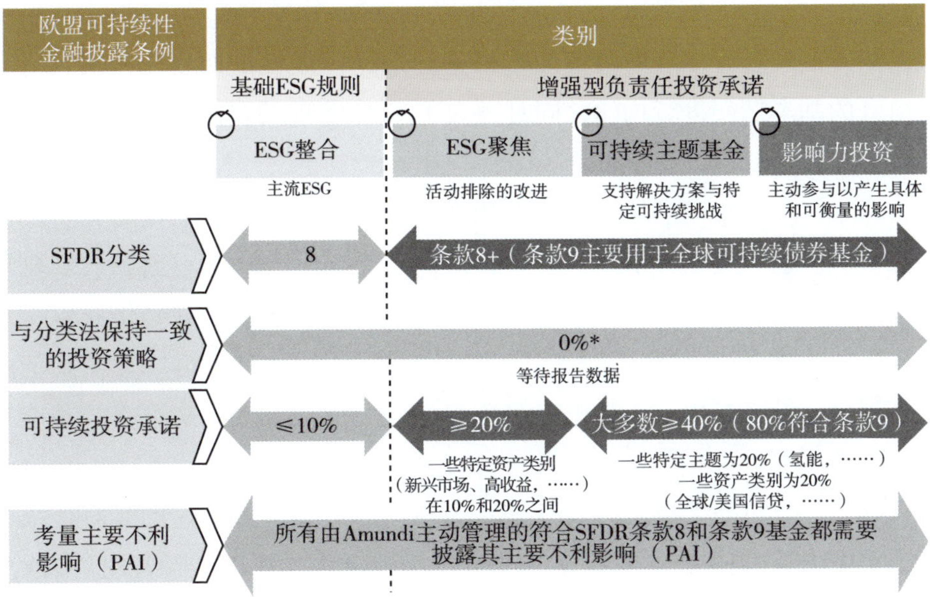

图 1－2－8　欧洲 SFDR 要求下的 ESG 标准

资料来源：东方汇理资管

首先，ESG 整合策略是东方汇理资管的 ESG 产品中最主流的 ESG 做法，也是遵从基本 ESG 规则的产品。该产品在 SFDR 披露类别中归入 8 类，是一种比较基础的类别；目前该类产品对欧盟分类方案尚无具体承诺，但对可持续投资的承诺为“≤10%”；而对环境社会“不利的可持续性影响声明”（PAI）的承诺则完全遵从所有法律法规的要求的内容。

在此基础上，东方汇理资管还推出了三种增强型的负责任投资产品类别，依次递进地称为 ESG 聚焦（ESG Focus）、可持续主题基金（Sustainable Thematic Funds）和影响力投资（Impact）。这三类产品在各个要求维度上都高于基础型的 ESG 整合基金。在 SFDR 分类上，这些产品不会简单地归为 8 类，而是略高或者直接归属于 9 类；在 SI 承诺上，其大多在 20% 以上或者 40% 以上档次，甚至可以在某些资产类别中要求 SI 投资在 80% 以上。此外，所有这些类别也无一例外地在 PAI 考量上采取了全面采纳的方式，即这些产品的监管要求更严，投资承诺的底线承诺也更高一些。

（一）多资产组合的构建流程

东方汇理资管多资产可持续未来基金遵循一般性的四步流程法，对投资组合的基本框架进行构建，同时融入了 ESG 管理的要求与逻辑。具体而言，该流程包含以下四步：

第一，定义对世界的观点，以此观点为引领，自上而下地定义资产配置及权重。这一过程，东方汇理资管内部遵循着合作、基本面和宏观驱动的方法来完成。以公司宏观观点为引领，由组合经理、宏观经济学家、策略分析师和组合构建分析员等多样化渠道共同形成反映公司“世界观”的投资理念和投资想法。这些想法综合在一起，就形成了产品策略的基准目标（见图 1 - 2 - 9）。

第二，公司基于强大的 ESG 研究方法论和数据体系支撑的实时评级结果，采用同类最佳方法，通过正向筛查发现 ESG 评级最佳的发行人或个股。其中，东方汇理资管自主开发的 ESG 评价与工作方法论及其优势是一个核心要点。东方汇理资管经过多年积累，已经形成了一套成熟的评价体系，整合了十余家数据提供商的能力，并构建了专业化的 ESG 团队。在此种体系保障的前提下，投资管理人可以通过与客户沟通或者投资团队的沟通，确定一个评级的门槛值，正向筛查 ESG 评级最佳的投资标的，从而保证投资组合选到的发行人具有更高 ESG 评级水平（见图 1 - 2 - 10）。

第三，基于价值观的排除投资。对于多资产策略而言，需要遵循严格的排除政策，这些政策可分为公司总体排除政策和产品类别的排除政策。对于排除法确定的排除目标，需进行确切的定义（见图 1 - 2 - 11）。例如，“核武

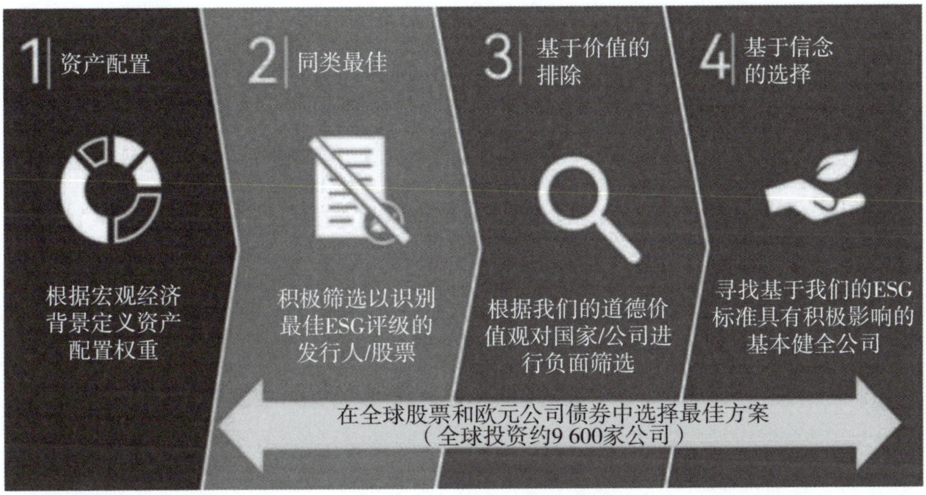

图 1－2－9　东方汇理资管多资产配置流程图

资料来源：东方汇理资管

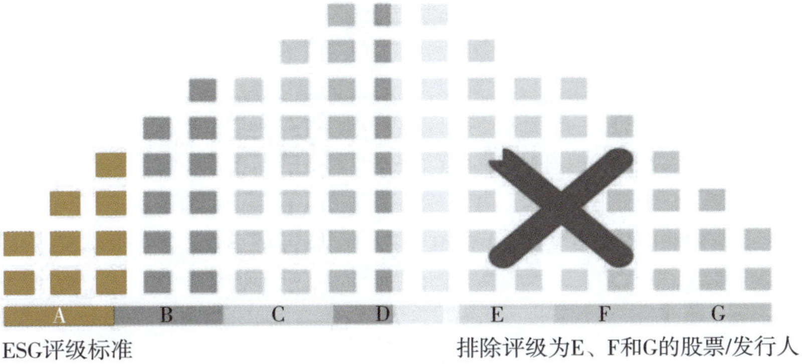

图 1－2－10　东方汇理资管 ESG 评级选择图

资料来源：东方汇理资管

器”作为排除标的，其定义为“为未签订核不扩散国家制造或者出售核武器，或者定制核武器零件”；而对于烟草企业，其排除的定义为“烟草生产、包含烟草的产品或者此类产品的批发交易”。同时，还需确定标的企业在这个排除领域的门槛值，例如“超过营业收入的 5%”则进行排除。

整体	定义	阈值
联合国全球契约	对于那些严重且反复违反一个或多个联合国全球契约原则的公司，且没有实施适当的纠正措施	
行业分类		
非法的和有争议的武器	根据《渥太华条约》和《奥斯陆集束弹药公约》，涉及反人员地雷和集束炸弹的生产和销售	
核武器	向未签署不扩散条约的国家制造或销售核武器或定制的核武器部件	
其他武器	涉及武器系统、组件及支持系统和服务的制造或销售	收入的5%以上
烟草	涉及烟草及其制品的生产或批发贸易	收入的5%以上
煤炭、石油和天然气	涉及热煤生产和石油开采或精炼（包括常规和非常规开采）	收入的5%以上
生产电力	以煤炭、核能及石油为基础生产的电力公司； 以天然气为基础生产的电力公司	产量的5%以上 产量的30%以上
烈酒	烈酒的生产	收入的5%以上
游戏	涉及有争议的游戏和游戏产品的生产和提供（例如赌场、博彩业务、游戏机）。彩票和竞赛的提供商不受影响。	收入的5%以上
基因工程	转基因生物和产品以及红色GMO干细胞研究的生产、构造和营销	收入的5%以上
动物毛皮	毛皮和皮革的生产和加工	收入的5%以上
色情内容	色情内容的生产和交易	收入的5%以上
商业行为		
使用童工	违反国际劳工组织关于工作基本原则和权利宣言的行为，包括供应商和分包商	
劳工与人权	违反国际劳工组织关于工作基本原则和权利宣言（结社自由、强迫劳动、歧视）的原则以及违反最低标准如健康、安全和工作时间。包括供应商和分包商，	
动物实验	化妆品行业中非法律强制性的活体动物活动	
有害环境的行为	严重违反环境法律和生态最低标准的行为。包括供应商和分包商	
不可接受的商业行为	严重违反一般公认的良好行为规则，如腐败或会计欺诈。	

图 1－2－11　东方汇理资管对排除类企业的定义

资料来源：东方汇理资管

第四，以强信念为基础的选股。其基本逻辑是通过全方位的投资分析，既关注投资标的的财务指标，也关注非财务指标，将对投资标的的基本面分析与 ESG 分析结合起来，以寻求基本面健全、拥有 ESG 标准下正向影响力的公司。对于多资产投资，政府债的投资分析方法与一般公司债会有所不同，这是由资产类别的属性所决定的（见图 1 -2 -12）。

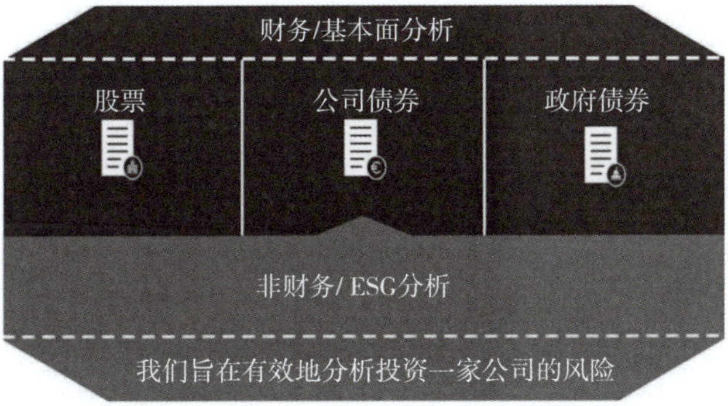

图 1 -2 -12　东方汇理资管多资产策略基本分析框架

资料来源：东方汇理资管

分而言之，股票投资方面，开展地域与行业分析，作为筛选标的的工具和方向。基本面分析维度主要关注商业模式分析、基本面估值（如 ROE、EV/Sales 等）以及财务模型估值等。此外，非财务分析维度则主要看 ESG 相关的机会与风险，并积极参与企业决策与投票。

政府债方面，则主要关注：国别（GDP、通货膨胀、公共赤字、货币政策等）、收益率曲线管理（理解收益率曲线的驱动因素，以进行有效的收益率曲线策略管理）、久期管理（管理收益率曲线风险与定位风险）、分散化（对政府债组合进行优化）等。

（二）多资产组合中对 ESG 原则应用的案例

“核心—卫星”策略是多资产组合中应用 ESG 原则的核心案例。通过核心卫星策略的设计，既追求高的正面影响力，又使投资组合形成比较稳健的资产配置结构，防止策略偏离过大造成的风险失控。

由图1-2-13展示的资产配置结构可见，投资组合中“核心”部分占投资组合的55%，由四个资产类别构成，分别为：发达国家权益（低碳核心策略，25%）、投资级债券（低碳核心策略，20%）、高收益债（低碳核心策略，5%）、新兴市场权益（低碳核心，5%）。这些策略都是低跟踪误差和低阿尔法的投资，同时其可能产生的净零转型的影响力也比较低。

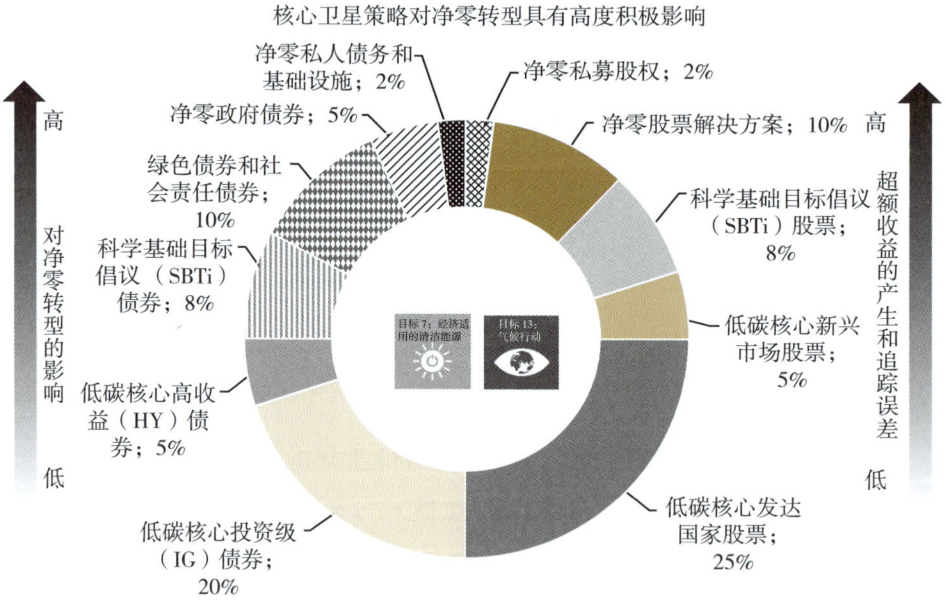

图1-2-13　在净零转型过程中各资产类别的影响力度和投资效益

资料来源：东方汇理资管

“卫星”策略中，包含了七个子策略，分别为：净零权益解决方案（10%）、净零政府债策略（5%）、绿色债券与社会债券（10%）、净零私募债与基础设施（2%）、净零私募股权（2%）、权益SBTi（8%）、债券SBTi（8%）。这些策略呈现“对基准的偏离大、跟踪误差大、预期阿尔法也比较高”的特点。与此同时，由于这些策略都带有很强的净零目标和更高的科学碳目标认证要求，所以其产生的净零转型的影响力也更大。

第三章 经验借鉴与建议

第一节 中国与欧洲在政策制度方面的差异比较

欧盟通过自上而下的立法，重点形成了包含《欧盟可持续金融分类目录》、公司 ESG 信息披露、金融机构 ESG 信息披露在内的 ESG 政策框架，并辅之以相关技术标准，既引导和督促金融机构加大 ESG 投资，也为 ESG 投资的发展提供了广泛的信息基础。本节将从公司 ESG 信息披露、金融机构 ESG 信息披露以及相关配套机制三个方面对中欧政策进行比较。

一、公司 ESG 信息披露

公司 ESG 信息披露是欧盟可持续金融得以发展的前提和基石。2014 年，欧盟委员会开始对 ESG 信息的强制披露进行立法，其发布《非财务报告指令》（Non - financial Reporting Directive，NFDR），首次系统地将 ESG 三要素列入法规条例的法律文件。2022 年 11 月，欧盟通过 ESG 信息披露领域的里程碑式立法——《企业可持续发展报告指引》（CSRD）全面提高了 ESG 信息披露的强制性、充分性、可比性和真实性，为评级机构和金融机构获得企业 ESG 信息、构建 ESG 评级，并进行 ESG 产品创新奠定了坚实的基础。对比我国的信息披露政策，CSDR 在披露范围、披露内容上的要求更加全面具体。

（一）披露范围

CSRD 规定强制披露适用范围以上市公司为主，但也包括非上市公司、公司集团、境外公司等多种类型，其范围设定较为适当。按照其第19a条规定，可持续信息披露主体包括“大型公司，以及属于《2013/34/EU号指令》第2条第（1）款第（a）项定义的公共利益实体的中小型公司，但微型公司除外”。按照《2013/34/EU号指令》第3条的规定，公司规模根据资产总额、净营业额和雇员人数三项指标界定，具体划分标准如表1－3－1所示。据估算，CSRD下受约束公司约49 000家，较原《非财务报告指令》下受规管公司的11 600家有了大幅增加。

表1－3－1　　欧盟公司规模界定标准

公司规模	资产总额	净营业额	雇员人数
大型公司	>2 000万欧元	>4 000万欧元	>250人
中型公司	≤2 000万欧元	≤4 000万欧元	≤250人
小型公司	≤400万欧元（成员国最高可调整至600万欧元）	≤800万欧元（成员国最高可调整至1 200万欧元）	≤50人
微型公司	≤35万欧元	≤70万欧元	≤10人

（二）披露内容

根据CSRD相关规定，强制披露范围内的公司在整体层面应披露的信息类型明显增多，不同规模的公司被要求披露的程度也有所不同。具体披露内容如表1－3－2所示。

表1－3－2　《非财务报告指令》关于可持续信息的具体披露内容

序号	大型公司与大型集团的母公司	中小型上市公司等
①	关键无形资源信息（大型集团母公司未要求披露）	
②	公司商业模式和战略的简要描述，具体包括： 1. 公司商业模式及战略对可持续事务所涉及风险的应变能力； 2. 公司关于可持续事务的发展机会； 3. 公司确保其实现可持续发展转型、符合《巴黎协定》《欧盟气候法》目标的计划； 4. 公司商业模式及战略如何顾及利益相关者利益和公司对可持续事务的影响； 5. 公司在可持续事务上如何实施其战略	公司商业模式和战略的简要描述

续表

序号	大型公司与大型集团的母公司	中小型上市公司等
③	与可持续事务相关的有时限目标的信息，在适当情况下，至少包括 2030 年和 2050 年的绝对温室气体减排目标，公司在实现这些目标方面取得的进展信息，以及公司与环境因素相关的目标是否基于确凿的科学证据的声明	无需披露
④	说明公司行政、管理和监督机关在可持续事务方面的角色，扮演角色的知识与技能或取得此类知识与技能的途径	无需披露
⑤	有关公司可持续事务政策的信息	
⑥	公司行政、管理和监督机关在可持续事务方面的激励计划	无需披露
⑦	1. 公司在可持续事务方面开展尽职调查情形的说明，以及（如适用）是否符合欧盟尽职调查规则的说明； 2. 公司经营过程及其供应链等方面存在的不利影响，为识别、监测不利影响而采取的行动，以及根据欧盟尽职调查规则，公司应识别的其他不利影响； 3. 公司应对不利影响采取的行动及结果	公司在可持续事务上的不利影响，为应对不利影响而采取的行动
⑧	公司在可持续事务上的主要风险，包括说明公司对这些事务的依赖关系以及公司如何管理风险	公司在可持续事务上的主要风险，以及公司如何管理风险
⑨	与前述披露相关的指标	
⑩	公司应披露其如何鉴别信息的程序，适当时公司披露的前述信息应涵盖短期、中期及长期范围	无需披露
⑪	前述信息应覆盖公司自身经营信息及其价值链信息，包括其产品和服务、业务关系和供应链	无需披露

不同于欧盟出台统一规定来规范企业的 ESG 信息披露，我国现行 ESG 信息披露制度由中国证监会行政监管规则和交易所自律监管规则共同构成。

中国证监会层面，2021 年修订的《公开发行证券的公司信息披露内容与格式准则第 2 号——年度报告的内容与格式》是目前我国 ESG 信息披露制度最主要的文件，已覆盖环境、社会和公司治理三大领域，并形成强制披露、不披露就解释、鼓励披露相结合的混合披露模式。

交易所层面，沪、深证券交易所对披露内容的规定更为细致。以深交所为例，在《上市公司自律监管指引第 1 号——主板上市公司规范运作》

中新增环保方针、目标及成效等 8 个自愿披露信息类别，并要求环境影响较大行业的上市公司披露其中 7 类信息以及环保投资、环境技术开发方面信息。此外，深交所还在《上市公司自律监管指引第 1 号——业务办理》中进一步细化前述披露要求。

在中国证监会和交易所的共同推动下，我国上市公司的 ESG 信息披露水平有所提升。截至 2023 年 7 月底，A 股 2022 年度 ESG 信息披露率已经提升至 34.85%，覆盖 A 股总市值的约 3/4。但是，相较于欧盟 CSRD 要求全部上市公司、大型非上市公司进行信息披露的相关规定，我国企业的 ESG 信息披露还有较大的提升空间。

除证监会、交易所外，其他监管部门也出台了 ESG 信息披露规则。例如，2021 年生态环境部出台的《企业环境信息依法披露管理办法》对环境信息披露进行了专门规定；2023 年国务院国资委办公厅出台的《央企控股上市公司 ESG 专项报告参考指标体系》对特定类型上市公司的 ESG 信息披露予以规范。

目前，我国多部门下的披露规则有助于增强监管强度和 ESG 信息供给，对信息使用者获取 ESG 信息具有一定积极意义，但也导致了监管缺乏协同效能、引发监管盲区等问题，并使公司可能面临更高的合规成本。

二、金融机构的 ESG 信息披露

欧盟于 2018 年 5 月首次提出《可持续金融信息披露条例》（Sustainable Finance Disclosure Regulation，SFDR），并于 2021 年 3 月正式分阶段实施。该条例是目前引导金融机构进行 ESG 信息披露、开发 ESG 投资产品的关键文件。为金融市场参与者（FMPs）和财务顾问（FA）制定了一套有关可持续性风险整合、对不利可持续性影响的考量以及与特定金融产品有关的可持续信息披露的统一规则，并为 FMPs 从机构主体层面和资管产品层面分别、分层制定了 ESG 信息披露规则和相应的可持续发展目标。

（一）机构主体层面

SFDR 要求金融市场参与者（FMPs）每年披露可持续发展重大负面影

响因素的管理情况，包括重大负面影响识别政策、减缓措施、国际标准遵循情况、影响相关历史可比数据等（见表 1－3－3）。财务顾问（FA）也被要求披露其在投资或保险建议中考虑可持续发展重大负面影响因素的政策声明和具体实践、薪酬政策与可持续性风险的关联等。在合同签订前，金融市场参与者和财务顾问必须披露可持续性风险的整合情况。

表 1－3－3　SFDR 对金融市场参与者的信息披露要求

	实体类型	披露位置	要求	披露责任
可持续风险政策	金融市场参与者	网站	披露有关在投资决策流程中整合可持续性风险因素的政策	强制披露
	财务顾问		披露有关在投资或保险指导中整合可持续性风险因素的政策	强制披露
重大可持续性不利影响（PASI）声明	金融市场参与者	网站	披露有关在尽职调查中考虑投资决策产生可持续性重大不利影响的声明： • 有关对重大不利影响和指标进行识别和排序的政策 • 描述重大可持续性不利影响，以及任何已采取或计划采取的相关行动 • 参与政策的简要描述 • 遵守负责任商业行为准则和国际公认尽职调查标准的情况 • 与《巴黎协定》目标的一致程度	不遵守就解释
	财务顾问		披露有关在投资或保险指导中考虑可持续性因素重大不利影响的信息	不遵守就解释
有关整合可持续性风险的薪酬政策	金融市场参与者	网站	披露有关薪酬政策如何与可持续性风险整合相一致的信息	强制披露
	财务顾问			强制披露

（二）资管产品层面

SFDR 根据 ESG 融入程度将资管产品分为“深绿”（条款 9）、“浅绿”（条款 8）和普通（条款 6）三种类型，并设定了相应的披露标准和环境、社会绩效目标。《欧盟可持续金融分类目录》则保证了 ESG 信息从资产到资管产品层面传递的一致性。其中，前两类产品需要在合同签订前以及在官方网站和定期报告中披露与可持续性相关事项的考量过程（见表 1－3－4）。

表 1－3－4　SFDR 对金融产品的信息披露要求

	产品类型	披露位置	要求	披露责任
整合可持续风险	条款 6 产品 条款 8 产品 条款 9 产品	合同前文件	金融市场参与者披露： • 将可持续性风险纳入投资决策的方式 • 可持续性风险对（其所出售的）金融产品回报可能产生影响的评估结果财务顾问披露： • 将可持续性风险纳入投资或保险指导的方式 • 可持续性风险对（其所指导的）金融产品回报可能产生影响的评估结果	不遵守就解释
重大不利影响（PAI）	条款 6 产品 条款 8 产品 条款 9 产品	合同前文件	金融市场参与者披露： • 解释金融产品是否以及如何考虑有关可持续性因素的重大不利影响 • 有关重大不利影响信息可获得的声明	强制披露
促进环境或社会特征	条款 8 产品	合同前文件、网站	金融市场参与者/财务顾问披露： • 有关如何满足环境或社会特征的信息 • 有关参考基准指数是否以及如何与环境或社会特征一致的信息	强制披露
		网站	金融市场参与者披露： • 环境或社会特征的描述 • 有关用于评估、衡量和监测环境或社会特征以及可持续投资影响的方法，包括其数据来源、基础资产的筛选标准、用于衡量环境或社会特征的相关可持续性指标、金融产品整体的可持续影响	强制披露
		定期报告	金融市场参与者披露金融产品满足了多大程度的环境或社会特征	强制披露

续表

	产品类型	披露位置	要求	披露责任
可持续投资的信息	条款 9 产品	合同前文件、网站	(1) 如果指定指数作为参考基准，披露： • 有关指数与可持续投资目标相一致的信息 • 解释与其他更广泛的市场指数相比，指定指数为何以及如何与可持续投资目标相一致 (2) 如果未指定指数作为参考基准，披露： • 如何实现可持续投资目标 (3) 如果以减少碳排放为目标，披露： • 详细解释如何设定减排目标以确保实现与《巴黎协定》相一致的气候目标	强制披露
		网站	金融市场参与者披露： • 可持续投资目标 • 披露有关用于评估、衡量和监测环境和社会特征以及可持续投资影响的方法，包括其数据来源、基础资产的筛选标准、用于衡量环境或社会特征的相关可持续性指标、金融产品整体的可持续影响	强制披露
		定期报告	金融市场参与者披露： • 基于相关可持续性指标，计算金融产品的总体可持续性影响 • 如果指定指数作为参考基准，则基于可持续性指标对金融产品与更广泛的市场指数进行可持续性影响的比较	强制披露

相较于欧盟，我国尚未有政策文件明确对金融机构的 ESG 信息披露作出强制要求。2021 年 7 月，中国人民银行发布自愿性的行业标准《金融机构环境信息披露指南》，对金融机构在环境信息披露过程中的遵循原则、披露形式、内容要素等要求进行了规范，并未对金融机构的披露频率作出了强制规定，也并未涉及 ESG 产品方面的规范。2022 年，原中国银保监会

发布《银行业保险业绿色金融指引》，从组织管理、政策制度及能力建设、投融资决策流程等方面对银行保险机构践行 ESG 提出了相关要求，鼓励银行保险机构“借鉴国际惯例、准则或良好实践，提升信息披露水平”，但尚未明确金融机构进行 ESG 信息披露的具体要求。2023 年 12 月 13 日，中国保险业协会发布《保险机构环境、社会和治理信息披露指南》，鼓励保险机构根据自身实际情况披露符合环境、社会和治理（ESG）议题的全面数据和描述。该文件是国内首个聚焦保险机构 ESG 信息披露的指导性文件，回应了“双碳”目标、普惠金融、“专精特新”、乡村振兴等议题，为保险机构体系化的推进 ESG 相关能力建设提供了行动方案。

三、配套机制

除了对企业信息披露、金融机构信息披露进行要求外，欧盟还建立了配套机制，引导金融机构考虑客户 ESG 偏好，并将其资金投向可持续的金融产品中，并为金融机构推出低碳类产品提供进一步的技术标准。

（一）适当性义务

2018 年欧盟修改《金融工具市场指令 II》（Marketsin Financial Instruments Directive II），要求金融机构必须对客户进行适当性调查（suitability fact - finds），作为适当性评估的重要组成部分。相较于信息披露规定而言，适当性规则对资金流向的影响更为直接。通过了解客户的 ESG/可持续投资偏好，资管机构可将其资金投入到可持续的投资产品中，将投资者偏好与资金投向进行匹配，进而形成 ESG 投资的良性循环。

然而，这一举措也为东方汇理资管在内的资管公司带来了更高的合规成本。就实操层面来看，投资者对 ESG 的基础信息、欧盟可持续金融政策、资管机构的 ESG 投资产品等了解程度不同，且影响投资者可持续性偏好的因素种类繁多，对投资者进行可持续性偏好的评估难度极大。此外，资管机构能否将适当性偏好纳入投资建议流程也取决于投资标的信息披露是否充分、准确并且具有可比性。

（二）气候转型基准

为提高金融信息的透明度，为低碳产品提供统一且清晰的标准，并与《巴黎协定》及欧盟的降碳目标相挂钩，欧盟制定并于 2020 年 12 月实施气候基准规定（Climate Benchmarks Regulation），为欧盟就股票和公司债券制定了两种类型的气候基准，旨在引导投资机构向碳排放强度较低的行业倾斜。这两个基准规定了 ESG 披露的最低要求，并且规定了适用于所有投资基准（货币和利率指数除外）的 ESG 披露要求。这些披露要求适用于所有在欧盟注册的基准管理机构，无论其总部是否位于欧盟或在欧盟提供服务。

（三）报告标准

2023 年 7 月，欧盟委员会正式通过《欧盟可持续发展报告准则》（European Financial Reporting Standards，ESRS），作为欧盟《企业可持续发展报告指引》的补充规定。该文件是企业可持续发展报告必须遵循的准则，部分要求最早将于 2024 年 1 月 1 日起开始执行，首批执行企业包括公众利益实体（PIE），以及发行证券在受欧盟监管的市场上市且员工人数超过 500 人的大型企业。

ESRS 包含 2 个通用准则和 10 个主题准则（环境准则 5 个、社会准则 4 个、治理准则 1 个）。企业需要披露的信息包括《欧盟可持续发展报告准则第 2 号——一般披露》中规定的适用于所有企业的强制披露，以及企业从财务和影响两个维度评估认为重要的有价值信息（见表 1－3－5）。对于财务重要性的信息，要求企业披露（可能）对其短中期或长期发展（如现金流量、财务状况或财务业绩）产生重要财务影响的可持续相关事项；对于影响重要性，则要求企业披露企业在短期、中期或长期内对人类或环境产生的实际或潜在、正面或负面重要影响的可持续相关事项。企业在评估影响重要性时的步骤与《欧盟可持续发展报告准则第 1 号——一般要求》保持一致（见图 1－3－1）。

表 1-3-5　ESRS 规定企业需要披露的信息内容

强制披露的信息	取决于重要性的信息
（1）**编制基础**：企业如何编制其可持续声明 （2）**治理**：管理层和董事会的人员构成、职责与责任及其成员的多样性 （3）**战略**：与可持续事项相关或影响可持续事项的一般战略的关键要素 （4）**影响、风险和机遇管理**：描述识别影响、风险和机遇的流程，以及有关因重要性评估而未包含在报告中的主题的信息	与影响、风险和机遇相关的披露要求涵盖以下方面： • 政策 • 行动 • 指标 • 目标 对于该类信息，企业可以在专题准则层面上或基于单独的披露要求和数据点，决定哪些信息和数据点是重要的，不重要的信息和数据点可以忽略

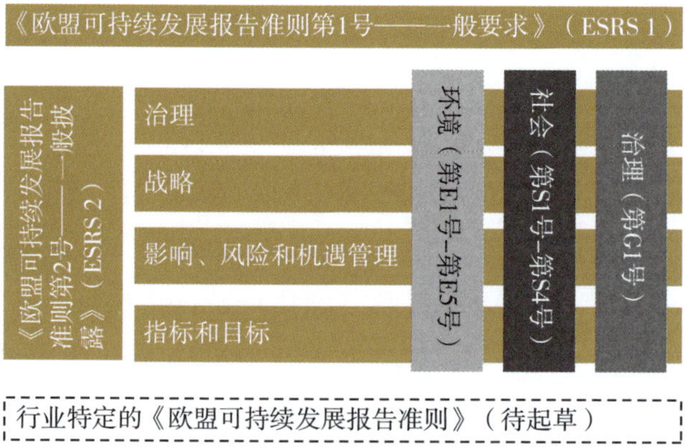

图 1-3-1　欧盟已发布的可持续报告准则（截至 2023 年 11 月）

资料来源：《为欧洲可持续报告准则做好准备》，KPMG，2023 年 11 月

根据 ESRS，企业应在管理层报告中设立可清晰辨认的单独章节进行列报，标题为“可持续声明”。该章节需要按表 1-3-6 所示的特定顺序进行列报，即一般信息以及环境、社会和治理信息。其中，企业在可持续声明中披露的任何其他信息需要单独区分列报，同时在报告中澄清该信息是根据其他要求进行披露，并提供适当索引；行业特定披露需要按照通用的报告领域和主题进行分组；企业特定披露需要围绕最为相关的报告领域进行报告。此外，可持续相关信息需要按照欧洲单一电子格式的要求，以人机可读的格式进行列报。

表 1－3－6　企业在管理层报告中披露的可持续报告格式

<table>
<tr><th>企业发展、业绩及地位分析</th><th>主要风险和不确定因素描述</th></tr>
<tr><td>企业可能的未来发展</td><td>企业治理声明</td></tr>
<tr><td colspan="2">可持续报告</td></tr>
<tr><td colspan="2">一般信息（欧洲可持续报告准则第 2 号）</td></tr>
<tr><td colspan="2">特定议题披露
特定行业披露
所使用披露要求的清单
源自其他欧盟法律的所有数据点汇总表</td></tr>
<tr><td colspan="2">专题信息</td></tr>
<tr><td>环境　社会　治理</td><td>影响、风险和机遇以及指标和目标
行业特定披露
企业特定披露
符合《欧盟分类法》第 8 条的披露（仅限环境议题）</td></tr>
</table>

第二节　对国内保险资金 ESG 投资的借鉴意义

自 2016 年以来，原中国银保监会、中国保险资产管理协会、中国保险业协会持续加强政策引导，通过印发专项制度、成立责任投资（ESG）专业委员会、开展行业交流培训等多项举措引导保险资金践行 ESG 理念，开展 ESG 投资。2022 年，原中国银保监会印发《银行业保险业绿色金融指引》，明确保险业应将环境、社会、治理要求纳入战略规划、组织管理和风险管理体系，并要求保险机构在投融资过程中加强 ESG 尽职调查、ESG 合规审查、ESG 投后管理等。2023 年，中国保险业协会颁布《绿色保险分类指引（2023）》，进一步明确了绿色投资产品的定义。

在政策推动下，我国保险公司纷纷加快 ESG 投资步伐，制定绿色金融/ESG 投资战略，建立 ESG 治理架构，探索并建立 ESG 评价体系，加大绿色投资力度，支持绿色产业发展。此外，中国保险资产管理业协会联合中央财经大学绿色金融国际研究院于 2023 年 1 月发布《保险资金 ESG 投资发展研究报告》。该报告的相关问卷调查显示：我国保险机构开展ESG投资已初具成效，多数机构已经从战略层面加深对ESG理念的认知，将ESG理念纳入制度和标准体系中，并积极探索ESG投资机制与ESG产品创新；少数机构初步建立了ESG风险管理机制，并开展ESG信息披露及ESG数据技术工作；个别机构开始重视ESG治理及组织架构调整。

然而，从总体来看，我国保险机构的ESG投资实践仍处于起步阶段，在投资理念、ESG评级、ESG投资实践和风险管理方面均与欧洲领先金融机构存在一定差距，仍面临多重挑战：一是我国ESG投资市场国内外影响力有限，整体投资规模相对较小，ESG相关金融产品种类有限，保险机构的市场参与不足；二是机构ESG投资能力相对落后，较少机构将ESG全面纳入其战略规划、组织管理、投资机制、风险管理和信息披露等各方面，ESG理念认知和人才培养不足；三是发展初期ESG投资成本较高。

针对以上挑战，对比东方汇理资管、法巴资管的ESG投资实践，本节重点从投资理念、ESG评级、策略性ESG投资实践三方面进一步分析其对我国保险资管机构的借鉴意义。

一、系统性ESG投资理念

在长期的发展中，东方汇理资管、法巴资管均形成了系统性的ESG投资理念和专业的ESG投研积累，对ESG如何影响宏观经济、行业变化及资产配置等均有着深入的认知，进而可通过“自上而下”的战略规划、专有的ESG投资方法论将ESG理念嵌入其经营管理和业务流程中。

（一）ESG战略引领

清晰、详细、一致的ESG战略是开展ESG投资的关键。在发展过程中，东方汇理资管和法巴资管逐步完善并不断强化其ESG战略，并呈现出以下特点：

一是战略上持续重视。东方汇理资管早在2010年便将社会责任作为其四大战略支柱之一，将可持续发展和社会责任标准放到了与财务标准同等重要的位置。此后，东方汇理资管通过制定并更新更详细的 ESG 战略确保其成为 ESG 投资的领先者。例如，东方汇理资管于 2018 年发布 ESG 行动计划（2018—2021 年），致力于在所有主动管理的开发型基金中应用 ESG 标准，在如期完成目标后于2022 年开启第二个 ESG 行动计划（2022—2025 年）。法巴资管则于 2019 年形成了适用至今的全球可持续战略（GSS），确立了 ESG 整合、尽责管理在内的六大战略支柱。并于2021 年发布净零蓝图和生物多样性蓝图，于 2023 年进一步修正 5 年期的净零目标。

二是内容详细全面。无论是东方汇理资管还是法巴资管，其 ESG 战略均涉及资产配置、运营管理、技术支持、尽责管理等方方面面，强调 ESG 规划的整体性和系统性，东方汇理资管的“2025 ESG 行动蓝图”（见表 1 –3 –7）和法巴资管的战略六支柱便是典型反映。

表 1 –3 –7　　东方汇理资管“2025 ESG 行动蓝图”

	主题	内容
1	加强 ESG 储蓄产品的供应，服务于可持续发展	100% 的主动管理型开放式基金将进行转型评估。为了使投资组合的转型情况优于同类其他产品，东方汇理资管所有主动管理型开放式基金都将根据企业的去碳化努力和可持续活动的发展情况，对企业进行综合评估
2		在所有资产类别中建立“净零”主动管理基金系列
3		在影响力基金中投入 200 亿欧元资产，支持对环境和社会和谐有积极贡献的投资
4		ETF 总额的 40% 将用于 ESG 领域，以加快和促进负责任的投资
5		推出“ALTO Sustainability”，为投资者在环境和社会问题上的决策提供技术支持
6	深化与被投资公司的合作	向 1 000 多家公司大力推广气候承诺计划，助力其在减少温室气体排放和调整方法（薪酬、年度股东大会）方面制定可靠的战略
7		到 2022 年撤出占总业务的 30% 以上的非常规碳氢化合物业务

续表

	主题	内容
8	根据 ESG 计划制定内部目标	将 ESG 标准广泛纳入薪酬政策
9		将东方汇理资管人均碳排放减少 30%
10		提出“Say - on - climate”并进行咨询投票

三是以净零目标战略迎接未来转型趋势。应对气候变化、助力《巴黎协定》目标实现是 ESG 投资的重中之重。为了把握投资机遇、防范气候变化风险，东方汇理资管将零碳目标作为其管理目标的核心，并从“资本再配置”和“参与行动”两个维度明确了具体实施方案。零碳目标战略会直接体现在零碳产品的设计和跟踪调整上，并在资产配置上将零碳要求贯穿始终。与之类似，法巴资管同样制定了净零目标承诺，涵盖投资、尽责管理、运营三大层面共计 10 个具体承诺，明确了资产碳足迹在 2025—2040 年间的低碳目标（见图 1 - 3 - 2）。此外，法巴资管在其责任投资的六大支柱中，将未来持续发展的重点——能源转型（Energy Transition）、环境可持续性（Environmental Sustainability）、平等和包容性增长（Equality and Inclusive Growth）作为前瞻视角，并通过建立与“3E”相关的关键绩效指标以引导投资组合的构建，以在长期增强投资组合的风险收益特征。

（二）组织保障及专业人才队伍建设

科学且健全的 ESG 治理和组织架构是 ESG 战略的重要保障。前文提到，为了使公司 ESG 政策与决策更具权威性和专业性，明确高管的 ESG 职责、在管理层下设立专门处理 ESG 事务的专业委员会是典型的 ESG 治理架构安排。多个委员会既确保了 ESG 重要职能的全覆盖，更为 ESG 融入各业务条线和各部门奠定了基础。在组织保障及队伍建设方面，东方汇理资管和法巴资管有两个明显的特点值得机构学习：

一是建立规模化、专业化的 ESG 人才队伍，并且随着公司 ESG 战略的深入开展，ESG 专职队伍规模扩张迅速。如前文介绍，东方汇理资管的 ESG 队伍包括 ESG 研究、参与及投票团队，ESG 方法与解决方案团队，以及 ESG 商业发展和倡议团队，合计 72 人，人均拥有 7 年 ESG/CSR 行业的

	净零承诺
投资	1. 减少我们范围内企业投资的碳足迹（范围1和2） a）到2025年减少30% b）到2030年减少50%
	2. 符合净零目标 a）到2030年，60%的范围内投资要实现、符合或努力符合净零目标 b）到2040年，100%的范围内投资要完全符合净零目标
	3. 退出煤炭行业 我们将排除那些没有退出热煤活动策略的矿业公司，以及在2030年仍然在其发电组合中拥有煤炭产能的电力生产商，对于欧盟和经合组织国家是在2030年，对于世界其他地区是在2040年。
	4. 投资气候解决方案 大幅增加我们的气候和环境主题投资。
	5. 与我们的客户合作 与我们的客户合作，共同向净零投资过渡。
尽责	6. 支持气候行动 a）表明我们期望公司报告其碳足迹，并期望世界上最大的温室气体（GHG）排放者设定在2050年或更早实现净零排放的目标 b）持深思熟虑的股东提案，并提交我们自己的提案，以加速企业在气候变化上的行动。
	7. 与公司就净零排放进行合作 实施与我们所有资产管理实现2050年或更早实现净零排放的雄心相一致的合作策略。
	8.倡导与2050年净零目标对齐的气候政策 在倡导与2050年净零目标对齐的政策中发挥积极作用，并确保我们进行的任何相关直接和间接政策倡导都支持在2050年或更早实现全球净零排放。
运营	9.减少我们的运营排放足迹 在提高能源效率和使用更多绿色能源的同时，继续抵消我们的运营排放。
	10.报告进展 制作符合TCFD（气候相关财务信息披露任务组）规范的报告。

图 1－3－2　法巴资管净零承诺

资料来源：法巴资管

经验。而法巴资管 2017 年创立的可持续发展中心，作为其 ESG 主管部门，五年间新增 20 名 ESG 专家，目前已达到 30 人的 ESG 团队，人均拥有 13 年的 ESG 工作经验。同时，量化研究团队有 27 人，会同可持续发展中心进行 ESG 数量研究和模型测算。

二是注重通过成体系的 ESG 培训持续提升员工 ESG 能力，确保其具备履职所需的 ESG 专业知识。在法巴资管，为了将投资团队、销售团队与可持续中心团队紧密联系在一起，其还建立了150多人的ESG先锋队（ESG Champions），通过定期会议和沟通为其提供ESG培训，确保员工能够跟进公司最新ESG研究、ESG评级方法、排除政策和尽责管理活动。此外，法巴资管根据员工对ESG的了解程序开发了6类不同的培训方法，全体员工除需完成4～15小时的培训外，还需要完成外部ESG认证。2022年底，已有470名员工成功获得外部可持续金融证书，77%的员工认为其已获得履行职责所需的可持续金融知识。

充足的ESG专业人才队伍确保了资管公司能够独立开展ESG投资研究，根据公司业务研发ESG投资评级和ESG投资策略，并确保对万家以上投资企业进行投票和参与活动。

二、针对性ESG评级

由于我国ESG投资信息披露数据及ESG评级标准相对匮乏，我国保险资管机构在ESG评级体系方面还处于起步阶段。头部保险机构较早布局ESG，目前正在或已经完成了ESG评级体系的构建，并尝试将其应用于投资业务中。根据《保险资金ESG投资发展研究报告》，我国8家保险机构已经研发了ESG投资指标体系；7家保险机构会在构建投资组合/进行投资管理时对投资对象的ESG表现及风险进行定期评估，并根据评估结果调整资产配置；3家保险机构建立了内部ESG投资数据库。然而，缺乏ESG数据支持、ESG指标难以量化、开发过程机制不完善等问题仍阻碍着当前保险机构的ESG产品与服务创新。东方汇理资管、法巴资管在ESG数据治理、ESG评级开发方面的实践对国内资管机构有着明显的借鉴意义。

（一）ESG数据治理

在欧盟，主流ESG评级机构的繁荣发展确保资管机构能够获取广泛的ESG数据。东方汇理资管和法巴资管的ESG数据基本来自于外部供应商的采购，并在此基础上进行数据筛选和清洗，以此满足其定制化的ESG评价需要，这与我国ESG数据缺乏、ESG数据来源单一的实际情况形成了鲜明的对比。然而，广泛的 ESG 数据也会造成 ESG 评级成为黑箱，模糊掉 ESG 与投资风险和收益之间的关系，并且第三方数据公司的 ESG 数据和评级往往存在主观判断和偏差。

因此，选择合适的 ESG 数据、确保 ESG 数据的准确性和有用性成为 ESG 治理的关键。针对以上问题，ESG 数据的分析和清洗便成为资管机构进行 ESG 投资的首要能力，并通过相应的机制设计保障 ESG 数据选取妥当。

为此，法巴资管通过三个团队的合作解决该问题。一方面，对第三方数据进行额外的数据质量控制和检验，并结合一手信息和研究观点对数据进行更新；另一方面，持续实施 ESG 数据更新项目，注重 ESG 行业分析师的专业意见和审核。此外，还会根据供应商 ESG 数据的更新情况，每年对供应商进行评价，并剔除 ESG 数据不高、未能满足其定制化要求的供应商。通过以上努力，法巴资管的 ESG 评级与单一供应商的 ESG 评级区分度较为明显，更加注重被评对象的真实 ESG 表现。

（二）ESG 评级

如前文指出，无论是东方汇理资管还是法巴资管，均形成了与其 ESG 投资理念相符的 ESG 评级方法和流程，大致可分为 ESG 评级指标和权重选择、ESG 指标评分和定级、ESG 评级修正和审定三个步骤。此外，法巴资管还会额外考虑碳排放、争议事件这两个指标的调整项。整体来看，尽管两家公司的具体评级方法有所差异，但也存在两个共性，值得国内保险资金参考：

一是重视 ESG 研究在 ESG 评级构建中的基础作用。无论是选择具有实质影响的行业议题，进行恰当的权重设计，还是对 ESG 数据进行合适的选择，两家机构均重视 ESG 研究在评级体系构建中的基础作用，明确 ESG 因素产生实质影响的基础逻辑和影响机制，并将 ESG 研究团队置于 ESG 评级的首要位置，正是基于公司内外部日益积累的 ESG 研究，并与定量分析团队相互合作，其才得以形成定性、定量相结合的 ESG 评级体系。

二是通过合适的机制设计，确保 ESG 评级的合理性，并确立 ESG 评级在 ESG 投资中的权威性。东方汇理资管在进行 ESG 评级的定量测算后，其 ESG 分析师将根据最新信息对 ESG 初步评级进行修正和调整，并审定 ESG 评级最终结果；法巴资管的 ESG 研究团队、定量分析团队以及投资团队也会相互合作，对最终评级进行复核确认。在投资过程中，两家机构均会严格以 ESG 评级结果作为其 ESG 投资策略实施的标准和参考，确保言行一致。在投资经理与 ESG 分析师就 ESG 评级结果存在分歧时，两家机构也都建立了相应的申诉和分析论证机制，确保 ESG 评级在投资中得到正确应用。

三、策略性 ESG 投资实践

2022 年，我国涉及 ESG 投资的资产规模约 24.6 万亿元，在全球 ESG 投资市场中的占比不到 3%。从种类分布来看，产品类别多为环保和能源类产品，占比分别为 56% 和 26%，而 ESG 主题基金基本上以被动指数型基金为主，占比为 35%，灵活配置类产品仅占 9%，投资风格较为单一。近年来，我国保险机构已经创新开发了碳中和 ETF 产品、碳中和/ESG 主题资产管理产品、另类资产 ESG 投资等，但规模尚小。

系统性、策略性的 ESG 投资实践是东方汇理资管、法巴资管在 ESG 投资核心竞争力的具体体现，也是领先我国机构 ESG 投资实践的主要方面。两家机构的 ESG 投资实践既注重整体推进，又结合产品设计做到重点主题覆盖，还通过积极主动的尽责管理实践确保被投企业的 ESG 体现提升和低碳转型，对我国保险机构具有较强的借鉴意义。

（一）全面 ESG 投资整合

在公司整体的 ESG 战略目标下，东方汇理资管、法巴资管充分利用其资产管理优势，通过考虑不同资产类别的差异性和 ESG 因素影响程度，现已形成排除政策、股票投资整合、主题投资、影响力投资等各有侧重的投资策略，确保将 ESG 融入公司的各项资产类别和业务经营中，为其战略目标实现奠定了坚实的业务基础。

如图 1－3－3 所示，东方汇理资管的 ESG 投资策略包括其制定的 ESG

主流（ESG Mainstreaming）、ESG 投资、可持续主题和影响力驱动策略，适用于主动管理程度不同的开放型基金，并承担着不同的配置目的。法巴资管则制定了 ESG 整合原则、尽责管理和委托投票政策、负责任商业行为政策三大原则，针对开放型基金、指数基金和 ETF 等产品的差异，将三类政策不同程度地应用于不同产品中，以此将全球可持续战略下的可持续投资支柱融入其投资策略中。

	ESG主流化	ESG投资	以可持续性为主题的投资	影响力驱动型投资
范围	所有由Amundi主动管理的开放式基金	委托投资、专项基金、开放式基金	委托投资、专项基金、开放式基金	委托投资、专项基金、开放式基金
要求	所有投资组合的环境、社会和治理（ESG）平均评级应高于基准、参考指数或投资范围	投资策略中包含以下一个或多个策略： – 同类最佳 – 符合东方汇理社会责任投资（Socially Responsible Investing，SRI）指导原则 –定制化的ESG投资政策	除了实现其财务目标外，该策略还寻求将资产选择与社会中普遍存在的特定环境、社会和经济主题相一致（气候变化、生物多样性、人口老龄化、教育等）	策略旨在满足其财务风险回报特征，并产生可衡量的社会和/或环境影响
排除	东方汇理的排除政策	Amundi排除政策+特定行业排除（如有）	Amundi排除政策+特定行业排除（如有）	Amundi排除政策+特定行业排除（如有）

图 1－3－3　东方汇理资管在不同资产层面的 ESG 整合策略

资料来源：东方汇理资管

（二）多样性 ESG 投资产品

在欧盟 SFDR 的要求下，欧洲资管公司严格对标第 8 条、第 9 条要求推出 ESG 投资产品。根据晨星数据，截至 2022 年 9 月底，欧盟市场中符合 SFDR 第 8 条和第 9 条的基金规模合计 4.3 万亿欧元，占欧盟责任投资市场份额约为 53.5%，其中 SFDR 第 8 条产品和第 9 条产品的资产规模占比分别为 48.3% 和 5.2%。

此外，东方汇理资管和法巴资管还会将其内部 ESG 主题产品、影响力产品的标准提高至 8 条要求之上。如前所述，东方汇理资管在多资产组合中，推出了三种增强型的负责任投资产品类别，分别为 ESG 聚焦（ESG Focus）、可持续主题基金（Sustainable Thematic Funds）和影响力投资（Impact），以此满足投资者的多样化投资偏好。截至 2023 年第二季度，在东方汇理资管 2.13 万亿欧元的管理规模中，责任投资规模达 9 010 亿欧元，占比达 42.28%。其中，采用多维 ESG 整合策略的资产达 8 080 亿欧元，采用 ESG 可持续主题投资的资产规模达 920 亿欧元。如图 1－3－4 所示，现已形成覆盖上市股权、固定收益、多资产、实物资产各类别，包含 ESG 整合策略、环境、社会主题在内的 ESG 投资产品。法巴资管方面，截至 2023 年第三季度，其在管规模为 5 340 亿欧元，ESG 投资规模达到 3 460 亿欧元，其中满足 SFDR 第 8 条、第 9 条的 ESG 产品规模为 2 664 亿欧元，占总体 ESG 规模的 77%。同时，有 1 348 亿欧元的资产为贴标基金。

（三）尽责管理

尽责管理是东方汇理资管、法巴资管 ESG 投资战略的重要组成部分。在长期发展中，两家都开展了体系性的尽责管理实践，建立了专职尽责管理队伍，通过内部研究、代理投票机构合作等方式开展投票和参与活动，并将尽责管理作为其推动投资标的低碳转型、提升 ESG 表现、发挥资管机构正面影响力的重要途径，更将尽责管理作为其履行受托责任的必要义务。综合来看，东方汇理资管和法巴资管在尽责管理方面有以下特点值得我国机构借鉴：

一是完整的尽责管理政策和目标，管理重点突出。以东方汇理资管为例，其尽责管理政策包含投票政策和参与政策，适用于所有基金，并应用于基金投资的所有企业。如表 1－3－8 所示，东方汇理资管参与政策和投票政策的侧重点有所不同，投票活动致力于督促被投企业强化董事会对 ESG 议题的治理作用，参与活动则涉及运营、商业模式、转型领域投入等更广范围内的话题，明确将“朝低碳经济转型”“自然资本保存”“社会和谐”“客户、产品及社会责任”“稳健的治理实践”“对话促进更稳健的投

	ESG关注点				
	ESG整合	环境	环境	社会	其他主题
权益	欧洲股票ESG提升	净零目标全球股票	KBI全球可持续基础设施	CPR投资－社会影响	日本股票参与
权益	领先美国股票ESG提升	欧洲股票可持续收入	KBI水资源	CPR投资－社会教育	
权益	全球股票ESG提升	净零目标新兴市场股票	KBI能源解决方案		
权益	新兴市场ESG提升	净零目标欧洲领先方	KBI全球资源		
权益	全球生态ESG	CPR投资－气候行动	巴黎协定对齐与气候转型基准ETF		
权益	ESG股票ETF	CPR投资－氢能			
固定收益	欧洲次级债券ESG	净零目标全球公司债券	CPR投资-欧洲气候债券		
固定收益	领先全球高收益ESG提升债券	净零目标全球公司债券	绿色信贷连续基金		
固定收益	全球公司ESG提升债券	欧洲公司短期绿色债券	巴黎协定对齐基准ETF		
固定收益	Amundi RI 欧洲信用SRI	绿色影响力债券	AMUNDI超短期绿色债券		
固定收益	Amundi RI 欧洲高收益SRI	新兴市场绿色债券	Amundi RI 气候公正转型		
固定收益	ESG债券ETF	绿色债券ETF			
多资产	多资产可持续未来	可持续全球视角	净零目标多资产	东方汇理金融与团结	
不动产	Megatrends II基金	Amundi 欧洲净零目标房地产			
不动产	Amundi Fleurons资本灵活基金	Amundi高级影响债务IV基金			

图 1－3－4　东方汇理资管的 ESG 投资产品

资料来源：东方汇理资管

票实践”作为其参与活动的六项重点。如前所述，在东方汇理资管制定的 2025 年 ESG 行动计划中，更是明确将尽责管理的覆盖范围进一步扩大，并号召被投公司制定与 2050 净零目标相一致的转型战略。

表 1-3-8　东方汇理资管的尽职管理政策

	参与政策	投票政策
核心内容	1. 促进最佳实践的传播，推动将可持续性更好地融入被投资方的治理、运营和商业模式中 2. 在被投资方如何管理其对社会和经济可持续发展关键影响主题方面促进积极变化 3. 支持被投资方向更具可持续性、包容性和低碳的商业模式转型 4. 参与推动被投资方在转型所急需的领域增加资本支出/研发投资	1. 建立一个负责任的多元化、运作良好的董事会 2. 使公司治理和董事会能够应对环境和社会挑战 3. 确保董事会和企业有适当的定位和准备，以应对向可持续、包容性和低碳经济的过渡

二是注重尽责管理团队与 ESG 研究团队紧密合作，保障尽责管理实效。为确保投票和参与活动的针对性，尽责管理需要结合 ESG 研究确定参与活动重点，因此东方汇理资管和法巴资管的尽责管理团队均与 ESG 研究团队隶属同一部门。具体到东方汇理资管，其尽责管理主要由投票和公司治理团队组成，共计 8 人，负责分析问题解决方案，并组织与公司董事会代表的持续沟通，确保 ESG 相关问题能够得到公司高层的充分关注。在实施过程中，投票和公司治理团队要与 ESG 研究团队在参与议题、相关访谈问题确定等方面开展密切合作；并通过沟通合作促进 ESG 研究的提升，形成“研究—参与/投资—研究”的良好闭环（见图 1-3-5）。

由于此前缺乏尽责管理的顶层设计，我国尚处于尽责管理的初期。2022 年 9 月，中国保险资产管理业协会发出 ESG 尽责管理倡议书，提出利益一致性、ESG 投资整合、主动参与、共同协作等管理原则。在此基础上，中国保险资产管理业协会于 2023 年进一步形成了《尽责管理准则（草案）》，完善尽责管理准则内容及配套的信息披露模板，尽责管理落地实施的条件基本具备。2023 年 7 月，中国责任投资论坛（China SIF）和北京绿金院发起“中国气候联合参与平台”（CCEI），旨在通过践行尽责管理，促进上市公司积极应对气候变化、有序转型。国寿资产、太保资产、泰康资产等三家大型保险资管公司成为创始成员单位，支持单位为中国保险资产管理业协会。随着监管的加强和行业自律标准的推进，保险资金将加快对尽责管理的学习和实践探索，尽责管理也必将在保险机构的 ESG 投资中扮演着越来越重要的作用。

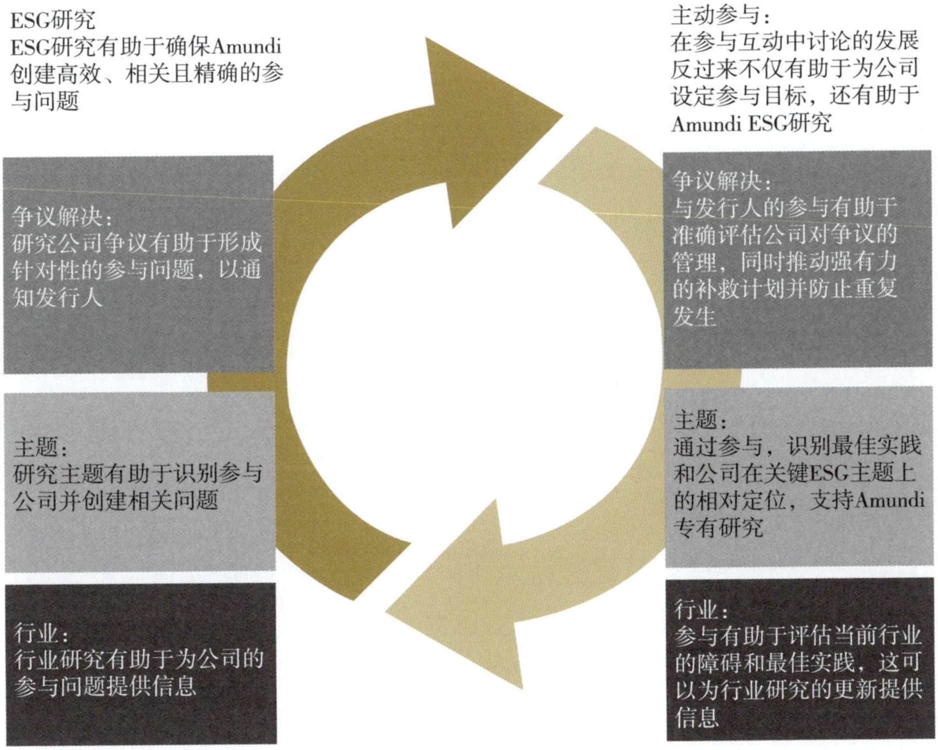

图 1-3-5　东方汇理资管 ESG 研究团队与尽责管理团队的合作

资料来源：东方汇理资管

第三节　有关政策建议

2023 年 10 月，中央金融工作会议明确提出建设金融强国战略，做好科技金融、绿色金融、普惠金融、养老金融、数字金融“五篇大文章”。截至 2023 年第三季度，我国保险资金运用规模 27.2 万亿元，保持 10.8% 的较高增速。鉴于保险资金规模大、久期长以及与 ESG 理念天然契合的特性，保险资金发展 ESG 投资对于带动我国绿色金融发展、实现金融强国战略具有不可忽视的重要意义。结合欧盟可持续金融政策框架和东方汇理资管、法巴资管的 ESG 投资实践，特提出以下政策建议：

一、监管政策建议

相较于欧盟，我国相关主体对 ESG 的认知、理解与实践均处于起步阶段，更需要政府部门通过监管政策的推进，引导和督促企业和金融机构践行 ESG，并为 ESG 生态的发展提供必要的技术和监管支持。

（一）提升企业 ESG 信息披露要求，奠定 ESG 投资发展基础

考虑到我国 ESG 强制披露规则适用范围较为狭窄，难以满足我国绿色金融发展的现实需要，建议我国监管部门参考欧盟 CSRD 对企业可持续信息披露的规定，**一是扩大企业的强制披露范围**，加强生态环境部、国资委、证监会、交易所等层面的监管沟通和协调，适当扩大 ESG 强制披露的范围，将上市公司全部纳入披露范围，并将部分非上市公司如大型公司、大型集团的母公司、在我国有重要业务活动的境外公司子公司或分公司等纳入强制披露范围。**二是细化企业的披露内容**，根据公司规模与背景差异制定适用于不同类型公司的披露标准，同时根据议题、行业的差异制定一般标准、议题标准、行业标准，尽可能减少各类型公司披露 ESG 信息的成本。

（二）加强金融机构 ESG 信息披露要求，明确 ESG 投资产品标准

一是要强化金融机构 ESG 信息披露，参考欧盟 SFDR 标准，研究制定符合中国国情的金融机构 ESG 信息披露文件，明确金融机构主体、产品层面的 ESG 信息披露要求，通过定期披露引导和督促银行保险等金融机构加强自身 ESG 能力建设，并将 ESG 披露要求进一步传递至被投企业。**二是明确金融机构的 ESG 产品标准**，参考 SFDR 对三类 ESG 产品分类的做法，在现有绿色信贷、绿色保险、绿色投资等绿色金融产品分类的基础上，进一步明确主题型 ESG 基金、影响力投资等产品标准或原则，并提升 ESG 投资产品的信息披露要求，避免各类金融机构“洗绿”行为。**三是明确低碳转型标准**，参考欧盟低碳转型基准，结合我国实际情况，由监管部门制定出

台与我国“双碳”目标、巴黎协定相一致的低碳转型基准，并要求将其应用于低碳指数、低碳产品等设计中，为金融机构制定低碳战略、发行低碳指数产品等提供标准参考。

（三）鼓励并规范 ESG 服务机构发展，促进 ESG 生态建立

一方面要鼓励 ESG 服务机构的发展，充分发挥 ESG 咨询、ESG 评级、碳排放核查等 ESG 服务机构的专业积累，调动更多机构参与 ESG 政策制定和行业研讨，助力 ESG 监管政策完善。鼓励银行保险等金融机构采购第三方 ESG 数据，持续丰富金融机构 ESG 数据积累。**另一方面要适当加强 ESG 数据和评级机构监管**，开展 ESG 服务机构发展情况调查，逐步引导并要求评级机构公开 ESG 数据来源、ESG 评级方法与标准、ESG 数据更新与调整政策等评级信息，提升第三方 ESG 数据的合理性和有效性。

二、保险机构建议

（一）明确 ESG 投资理念，完善 ESG 战略规划

一是加强 ESG 投资研究，建立专职 ESG 研究团队，就低碳、气候变化、社会等 ESG 议题开展专题研究，探索并加强 ESG 与宏观、行业、资产配置间影响的研究，在持续深化 ESG 研究的基础上形成公司独有的 ESG 投资理念。**二是完善 ESG 战略规划**，以公司 ESG 研究和 ESG 理念为基础，结合公司业务特点，制定覆盖投资、运营、尽责管理等方面的 ESG 整体战略框架，并明确短、中、长期的战略目标，提升公司的 ESG 表现。**三是加强低碳转型战略制定与实施**，结合国家“双碳”目标及行业规划，探索制定公司“双碳”目标，明确低碳转型路径及实施方案，通过自上而下的低碳资产配置目标防范气候转型风险，在助力巴黎协定目标和国家“双碳”目标实现中持续锻造转型优势。

（二）加强 ESG 组织保障，提高必要资源投入

一是持续完善 ESG 治理架构，健全 ESG 组织保障，在明确董事会、

高级管理层ESG职责的基础上，进一步将ESG职能融入公司研究、投资、评审、风控、投后管理等各职能部门，并落实到具体团队，为ESG融入各职能条线奠定基础。**二是要加大ESG资源投入。团队建设方面，**鼓励建立专职ESG队伍，持续提高专业化能力建设，为ESG研究、ESG评价、ESG策略开发、尽责管理提供专业人员支撑；**外部资源方面，**加大公司ESG咨询服务、ESG数据采购、ESG尽职调查、绿色运营等方面的必要投入；**人才建设方面，**围绕公司阶段性ESG投资目标及重点工作，针对薄弱环节提高培训投入，同时建立长期培养机制，做好ESG专业人才储备，塑造集保险、金融及可持续背景于一体的复合型人才队伍。

（三）构建ESG评级体系，探索ESG投资创新

一是加强ESG数据积累，通过ESG数据采购、尽职调查等方式丰富ESG数据来源，结合公司自身ESG理念和投资实践，构建专有性ESG评价体系，并将其ESG评级应用于ESG策略构建、尽责管理、信息披露等领域。**二是构建ESG投资策略，**借鉴欧盟资管机构ESG投资实践，结合公司自身ESG战略和投资业务特性，制定既全面覆盖公司、又兼具各业务特点的ESG投资策略，明确ESG整合、ESG主题、影响力投资等多类ESG策略的投资框架。**三是创新ESG投资产品，**在不断做强做大绿色投资的同时，根据我国国家战略和保险资金特点，探索将ESG因素纳入股权投资计划、债权投资计划、保险私募股权基金等保险资管产品中，形成具有中国特色的保险资管ESG投资产品。**四是发展低碳转型产品，**围绕低碳目标战略，结合行业和资产碳排放强度开发低碳转型投资产品，为公司自身低碳战略实施和资产碳足迹逐步降低提供产品基础。

专题二

绿色固收投资：保险资金绿色债券投资[①]

近年来，我国“双碳”目标的提出和加快推进，推动了我国绿色债券市场的快速发展，绿色债券一级发行规模不断提升，各类投资者也都积极参与到绿色债券的投资中。保险资金具有“体量大、长期性”等特征，与绿色产业发展匹配度高，能够保障绿色产业资金来源的稳定性与绿色项目的可持续性，有效推动我国绿色债券市场的健康发展；长久期绿色债券也能够拓宽保险资金的投资范围，有助于保险资金缩小资产负债久期缺口。因此，绿色债券的定价和相关投资研究对保险资金投资意义重大。目前我国绿色债券市场还处于发展初期阶段，相比国际绿色债券市场，我国绿色债券仍有较大的发展空间。

本课题分别从我国绿色债券发展背景、发展现状及存在的问题、定价因素和市场溢价等方面进行了详细的分析，总结了我国金融机构投资绿色债券市场的整体情况。同时，也深入分析了国际绿色债券发展的历程、发展现状、国际主流机构投资绿色债券的情况，以及国际绿色债券定价机制和影响因素。综合国内外绿色债券发展情况和经验，研究了我国保险资金投资绿色债券的基本情况、面临的问题，并提出相关投资建议。

① 此研究课题的承担单位为光大永明资产管理股份有限公司，课题负责人为孙锐，课题组成员包括王倩、詹一明、杨紫漪。

第一章　我国绿色债券的发展情况

第一节　我国绿色债券发展的背景

近年来，我国“双碳”目标的提出和加快推进，推动了我国绿色债券市场的快速发展。随着相关管理制度的不断完善，绿色债券一级发行规模逐步上升，各大金融机构也都积极参与到绿色债券投资中，绿色债券一级市场出现了绿色溢价，因此，研究绿色债券定价和相关投资对于提升保险资金投资质效意义重大。

一、绿色债券定义及分类

气候债券倡议组织（CBI）2021 年发布的《绿色债券原则》将绿色债券定义为按照原则且满足四大核心要素而发行的用于绿色项目的债券。《中国绿色债券原则》则将绿色债券定义为满足原则中特定的绿色产业、项目、经济活动等而发行的债券。绿色债券与普通债券的主要区别在于其募集资金用于特定绿色项目。

在我国，根据是否经过专业机构认证贴标，将绿色债券分为“贴标绿债”和“非贴标绿债”两种。本文主要研究“贴标绿色债券”。根据 Wind 中 ESG 概念板块的分类，按照项目类别可将绿色债券划分为五大类，分别是综合环保债券、水环保债券、碳中和债券、蓝色债券以及其他绿色债券。

二、我国绿色债券发行历史

我国绿色债券最早可以追溯到 2014 年，发行主体为中广核风电有限公司，其发行的绿色债券募集资金主要投向风电等碳减排相关项目，开启了我国绿色债券发行的探索。2015 年，新疆金风科技股份有限公司和中国农业银行分别在海外成功发行了首只境外绿色企业债券和境外绿色金融债券，为我国绿色债券稳步发展奠定了基础。2016 年，我国大型股份制商业银行也陆续参与到绿色金融债的发行中，极大地推动了我国绿色债券的快速发展。2017 年之后，我国绿色债券迎来了快速发展期。根据气候债券倡议组织（CBI）的最新统计结果，目前我国已成为绿色债券市场发行规模最大的国家。2022 年，全球绿色债券合计发行 4 871 亿美元，其中，中国发行规模最大，其次是美国，第三是德国，发行规模占比分别为 17.53%、13.22% 和 12.56%。

三、我国绿色债券发展的政策基础

（一）政策萌芽期

2014 年，我国开始绿色债券的初步尝试，党中央十分重视绿色债券市场的健康发展，2015 年我国的绿色债券政策迎来了快速发展。中共中央和国务院陆续出台了《中共中央 国务院关于加快推进生态文明建设的意见》和《生态文明体制改革总体方案》两个文件，重点强调了绿色发展理念，提出建立绿色金融体系，并开始鼓励银行和企业探索发行绿色债券，鼓励发行以绿色信贷为底仓资产的证券化产品。2015 年底，中国人民银行发布了《关于发行绿色金融债券有关事宜的公告》，明确了我国绿色金融债券的发行条件和相关监管办法，为我国绿色债券市场发展做好基础性监管政策。2016 年上半年，国家发展改革委、上交所和深交所分别发布了《绿色债券发行指引》和《关于开展绿色公司债券试点的通知》，进一步明确了绿色企业债券、绿色公司债等的发行要求和相关流程。这些政策文件的相继出台为我国绿色债券市场健康快速发展奠定了良好的政策基础。

（二）政策发展期

2016 年下半年，我国关于绿色债券的相关制度和监管政策取得突破性进展，财政部、发展改革委、环境保护部、“一行三会”等七部委联合制定并发布了《关于构建绿色金融体系的指导意见》，绿色金融顶层宏观框架的建立体现了我国加快经济绿色转型的决心。随后的几年，关于绿色金融政策和配套措施不断被推出和细化，促使包括绿色债券在内的绿色金融产品的市场规模不断壮大。2017—2018 年，各大部委、监管机构、自律组织相继发布了规范绿色债券发展的相关政策文件。中国证监会、中国银行间市场交易商协会、中国人民银行等陆续发布了《关于支持绿色债券发展的指导意见》《非金融企业绿色债务融资工具业务指引》和《绿色金融债券存续期信息披露规范》，进一步明确和规范了绿色公司债、绿色债务融资工具、绿色金融债等各类绿色债券信息披露、资金用途等方面的具体要求。此外，国务院还设立了五大绿色金融改革创新试验区，配合“债券通”的交易便利、地方政府对绿色债券的支持政策、央行对绿色债券批准质押等政策支持，极大地推动了我国绿色债券市场的快速发展。

（三）政策完善期

我国绿色债券在政策呵护下进入了快速扩容发展阶段，初期的绿色债券相关制度已经无法满足目前市场的发展需要，监管部门亟需出台更多的绿色债券补丁政策。2021 年，中国人民银行、发展改革委、中国证监会联合发布《绿色债券支持项目目录》，完善了绿色金融标准体系，进一步强化金融机构监管和信息披露。此外，中国人民银行还发布了《银行业金融机构绿色金融评价方案》和《碳减排支持工具》两个文件，完善了绿色债券激励约束机制。2022 年，中国银行间市场交易商协会、上交所陆续推出绿色债券相关新品种，拓宽了绿色债券的细化品种，对绿色债券形成了有效的补充。此外，原银保监会还发布了《银行业保险业绿色金融指引》，鼓励银行加大绿色信贷投放，引导保险机构积极参与绿色债券投资，推动绿色债券发行规模的进一步扩大。

第二节　我国绿色债券发展的现状

一、我国绿色债券发行规模全球领先

我国绿色债券市场起步较晚，但是近年来发展迅速，2019 年呈现了爆发式的增长，发行规模和只数较前一年几乎翻倍。2022 年我国绿色债券发行规模全球领先，远超美国和欧洲等发达国家，合计发行绿色债券 1.26 万亿元，首次突破万亿元，同比增长约 38%，净融资额 7 832.73 亿元，同比增长约 46%。2023 年 1—9 月，我国发行绿色债券规模 1.04 万亿元，到期规模 3 806.19 亿元，净融资额为 6 632.96 亿元，发行量超过 2022 年全年的 82%，净融资额超过 2022 年全年的 84%（见图 2－1－1）。

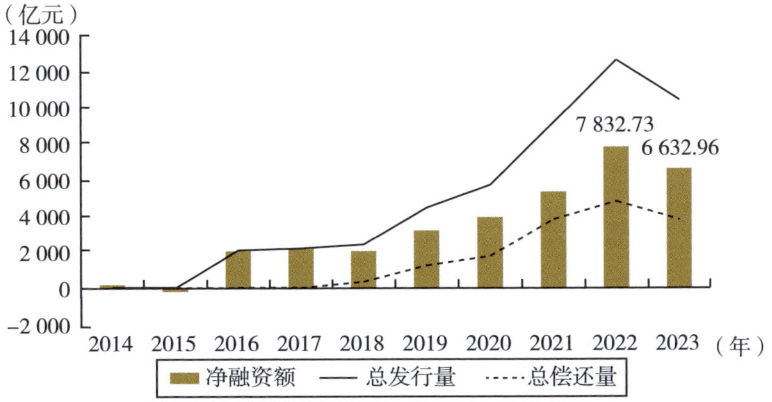

图 2－1－1　2014—2023 年我国绿色债券发行和净融资规模

资料来源：Wind

我国绿色债券的发行数量也呈现逐年增长态势。从 2014 年个位数的发行数量，到 2019 年发行数量较上一年几乎翻倍，2021 年的发行数量较上年也出现明显的增长。2023 年 1—9 月，我国合计发行绿色债券 756 只，超过 2022 年全年发行数量的 81%（见图 2－1－2）。

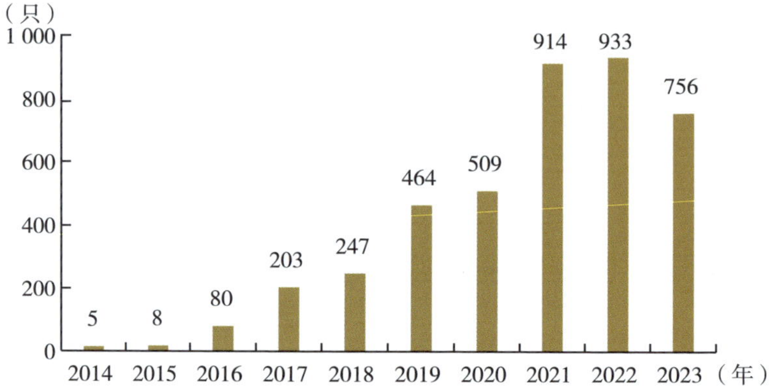

图 2－1－2　2014—2023 年我国绿色债券的发行数量

资料来源：Wind

我国绿色债券 2016 年存量规模较 2015 年增长了 3 倍多，之后几年也保持平均 47% 的增长速度。截至 2023 年 9 月末，我国绿色债券存量规模为 3.09 万亿元，较 2022 年底增长了 25%，存量绿色债券共 2 396 只（见图 2－1－3）。

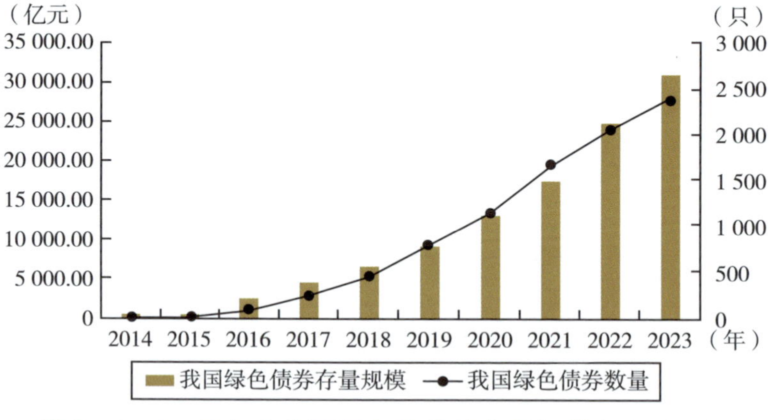

图 2－1－3　近年来我国绿色债券的存量规模和存量只数

资料来源：Wind

二、我国绿色债券发行主体比较集中

从行业性质看，不考虑政府债，其他信用类绿色债券行业主要集中在金融、公用事业、工业三大领域。从 2023 年 1—9 月的发行情况看，金融业发行规模为 4 170. 40 亿元，占比 62. 01%，主要以金融债、资产支持证券为主；公用事业发行规模为 1 032. 32 亿元，占比 15. 35%；工业发行规模 913. 91 亿元，占比 13. 59%（见图 2－1－4）。

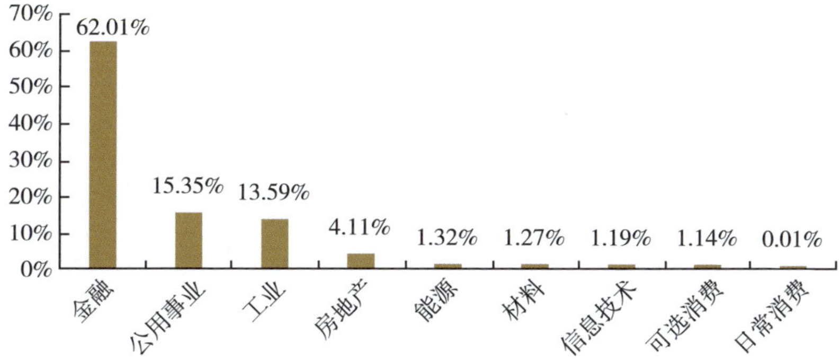

图 2－1－4　2023 年 1—9 月我国发行的绿色债券主体行业结构

资料来源：Wind

从主体性质来看，国有企业占据绿色债券发行的绝对主导地位。2023 年 1—9 月，中央和地方国有企业发行的绿色债券数目占比高达 82. 56%，发行债券金额占全部企业的 80. 29%。公众企业发行规模 793. 18 亿元，占比 11. 80%；民营企业虽为市场经济中最为活跃的部分，但其发行规模仅有 427. 45 亿元，占比 6. 36%。此外，中外合资企业、外资企业、外商独资企业等其他企业发行规模很小，合计占比 1. 55%（见图 2－1－5）。

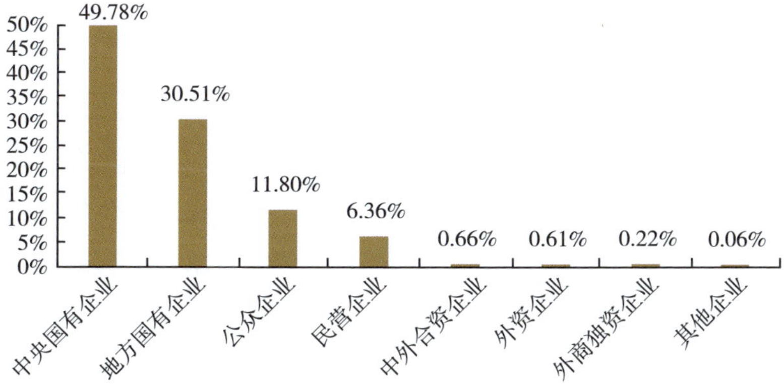

图 2－1－5　2023 年 1—9 月我国绿色债券发行规模主体性质分布

资料来源：Wind

从发行人的区域分布来看，2023 年 1—9 月东部地区发行规模占比达到 85.70%，中部、西部、东北省份占比分别为 6.06%、7.91% 和 0.33%。这种格局主要与企业注册地高度集中在经济发达省份有关（见图 2-1-6）。

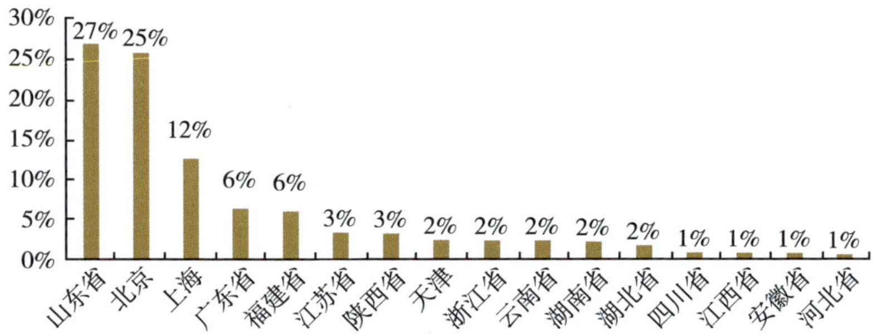

图 2-1-6　2023 年 1—9 月我国绿色债券发行规模主体区域分布

资料来源：Wind

但是，从资金实际流入区域来看，据中债资信关于绿色债券统计，绿色债券发行资金支持的绿色项目区域分布相对均衡，地区排名前六省市（鲁、京、沪、粤、闽、苏，按注册地计，发行规模占比近 80%）对应地区的绿色项目资金规模占比不足 30%，西部地区（如云南、贵州、甘肃等省份）的绿色项目资金流入规模占比则超过 30%。

三、我国绿色债券品种走向多元化

我国绿色债券从 2014 年开始起步，初期主要是资产支持证券、金融债、中期票据这三类债券品种，占我国绿色债券发行规模的比例分别为 63.64%、27.27%、9.09%（见图 2-1-7）。随着我国绿色债券的不断发展，发行品种也逐步走向多元化，截至 2023 年 9 月末，我国绿色债券品种主要包括资产支持证券（占比 27.71%）、地方政府债（25.63%）、中期票据（占比 17.07%）、公司债（占比 14.53%）、企业债（占比 7.51%）、金融债（占比 5.76%）、短期融资券（占比 0.96%）、国际机构债（占比 0.08%）、可交换债（占比 0.08%）等（见图 2-1-8）。其中，我国存量绿债债券规模最大的为资产支持证券，其次是地方政府债和中期票据，金融债占比逐步减少，以中票、企业债、公司债、短融等信用类融资工具占比逐年增加，目前合计占比超40%。近年来，我国也推出了碳中和债券、可持续发展挂钩债券、低碳转型类债券等创新品种，其本质都是以银行间债务融资工具、企业债、公司债等形式发行的，发行的时候贴上绿色债券标签，又称“贴标绿色债券”。

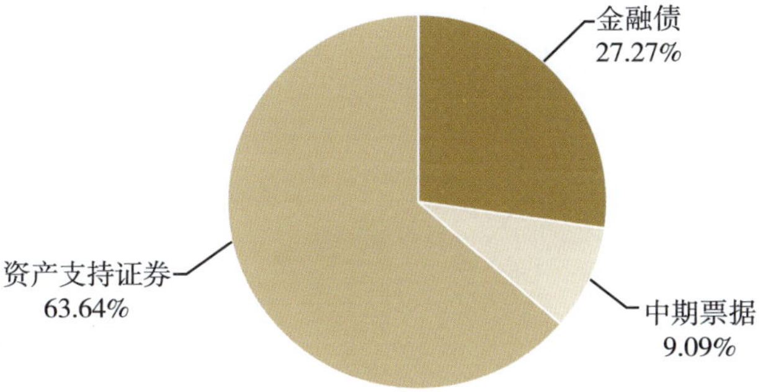

图2－1－7　2014年我国绿色债券品种结构

资料来源：Wind

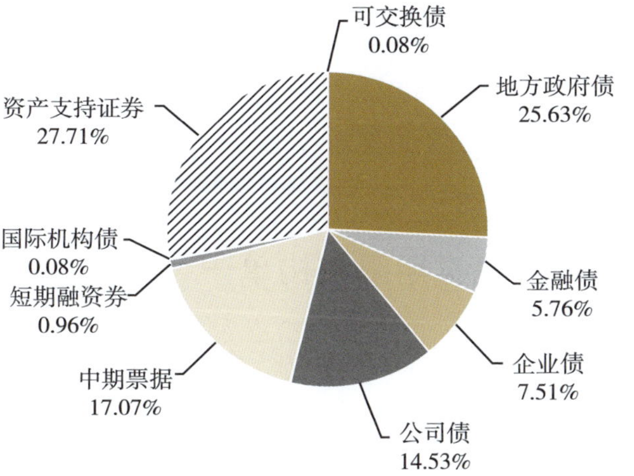

图2－1－8　2023年9月末我国绿色债券品种结构

资料来源：Wind

从发行规模来看，2023 年 1—9 月发行的绿色债券中，发行规模最大是金融债，规模达 3 028 亿元，占比 29.01%；规模第二大的是地方政府债，发行规模为 2 619.57 亿元，占比 25.09%；规模第三大的是资产支持证券（ABS），发行规模为 1 873.67 亿元，占比 17.95%（见图 2-1-9）。银行间债务融资工具占比也较高，其中，中期票据 690.39 亿元，占比 6.61%；短期融资券 285.82 亿元，占比 2.74%。公司债规模为 563.31 亿元，占比 5.40%；企业债规模较小，为 90.45 亿元，占比仅 0.87%；规模最小的定向工具仅有 16.4 亿元，占比 0.16%。此外，还有部分离岸绿色债券，规模为 1 271.55 亿元，占比 12.18%。

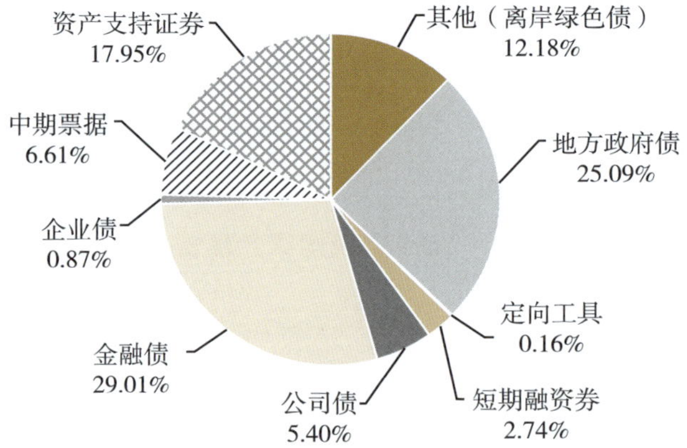

图 2-1-9　2023 年 1—9 月我国发行绿色债券品种结构

资料来源：Wind

四、我国绿色债券期限结构单一

我国绿色债券发行主要以中短期为主，3 年以内占比超过 60%。2023 年 1—9 月，我国发行的 3 年及以内绿色债券规模为 6 266.89 亿元，占比 60.03%，其中 3 年期的债券最多，为 4 154.55 亿元，占比达 39.80%；其次是 15~30 年超长债（主要是地方政府发行的绿色水利工程项目债券）为 2 603.72 亿元，占比 24.94%；再次是 1~2 年期发行规模 1 129.30 亿元，占比 10.82%；1 年及以下的为 983.03 亿元，占比 9.42%；5 年期发行规模仅 660.95，占比 6.33%；其他期限占比都不超过 5%（见表 2-1-1）。截至 2023 年 9 月，发行期限最长为 30 年，最短为 1 个月左右。如果不考虑地方政府发行的绿色项目债券，我国绿色债券主要集中于 3 年左右，期限整体较短。

表 2-1-1　　我国绿色债券发行期限结构分布

序号	期限（年）	2023 年 1—9 月发行额（亿元）	占比（%）
1	1	983.03	9.42
2	2	1 129.30	10.82
3	3	4 154.55	39.80
4	4	64.30	0.62
5	5	660.95	6.33
6	6	14.07	0.13
7	7	283.81	2.72
8	10	341.69	3.27
9	15	203.73	1.95
10	20	1 082.38	10.37
11	30	1 521.34	14.57
总计		10 439.16	100.00

资料来源：Wind

从国际上看，绿色债券发行平均期限为 7 年左右。由于绿色债券资金投向绿色环保等项目，投资期限多为 5～10 年及以上，因此绿色债券发行期限较长。未来我国绿色债券发行期限也将会逐步延长，增加 5～10 年期限债券占比以匹配绿色项目的投资需要。

五、我国绿色债券发行利率具有相对优势

自 2016 年以来，我国绿色债券发行利率优势逐步有所显现。初期绿色

债券并不被市场熟悉，发行利率与同期限、同主体级别、同类型债券二级市场估值价格相差不大。但近年来，随着绿色债券发行规模的增加，投资者对绿色债券投资的考核要求，绿色债券发行利率优势逐步显现。一级市场上，绿色债券发行利率有明显优势，平均低于同期限、同主体级别、同类型债券约30BP。例如，最近兴业银行3年期绿色债券发行利率为2.77%，比同期发行的小微金融债还要低。再如，某城商行发行的5亿元次级债券，票面利率为4.5%，后来发了30亿元永续债券，利率4.8%，而同样的30亿元绿色债券，成本只有3.7%。当然发行利率主要受发行时间点的市场利率影响，但同等条件下，绿色债券的利率优势也在不断显现。二级市场上，绿色债券利率优势不是特别明显，同类型、同期限的绿色债券估值与传统债券相比价差并不明显，个别债券存在5~10BP的绿色价差。

六、我国绿色债券信用等级普遍较高

我国发行的绿色债券信用等级普遍较高，超90%的绿色债券外部信用评级都在AAA级。2022年，AAA评级达到93.07%，AA+为6.0%。主要是因为评级在AA+以下的企业发债与贷款相比成本优势相对较低，个别低等级主体也可以通过增加强担保方式来发行绿色债券。截至2023年9月，我国累计发行的绿色债券外部评级为AAA级的占比高达93.26%，AA+占比为5.72%（见表2-1-2）。近年来，绿色债券信用评级高等级占比有所提升。

表2-1-2　2023年1—9月我国发行的绿色债券信用评级分布情况

评级	占比（%）
AAA	93.26
AA+	5.72
其他	1.03
合计	100.00

资料来源：Wind

第三节　我国绿色债券投资面临的问题

我国绿色债券市场虽然起步较晚，但是发展十分迅速，快速发展过程中也存在不少问题亟待解决。

一、我国绿色债券认定标准不统一

我国绿色债券的定义和认定标准与国际上绿色债券认定标准不完全一致。虽然近年来我国一直在完善绿色债券的定义和相关认定标准制度，但是由于缺乏完善统一的绿色产业体系项目专业认证系统，所以各个机构认证标准也不够统一，多重的衡量准则导致评估结果不够客观。我国绿色债券发行良莠不齐，第三方机构没有很好地实现对于“漂绿”以及“染绿”现象的专业审核把关，更有甚者甚至钻标准不统一的空子，这些问题都会打击金融机构和企业的发行积极性，阻碍市场健康发展。此外，由于国内外的标准不统一，因此存在很多绿色债券无法完全被纳入国际绿色债券的问题。比如，我国在煤炭、新能源汽车方面与国际上认证标准不同，也导致国际投资者很少对我国的绿色债券进行投资。2022 年我国发行的全部绿色债券中约有 45% 不被气候债券倡议组织（CBI）所认可。

二、我国绿色债券发行主体缺乏多元化

我国绿色债券中有超过 25% 是地方政府类债券，剔除地方政府类债券外，信用类绿色债券发行主体主要集中在国有几家大银行代表的金融机构和国有大型企业，其中国有企业发行主体占绿色债发行主体高达 99%，民营企业参与较少。民营经济对国民经济增长的贡献度也较大，他们是未来潜在的发行绿色债券的主体，但是目前我国绿色债券市场更倾向于政府信用和背书的项目，导致市场融资主体较为单一且集中度较高。未来绿色债

券发行市场仍将向多元化发行主体方向发展，多种企业性质和类型的发行主体共同参与的绿色债券市场是更完善的、更健康的。

三、我国绿色债券发行期限错配

我国很多绿色环保项目的投资期限都长达8～10年，甚至10年以上，但是目前我国绿色债券发行期限主要集中在3～5年。绿色债券项目资金来源和资金使用存在较大的期限缺口。此外，中短期限的金融债和企业债存在较大的集中到期的偿还压力，企业也存在较大流动性风险。国际上绿色债券发行平均期限为7年，我国还有差距，特别是10年以上的项目金额差距更大，未来仍需进一步完善绿色债券发行期限，增加长久期绿色债券的供给。

四、信息披露不完善

我国绿色债券信息披露制度仍需要进一步完善，目前发债主体披露内容不全面且可信度低。有些发行人在报告中只披露了绿色项目的一级分类内容，并没有项目案例分析和具体计划安排等。还有部分发行人甚至隐去具体绿色项目及环境方面的风险因素信息，将资金用于非绿色投资等较高风险项目中，误导投资者。此外，目前发行人披露的侧重点不同，没有统一的信息披露标准要求，这增大了投资者的风险识别难度，也给监管机构管理带来了较大困难。

五、无合理定价机制，市场投资交易不活跃

我国绿色债券存在认定标准不统一、发行主体集中度高、期限集中、信息披露不完善等上述问题，导致目前从公开信息中无法形成有效的绿色债券定价机制。地方政府的隐性支持和发债成本的约束等都会影响绿色债券和传统债券之间的价差，对投资者投资定价带来较大影响。目前债券市场参与绿色债券投资主要是有绿色投资考核指标要求的大型商业银行，保

险资金对绿债投资并无强烈诉求，有考核机制问题，也有期限错配问题。未来仍需进一步完善发行机制和定价机制，并积极与国际绿色债券市场接轨，积极创新更多的产品，完善债券供给期限，吸引更多机构投资者的关注并参与到公开市场投资。

第四节　我国绿色债券市场定价情况

目前我国绿色债券市场定价还未形成统一定价机制和定价模型，但是我们可以通过观察一级市场发行价格和二级市场估值和交易情况来观察绿色债券定价情况，以及影响绿色债券定价的因素。

一、我国绿色债券定价的影响因素

我国绿色债券定价影响因素除了与传统债券利率走势影响因素相同外，还有特别的指标需要纳入定价模型中，目前市场也在摸索中推进绿色债券的定价。国内外最新相关研究显示，绿色溢价表现与是否进行第三方评估认证（刘雨宁等，2022）、环境效益披露，以及符合可持续发展目标的数量（SLIMANE 等，2023）等因素存在相关性。中债资信就绿色债券在发行阶段所披露的募集资金使用情况及效率、资金管理、环境效益、信息披露承诺和第三方认证情况等因素与其绿色溢价表现进行了统计分析。结果显示：一是在简单统计分析层面，披露信息披露承诺、环境效益数据、第三方认证、募集资金 100% 用于绿色项目的绿色债券平均溢价为 12 个基点、17 个基点、13 个基点和 13 个基点，分别均优于未披露相关内容绿色债券的 10 个基点、5 个基点、6 个基点和 3 个基点的水平，市场对绿色相关因素的关注处于逐步建立和发展的过程中。二是在面板回归检验层面，是否披露第三方认证和信息披露承诺、资金是否全部用于绿色项目、单位资金产生的环境效益水平等对样本绿色债券绿色溢价水平的影响在 90% 置信区间内未表现出显著性，而环境效益数据披露与否对样本绿色债券绿色溢价水平的影响在90%置信区间内表现出显著性。详细结果见表2－1－3。

表2－1－3　　我国绿色债券不同披露行为下的绿色债券平均溢价水平

（单位：BP）

	披露信息披露承诺	披露环境效益数据	披露第三方认证	募集资金100%用于绿色项目
是	－12	－17	－13	－13
否	－10	－5	－6	－3

资料来源：Wind，《2023年上半年中国可持续债券市场观察报告》

二、我国绿色债券溢价情况

从一级市场发行利率来看，我国绿色债券存在一定绿色溢价。目前国内很多学者就我国绿色债券溢价水平进行了较多研究，如祁怀锦、刘斯琴、张丽宏等（2021）的研究显示，我国绿色债券存在10～20BP的绿色溢价。中债资信从绿色债券发行利率与普通信用债券发行利率角度也进行了对比研究，研究结果显示自2019年以来我国绿色债券市场整体出现一定绿色溢价。2023年上半年，统计的绿色债券平均溢价为15BP，与2022年同期16BP基本持平。从溢价比例来看，2023年上半年，约69%的绿色债券存在绿色溢价，较2020—2022年的溢价比例有所下降。国际上，CBI统计显示：2022年下半年全球绿色债券平均溢价48BP，高于我国绿色债券平均溢价水平。虽然目前各类研究报告和统计结果显示我国绿色债券市场存在一定溢价，但如果将发行认证、信息披露、存续期管理等多种因素成本综合进行计算，发行绿色债券的真实溢价水平并不显著。

本节挑选2016年来发行的绿色债券，与同主体、同期限、临近期限的普通信用类债券相对比，分析我国绿色债券历史平均溢价水平，结果显示：2023年前三季度我国绿色债券一级发行利率相比普通信用类债券的绿色溢价平均水平约为16BP。2016年以来绿色溢价水平在－5～25BP之间，平均溢价水平约8.75BP。可见，2018年之前我国绿色债券并未出现明显绿色溢价，2019 年我国绿色债券进入快速发展阶段后，出现了比较明显的绿色溢价（见图 2 –1 –10、表 2 –1 –4）。

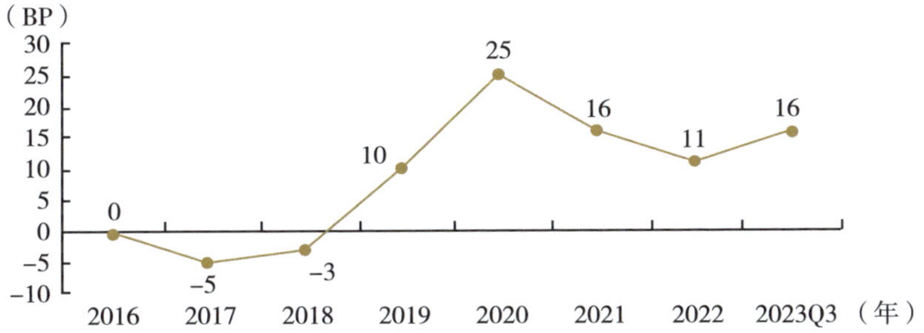

图 2 –1 –10　2016 年至 2023 年 9 月我国绿色债券发行平均溢价水平

资料来源：Wind

表 2 –1 –4　　我国绿色债券历史溢价水平情况

时间	样本（只）	绿色溢价		
		数量（只）	占比（%）	平均溢价（BP）
2020	5	3	60	25
2021	9	6	67	16
2022	13	11	85	11
2023Q3	15	12	80	16

资料来源：Wind

从二级市场来看，根据绿色债券发行后的二级市场估值走势可知，2020—2022 年我国绿色债券发行后即期价格表现普遍优于传统债券。一方面与疫情时期，资金面较为宽松、配置需求较为强烈、债券市场牛市行情有关；另一方面，也与当时碳中和战略目标和绿色发展战略相呼应，各大银行、保险等机构纷纷参与绿色债配置。中债资信研究分析显示，2020 年、2021 年和 2022 年上半年发行后 7 天平均利差扩张幅度分别为 4BP、8BP 和 2BP，低于同期普通债券的平均利差扩张（38BP、50BP 和 21BP）。然而，2023 年以来绿色债券发行后价格表现不及普通债券，发行后 7 天和 28 天绿色债券平均利差扩张幅度均为 39BP，而普通债券的平均利差扩张幅度分别为 25BP 和 32BP，优于绿色债券的表现。因此，目前仍看不出机构对绿色债券的强烈偏好。这也印证了绿色债券二级市场流动性较差，配置力量主要集中于一级市场的观点。

从目前已经发行的绿色债券来看，绿色债券估值水平和非绿色债券估值水平没有显著的信用利差。以中国华电集团为例，对其发行的绿色债券和普通信用类债券进行了相近期限中债估值水平对比，可以发现剔除期限价差外，绿色债券和普通信用债券估值几乎没有差异（见表2-1-5）。

表2-1-5　中国华电集团发行绿色债券和普通信用债券估值对比（截至2023年10月20日）

序号	证券代码	证券简称	剩余期限（年）	中债估值（元）	类型
1	185065. SH	21 华电 07	0. 1014	2. 4522	普通信用
2	102280139. IB	22 华电 MTN001A	0. 2411	2. 5500	普通信用
3	175801. SH	GC 华电 01	0. 3671	2. 6129	绿色债券
4	188185. SH	GC 华电 03	0. 6110	2. 6820	绿色债券
5	155473. SH	19 华电 03	0. 6603	2. 6854	普通信用
6	188775. SH	21 华电 06	0. 9233	2. 6982	普通信用
7	185066. SH	21 华电 08	1. 1041	2. 7019	普通信用
8	102280140. IB	22 华电 MTN001B	1. 2438	2. 7225	普通信用
9	132280023. IB	22 华电 GN001	1. 4192	2. 7463	绿色债券
10	185939. SH	22 华电 01	1. 6877	2. 7743	普通信用
11	137549. SH	22 华电 03	1. 7397	2. 7827	普通信用
12	137868. SH	23 华电 01	2. 4137	2. 8841	普通信用

资料来源：Wind

第五节　我国绿色债券市场投资情况

近年来商业银行理财子公司、保险资管、基金公司等资产管理机构对绿色债券投资的积极性显著提升，ESG绿色主题相关资管产品数量快速增加，现阶段固定收益投资领域规模最大的为银行理财产品。《中国银行业理财市场2022年度报告》显示：截至2022年底，理财资金投向绿色债券规模超2 700亿元。据Wind统计，2020—2022年纯ESG理财产品分别发行40只、59只和130只，2021年和2022年同比增长率分别为47.50%、120.34%。2023年1—9月已有91只纯ESG理财产品上线募集资金，增速略有所放缓，略低于上年同期水平。而公募基金在ESG绿色主题实践中，债券基金规模较小。截至2023年9月末，纯ESG债券基金仅6只，合计规模75.19亿元；泛ESG基金52只，合计规模144.63亿元。从国际经验来看，根据欧洲基金与资产管理业协会（EFAMA）数据，截至2023年9月末，欧洲类ESG债券型基金占基金市场净资产总额的13%。相比之下我国ESG理财产品、纯债型ESG公募基金规模占比仅为0.38%和0.03%，绿色相关资产管理产品还有很大发展空间。

第二章　国际绿色债券发展经验借鉴

第一节　国际绿色债券发展现状

随着气候变化的加速，投资适应并减缓气候变化的项目需要耗费大量的资金。据彭博财经测算，为达到《巴黎协定》约定目标，将全球气温控制在相较于工业化水平前升高2℃内，未来25年内需要投入12万亿美元。目前全球仍未形成统一的碳定价框架，因而绿色债市场对于气候项目的筹资起关键作用。作为新兴债券，近年来国际上对绿色债券进行了丰富的研究，研究方向包括绿色债的市场发展、特点、定价等。

一、国际绿色债券市场发展现状

（一）国际绿色债券发展历程

绿色债券市场在国外的起步和发展时间不长。自 2007 年欧洲投资银行发行了首只绿色债券后，国际绿色债市场发展迅速，10 年内绿色债发行人扩展到了各类主体。首批绿色公司债在 2013 年发行，发行主体为法国电力集团、瑞典能源集团 Vasakronan、伯克希尔哈撒韦的太阳能子公司和美国银行。同时，美国马萨诸塞州发行了首只带有绿色债券标签的市政债券。2017 年法国发行了首只主权绿色债，规模 100 亿美元。房利美创设了绿色抵押贷款支持证券（Green MBS），这类证券打包为绿色公寓楼等环境相关投资融资的抵押贷款，为房屋抵押贷款二级市场提供绿色资金。

绿色债券市场的出现和发展也助推了为发行人、监管者和投资者提供服务的机构的涌现。2011 年，气候债券倡议组织（CBI）发布首版《气候债券标准》，对合格的绿色项目进行定义。2014 年，国际资本市场协会（ICMA）制定了绿色债券市场的一系列自愿准则。《绿色债券原则》主要由四个组成部分构成：债券发行所得款项的用途、项目评估的过程、收益的管理、收益使用的报告和披露。基于各类参考标准，第三方机构为潜在绿色债券发行人提供认证服务。穆迪、标准普尔等评级机构也制定了绿色债券市场的评价标准，构建相关指数。2017 年，首只绿色债券 ETF 发行，次年第二只 ETF 成功发行。

（二）绿色债券国际认定

尽管人们普遍接受“绿色”债券的概念，目前还没有一个普遍认可的体系确定债券的绿色状态。一般来说，发行人可以为其贴上“绿色债”的标签并进行推广，也可以由第三方机构根据特定的指引进行认定，彭博等数据提供商也会依据特定的标准进行标识。

1. 第二方意见（SPO）

第二方意见是当前最普遍、最受绿色债券投资者欢迎的外部认证。每只绿色债券都可以经由挪威国际气候研究中心（CICERO）、ISS - Oekom、Sustainalytics 等独立研究机构发布第二方意见。第二方意见通常详细且全面，对绿色债券原则的四个核心组成部分和其他相关问题进行深入分析。CICERO 出具的第二方意见报告主要包含对发行人绿色债券框架、规则和气候相关活动程序的描述和评估。一些第二方意见也会对绿色债的绿色程度进行定性评价。例如，CICERO 将绿色债券区分为“深绿色”“中绿色”“浅绿色”和“棕色”，绿色的深浅程度表示债券可能对环境造成的影响及发行人治理结构能否对其绿色框架提供稳定支持。根据 CICERO 标准，只有最符合气候韧性的长期远景的绿色项目可以被评为“深绿色”。第二方意见主要由核查人员根据自己的标准对绿色债券提出全面但相对主观的意见。

2. 绿色评估认证报告

相较于第二方意见，绿色评估认证报告更加简短，同时评价结果更为客观。这类报告由毕马威和普华永道等审计机构出具，主要包括对募集资金使用合规性的检查，并对发行人是否违反绿色债券原则或发行人承诺出具声明。

3. CBI 认证

CBI 基于《气候债券标准》，与《巴黎协定》目标相对应，提供绿色认证标准，并通过经批准的验证机构向绿色债券授予绿色认证，CBI 在官网单独公布经 CBI 认可的绿色债的相关数据。

4. 绿色评级报告

穆迪、标准普尔等传统信用评级机构发布的绿色评级报告也是一种常见的认证方式。穆迪为绿色债券设立了五个级别的绿色评级。相较于第二方意见，绿色评级报告更多基于定量指标，且关注发行人的环境绩效数据。目前，采取这类认证方式的绿色债券整体少于第二方意见。

5. 彭博绿色债标签

许多绿色债研究采用 CUSIP 级别的彭博绿色债标签作为识别绿色公司债和绿色市政债的第一步骤。彭博要求债券的收益 100% 用于环保、可持续发展为导向且符合《绿色债券原则》的项目，才能被标识为绿色债券。不过，当一个公司的全部业务都符合绿色要求，该公司发行的普通债券也会被标记为绿色债券。

（三）国际绿色债券资金用途

欧洲及美国是海外绿色债券的主要发行国。美国绿色债券由市政债券和抵押支持债券（MBS）主导。绿色市政债券的主要用途一般包括：公共能源、公共交通、群租房、教育（如节能校舍和宿舍）及供水和污水处理项目。目前仍有大部分市政债券未被贴上绿色债券的标签，特别是许多用于污染控制和公共交通等本质上符合绿色项目的债券被划分为普通债券。绿色证券化市场除住房抵押贷款支持证券外，还包括汽车资产支持证券和物业评估清洁能源（PACE）资产支持计划。绿色公司债券主要用于可再生能源、节能改造或公共设施。国际上的绿色债券一般为新发债券，而非用于对过去债务的偿还。为了提高偿债能力，市政债券的偿债资金除了源于募集资金投向的特定项目，还包括政府税收收入。

（四）国际绿色债券市场规模

相较于可持续挂钩债券等其他可持续债券类型，绿色债券发展更为成熟，市场规模也更大。目前绿色债发行占可持续债券新发的比例超过50%。图2－2－1显示，绿色债券发行规模从2014年的367亿美元，快速增长至2022年的4 872亿美元，年均复合增长率38%。截至最新，全球共发行了2.334万亿美元的绿色债。

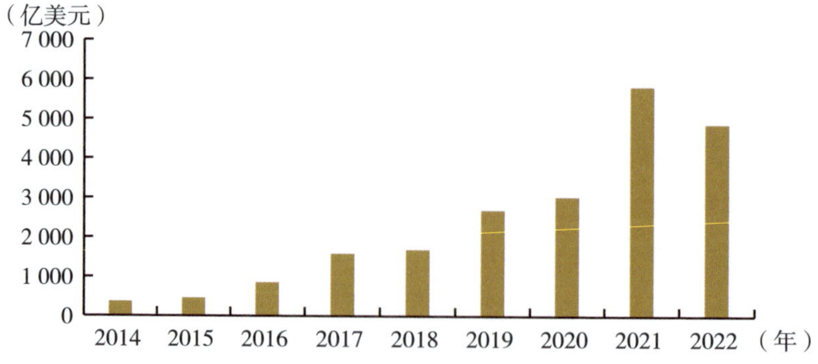

图2－2－1　绿色债券发行规模

资料来源：气候债券倡议组织（CBI）

2023 年 1—9 月，全球发行了 4 206 亿美元绿色债，其中获得认证的气候债券 160 亿美元，自主贴标且符合 CBI 定义的绿色债4 046 亿美元，贴标但不符合 CBI 定义的债券 895 亿元。尽管国际绿色债市场已取得较大发展，目前绿色债发行量占全球债券发行总量规模不到 3%，绿色债市场仍有较大的增长潜力。

（五）国际绿色债券发行主体

国际绿色债券的发行主体主要包括多边开发银行、区域性开发银行、市政机构、金融机构、非金融企业等（见图 2－2－2）。自法国发行了首只主权绿色债起，主权国家迅速成为绿色债券的重要发行主体。随着发行主体的日益多元化，债券类型也有所丰富，包括绿色金融债、绿色企业债、绿色抵押支持债券等。

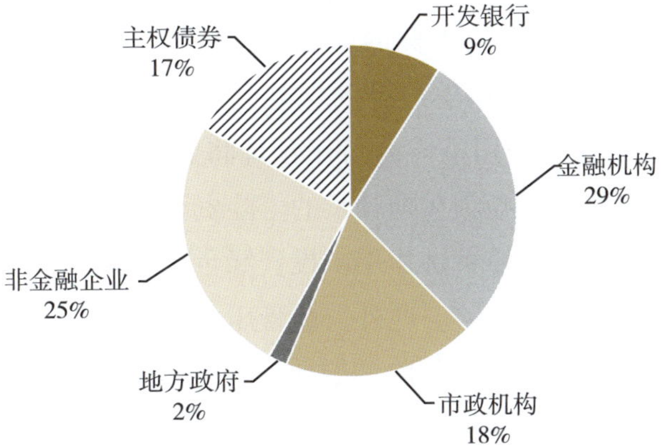

图 2－2－2　绿色债券发行主体分类

资料来源：气候债券倡议组织（CBI）

（六）国际绿色债券发行期限

国际绿色债券发行期限主要集中在 5 年以上，久期较长。绿色市政债券平均期限为 10～20 年，最长期限达 40. 72 年，超过 60% 的绿色债券期限在 10 年以上。绿色金融债券期限相对较短，一般为 5～10 年。

（七）国际绿色债券投资者结构

受益于绿色债信用等级高、发行期限长等特点，绿色债券投资者不断丰富，目前包括中央银行、养老基金、资管公司等。考虑到大部分国家对于买入、持有绿色债并没有税收优惠，机构投资者投资绿色债一般基于自身ESG投资目标，或有长期、可持续的投资需求。2020年，在联合国召集下，全球30个最大的投资者组成了“资产所有者零碳联盟”，对投资组合设立5年脱碳目标，并承诺2050年实现温室气体净零排放。这一联盟促进了头部机构投资者对绿色债券市场的参与。

二、国际保险资金投资绿色债券情况

受绿色债券投资定义模糊性、碳中和目标不透明性的影响，绿色债券并非目前保险公司的主要投资标的。奥斯特鲁姆资产管理公司调查显示，绿色债券占整体投资组合比重最高的保险公司，投资比重也仅有5.44%。然而，绿色投资占保险公司资产的份额预计将大幅增长。通过资产负债匹配策略，保险资金尤其是负债久期较长的寿险资金在帮助创新低碳基础设施部门获取长期融资方面起着关键作用。投资绿色项目还有助于保险公司降低与其投资组合相关的气候风险。此外，监管压力推动欧洲保险资金扩大对绿色债券的投资。2021年，欧盟保险和职业养老金监管局（EIOPA）建议欧盟委员会强制要求保险公司和再保险公司在《非财务报告指令》（NFDR）范围内披露关键绩效指标。保险业监管局则建议将可持续投资设为关键绩效指标。目前，海外头部保险集团都设有绿色投资战略，并逐年公布ESG报告，披露绿色债券投资规模增加情况。这些机构的绿色投资框架日臻成熟，可为国内保险公司提供参考。

（一）安盛集团（AXA）

作为全球最大的保险集团之一，安盛集团于2010年成立了负责任投资委员会（RIC），从绩效和风险管理的角度将ESG目标纳入投资管理体系。

2016 年起，公司每年编制并发布气候报告，详细记录其为应对气候变化作出的努力。安盛集团通过制定包含 3 000 余家公司的投资回避清单、结合自身标准对超过 8 000 家公司进行绿色评级、帮助合作伙伴向可持续发展转型及投资绿色债券四个方面，积极践行绿色理念。在绿色债投资方面，2019 年安盛集团提出其“气候战略”，计划在 2023 年底将绿色债投资规模提升至 260 亿欧元。截至 2022 年底，集团绿色债达到 251 亿欧元，占总债券投资规模 7. 36%，占集团总投资规模 5. 44%。具体投资策略上，安盛集团以彭博绿色债券指标为基础，对绿色债券进行认定。这些债券将资金直接用于符合 ICMA《绿色债券原则》要求的改善气候变化或其他环境保护的绿色项目。其中，绿色主权债券占公司绿色投资的 25%，绿色公司债券占 22%。

（二）大都会人寿（MetLife）

2022 年，大都会人寿加入“净零排放”计划，设立目标在 2050 年前实现全球业务和一般账户投资组合的温室气体净零排放，计划在 2020—2030 年新增 200 亿美元一般账户绿色投资。绿色债投资范围包括改善温室气体减排、污染预防、垃圾处理、自然资源使用等方面。此外，公司投资的市政债券用于建设或升级机场、港口、道路、管道、输电线路和发电的基础设施项目，包括可再生能源项目，也可以抵御气候变化影响。2022 年底大都会人寿合计进行了 357. 9 亿美元绿色债券投资，占总债券投资规模 10. 3%，占总投资比 6. 17%。公司 29% 的环境保护债券投资于温室气体减排项目，19% 投资于能源管理，10% 投资于商业模式转型。

（三）意大利忠利集团（Assicurazioni Generali）

2017 年忠利集团董事会通过了《可持续发展承诺宪章》，此后在 2018 年制定的三年战略计划中表示 2021 年前新增 45 亿欧元绿色及可持续投资，不再向碳密集企业新增投资，并通过择机出售债券而非持有至到期，降低固定收益类投资中高碳行业的占比。此外，忠利集团与政府和社会组织进行广泛合作，积极参与推动经济的可持续性转型。2019 年公司制定了绿色债券框架，以指导其绿色债投资。2020 年公司加入“资产所有者零碳联盟”，2021 年公司的气候保护战略提出 2021—2025 年期间新增 85 亿 ~ 95 亿欧元的绿色债券等可持续债券投资。2022 年，公司新增绿色投资 57 亿欧元，存量绿色投资达 127 亿元，占总投资比 2. 8% 。

第二节　国际绿色债券定价

一、国际绿色债券定价研究情况

目前已有大量研究聚焦于绿色债券的定价，但迄今为止结果未有定论，选取不同的样本、数据区间往往会得出不同的结论。以债券收益率作为衡量标准，一些研究表明绿色债券以溢价交易，一些研究发现绿色债券以折价交易，一些研究则指出绿色债券与普通债券价格无显著差异。

对于发行人来说，绿色债相较于普通债券的更低收益率，以及更高的交易价格，被称为“绿色溢价”，近年来更多研究倾向于认为绿色溢价是存在的。巴克莱银行对 2014 年 3 月至 2015 年 8 月期间的二级市场交易数据进行 OLS 回归，计算得出绿色债券存在 -17BP 的信用利差。Karpf 和 Mandel（2018）的研究显示，美国绿色市政债券的收益率曲线整体低于普通债券收益率曲线。Tang 和 Zhang（2018）发现，对同一公司同年发行的债券利差分析时，溢价并不显著，但更广泛的数据统计显示可比公司发行绿色债收益率比普通债券收益率平均低 6. 94BP。Zerbib（2019）对 2013 年 7 月至 2017 年 12 月的样本分析显示，绿色债券存在 2BP 的负溢价，且在金融债和低评级债券中表现更明显。Ehlers 和 Packer（2017）对 2014—2017 年发行的 21 只绿色债的一级市场定价进行分析，结果表明绿色债券有 18BP 的溢价，但这主要源自于债券自身的风险更高。他们在二级市场分析中未观察到任何价格溢价。Zerbib（2019）对 110 只绿色债券进行分析，得出绿色债券相较普通债券有 2BP 的微弱溢价，这也是由风险因子带来的，而绿色主权债券的溢价低于绿色金融债券。在对121只欧元绿色债的研究中，Gianfrate和Peri（2019）发现，绿色债券的溢价达到18BP，且公司债的溢价最高。

二、国际绿色债券定价影响因素

（一）国际绿色债券溢价存在原因

从理论层面分析，绿色债券溢价的存在与现代投资组合理论并不一致。现代投资组合理论将理性投资者、有效市场和预期回报作为风险函数的假设，这无法解释绿色溢价的存在。但是行为金融学认为投资者是不完美的，他们容易受到许多情感偏见的影响，效用函数因而发生改变。在这一假设下，绿色债券投资者的效用函数除了包括传统财务收益，还包括绿色投资成果对环境的有益改变。遵循这一基于非理性的行为金融视角的效用范式，绿色债券的环境效用可以弥补相对较低的投资回报，从而定价可能高于同类型普通债券。

由于绿色溢价高低反映了投资者的信任和偏好，研究绿色溢价的存在原因有助于绿色债市场的健康发展。

Hachenberg和Schiereck（2018）发现绿色公司债及绿色金融债相较于同类型普通债券有溢价，但主权债券则没有显著差异。信用评级和发行人类型等基本债券特征会影响绿色债券定价。Zerbib（2019）将流动性确认为绿色债券收益率利差的主要决定因素。对同一发行人发行绿色债券及普通债券的价差的数据验证表明，价差在不同时间段和不同发行人之间有较大差异。

Pietsch等（2022）认为，绿色溢价存在的关键因素之一是绿色债券本身或发行人的可信度。可信的绿色债券指经过外部认证的债券。可信的发行人一般是绿色行业的公司，或是加入联合国环境规划署金融行动（UN EPFI）的银行。由于绿色债券没有官方定义和统一的评价标准，投资者需要对绿色债券在环保和转型方面的正向影响进行额外研究。这个层面上看，他们倾向于为绿色含量更高的绿色债券支付溢价，这可以理解为对发行人聘请外部机构的补偿。Baker 等（2018）对 2 083 只美国绿色市政债券和 19 只绿色公司债券的分析表明，具有 CBI 认证的绿色债券比要素相似的普通债券收益率低 26BP。Bachelet 等（2019）的研究表明，私有企业发行带外部认证的绿色债有 1BP 的微小溢价。Kapraun 和 Scheins（2021）分析了 641 只绿色债，得出认证的绿色债收益率低于同类型未认证绿色债 2BP，而在绿色交易所交易的债券因为需要满足绿色交易所制定的标准，绿色溢价高达 7BP。不过，Larcker 和 Watts（2020）对 640 只市政绿色债的分析得出，CBI 认证对于绿色市政债的定价没有显著影响。Dorfleitner 等（2020）还发现，外部认证的类型也至关重要。虽然目前的研究没有明确验证气候债券倡议组织（CBI）的认证和传统信用评级机构的绿色评级等外部认证对绿色溢价有显著的积极影响，但是具有第二方意见的绿色债券收益率以显著的正溢价（3 ~ 4BP）进行交易。当机构给予“深绿色”或“中绿色”评价时，这一正溢价分别达到 5BP 和 4BP。这一发现增加了关于投资者是否愿意为经过认证的绿色和可持续投资支付更多费用的讨论（Gutsche 和 Ziegler，2019）。

除可信度外，Peitsch 等（2022）认为绿色债券定价的另一个重要影响因素是投资者对绿色债的需求。近年来，绿色溢价的存在在统计上的结果验证愈发显著，可能的原因是市场对气候变化的关注度有所提升。Paster 等（2021）证明了近年来绿色债投资收益优于可比普通债。Peitsch 等（2022）对截至 2021 年发行的 1 400 只绿色债交易数据进行分析，发现商业银行绿色债的绿色溢价随着市场发展而愈发显著，但其他主体不能得出此结论。

（二）国际绿色债券溢价驱动因素

1. 社会驱动因素

随着企业社会责任（CSR）在各类企业组织间的广泛普及，更多的投资者开始进行社会责任投资（SRI），ESG 标准也越来越受到关注。2018 年 Endelman 对来自世界各地的 500 余名受访者的调查显示，接近 90% 的机构投资者在过去一年中调整了他们的投资策略，并给予 ESG 指标更多的权重，在众多环境指标中，机构投资者最为关注减缓气候变化的绿色行动。绿色债券为企业社会责任相关目标的机构筹资和社会责任投资者提供了桥梁。相应地，绿色债券市场迎来较快发展。

伴随这一发展的是“道德消费主义”的兴起，这种思潮使得符合环保主义价值观的投资决策更受欢迎，投资者也愿意为其付出更高的成本。对环境现状可持续性的担忧和对气候危机紧迫性的共识推动市场参与者以更强烈的个人社会责任感加大绿色投资。Bollen（2007）认为，投资者的效用函数除了基于标准的风险收益最大化外，还可能包含个人及社会价值观，从而影响对绿色债券的定价。

监管方面，近年来政府不断完善对社会责任投资的监管要求，提高绿色产品信息披露要求，并为可持续债券市场参与者提供税收优惠，这些举动有助于提升包括养老金、主权基金和保险资金等在内的机构投资者对绿色债券市场的参与度。同时在社会责任感的驱动下，机构投资者也在减少对违反企业社会责任原则的公司的投资。

此外，绿色债券市场参与者能获得更高的社会认可和声誉，这作为一种社会资本，对于发行人和投资者来说都能收获积极的影响。尽管社会资本难以量化，但实证研究表明积极参与 ESG 投资的企业能获得正向的经济效益，因而投资者对绿色标签和其他“道德投资”带来的社会资本同样看重。

2. 经济驱动因素

目前已有较多文献验证了经济因素对绿色溢价的影响。受市场对绿色债券的关注提升影响，贴标绿色债供给不足，推升发行价格，形成“稀缺性溢价”。这在需求侧体现为绿色债在全球发行的超额认购倍数。气候债券倡议组织（CBI）的《绿色债券一级市场定价报告》指出，欧元绿色债和美元绿色债的一级市场认购倍数高于普通债券，且利差压缩更为明显。统计显示，2022 年上半年和下半年欧元绿色债券平均超额认购倍数分别为 3.1 倍、3.6 倍，高于同期可比普通债券的超额认购倍数 3.0 倍和 2.4 倍。其中，EDP 发行的 5 亿欧元绿色债券共获得了 65 亿欧元投标，超额认购倍数13倍，为2020年6月以来超额认购倍数最大的发行债券。美国市场方面，2022年上半年和下半年绿色债券平均超额认购倍数分别为3.8倍、4.9倍，高于同期可比普通债券的超额认购倍数2.7倍和3.0倍。在印度等地区，政府为绿色债提供的免税政策进一步提升了投资者的认购热情。2016年印度可再生能源发展公司发行的免税债超额认购倍数达普通债券的5倍。

同时，报告表明绿色债在一级、二级市场上的利差压缩程度大于普通债券。欧元绿色债利差平均收窄21BP，高于普通债券的19BP；59%的绿色债券实现了比普通债券更大的利差收窄。美元绿色债券的利差收窄平均达25BP，高于普通债券的18BP。

绿色债发行主体往往资质更好，因而信用风险更低，收益率波动更小，这也符合长期资金的投资偏好。Callen（2013）认为，更多的长期资金参与绿色债市场会降低了流动性，但同时也会减少“短期主义”投机行为对债券定价产生的负面影响。

3. 环境驱动因素

环境驱动因素作为最后一种绿色债券定价影响因素，与前二者密切相关。理论上，绿色债作为绿色融资工具，与ESG原则保持高度一致性，提供了一种衡量机构参与环境保护实践程度的工具，且通过第三方认证。绿色债券帮助减轻大范围的环境风险（Clapp，2018），尽管这一作用难以量化，但绿色债筹集资金用于可再生能源等项目，可以直接与减轻环境影响和气候变化的努力相关联。多项研究表明投资者对发行人能否出具绿色报告高度重视。在债券发行前，发行人支付三方机构费用以获得绿色认证，发行期间承销商借助绿色标签进行推广，这一定程度上帮助绿色债券获得更好的定价（Saha，2016）。Baker（2018）发现，绿色债券发行人对非财务收益的自愿披露是影响绿色债券市场价格的重要原因，这一定价收益大于披露信息带来的成本。例如，出具独立三方认证机构报告的绿色债券享有平均7BP的绿色溢价（Hyun，2019），而当绿色债券发行人同时聘请独立三方机构且通过气候债券组织认证时，绿色溢价达到9BP。Dorfleiter等（2020）对美国市政债券市场进行研究，结果表明外部机构出具的绿色认证是绿色溢价的重要决定因素。Fatica 等（2020）对国际债券市场进行研究，得出了相似的结论。MacAskill 等（2021）在更广泛的分析中得出一二级市场中绿色溢价均存在，且投资级债券、政府债券、认证债券及报告流程更规范的发行主体溢价更高。

第三章
我国保险资金投资绿色债券的情况

第一节　保险资金投资绿色债券的可行性

一、保险行业投资绿色债券的政策保障

当前，中国经济正努力由传统模式向高质量发展模式转变。通过绿色投资带动绿色发展是一项复杂的社会系统工程，需要从多方面进行努力。近几年，监管部门陆续出台支持政策，在保障资金运用安全的前提下提高收益，支持绿色债券发展，主要政策见表 2－3－1。2022 年 9 月 1 日，原银保监会有关部门负责人就偿付能力监管引导保险业服务实体经济、支持资本市场发展有关情况答记者问时提出：规则Ⅱ允许保险公司投资的绿色债券最低资本按 90% 的比例计量，引导保险业落实绿色发展理念，有效提升了保险公司投资绿色债券的积极性。2023 年 9 月 26 日，中国保险行业协会发布的《绿色保险分类指引（2023 年版）》是保险业协会持续推进绿色保险研究的系统性成果，也是全球首个全面覆盖绿色保险产品、保险资金

绿色投资、保险公司绿色运营的行业自律规范。持续推动保险资金规范投资绿色债券。

表 2-3-1　　我国支持绿色债券发行的主要政策

时间	监管部门	政策名称
2015 年 12 月	中国人民银行	绿色金融债公告（中国人民银行公告〔2015〕第 39 号），《绿色债券支持项目目录（2015 年版）》
2015 年 12 月	国家发改委	《绿色债券发行指引》
2016 年 3 月至 4 月	上交所、深交所	《关于开展绿色公司债券试点的通知》
2016 年 8 月	中国人民银行等七部委	《关于构建绿色金融体系的指导意见》
2017 年 3 月	证监会	《关于支持绿色债券发展的指导意见》
2017 年 3 月	中国银行间市场交易商协会	《非金融企业绿色债务融资工具业务指引》及配套
2017 年 10 月	中国人民银行与证监会	《绿色债券评估认证行为指引（暂行）》
2021 年 3 月	中国银行间市场交易商协会	《关于明确碳中和债相关机制的通知》
2021 年 4 月	国家发改委、中国人民银行、证监会	《绿色债券支持项目目录（2021 年版）》
2021 年 4 月	中国银行间市场交易商协会	《可持续发展挂钩债券（SLB）十问十答》
2022 年 6 月	中国银行间市场交易商协会	《关于开展转型债券相关创新试点的通知》
2022 年 7 月	绿色债券标准委员会	《中国绿色债券原则》
2022 年 9 月	中国银保监会	《偿付能力监管引导保险业服务实体经济、支持资本市场发展有关情况答记者问》
2023 年 9 月	中国保险行业协会	《绿色保险分类指引（2023 年版）》

资料来源：中国人民银行、国家发展改革委、上交所、深交所、中国银行间交易商协会、中国银保监会、中国保险行业协会等

政府和监管机构不断放开保险资金的投资渠道，支持和鼓励保险业加入“绿色”行动，促进传统保险向绿色保险转变，顺应保险资金投资绿色基础设施建设和经济发展需求的同时，也有助于缓解政府财政资金压力，实现保险资金配置优化和改善投资收益。

二、保险行业投资绿色产业的优势

（一）保险资金存量巨大

近年来，保险业稳步增长，其资产规模保持23%的年均增长速度，保费收入保持30%的增长率，在大资管行业中增速较快。随着保险公司资金规模的逐步扩大，其在绿色投资方面也稳步增长。截至2023年6月末，保险资金债权投资计划、股权投资计划和保险私募基金支持绿色产业发展登记（注册）规模近1.5万亿元，较2022增加为40%。

（二）保险资金迫切需要开辟新的投资领域

随着投资新政的不断发布，保险资金迎来多渠道的投资领域。除了传统的股权和债券投资以外，保险资金也积极参与股权投资计划、债券投资计划以及其他项目资产支持计划等投资计划，项目基本涉及国家重点领域和重大工程，包括南水北调工程、西气东输项目、京沪高铁以及“一带一路”建设等。其中，城市轨道交通、环保项目等都是重点支持对象。

截至2023年9月底，保险资金实体投资项目中涉及绿色产业的债权投资计划登记（注册）规模达人民币12 362.42亿元。随着绿色金融的发展，保险资金的绿色投资逐步扩展到可再生能源、电气化项目以及污染治理工程等，逐步加大对国家重点绿色政策的支持力度。目前，保险资金实体项目投资中涉及绿色产业项目有180个，投资规模5 093亿元，项目占比达33%，规模占比为40%，主要投向绿色金融债券和绿色企业债券，重点投向环境治理、能源循环利用、清洁交通、大气污染治理等多个领域。

（三）保险资金的长期性符合绿色产业投资的长期需求

传统产业向绿色产业的升级转型过程，以及环保、新能源等绿色产业的培育均需要长期、稳定的资金支持。而保险资金属于长期稳健资金，在资金性质上追求稳健投资，除此以外保险资金负债久期长，要求配置长久期资产，保险资金也是长期稳定资金。因此，保险资金在安全性、长期性和稳定性方面都优于其他投资资金来源，能够保障绿色产业获得持久稳定的资金来源与绿色项目的可持续性。

保险资金参与绿色债券等绿色金融项目，一方面将有力促进我国绿色产业的发展，促进社会绿色低碳转型；另一方面也将有助于提升保险资金自身的绿色化水平，把握绿色金融的发展机遇，提升整体保险行业的绿色转型发展水平。

第二节　保险资金投资绿色债券的情况及实例分析

一、我国保险资金投资绿色债券的情况

近年来，随着保险公司开始向绿色保险转型发展，保险资金投资绿色债券的比例持续增加。由于数据可获得性较差，以某中小保险公司为例，截至2023年9月末，寿险资金投资绿色债券规模约5.12亿元，相比2023年初投资绿色债券规模增加了22%，占整个寿险债券投资规模1.5%左右。保险公司投资绿色债的规模增长主要源于保险资金自身投资规模的扩大，同时随着近年来绿色债券的发展完善，从供给端与保险资金需求逐渐契合。另外，政策的引导也是保险资金逐渐增加绿色债券投资的关键因素。

从评级情况来看，保险资金投资绿色债券以高等级为主，外部评级均在AA+及以上。其中，AAA评级持仓占比约99.5%，AA+评级持仓占比仅为0.50%。从期限结构来看，保险资金投资绿色债券的期限主要以3~5

年为主，合计占比51%，3年以内的短久期和5年以上的长久期的持仓占比较少，分别占比18%和31%。从行业分布来看，保险资金投资绿色债券行业主要以交通运输为主，其次为公用事业、综合、有色金属等行业，所涉标的债券行业均为与绿色相关的铁路运输（电气化）、电力以及环保工程等（具体见表2－3－2）。

表2－3－2　我国某中小保险公司投资绿色债券的情况

证券简称	剩余期限（年）	外评等级	申万一级行业	面值（万元）
22中铝GN001（碳中和债）	1.34	AAA	有色金属	4 000
18武汉地铁绿色债02	1.83	AAA	交通运输	2 100
21重庆轨交GN004（碳中和债）	2.60	AAA	交通运输	3 000
21西安轨道绿色债02	3.18	AAA	交通运输	5 000
22重庆轨交GN002（碳中和债）	3.27	AAA	交通运输	1 000
22广东环保MTN001（绿色）	3.55	AAA	综合	3 000
G三峡EB2	3.61	AAA	公用事业	6 890
22厦轨绿色债03	4.02	AAA	交通运输	10 000
绿动转债	4.34	AA+	公用事业	255.7
21武汉地铁绿色债02	7.54	AAA	交通运输	5 000
19武汉地铁GN001	11.14	AAA	交通运输	6 000
20武汉地铁绿色债01	16.44	AAA	交通运输	5 000

资料来源：我国某中小保险公司内部数据

二、我国保险资金投资绿色债券实例分析

近年来，绿色债券发展迅速，发行人和投资人的规模迅速扩大。本节以保险资金投资绿色债券“21武汉地铁绿色债02”为例，进行实例分析。

（一）绿色债券的基本要素

“21 武汉地铁绿色债 02”为一般企业债，发行期限为 10 年，票面利率为 4.10%。发行人为武汉地铁集团有限公司，是国有企业，主营业务为城市轨道交通建设，在武汉市处于行业垄断地位，其他业务涉及城市基础设施建设和土地开发等领域。该主体参加了国家多项重大基础设施建设工程，政府支持较强，主体评级和债券评级均为 AAA。该债券发行规模为 10 亿元，主要募集资金用途为：2 亿元用于武汉市轨道交通 11 号线三期武昌段首开段项目，3 亿元用于武汉市轨道交通 11 号线东段工程项目，1 亿元用于武汉市轨道交通 6 号线二期工程项目，4 亿元用于补充营运资金。从债券要素可以看出，该债券之所以定义为绿色债券，主要是募集资金用于地铁项目，属于绿色项目。另外，绿色债券在发行效率、投资者认可度方面相比其他债券具有明显的优势。

（二）保险资金投资绿色债券的考量

目前，保险资金配置绿色债券的规模在逐步增大，主要是由于保险资金的规模越来越大，对债券投资的外溢性增强。另外，随着低碳转型社会的到来，对绿色债券的投资也逐渐成为投资者较为关注的方面。当然，保险资金投资的考量是多方面的，其中最为重要的两点——期限和 ESG 考核要求。从期限角度来看，保险资金长久期负债对应的长久期资产，而“21 武汉地铁绿色债 02”期限为 10 年，发行票面利率为 4.10%，对于保险资金具有一定的吸引力。近年来，由于可持续发展目标的引入，对于绿色债券和可持续发展债券的期限要求有了一定的提升，主要是从短久期向长久期的提升，以便于与可持续发展的长期目标一致，这点与保险资金偏好长久期资产的投资要求是一致的。另外，近年来 ESG 考核逐步提上了日程，从发行人角度来看，逐步提升企业“绿色”水平，包括绿色金融的水平，也是公司治理水平的提升。虽然目前整体上绿色债券占整体债券的规模仍较小，但是随着转型发展水平的提高以及 ESG 考核的逐步深化，保险资金也将逐步提高对绿色债券的投资。

第三节　保险资金投资绿色债券需要解决的主要问题

当前我国保险资金投资绿色债券的规模仍较小。2023 年 6 月末，我国保险业资金运用余额 26.82 万亿元，同期我国全部绿色债券存量规模约 2.93 万亿元，假设绿色债券全部被保险资金持有，那么也仅占保险资金投资比例的 10.92%。由此可知，保险资金实际投资绿色债券规模占比更低，平均投资比例不足 10%。保险机构在绿色债券的投资管理、风险管理、信息披露以及评估认证等方面都存在一定的问题，同时也存在很大的增长空间。

一是在行业标准方面，目前绿色债券能够取得官方绿色认证，首单得到绿色认证的债权计划也于近日落地。但除此之外，信托计划等金融产品尚未明确是否具有绿色属性，使得保险公司无法正确判断该项目或者产品是否涉及绿色投资，也造成对于该类项目的绿色投资存在疏漏。

二是在激励措施方面，绿色金融项目往往具有较强的外部性，收益率较低，与保险机构的业绩考核要求相悖。目前险资参与绿色投资尚无国家层面的优惠政策，不利于提高保险及保险资管机构参与绿色投资的积极性。

三是在绿色投资信息方面，相比于发达国家，我国现有数据信息不足，特别是缺乏定量数据，一定程度上弱化了数据库对于险资绿色投资的参考性。另外，当前各政府部门间相关信息的共享机制尚未完全建立，没有统一的绿色信息发布与查询平台以及绿色项目信息数据库，存在信息不对称、信息碎片化等问题，增加了包括保险在内的机构投资者搜寻、识别绿色项目和绿色债券的成本。

第四章 我国保险资金绿色债券投资展望及政策建议

第一节 我国保险资金投资绿色债券展望

一、我国保险资金对绿色债券潜在配置需求较大

国际市场上，保险资金是绿色债券市场的重要投资者，配置绿色债券积极性较高。根据美国可持续发展论坛统计结果，全球保险机构占全部ESG投资者比例约36%，考虑到保险资金以固定收益品种投资为主，预计保险机构对ESG债券的投资占比将更高。以大都会人寿（MetLife）为例，截至2022年底，大都会人寿合计进行了357.9亿美元绿色投资，占总债券投资规模10.3%，占总投资比6.17%；旗下的资产管理公司涉及ESG固定收益类投资总额超过3 000亿美元，约占总投资规模的55%。国内，以我国某中小保险公司为例，其对绿色债券投资规模占全部债券投资比例不足2%；以国有大型保险机构为例，近年来绿色债券投资规模占全部债券投资规模比例接近10%。整体来看，我国保险机构投资绿色债券规模仍较小，占比在2%~10%。未来参照国际保险机构配置绿色债券规模情况，我国保险机构投资绿色债券规模仍有较大提升空间。

二、我国保险资金投资绿色债券将提升其二级市场流动性

目前我国绿色债券投资者多为商业银行等金融机构，主要以持有至到

期为目的，配置需求在一级市场，一级市场相比二级市场估值存在较大的收益率溢价，即发行利率往往低于二级估值收益率水平。目前，我国绿色债券月度换手率均值不足 10%，明显低于普通信用债换手率，大幅低于国债和政金债的月均换手率。参考国际绿色债券市场换手率水平，目前我国绿色债券换手率远低于欧美等发达国家。由于我国绿色债券二级缺少主要的配置盘和交易盘，导致市场流动性较差。未来，随着我国保险资金加大对绿色债券的配置，势必会带来二级市场流动性的提升。

三、保险资金投资绿色债券将改善其期限结构和利率定价

从期限结构来看，目前我国绿色债券发行期限在 10 年及以上占全部绿色债券发行规模的约 30%，剔除长久期地方政府债后，纯信用类长久期绿色债券占存量绿色债券比例仅为 4.92%。而国际上，信用类长久期绿色债券占比约 20%。我国绿色债券市场长期限品种占比仍相对较低，未来随着我国绿色债券发行规模的不断扩大，绿色债券的期限结构也将逐步与绿色项目投资周期相匹配，绿色债券发行期间也将更加趋于长期化，有利于满足保险资金长久期优质资产的配置需求。

从发行定价来看，目前我国绿色债券发行利率大多低于普通信用利率 10BP 以上，个别主体受承销、包销考核等因素影响，一级发行绿色溢价率甚至超过 50BP，导致绿色债券一级定价市场化程度低。具体来看，以 2023 年 9 月上市的绿色债券为样本，不考虑 1 年及以内短久期绿色债券，将绿色债券与同期可比普通债券一级发行利率进行对比，发现近六成绿色债券发行利率有成本优势，发行利率优势为 6 ~ 88BP，平均成本优势约 54BP；有近四成绿色债券并无明显成本优势。综合来看，全部可比绿债的平均成本优势约 18BP。相比国际上绿色债券平均成本优势 7 ~ 9BP，我国绿色债券一级发行平均绿色溢价较大，且差异较大。未来，随着我国长久期绿色债券发行的增加，保险资金积极参与一级市场发行，可以有效提高我国绿色债券一级发行定价的市场化水平，促使绿色债券定价更加合理。

第二节 我国保险资金投资绿色债券政策建议

一、统一界定绿色金融领域的“绿色”内涵

绿色债券与普通债券存在区别，主要在于资金用途是否投资绿色相关项目。当前，我国绿色金融实务领域也没有形成统一的“绿色”定义，对于绿色等涉及ESG指标的相关论述并没有一个统一标准。应借鉴国际经验，结合我国国情，尽快统一各券种的“绿色”内涵，进一步完善监管机构的监管政策要求，形成统一的标准。同时，也要充分认识到目前绿色金融尤其是绿色债券的发展还很薄弱，还存在较大的发展空间。对此，在绿色债券的发展初期，在制定统一标准的同时，要有助于发挥绿色债券的优势，凝聚共识，促进绿色债券的市场认可度。

二、逐步完善绿色认定标准及环境效益信息披露制度

绿色债券的认证标准还可以根据绿色债券市场的发展逐步细化。首先，随着近几年碳达峰和碳中和的概念逐渐提上国家战略，绿色概念不再变得陌生，绿色产业发展规划也更加明晰，指标体系也在逐渐完善当中。2021年发布的《绿色债券支持项目目录》为绿色债券支持项目领域的统一和规范奠定了重要基础，未来也将会有更多的涉及绿色金融、绿色项目以及绿色发展的指引性文件。其次，在出台相关的指引性文件的基础之上，继续对我国绿色债券环境效益指标体系予以规范和明确。目前出台的很多指引性文件仍为指导性文件，可操作性不大。另外，绿色债券本身所涉及的内容较为专业，且项目对环境的影响具有隐蔽性，因此，通过构建可操作的量化环境效益指标体系有助于进一步推动绿色债券深化发展，提升信息披露水平，增加项目透明度。目前，监管机构已经对环境效益信息的事前、

事中披露提出了要求，但是对债券环境效益指标体系并没有提出明确的要求，影响了披露的质量和水平。因此，绿色债券的发展要充分关注与其相关的各种指标体系和规范的统一制定，以便形成可量化、可比较以及可回溯的发展路径。

三、降低绿色债券配置的风险权重

目前，信用类绿色债券基本比照企业类信用债券设置风险权重，明显高于利率债和银行类信用债。另外，从发行主体来看，绿色债券的发行主体基本上为规模较大的大中型企业，信用风险相对较小。综合这两个因素，建议降低绿色债券配置的风险权重。一是将绿色债券相关债券的风险权重进行调降，减少投资者的风险占用，增加其配置价值。二是对于部分高等级的发行企业发行的绿色债券，比照铁道债等可以通过税费减免的方式提升债券的吸引力，增加投资者投资热情，进而降低发行成本，提高发行人发行绿色债券的积极性。

四、健全绿色债券相关主体责任制度

目前，绿色债券相关的主体责任的厘定还不是十分明确。之所以要厘定相关主体责任，主要基于以下几点：一是绿色债券的用途基本上都与环境有较大的联系，企业资金募集用途也主要用于绿色发展和环境治理。而环境问题其实是与企业自身利益的最大化存在冲突。因此，单纯债券市场本身很难对企业的这种行为进行控制，从而造成虚假绿色的情况，形成道德风险。二是在目前缺乏统一披露标准的情况下，很容易造成信息披露失真的情况，对投资者造成利益侵害，因此加大相应的处罚力度也是厘定主体责任的关键一环。三是跟绿色债券投资相关的环境效益信息具有很强的专业性，如果出现发行人数据造假的情况也很难认定，因此有必要规范主体责任，对于利用这些数据谋取利益的情况采取惩罚措施。四是考虑到绿色债券作为新型债券，中介机构需要提高认知水平，债券发行承销机构、债券评级机构、绿色目标实现评估机构等都需要提高专业的能力水平，应对可能存在的法律和道德风险，尤其是要避免市场主体利用政策优惠实施“洗绿”“漂绿”等违法行为。五是对于投资者来说，同样需要明确自身主体责任。对于绿色债券投资，一方面要明确自身投资要求和规范，减少因对绿色债券认知水平不足造成的不当投资；另一方面作为市场主体，要与发行人和中介机构一道，维护良好的市场秩序，减少信用风险和道德风险的发生，共同促进绿色债券的良性发展。

五、鼓励更多地方政府有针对性地出台专项激励政策

一方面，应进一步鼓励更多地方政府出台相关财政政策刺激绿色债券发行。提高绿色债券发行期限与项目投资期限相匹配，扩大长久期绿色债券发行规模，提供更多的优质的绿色资产项目，为保险资金减少资产负债久期缺口提供便利。另一方面，应参照国际市场经验，鼓励出台通过财税手段相结合刺激绿色债券发行的政策，包括但不仅限于税收减免债券、直接补贴债券和免税债券等，实实在在降低绿色债券发行综合成本和发行便利性，提高发行主体发行绿色债券的意愿，提高绿色债券发行吸引力，促进绿色债券市场的健康良性可持续发展。

六、推动形成绿色债券国际合作保障机制

近年来，国内债券市场逐步放开，在扩大市场规模、丰富投资者结构、提高债券流动性方面都取得了积极的效果。绿色债券作为一种新型债券类型，其发展需要构建国际合作机制。首先，绿色发展逐渐成为国际发展共识，绿色债券、社会债券和可持续发展债券等新型债券逐渐形成重要的债券品种，逐渐成为世界经济社会转型的必然要求；其次，绿色债券要想获得长远的发展，除了加强国内自身政策、制度、市场等建设之外，还要加强国际合作，借鉴国际上在发展此类债券时形成的经验，规避可能存在的风险。另外，也要注意与国际市场中的原则、标准和欧盟标准的接轨。再

次，目前全球范围内对于绿色债券等绿色金融的认定没有一个公共的标准，作为世界上第二大的债券市场，参与绿色债券等绿色金融等的发展，对于不断提升我国在绿色债券认定标准和程序等规则制定方面的话语权具有重要的作用。最后，在绿色债券发展过程中，我国对于绿色债券的认定标准、指标体系以及应用规范等与国际市场仍存在差异，对此，加强国际合作，有助于了解彼此存在的差异，明确自身的发展方向。当前我国应重点在信息披露和资金投向方面加强与国际合作，逐渐形成统一的规范。

本专题参考文献

［1］邓曼姝、鲁政委、史祎等 . 2022 年中国可持续债券市场报告 . 2023 年 5 月.

［2］中债资信绿色金融研究团队 . 2023 年上半年中国可持续债券市场观察报告 . 2023 年 9 月.

［3］史英哲、王遥 . 绿色债券［M］. 中国金融出版社，2018 年.

［4］曹明弟、王文 . 绿色债券发展前景［J］. 中国金融，2015 年.

［5］詹小颖 . 绿色债券发展的国际经验及我国的对策［J］. 经济纵横，2016 年.

［6］Bachelet M J, Becchetti L, Manfredonia S. The green bonds premium puzzle: The role of issuer characteristics and third - party verification［J］. Sustainability, 2019, 11 (4): 1098.

［7］Baker M, Bergstresser D, Serafeim G, et al. Financing the response to climate change: The pricing and ownership of US green bonds［J］. 2018.

［8］Bollen N P B. Mutual fund attributes and investor behavior［J］. Journal of Financial and Quantitative Analysis, 2007, 42 (3): 683 - 708.

［9］Callen J L, Fang X. Institutional investor stability and crash risk: Monitoring versus short - termism?［J］. Journal of Banking & Finance, 2013, 37 (8): 3047 - 3063.

［10］Clapp C. Investing in a green future［J］. Nature Climate Change, 2018, 8 (2): 96 - 97.

［11］Dorfleitner G, Utz S, Zhang R. The pricing of green bonds: external reviews and the shades of green［J］. Review of Managerial Science, 2021: 1 - 38.

［12］Ehlers T, Packer F. Green bond finance and certification［J］. BIS Quarterly Review, 2017.

[13] Fatica S, Panzica R, Rancan M. The pricing of green bonds: are financial institutions special? [J]. Journal of Financial Stability, 2021, 54: 100873.

[14] Gianfrate G, Peri M. The green advantage: Exploring the convenience of issuing green bonds [J]. Journal of Cleaner Production, 2019, 219: 127 – 135.

[15] Gutsche G, Ziegler A. Which private investors are willing to pay for sustainable investments? Empirical evidence from stated choice experiments [J]. Journal of Banking & Finance, 2019, 102: 193 – 214.

[16] Hachenberg B, Schiereck D. Are green bonds priced differently from conventional bonds? [J]. Journal of Asset Management, 2018, 19: 371 – 383.

[17] Hyun S, Park D, Tian S. The price of going green: the role of greenness in green bond markets [J]. Accounting & Finance, 2020, 60 (1): 73 – 95.

[18] Kapraun J, Latino C, Scheins C, et al. Which bonds trade at a green bond premium [J]. 2021.

[19] Karpf A, Mandel A. Does it pay to be green? [J]. Available at SSRN 2923484, 2017.

[20] Larcker D F, Watts E M. Where's the greenium? [J]. Journal of Accounting and Economics, 2020, 69 (2 – 3): 101312.

[21] MacAskill S, Stewart R A, Roca E, et al. Green building, split – incentives and affordable rental housing policy [J]. Housing Studies, 2021, 36 (1): 23 – 45.

[22] Păstor L', Stambaugh R F, Taylor L A. Dissecting green returns [J]. Journal of Financial Economics, 2022, 146 (2): 403 – 424.

[23] Pietsch A, Salakhova D. Pricing of green bonds: drivers and dynamics of the greenium [J]. 2022.

[24] Tang D Y, Zhang Y. Do shareholders benefit from green bonds? [J]. Journal of Corporate Finance, 2020, 61: 101427.

[25] Zerbib O D. The effect of pro–environmental preferences on bond prices: Evidence from green bonds [J]. Journal of Banking & Finance, 2019, 98: 39 – 60.

专题三

绿色股权投资：保险私募股权投资基金 ESG 投资实践探索①

当前，百年未有之大变局加速演进，世界之变、时代之变、历史之变正以前所未有的方式展开，地缘政治、发展鸿沟、气候变化、数字治理等多重因素交织，世界经济脆弱性更加突出。新的商业环境，对企业经营管理提出了更高的要求。ESG 作为一种防范社会环境风险、推动可持续发展的新理念，为行业提供了全新的价值标准，让企业有足够的知识和能力来应对充满不确定的世界，也让投资者有更加充足的信息来建立真正可持续的投资组合。

投资是对未来的探索，而 ESG 给予投资机构一个全新的视角去判断企业未来成长前景与业务发展的可持续性。随着我国经济从高速增长阶段转向高质量发展阶段，贯彻新发展理念已成为新时代企业发展壮大的必由之路。ESG 既要与高质量发展的要求高度契合，也要与创新、协调、绿色、开放、共享的新发展理念内在相通。在可预见的未来，ESG 管理在我国的重要性仍将不断提升，成为企业重新思考战略、业务、风险和机遇的催化剂。

随着 ESG 理念我国投资机构正快速发展，保险私募股权机构 ESG 投资实践该如何开展？有哪些需要关注的问题？又应该如何

① 此研究课题的承担单位为国寿股权投资有限公司，课题负责人为刘阳，课题组成员包括顾霞、杨子墨、单和蛟、张而立。

将ESG理念融入业务核心，进而影响其战略决策与运营管理？本课题回顾了国外主要的ESG政策和监管变革，结合国内外最佳实践，立足专项调研，详细展示了保险私募股权机构践行ESG应重点关注的核心议题，以及企业在ESG理念方面的客观实践情况，以期为行业提供有益参考。

第一章 ESG 标准及 ESG 监管的发展情况

ESG 是环境（Environmental）、社会（Social）、公司治理（Governance）的英文首字母缩写，是一种超越传统财务指标，着重考量企业在环境保护、社会责任履行和内部治理结构方面表现的投资理念和评价框架。当前，ESG 已从一种社会责任投资理念和价值规范发展为制度化规则体系。随着 ESG 理念的推广，ESG 标准不断完善。ESG 标准既是规范市场行为的准绳，也是赋能市场主体、提高市场效率和拓展市场空间的核心要素。了解国内外 ESG 标准，对投资机构的 ESG 实践具有重要意义。

第一节　国际常见 ESG 通用标准

一、UN PRI 联合国责任投资原则

联合国作为 ESG 概念的提出者，多年来坚定推动 ESG 发展。2006 年，为了向更多金融机构推广 ESG 责任投资，时任联合国秘书长安南牵头发起了联合国责任投资原则组织（UN PRI），旨在帮助投资者了解 ESG 因素对投资的影响并将 ESG 因素纳入投资决策中。UN PRI 提出《责任投资六项原则》，为将 ESG 议题纳入投资实践提供了可能的行动清单（见表 3－1－1）。2021 年起，我国机构或企业签署 UN PRI 原则的数量明显增加。截至 2023 年 10 月，累计 138 家中国机构或企业成为签署方，是 2020 年总数的近 3 倍①（见图 3－1－1）。

① PRI. Signatory directory [DB/OL]. 2023－10－31. https：//www. unpri. org/signatories/signatory－resources/signatory－directory。

表 3－1－1　　　　责任投资的六项原则

责任投资六项原则	
原则 1：	将 ESG 问题纳入投资分析和决策过程
原则 2：	成为积极的所有者，将 ESG 问题纳入所有权政策和实践
原则 3：	寻求被投资实体对 ESG 相关问题进行合理披露
原则 4：	推动投资业广泛采纳并贯彻落实负责任投资原则
原则 5：	齐心协力提高负责任投资原则的实施效果
原则 6：	报告负责任投资原则的实施情况和进展

资料来源：UN PRI

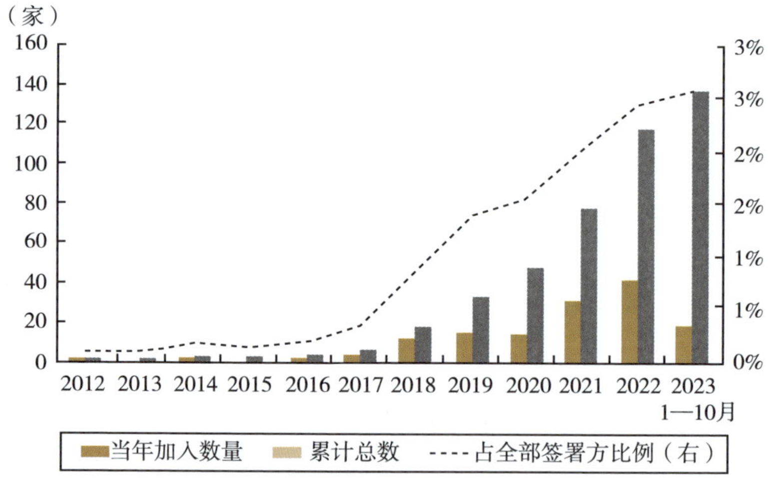

图 3－1－1　中国机构或企业签署责任投资原则情况

资料来源：UN PRI，https：//www. unpri. org/download？ ac = 10968

二、UN SDGs 联合国可持续发展目标

2008 年，联合国贸易和发展会议（UN CTAD）、全球契约组织、环境规划署金融行动（UN EPFI）和责任投资原则组织（UN PRI）共同发起可持续证券交易所倡议（Sustainable Stock Exchange Initiative，SSE Initiative），旨在提高全球证券交易所和证券市场监管机构推进可持续发展的负责任投资的能力，并提高企业在 ESG 议题上的表现。截至目前，UN SSE 已发布多项 ESG

披露政策指导文件。2015 年 UN SSE 发布《交易所示范指南（模板）》时，全球只有不到 10% 的证券交易所提供 ESG 信息披露指引，如今 UN SSE 所追踪的全球 122 个证券交易所中已有 71 个发布了上市公司 ESG 报告相关指引。

2015 年，联合国制定了 17 个可持续发展目标（Sustainable Development Goals，SDGs），提出在接下来的 15 年内（2015—2030 年），各国将致力于消除一切形式的贫穷、实现平等和应对气候变化（见图 3－1－2）。2017 年，联合国全球契约组织、全球报告倡议组织（GRI）和责任投资原则组织共同发布《可持续目标企业报告》（Business Reporting on the SDGs），结合 GRI 标准和全球契约组织的十项原则，针对 17 个可持续发展目标及 169 个具体目标制定了可能披露项清单，指导企业进行相关数据披露。《可持续目标企业报告》为企业的 ESG 披露提供了结构性方法，有助于提高企业 ESG 报告的透明度和准确性，被机构和企业广泛采用。截至 2022 年，世界营业收入前 250 名的公司已有 96% 公布了 ESG 报告，ESG 报告披露比例持续提高（见图 3－1－3）。①

图 3－1－2　UN SDGs 联合国可持续发展目标

资料来源：毕马威《可持续发展报告调查 2022》

① 参考自 KPMG. Key global trends in sustainability reporting［EB/OL.］. 2023－10－30. https://kpmg.com/xx/en/home/insights/2022/09/survey－of－sustainability－reporting－2022/global－trends.html。

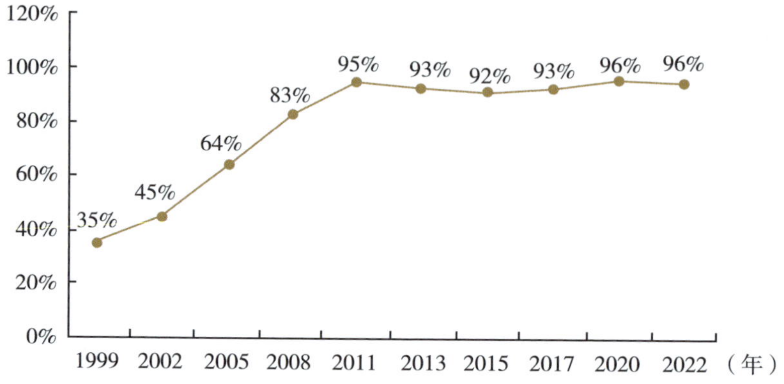

图 3－1－3　世界营业收入前 250 名公司可持续发展报告披露率

目前，我国 A 股 ESG 报告发布情况快速提升。截至 2023 年 10 月末，A 股上市公司中发布 ESG 报告的公司数量为 1 819 家，占比约 34.3%，整体保持快速增长。其中，2023 年沪深 300 上市公司有 284 家发布 ESG 报告，占比高达 94.7%，为近 15 年来报告发布比率的最高值。同时，ESG 信息披露情况也在不断改善。在 ESG 指标披露率方面，环境、社会和企业治理三方面的指标披露率均不断改善。以中证 800 成分股为例，近 6 年 ESG 指标披露率持续上升，2023 年环境指标披露率为 68.61%，保持较快增长；社会指标披露率 41.18%，增长稳定但披露情况仍较为薄弱；治理指标披露率 63.20%，但增长较为缓慢。随着政策与监管的不断完善，A 股 ESG 信息披露整体情况将逐渐趋于完善和稳定。

三、GRI 标准：被广泛采纳的 ESG 披露标准

GRI 标准是全球报告倡议组织制定的可持续发展报告准则，最早可追溯到 2000 年，是全球首个同时也是目前应用最广泛的可持续发展报告准则。第一版 GRI 指南于 2000 年发布实施，随后在 2003 年、2010 年、2016 年、2021 年进行了多次更新修订。在全球 71 个已发布书面 ESG 指南的交易所中，96% 的交易所在指南文件中引用了 GRI 标准（见图 3－1－4）。①

① 参考自 SSE Initiative. ESG Disclosure Guidance Database［EB/OL］. 2023－10－30. https：//sseinitiative.org/esg－guidance－database/。

2022 年，78% 的 G250 企业现在采用 GRI 标准进行报告，相较 2020 年的 73% 有所提高。[①]

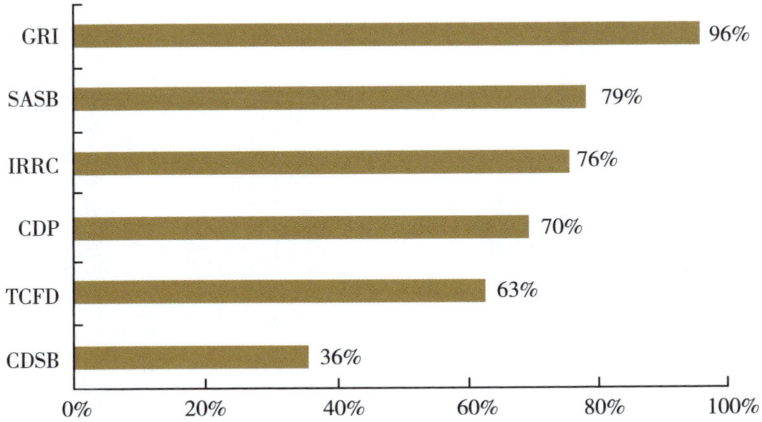

图 3－1－4　ESG 披露标准被交易所文件引用比例

资料来源：SSE Initiative

GRI 标准的一大特点是灵活性，最新的 2021 版 GRI 标准提供了三个可供所有组织和企业使用的通用标准，同时还提供了针对特定主题的议题标准和针对特定行业的行业标准。企业能够根据其特定需求和目标，选择适合自己的指标和报告要求（见图 3－1－5）。

四、ISSB 标准：ESG 披露标准的整合统一

ISSB 标准是指国际可持续发展标准委员会（International Sustainability Standards Board，ISSB）制定的一套可持续发展报告准则（见图 3－1－6）。该标准旨在提供全球通用的、一致性的可持续发展报告框架，以促进企业在其报告中披露与可持续发展相关的信息。2022 年，CDSB[②] 标准、价值报

---

① 参考自 GRI. Four－in－five largest global companies report with GRI［EB/OL］. 2022－10－31/2023－10－30. https：//www. globalreporting. org/news/news－center/four－in－five－largest－global－companies－report－with－gri/。

② CDSB 是一个由商业和环境相关非政府组织组成的国际联盟，致力于通过促进全球主流企业报告模式的相互协同，将气候变化和自然资本的重要性提升到与金融资本等同的位置。

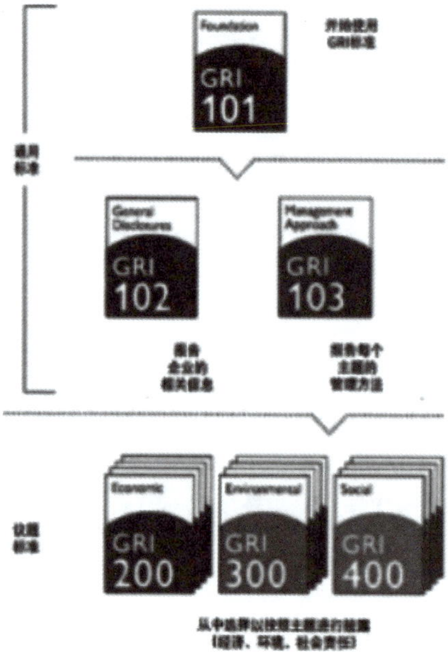

主题标准	
GRI 201	经济表现
GRI 202	市场存在
GRI 203	间接经济影响
GRI 204	采购实务
GRI 205	反贪污
GRI 206	反竞争行为
GRI 207	税项
GRI 301	资料
GRI 302	能源
GRI 303	水和废水
GRI 304	生物多样性
GRI 305	排放量
GRI 306	废物
GRI 308	供应商环境评估
GRI 401	就业情况
GRI 402	劳工/管理者关系
GRI 403	职业健康与安全
GRI 404	培训及教育
GRI 405	多样性和平等机会
GRI 406	不歧视
GRI 407	结社自由和集体谈判
GRI 408	童工
GRI 409	强迫或强制劳动
GRI 410	保安措施
GRI 411	土著人民的权利
GRI 412	人权评估
GRI 413	当地社区
GRI 414	供应商社会评估
GRI 415	公共政策
GRI 416	顾客健康及安全
GRI 417	市场推广及标签
GRI 418	客户隐私

图 3－1－5　GRI 标准

资料来源：GRI

告基金会（VRF）标准正式并入 ISSB，GRI 与 ISSB 签署谅解备忘录，宣布将在 ESG 国际标准制定方面开展合作。ISSB 标准的发展过程尚在进行中，2023 年 6 月 ISSB 发布了其首个标准——披露 ESG 相关财务信息的一般要求《国际财务报告准则第 1 号（IFRS S1）——首次采用国际财务报告准则》和侧重于气候变化的标准《国际财务报告准则第 2 号（IFRS S2）——以股份为基础的支付》。

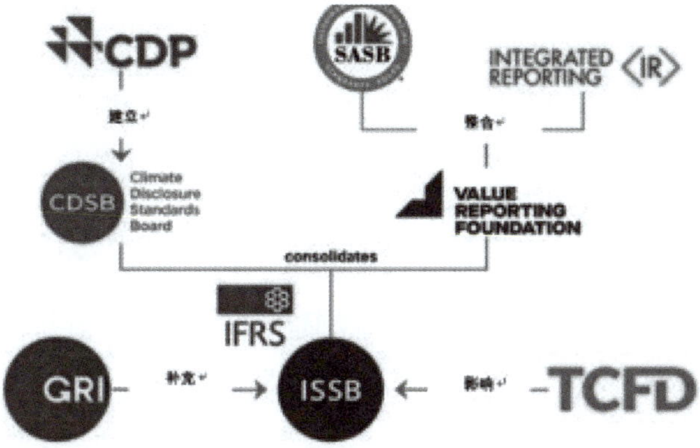

图 3 -1 -6　ISSB 基于多项披露标准构建

资料来源：ISSB

第二节　主要国家、地区 ESG 监管发展情况

监管机构在 ESG 建设生态中，具有举足轻重的作用。监管机构通过制定相关指引和强制性规范，引导企业和机构提供规范、透明的 ESG 数据，提高市场效率；通过强制性披露，对重点企业进行监管，降低气候、环境风险，达到可持续发展的目标，是 ESG 生态建设中最为有力的驱动力量（见表 3 -1 -2）。

表 3 -1 -2　　全球主要国家、地区金融机构 ESG 信息披露监管法规一览

强制性	国家/地区	部门	政策法规	需要披露的内容	最新发布年份
自愿披露	新加坡	金融管理局（MAS）	《环境风险管理指引》	资产的环境风险	2022
	日本	金融厅（FAS）	《尽责管理守则》	机构投资者对上市公司的可持续发展经验的管理信息	2020

续表

强制性	国家/地区	部门	政策法规	需要披露的内容	最新发布年份
"不遵守就解释"	法国	立法议会（Legislation）	《绿色增长能源转型法》	资产层面气候及其他ESG相关的风险	2021
	英国	金融管理局（FCA）	《尽责管理守则》	资管机构对尽责管理十二项守则的具体遵守方式	2020
强制披露	欧盟	立法议会（Legislation）	《可持续金融披露条例》（SFDR）	资管机构在投资决策流程中对ESG风险的整合策略，以及他们如何考虑所投资产的ESG风险对投资组合带来的主要不利影响	2021
	中国香港	证券及期货事务监察委员会（SFC）	《基金经理行为守则》（FMCC）	基金经理将气候相关风险纳入投资、风控流程的具体措施	2021
	新西兰	国会（Parliament）	《金融行业（气候相关披露及其他事项）修正案2021》	强制符合要求的金融机构按照TCFD建议披露气候相关信息	2021

资料来源：中金公司

一、欧盟ESG监管发展情况

欧盟一直致力于推动可持续金融和ESG标准的发展，陆续通过多项法案自上而下地推动强制性的ESG金融监管。从2014年的《非财务报告指令》（NFRD）到2022年的《公司可持续发展报告指引》（CSRD），覆盖企业范围进一步扩大，披露要求逐渐细化，公司需要披露独立完整的ESG报告，并对报告需要包括的ESG信息作出了更为具体的要求。2023年7月，欧盟正式通过了CSRD的配套准则《欧盟可持续发展报告准则》（ESRS），明确了ESG重要信息的披露框架，进一步强化了ESG监管。

二、美国 ESG 监管发展情况

与欧盟的 ESG 整体监管不同，美国的 ESG 政策是由 E、S、G 单个因素的法规逐渐整合而来。环境方面，20 世纪 70 年代至 80 年代，美国开始出台一系列环境保护法律和法规，如《清洁空气法案》《清洁水法案》和《国家环境政策法案》等。1977 年通过的《证券法》S－K 条例建议上市公司对环境问题可能带来的金融或法律风险进行披露。2010 年，美国证券交易委员会（SEC）发布了《关于气候变化相关信息披露指南》，对上市公司环境信息披露提供了清晰的指引，美国上市公司环境信息披露进入了新阶段。ESG 整合披露方面，2019 年纳斯达克交易所发布了《ESG 报告指南（ESG Reporting Guide）2.0》，提供了关于 ESG 披露的实践和指导，包括 ESG 报告的核心要素、信息披露原则和建议。2021 年，纽约证券交易所发布了《可持续发展报告的最佳实践》（Best Practices for Sustainability Reporting），介绍了公司如何准备 ESG 报告、ESG 指标和报告框架、ESG 国际标准和评级方法等，帮助公司进行 ESG 披露。

三、日本 ESG 监管发展情况

日本的 ESG 监管类似美国的模式，以单一因素法规为主，逐渐向整体监管整合。环境方面，1997 年颁布的《环境影响评价法》详细规定企业如何进行环境评估、进行环境影响评价报告编辑及披露。2000 年颁布的《绿色采购法》，确立了绿色采购制度，是日本为建立循环型社会颁布的六部法案之一。社会责任和公司治理方面，2014 年日本金融厅（FSA）颁布了《尽职管理守则》，明确机构投资者代理的信托义务，促进投资者行使股东权利。2015 年，日本金融厅联合东京交易所发布了《公司治理准则》，阐述上市公司治理的基本原则，呼吁管理层多样化构成。ESG 信息整合披露方面，2020 年，日本政府发布了《ESG 信息披露指南》，对 ESG 披露作出了指导和要求，包括 ESG 信息披露的核心内容、框架和建议，是日本上市公司在 ESG 披露方面的首个指引文件。2021 年，日本《企业法》修正案生效，要求大型公司披露其ESG信息。

四、中国香港ESG监管发展情况

我国香港的ESG监管政策起步较晚，但结合海外的成功经验和自身市场特点，香港在ESG披露监管方面已处在国际领先水平。香港交易所先后三次修订《ESG报告指引》，ESG信息逐步从“建议披露”转向“强制披露”。2012年，香港交易所发布《ESG报告指引》，要求上市公司将环境、社会责任等相关内容作为“一般披露”事项自愿披露。2014—2018年，香港交易所多次检视上市公司ESG披露情况，并将部分关键指标上升至半强制披露，遵循“不披露就解释原则”。2019年，香港交易所发布新版《ESG报告指引》，增加关于董事会ESG治理等强制披露的规定，同时还加入了气候变化指标。

第三节　我国发展ESG的政策基础和必要性

我国ESG起步相对较晚，但随着关于可持续发展、绿色金融等政策的陆续出台、政府支持力度的持续加大，我国ESG进程也紧随国际脚步，进入快速发展阶段，应用范围及影响力持续扩大。

一、政策基础

环境责任方面，2007年原国家环境保护总局发布《环境信息公开办法(试行)》，鼓励企业自愿公开环境信息，对于排污超标的企业强制其公开环境信息。2016年，中国人民银行联合其他六部委联合发布了《关于构建绿色金融体系的指导意见》，鼓励使用资金引导和财政工具构建绿色金融市场，完善绿色债券发行人和上市公司的强制性环境信息披露制度。社会责任方面，深交所于2006年发布《上市公司社会责任指引》，鼓励公司自愿披露公司社会责任报告；上交所于 2008 年发布《〈公司履行社会责任的报告〉编制指引》，明确上市公司应披露其在履行社会责任方面的工作。公司治理方面，2002 年，中国证监会、国家经济贸易委员会联合发布《上市公司治理准则》，阐释了我国上市公司治理的基本原则。

在 ESG 披露方面，尽管与国际市场相比仍处于发展阶段，但我国相关政策和标准制定进展迅速。2022 年 1 月 7 日，上交所、深交所分别更新其上市规则，首次纳入企业社会责任（CSR）相关内容；同时，上交所单独要求科创 50 指数成份公司应当在年报披露同时披露社会责任报告，开始试点强制披露。4 月，证监会在《上市公司投资者关系管理工作指引（2022）》中首次纳入 ESG 相关内容。6 月，原银保监会将“ESG”作为《银行业、保险业绿色金融指引》的关键词，要求银行业和保险业投资者关注客户 ESG 风险，并纳入业务流程。2023 年 7 月，国资委《关于转发〈央企控股上市公司 ESG 专项报告编制研究〉的通知》，要求央企控股上市公司编制并披露 ESG 专项报告，力争在 2023 年实现全覆盖。9 月，证监会表示正在指导沪、深证券交易所研究起草上市公司可持续发展披露指引。2024 年 4 月，沪、深、北证券交易所正式发布《上市公司可持续发展报告指引》，这也是 A 股首个统一、标准、实用的 ESG 披露标准。

二、必要性

从宏观层面来说，我国可持续战略与监管政策是全球可持续发展和全球化趋势下的“中国式实践”。一是 ESG 议题与全球绿色发展等问题息息相关。我国在全球治理领域上一直秉持“承担大国责任，展现大国担当”的积极态度。近年来，面对全球变暖趋势加剧、极端天气事件频发等挑战，我国已建立起碳达峰碳中和“1 + N”政策体系，积极参与全球可持续发展的浪潮。二是 ESG 议题与实现“全球化”相辅相成。ESG 包含的多项议题已成为全球共识，ESG 已逐渐成为全球“通用语言”。近年来，国际局势动荡不安，地缘冲突频繁发生，贸易保护主义抬头，出现逆全球化趋势，全球产业链、能源供应链、国际金融市场等受到严重冲击。面对国际局势的不确定性增加与日益提高的国际贸易壁垒，我国在保证国家政治安全的前提下，通过 ESG 实践，适应全球化竞争，积极参与全球化进程。

从企业层面来说，ESG 可以帮助企业实现长期价值。一是提升治理水平。ESG 评价体系中，环境、社会、治理均包含多项具体的要求准则，这些准则有助于帮助企业发现易被忽视的社会议题及背后不同利益群体，从而规避潜在风险。二是展现企业价值。ESG 作为评估企业在环境、社会和公司治理方面表现的重要工具，评价越高的企业在政府政策支持和市场竞争中将具备更大优势，也更易赢得投资者及市场青睐。研究显示，ESG 与企业财务绩效呈正相关，ESG 治理的提高有利于企业价值的提升。①

从投资机构层面来说，ESG 可以降低投资风险，实现长期稳健收益。我国的投资机构开展 ESG 实践的两大驱动力是降低投资风险和实现长期稳定收益。一是从海外实践来看，关注 ESG 波动因子，可以有效发现企业潜在经营问题，规避风险事件。二是 ESG 投资在市场不确定性时表现出了更强的韧性，尤其在市场低迷阶段，国内外市场情况均表明，ESG 投资在权益市场可以实现超额收益，正逐渐被投资者进一步接受。

第二章
私募股权机构 ESG 实践情况

目前，海外 ESG 蓬勃发展，ESG 理念已广泛被投资机构纳入投资决策考量，ESG 投资监管趋于完善。从加入 UN PRI 的机构数量来看，西欧、美国保持领先，机构数占比超 66%。② 相对而言，我国私募股权 ESG 投资尚处于

---

① 参考自 Guangyou Z，Lian L，Sumei L. Sustainable development，ESG performance and company market value：Mediating effect of financial performance［J］. Business Strategy and the Environment，2022，31（7）.

② 参考自 UN PRI. Signatory directory［EB/OL］. 2023－10－30. https：//www. unpri. org/signatories/signatory－resources/signatory－directory。

起步阶段，相关政策法规和监管措施有待完善，但多家国内私募股权机构已开始推进 ESG 投资实践。本章重点分析了在 ESG 实践方面的具有代表性的国内外私募股权投资机构的实践案例，以期探索出具有中国特色的 ESG 模式。

第一节　国外私募股权机构 ESG 实践案例

一、黑石集团

作为全球最大的另类资产管理公司，自成立以来，环境、社会和治理原则一直黑石集团企业战略不可或缺的一部分（见表 3－2－1）。黑石 ESG 建设中特别强调对员工的赋能，在投资企业碳足迹、碳排放测算方面也非常领先。黑石集团认为 ESG 是其投资流程与运营理念的关键组成部分，致力于将 ESG 融入公司投资全流程。黑石建立了由管理层领导的 ESG 团队，负责公司 ESG 工作的实际落地，并定期向董事会报告 ESG 相关事宜。同时，黑石在各个投资条线安排 ESG 负责人，负责 ESG 团队与投资团队及其他团队的协调沟通。

表 3－2－1　　黑石 ESG 投资系统方法

<table>
<tr><th>环境</th><th>社会</th><th>治理</th></tr>
<tr><td>实施可衡量的业务干预</td><td>赋能员工——
多样性和包容性</td><td>纳入负责任投资准则</td></tr>
<tr><td rowspan="3">提供技术援助、工具以及从广泛的投资组合中大规模实施可持续发展计划中获得的专业知识</td><td>雇用退伍军人及其配偶</td><td>持续尽职调查，提高投资标准和透明度</td></tr>
<tr><td>监督和维护劳动和就业标准</td><td rowspan="2">直接监控我们的投资组合是否遵守强有力的治理政策</td></tr>
<tr><td>改善获得优质保健的机会</td></tr>
<tr><td>投资大规模可再生能源机会</td><td>监督和维护劳动和就业标准</td><td>在我们的投资组合中分享最佳实践</td></tr>
</table>

资料来源：黑石集团

黑石集团在投资流程中，始终致力于探索明确与ESG投资相适应的核心议题，确定了17个ESG重点关注议题（见表3－2－2）。通过对这些关键性议题的考量，可以评估投资风险并寻找价值创造的机会，以获取更好的投资收益。

表3－2－2　黑石集团ESG关键性议题

环境	社会	治理
温室气体排放	多样性、平等与包容（包括反歧视）	公司治理与监督
空气污染	人权与现代奴隶制	风险管理
废物管理（包括土地和水资源的影响）	员工健康与安全	利益冲突
能源管理与效率	劳资关系及实务	透明度（包括财务和业务报告）
土地使用	客户隐私和安全	欺诈、贿赂和反腐败控制
气候风险	产品质量安全	

资料来源：黑石集团

在投前阶段，黑石会根据核心议题，对拟投企业进行全面的ESG分析。必要情况下，公司会聘请第三方咨询机构或顾问协助完成ESG尽调，这也是目前行业内针对大型项目的常规做法。在投后阶段，黑石每年收集投资企业ESG相关信息，监测ESG建设情况。同时，鼓励投资企业定期在内部报告ESG核心事项，提升投资企业ESG管理水平。黑石十分强调投资企业的参与度，帮助投资企业完善ESG治理架构、政策、控制措施和管理流程，通过提供工具、培训和专业知识帮助企业实施最佳ESG实践，落实ESG核心议题，从而提高投资回报。

构建ESG综合性团队为黑石ESG实践中的关键环节。其ESG工作由ESG指导委员会指导和支持，该委员会由来自黑石各部门的专业人士组成，包括：人力资源，负责领导内部多元化计划；全球企业服务，负责管理各办事处的可持续发展工作；慈善基金会，负责领导慈善事业和员工参与工作；投资团队，负责将相关ESG因素纳入投资过程；资产管理和投资组合运营，负责在整个投资组合中执行 ESG 相关的运营干预措施；法律与合规，负责监督 ESG 政策遵守情况。

黑石还会通过向所有投资企业发送年度 ESG 调查问卷进行 ESG 审查，重点关注工作场所安全、劳动法合规性、人权、可持续发展成就、多样性倡议、慈善捐赠等问题（见图 3－2－1）。同时，向投资企业提供资源、工具和战略，帮助其实施和维护最佳的 ESG 计划，并就可能面临更高 ESG 风险的公司的具体事项进行针对性审查，最终要实现可量化方式显示每年的趋势。

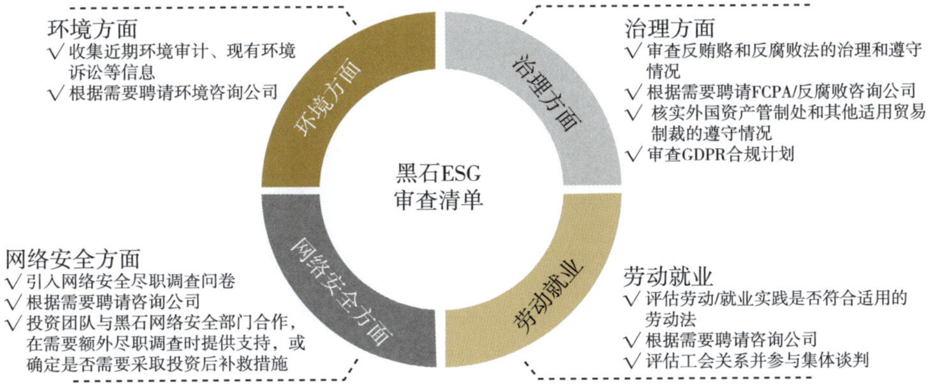

图 3－2－1　黑石 ESG 审查清单

二、凯雷投资集团

凯雷投资集团是全球最大、最多元化的全球投资公司，资产管理规模达 3 850 亿美元，其中私募股权投资规模占比约 42%。[①] 凯雷长期通过投资来实现影响力，为投资人、投资企业、股东及社区创造长期价值。凯雷投资集团创造性地将 ESG 与影响力进行了融合，丰富了 ESG 的评价体系。

凯雷 ESG 建设重点围绕多样性、公平和包容，即 DEI（Diversity，Equity，and Inclusion）。为有效实现 DEI，推进 ESG 工作落地，凯雷组建了“凯雷 DEI 领导网络”，该网络由 45 个投资公司的 CEO 组成，目的在于帮

---

① 数据来自凯雷投资集团官网，https：//www. carlyle. com/zh－hans/firm。

助投资企业完善 ESG 理念、分享 ESG 实践。另外，每年组织年度会议，每季度邀请专家分享，并向企业提供专门的沟通渠道，帮助企业管理者主动改善公司 ESG 建设。

此外，在 ESG 实践中，凯雷十分重视 ESG 数据收集，以数据驱动 ESG 实践。例如，凯雷与加州公务员退休基金（CalPERS）合作，推动私募股权行业内 190 多家投资机构达成 ESG 数据标准化，建立了行业内首个 ESG 数据基准，共享各机构收集的 ESG 相关信息，使 ESG 绩效的评估更加透明和量化，预计后期还将有更多投资平台加入。此外，凯雷也十分重视从市场现有的优秀 ESG 框架中整理关键 ESG 指标，根据行业情况、数据共享难度，整理了 ESG 领域需要重点关注的六大领域，包括温室气体排放、可再生能源、董事会多样性、工伤、净新增雇员和员工投入程度。在信息披露方面，凯雷会通过定期发布的 ESG 报告，从客户关系、品牌价值、运营效率和员工提升等方面，审视可持续发展如何推动自身及投资公司发展。同时，还会发布专项报告披露能源消耗情况。

三、CVC 资本

CVC 资本成立于 1981 年，总部位于卢森堡，目前累计管理资产达 1 250 亿欧元，投资公司超过 110 家。[①] CVC 资本高度重视 ESG 投资，公司设立了 ESG 委员会负责推进和监督 ESG 相关公司，ESG 委员会由 2 名管理合伙人共同主持，另有 4 名管理合伙人作为成员。ESG 委员会充分利用公司包括投资业务团队、运营团队、市场团队以及 ESG 与慈善团队的专业员工开展 ESG 工作。CVC 资本制定了 ESG 投资政策，并在投资流程中的每个阶段都充分考虑 ESG 因素。在投资实践中，CVC 资本广泛借鉴行业内现有的 ESG 框架，其 ESG 工作遵循 UN PRI 提出的六项原则，使用可持续发展会计准则委员会基金会（SASB）提出的“实质性地图”（SASB Materiality Map）进行尽职调查，并通过“四支柱方法”（Four Pillar Approach）跟踪

① 数据来自 CVC 资本官网，https：//www. cvc. com/about/。

投资企业的 ESG 实践情况。其中，“四支柱方法”主要包括外部评估、年度 ESG 关键指标、可持续发展报告和气候行动（见图 3－2－2）。

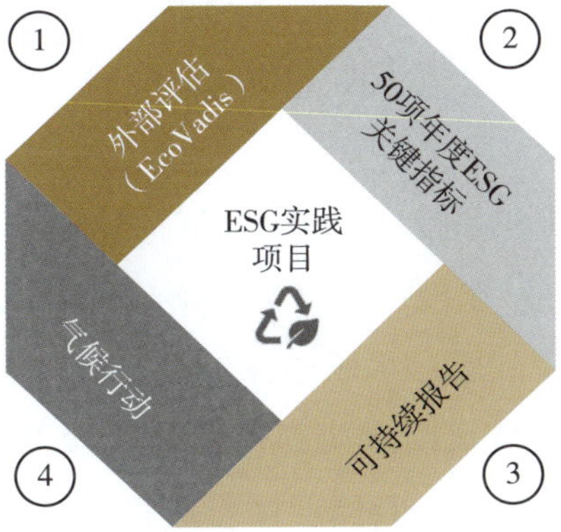

图 3－2－2　CVC 资本的“四支柱方法”

外部评估方面，CVC 资本与投资企业评级机构 EcoVadis 合作，在保证评估机构独立性的情况下，评估自身 ESG 管理情况，并依据评估结果不断改进 ESG 实践。同时，CVC 资本要求投资企业接受第三方外部 ESG 评估，不少企业选择使用 EcoVadis，这也保证 CVC 资本可以通过统一的平台获取企业 ESG 实践情况，获取标准化数据，并依此帮助企业优化 ESG 行动并改善 ESG 信息披露。

ESG 关键指标方面，CVC 资本与投资企业合作，通过对部分关键 ESG 指标的追踪，跟进企业在 ESG 方面的长期进展，估计企业的积极变化。

可持续报告方面，CVC 资本鼓励投资企业发布自己的 ESG 或可持续发展报告，并对报告的内容予以明确。同时，CVC 资本也认识到可持续报告的发布在企业 ESG 建设过程中处于靠后的环节，愿意给予企业 ESG 建设的时间。

气候行动方面，CVC 资本 2021 年起开始与超过 60 家投资企业合作，根据《温室气体议定书》测量和报告范围一、范围二和范围三的排放量情况，帮助 CVC 资本践行净零经济语境下的脱碳战略，应对气候相关风险。

四、KKR 集团

KKR 的负责任投资始于 2008 年，其认为对 ESG、监管、地缘政治和声誉问题的全面管理使 KKR 成为一个更好的投资者，是公司取得长期商业成功的重要组成部分。2011 年，KKR 制定了第一份 ESG 报告，当时就聚焦在私募股权投资资产类别。随着 ESG 工作的深入，现已将 ESG 考虑和管理纳入房地产、能源和基础设施等投资领域，同时 KKR 也是 UN PRI 六项基本原则的参与制定者。

KKR 在实践中将 ESG 融入从投前的预筛选到投后的监管全流程中，并整合到全部资产投资中。在投资流程中，预筛选阶段，KKR 会评估目标企业是否存在潜在的 ESG 问题；尽职调查阶段，KKR 会评估标的所处行业和资产类型相关的重大 ESG 风险和机遇；评估阶段 KKR 会对相关风险和机遇进行讨论；而在投后，KKR 持续关注企业相关 ESG 风险与机遇，并帮助投资企业加强 ESG 建设（见表 3-2-3）。

表 3-2-3　　KKR ESG 管理流程

流程	流程节点	流程内容
评估潜在的“关卡问题”	预筛选	审查“关卡问题”，以确定是否存在与目标公司、运营商、发行人以及相关发起人有关的任何关键 ESG 或声誉问题
尽职调查	商业和法律/合规尽职调查	评估与发行人或目标公司相关的适用于行业或资产类型的重大 ESG 风险和机遇，包括气候变化风险和其他投资组合范围内的相关考虑因素和机遇
记录和评审结果	投资委员会评估	将与发行人或目标公司相关的关键风险和机遇纳入投资委员会讨论和备忘录。跟踪相关发现，即使不需要采取其他行动
监控和管理	投资后	在投资组合管理委员会讨论和备忘录中包括关键的 ESG 风险和机遇。与选定的公司努力进行价值创造。记录相关问题或事件，以便进行相关的持续跟踪

在 KKR 的实践中，有两点特别突出的地方：一是 KKR 在对重大问题的理解方面与可持续发展会计准则委员会基金会（SASB）保持一致，并在识别可能具有财务重大意义的 ESG 问题时纳入 SASB 的行业特定标准。二是 KKR 建立了跨职能的全球团队，其中高级领导层监督负责任投资工作；

投资委员会在作出投资决策时监督对投资有重大影响的 ESG 问题；投资组合管理委员会和投资专业人士对投资过程中发现的重大 ESG 问题具有监督和管理作用；KKR 的全球公共事务团队则执行 ESG 日常工作。

第二节　我国私募股权机构 ESG 实践案例

一、君联资本

君联资本于 2001 年创立，是联想控股旗下专注于早期风险投资及成长期私募股权投资的基金管理公司。2008 年，受美元有限合伙人的影响，君联资本开始全面接触 ESG，并接受每年投资组合公司层面的 ESG 监控及定期持续评估。在 ESG 实践上，君联资本于 2019 年签署加入责任投资原则组织（UN PRI），将 ESG 投资作为公司长期发展战略，将 ESG 要素整合进投资全业务流程，涵盖从项目筛选、尽职调查、项目决策、投后管理到项目退出的全过程，积极实现可持续发展和绿色金融理念（见表 3－2－4）。

表 3－2－4　　君联资本 ESG 投资管理方案

方针	秉承“富而有道”价值观，将 ESG 责任投资作为公司长期发展战略
两级管理组织	ESG 委员会：是 ESG 投资管理的最高决策机构，由总裁担任主席 ESG 工作小组：是 ESG 投资管理的执行机构，由主管 MD 担任组长
流程整合驱动	将 ESG 投资要求整合进项目筛选、尽职调查、项目决策、投后管理和退出等全业务流程各环节，以流程驱动 ESG 投资理念的落地
统一全员认识	通过专题研究和知识管理活动，统一并不断提高全员对 ESG 投资理念的认识
协同利益相关方	积极响应落实利益相关方在 ESG 方面的需求和协同事项

资料来源：君联资本

在过去 10 余年实践责任投资的经验基础上，2021 年，君联资本提出了公司级的“可持续发展公式”，即 $S=\{R+O+E\}^{i}$，将可持续发展目标实现形容成是一个“由内及外”的过程，并赋予 ROE 以新内涵。其中，R 代表责任担当；O 代表开放合作；E 代表专业赋能；i 代表科技创新，是价值放大器。这四大要素共同构筑了君联资本面向可持续发展的能力体系，助力君联资本嵌入不同产业生态中，通过与各方合作，共同实现长期可持续发展。

作为国内私募股权投资实践 ESG 的典型代表，君联资本的案例对业界有很多启发：一是 LP 日益增长的 ESG 需求激励着基金管理人致力于 ESG 投资，成为私募市场 ESG 发展的关键推手；二是 ESG 建设虽有特殊性，但也可实现标准化，本土投资机构要学会借力 UN PRI、亚投行等国际组织或机构，在专业基金层面导入国际标准体系。

二、绿动资本

绿动资本成立于2016 年，是我国较早将 ESG 政策制度化，并对投资行为进行绿色影响力量化评估的私募股权基金。通过与全球影响力投资指引机构和测评机构广泛合作，并结合中美绿色一期基金的投资实践，绿动资本建立了完善的绿色影响力投资流程和生态网络，在“募、投、管、退”关键环节深度融合绿色影响力评估及跟踪，以发现具有显著标杆效应或绿色效应的子行业和投资标的。

募资方面，绿动资本设立碳中和新材料主题基金，聚焦专精特新及行业领军企业；投资方面，秉承“既要追求财务回报又要追求环境效益”的投资理念，重点关注新材料、清洁能源、绿色先进制造、绿色低碳交通、节能环保等领域；投后管理方面，发挥专业机构投资者的股东影响力，推动企业 ESG 建设，构建可持续发展战略体系；退出方面，助力企业提升 ESG 表现与稳健发展，加速登陆资本市场（见图 3－2－3）。

在资金端，绿动资本会明确向每一位投资人申明基金的每一笔投资都将追求财务回报和绿色影响力双目标，并定期向投资人量化汇报在管资产的绿色影响力及未来绿色发展战略；在投资端，坚持寻找具备绿色发展理

图 3－2－3　绿动资本绿色影响力投资

念，并在技术与商业模式上能够对所在细分领域产生绿色影响力的企业。同时，积极与第三方权威机构评估及认证机构合作，对碳中和及绿色影响力的量化方法学进行权威认证。例如，与环境大数据和碳管理服务数据公司合作，利用行业、场景、产品碳排放和大数据库，持续优化绿色影响力评估体系。通过定期与公众沟通在管资产的“碳中和”贡献，分享行业理解、技术革新、绿色政策等，增进公众对“碳中和”及绿色发展的关注与理解，继而引导绿色消费。

第三节　保险资金的 ESG 特色实践

一、保险资金与 ESG 天然匹配

相较于市场化基金，保险私募股权基金具有长期性、规模性、战略性的特点，和 ESG 理念更具有天然的适配性，是 ESG 生态的重要参与者。

从资金属性来说，目前我国寿险行业平均负债久期约为 13 年，而目前寿险公司的平均资产久期约为 5 ~ 8 年，这与 ESG 投资可以实现长期价值的特点相契合。近年来，全球局势动荡、市场风险等明显加大，对保险资金如何实现长期稳健收益提出了更高的要求。ESG 投资可以有效帮助企业降低声誉风险、法律风险、资产风险等多种风险，帮助保险机构提升资产的长期性、稳健性。

从战略定位来说，保险资金积极践行 ESG 理念，符合国家战略方向。以保险私募股权基金为例，普遍规模较大、单只基金管理规模基本达到数十亿元甚至百亿元规模，是助力“健康中国”等国家战略的重要力量。国务院金融委曾明确提出要“引导保险公司等机构树立长期投资理念，开展真正的专业投资、价值投资，成为促进资本市场发展、维护资本市场稳定的中坚力量”①。原银保监会也发布《银行业保险业绿色金融指引》，明确要求银行保险业应将 ESG 纳入管理流程和全面风险管理体系，强化信息披露和与利益相关者的交流互动，保险私募股权机构 ESG 建设成为大势所趋。

以医疗健康产业为例，医疗健康产业与人民身体健康和生命安全息息相关，关乎经济发展与民生福祉，具有经济效应和社会效应的双重属性，与 ESG 中“S”属性高度契合。随着人民健康水平的提高、人口寿命延长以及互联网等技术的发展，人民健康需求不断提升。从 2007 年开始，我国商业保险公司开始尝试布局全生命周期健康管理产业，以股权投资、战略合作等方式自建或共建健康体检机构、专业健康管理机构、综合医院及专科医院，创新“保险 + 医疗”的融合模式。一方面，保险资金持续与市场化私募股权基金合作，大力投资覆盖医疗健康行业的基金管理人。以入围 2023 年《财富》全球 500 强的境内 7 家保险公司为例，在投资的私募股权机构中，近七成已覆盖医疗健康行业，另包括多家头部医疗健康行业基金。另一方面，中国人寿、泰康保险、中国人保等保险公司也纷纷设立专注于

① 银保监会．银保监会召开专题会议传达学习贯彻国务院金融委会议精神［N/OL］2022 - 03 - 16/2023 - 10 - 30. https：//www. gov. cn/xinwen/2022 - 03/16/content_5679467. htm。

投资医疗健康产业的自有私募股权投资平台，为医疗健康产业发展提供有力的资金支持。

二、平安保险集团 ESG 特色实践

平安集团是国内首家签署 UN PRI 的资产所有者，其在投资实践中坚持践行负责任投资理念，通过不断创新 ESG 投资实践，积极开展尽责管理。平安已实现将 ESG 全面融入战略管理，在基础研究、分析和投资决策等过程中均融入 ESG 因素，覆盖股票、债券、基金、货币市场、多元资产、债权及股权等各类别的投资。截至 2023 年末，其保险资金负责任投资总额达 7 253 亿元。

在 ESG 投资实践中，平安通过开展 ESG 量化评价、专项风险评估、可持续发展主题投资，以及审慎原则、积极股东等多种策略，多方位推进投资流程中的 ESG 整合，相关实践如下：

ESG 量化评价：平安自主开发 CN – ESG 评分体系，对投资组合中所有上市资产进行 ESG 评价，评价结果作为评估投资标的 ESG 风险的重要参考。截至 2023 年末，评分得分处于各行业末 10% 的资产合计持仓规模仅占全部股票账面值的 0. 25% 。

发挥股东作用：平安积极评估投资标的的可持续发展表现，并通过沟通协作、股东投票等渠道积极开展尽责管理。同时，平安还安排专员负责跟进与分析投资标的的最新 ESG 情况，并记录尽责投后管理的工作情况。

ESG 专项风险评估：针对非上市企业，平安在内部制度中明确要求将 ESG 纳入投前、投中、投后全流程管理。例如，在投前对项目存在的实质性 ESG 问题进行深入调查且列入投资备忘录，确保投资委员会在进行投资决策时可以充分了解。

审慎原则：平安以审慎原则为总体指导，制定了负责任投资手册，并明确煤炭、火电、临床试验等应审慎处理的公司、行业或特定业务，为投资团队提供参考，以更好地降低投资风险。

可持续发展主题投资：平安遵照 UN PRI 的主题投资理念，结合国家发

展战略，对现有投资组合的全部资产进行识别，在绿色、普惠、社会三个主题上进行资产配置。

保险资金委托投资：在委托投资中，平安仍积极履行监督职责，要求受托管理人在投资中严格遵守《银行业保险业绿色金融指引》等相关规定。同时，平安也关注受托管理人在ESG领域实践情况，截至2023年12月末，集团保险资金投资组合中超过83%的资产规模由签署UN PRI负责任投资原则的资产管理人进行管理。

绿色投融资业务回报周期长，无法吸引关注短期收益的社会资本。但是，这种投资回报特点恰恰与保险资金规模大、投资周期长、追求稳健收益、长期价值投资的偏好特征相匹配，也是保险资金践行ESG实践的重要方面。截至2023年末，平安绿色投资规模达1 286亿元，其中股权投资340亿元。2023年12月，平安资管旗下股权投资基金平安创盈双碳基金出资40亿元，定向入股山东高速集团旗下山高新能源公司在境内的核心集中式光伏发电平台。在此之前，平安资管先后投资了新能源玻璃制造企业凯盛新能、新能源电池关键材料及自动化设备厂商璞泰来等企业，并入股国电投江西公司，助力能源转型，赋能绿色发展。

三、泰康保险集团ESG特色实践

泰康保险集团是国内第三家签署UN PRI的保险机构。自2021年加入UN PRI以来，泰康保险以ESG及“双碳”目标为引领，持续建立健全绿色金融组织管理体系，将长期价值投资与绿色发展理念深度融合，通过公开市场债券、权益、债权计划等多种资产形式参与绿色项目投资，聚焦“双碳+科技”投资赛道，充分发挥保险资金规模大、期限长、稳定性高的优势，助力高新产业的可持续发展。截至2023年末，泰康绿色金融投资总金额超过2 200亿元。

在践行ESG投资理念过程中，泰康建立了较为完善的ESG投资实践发展规划，自上而下贯彻ESG投资理念。泰康分别于2022年、2023年发布《负责任投资政策指引》与《负责任投资声明》等ESG投资相关政策文件，在结合泰康投资策略和持仓分布的实际情况上，逐步加强 ESG 投资研究与数据建设，出台资产类别全覆盖的 ESG 投资方法学，并在方法学和相关数据支持下，实现 ESG 投资的系统化与体系化搭建。

在 ESG 投资实践过程中，泰康始终将投资方向与国家重大战略相结合。以泰康保险集团旗下泰康资产为例，在“双碳”目标引领下，公司通过公开市场债券、公开市场权益、债权计划、项目资产支持计划、股权投资等工具，以灵活多样的资产形式参与绿色项目投资，发挥长期保险资金的“稳定器”和“压舱石”作用，助力绿色、可持续和社会责任类投资的发展。

公开债和固收类非标方面，泰康资产通过参与民生社会基础类投资，与地方政府开展专项债投资，为当地农林交通水利、碳中和、低碳转型、地铁、市政产业园区发展等民生社会基础设施提供金融支持。

股权投资上，泰康资产通过参与以新能源电站为底层项目的类 REITs 不动产投资信托投资，如国家电投—贵州蒙江水力发电基础设施资产支持专项计划、中核集团—新华发电 2023 年新能源基础设施投资绿色资产支持专项计划、国家电投—黄河公司能源基础设施投资黄电风力绿色资产支持专项计划等，助力融资主体推进多元化能源布局。

基金发行上，泰康资产不断拓宽绿色金融投资品种，发行、创设绿色金融产品，为优质可持续资产提供长期稳定融资渠道。2021 年，泰康资产子公司泰康基金发行两只低碳相关主题被动指数型基金“泰康中证智能电动汽车 ETF”和“泰康中证内地低碳经济主题 ETF”，为新能源、新材料为代表的低碳经济主题行业带来更多发展机会。2024 年 5 月，“泰康资产—中电投租赁 1 号碳中和绿色资产支持专项计划”在上交所成功发行，这也是发行市场首单以保险资管公司作为计划管理人的企业绿色资产证券化产品，有效提升了泰康资产绿色金融方面的服务能力。

四、国寿投资公司 ESG 特色实践

国寿投资是中国人寿旗下专业另类投资平台，投资领域涵盖股权投资、不动产投资、基础设施投资、特殊机会投资、普惠金融等。国寿投资坚持

面向未来的责任投资，致力于成为环境友好、主动承担社会责任、发挥积极影响力的投资机构。公司在为客户创造可持续长期回报的同时，积极践行 ESG 投资理念，为利益相关方创造长远价值，以实际行动助力国家高质量发展，实现全球可持续发展目标。

ESG 投资体系建设方面，国寿投资将 ESG 理念融入投资全流程，在业务实践中不断促进 ESG 投资系统化、策略化展开，持续提升 ESG 整合能力。在投前阶段，国寿投资通过负面筛选和尽职调查，明确公司可开展的行业范围，避免投资于对社会造成负面影响的公司，同时通过 ESG 风险评价，全面评估和识别投资项目 ESG 风险。在投资决策过程中，国寿投资安排 ESG 专职人员就投资项目的 ESG 风险等内容出具专项审查意见供项目评审委员会审议，为投资决策委员会、产品管理委员会决策提供参考。在协议谈判阶段，国寿投资根据 ESG 风险程度及投资决定，对投资项目协议进行谈判和调整，明确重大 ESG 风险项目的绩效目标、风险缓解措施等内容。在投后阶段，投后团队积极开展尽责管理，履行协议规定的 ESG 管理责任，关注被投资企业重大 ESG 风险事件，保障 ESG 信息沟通渠道畅通。

在股权投资的 ESG 实践中，国寿投资制定《国寿投资私募股权投资 ESG 工具》，针对股权投资项目行业特点和企业生命周期，确定 ESG 实质性议题，开展 ESG 风险识别与尽调（见表 3－2－5）。对于项目标的为私募基金的保险资管产品，在进行普通合伙人（GP）遴选时将 ESG 因素融入评估标准，多方面考核项目标的 ESG 实践情况。

表 3－2－5　　国寿投资 ESG 投资关注议题

类别	高频次	中频次	低频次
环境	废弃物管理 噪声	环境许可 环境责任 空气质量 气候变化韧性	水资源管理 能源管理 生物多样性
社会	工作场所健康与安全 公众和劳工的申诉机制	产品合规性	数据隐私与保护 客户权益保护

续表

类别	高频次	中频次	低频次
治理	董事会治理		股东权利 监管和法律合规 声誉风险 利益冲突 关联交易

2022 年 12 月 30 日，国寿投资公司旗下国寿双碳基金成功签约。该基金规模 18 亿元，由国寿资本公司管理，重点投向新能源电力、新能源汽车产业链、新物流科技、氢能、储能及绿色医疗等关键领域，是保险资金落实国家“碳达峰”“碳中和”战略目标，发挥绿色金融重要作用的重大实践。基金成立后，已陆续投资了专注于碳纤维及其复合材料制品的设计、研发、生产与销售企业澳盛科技，致力于高性能全回转推进装置产品研发、设计、生产及服务的科技型高端装备制造企业倍豪装备，以及全球创新的智能汽车解决方案平台斑马智行等企业，积极践行绿色金融理念，支持国家“双碳”目标，推动实现可持续发展。

五、国寿股权公司 ESG 特色实践

2020 年，国寿股权公司发布了保险私募股权行业首份 ESG 报告《引领中国保险私募股权行业高质量发展新格局》。作为保险私募股权机构 ESG 实践的代表，国寿股权公司坚持将 ESG 建设提升至经营管理的重要位置，持续推动 ESG 标准融入项目投资管理，赋能被投企业发展。

国寿股权公司为有效在公司内部推行和监督 ESG 工作落地，在公司内部明确了 ESG 管理架构，明确 ESG 工作由公司管理层统筹负责，决定 ESG 投资管理相关的政策、制度和流程，全面监督 ESG 实施与管理（见图 3－2－4）。同时，下设 ESG 工作办公室负责具体的 ESG 投资管理工作的落实，如建立并维护 ESG 投资排除清单、企业评估清单、组织 ESG 专题研究与培训、落实 ESG 信息披露等相关工作。同时，打造了绿色文化与知

识体系，搭建了 ESG 培训体系，大力宣贯 ESG 理念，以提升公司全员 ESG 意识。在具体 ESG 投资流程中，各职能部门各司其职，根据职责分工将 ESG 投资要求纳入具体的业务流程中。

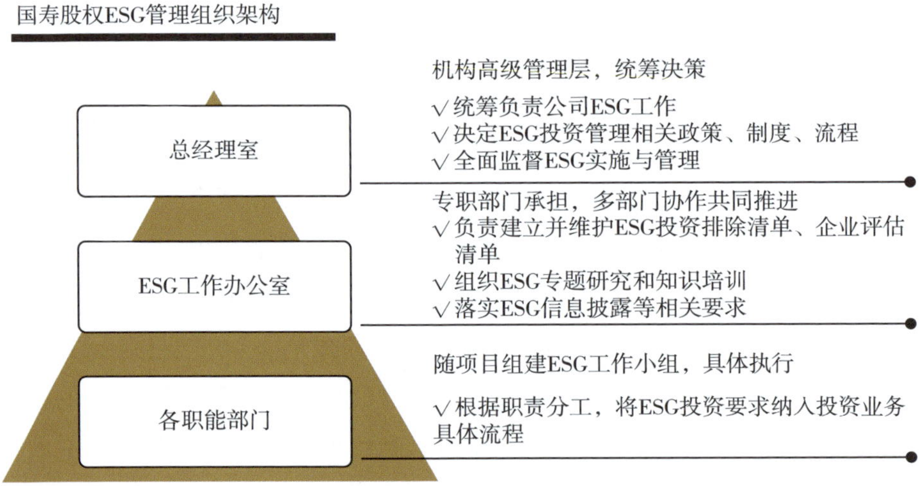

图 3－2－4　国寿股权公司 ESG 管理架构

投前阶段，结合投资实践，编制并发布了 ESG 投资工作指导文件，建立《ESG 投资排除清单》和《ESG 投资企业评估清单》，将企业 ESG 纳入尽职调查，排除违背 ESG 投资理念的项目，对企业 ESG 状况进行综合评估，并作为项目投资决策的重要依据。投后阶段，通过为企业提供专业的增值服务和多元化的资源协同支持，持续提升企业价值。依托投资生态圈，精准链接和投资企业之间的资源禀赋和业务需求，推动优质资源有效嫁接，促进投资企业之间相互赋能、协同发展；依托中国人寿综合金融优势，协调多家投资企业与保险主业、广发银行开展深度合作，并有针对性地协助企业提升财务管理及内部控制水平；同时，充分发挥内外部资源优势，为企业经营发展提供各类资源嫁接、政策支持，实现多方互利共赢。退出阶段，公司加强对退出方案的全面分析考量，识别在退出过程中可能存在的 ESG 相关影响，纳入退出方案考虑事项。

在负责任投资实践中，国寿股权充分发挥保险资金优势，全力支持实体经济和民营企业发展，聚焦初创企业投入大、风险高、周期长等问题，在医疗健康、科技创新领域培育了多家专精特新“小巨人”与“链主”企业，不断提升国产供应链韧性，推动产业整体向中高端迈进。截至 2024 年 6 月末，国寿股权大健康基金投资组合中服务国家重点发展区域落地投资占全部投资规模约 87%；民营企业占比超 90%、中小微企业占比超 50%、科技型企业占比超 70%；拥有“链主”或“国家级制造业单项冠军”企业占比 25%，国家级或省级“专精特新”企业占比超 68%，且投资后获评比例超 70%，以实际行动贯彻落实国家战略，助推科技型创新企业快速发展。

第三章 保险私募股权投资 ESG 实践建议

第一节　保险私募股权投资机构 ESG 实践的普遍经验

课题组通过对行业内现有的私募股权机构 ESG 实践案例的调研与研究，发现很多私募股权投资机构在践行 ESG 责任投资方面已积累了一些普遍的实践经验，可供保险私募股权投资机构参考。

一、将 ESG 理念融入公司投资管理全流程

当前，私募股权基金管理人对 ESG 重视程度不断上升，在践行 ESG 责任投资方面已有一些实践经验。很多私募股权机构已积极尝试将 ESG 理念融入自身发展，自上而下推动 ESG 理念融入公司投资管理的全流程，这些

实践经验可作为行业通用标准供保险私募股权投资机构参考。

保险私募股权机构在开展 ESG 投资管理实践时，建议明确公司 ESG 治理结构，确定 ESG 相关制度或细则，将 ESG 纳入投前、投后、退出投资管理全流程考量，以帮助投资机构在进行投资决策和后续流程中及时识别、管理并报告 ESG 相关风险和机会。这要求在实践中，不仅需要公司管理层面了解、领导 ESG 建设，更需要前中后台广泛参与和协调。

投前阶段，建议严格开展项目 ESG 尽调，剔除不符合 ESG 要求的公司，并充分考虑企业 ESG 影响力，将 ESG 作为投资决策的重要参考因素。在估值过程中，也应将 ESG 纳入企业估值考量，正确认识企业长期可持续发展的潜力。投后阶段，应组建投后管理团队，积极参与企业投后管理，严格执行并监督企业 ESG 相关事项，将 ESG 机会和风险因素纳入财务分析和非财务分析中。退出阶段，投资机构在退出前应对企业 ESG 价值水平和潜在风险进行全面的调查，识别并降低潜在 ESG 风险（见表 3 -3 -1）。

表 3 -3 -1　　ESG 责任投资战略

ESG 责任投资战略	
负面剔除 (Negative Screening)	否定/排除性筛选是规避投资于传统道德价值观（如，酒精、烟草或赌博的产品或服务）以及社会规范（如，人权和环境保护有关的标准）违规的企业
正面筛选 (Positive Screening)	通过建立在环境、社会以及公司治理三个方面的标准，选择符合上述标准的公司
主题投资 (Thematic Investing)	在环境、社会以及公司治理三个领域相关的主题上，选择产生利润的可能性最大的行业或企业的策略
积极所有权 (Active Ownership)	积极参与跟 ESG 标准相关的公司决策，提升企业财务价值和社会价值。具体表现为在股东大会上行使投票权、关于 ESG 问题与公司高管人员进行对话、提交股东建议、召开临时股东大会和通过媒体提出 ESG 问题等
影响力投资 (Impact Investing)	为社会影响力大的企业提供投资资金。影响力投资与主题投资均考虑社会影响力，但是区别在于影响力投资首先考虑解决社会问题然后考虑财务盈利，而主题投资主要考虑创造财务利润
ESG 整合 (ESG Integration)	在资产评估时，将 ESG 机会和风险因素纳入财务分析和非财务分析中

二、提高 ESG 数据收集与整合的能力

有效的 ESG 信息和数据对私募股权投资机构了解自身和投资企业的 ESG 实践情况至关重要，能够帮助投资机构在投资管理全流程中了解企业 ESG 风险，改进企业 ESG 表现，帮助被投企业实现 ESG 方面的长期进展。从海外实践情况来看，黑石、凯雷、CVC 等全球领先的私募股权机构都会定期收集投资企业 ESG 信息，通过定量的方式获取投资企业的 ESG 实践情况，对其进行评估，并依据评估结果不断改进 ESG 实践。

目前国内企业 ESG 信息披露主要局限于上市公司，且以定性披露为主，定量分析较为缺乏。同时，不同投资机构覆盖投资企业的发展阶段、所处行业也各不相同，因此行业内难以形成普遍行之有效的 ESG 信息披露标准。

从目前现有的相关实践来看，都是由私募股权投资机构自主牵头开展，或委托第三方专业机构开展 ESG 信息和数据的获取。以绿动资本为例，其会对被投企业或潜在投资标的的业务和商业模式进行了解与分析，并为每一个被投企业建立与企业业务流程和商业模式紧密相关的环境模型组合，通过在模型中输入企业基础运营的相关参数，产生相应周期内被投企业的碳中和及其他绿色影响力数据，并基于计算结果对各家企业的相应指标进行系统性整合，形成基金碳中和及绿色影响力指标，并参考投资规模和各项环境指标的经济效益等，对数据进行归类和处理，了解基金整体的绿色影响力情况。

保险私募股权投资机构在开展 ESG 信息和数据的收集过程中，应该聚焦于自身的基金与投资组合情况，选取重点关注的 ESG 领域。可以先通过定性与定量结合的方式进行评估，并在信息收集和整合的过程中不断优化模型标准，逐步向定量评估过渡，最终形成满足自身需要且适合被投企业实际情况的客观的、专业的 ESG 评价体系，为后续“募、投、管、退”全流程的 ESG 实践提供支持和帮助。

三、积极融入国际 ESG 体系并开展本土化实践

目前，君联资本、绿动资本、平安集团、泰康资产等私募股权机构和保险资产管理机构已签署加入 UN PRI 等国际 ESG 机构与联盟，参照国际领先标准开展自身的 ESG 实践。这不仅提升了这些投资机构在国内外的市场影响力，也为我国投资机构的 ESG 实践提供了宝贵的经验支持。然而，海外标准并不足以满足我国市场的独特需求。

因此，保险私募股权投资机构在开展 ESG 实践过程中，在学习海外先进 ESG 实践经验的同时，还要积极融入国家战略并关注我国特有的 ESG 议题，提升自身 ESG 意识与能力，注重本土化 ESG 数据分析处理，从而更加契合当前我国发展阶段以及我国社会价值观的需要。

第二节　保险私募股权视角的 ESG 调研

为更好地帮助保险私募股权机构理解 ESG 建设，课题组结合保险私募股权基金特点，从 ESG 核心议题、投资企业实践两个层面展开特色调研，以期为行业 ESG 实践提供参考。

一、需要关注哪些 ESG 核心议题

ESG 领域涉及的议题众多，从环境领域的气候变化、废物和污染防治，到社会领域的员工权益、公正转型、数据治理再到公司治理领域的股权架构、董事会独立性和多元化、反腐败等，覆盖公司日常经营管理的各个方面。投资机构需要结合宏观情况、公司实际需要、基金特征、投资行业等内容及各类监管机构发布的指导性文件，针对性地聚焦对投资企业经营与

发展具有实质影响的 ESG 核心议题，以高效、准确评估投资企业的 ESG 风险，并帮助其加强 ESG 建设。实践中，可以参考各类监管机构发布的指导性文件，或可持续发展会计准则委员会（SASB）等 ESG 机构提出的“实质性地图”等 ESG 工具，识别真正适合企业的 ESG 重点关注议题。在保险私募股权投资领域，投资机构在识别应重点关注的 ESG 核心议题时，应充分结合保险资金长期性、规模性、战略性的特点，发挥保险资金优势，聚焦国家战略发展，充分利用保险公司综合金融和生态优势，助力环境、社会责任与治理发展。

（一）环境责任：安全生产与环境保护

国家《环境保护法》以法律条文形式明确规定，保护环境是国家的基本国策。随着生态文明建设深入推进，我国《环境保护法》不断修订完善，环保监管与处罚力度持续加强，对违规企业罚款处罚实行按日连续处罚，企业面临的环保合规压力与日俱增。在这一背景下，如何有效防范生产、经营过程中的环保问题及风险已成为企业需要面对的重要问题。在保险私募股权投资机构重点布局的国家战略性新兴产业中，存在相关环境风险值得保险私募股权投资机构重点关注，例如医疗机构、医药企业在研发、生产过程中产生的废气、废水；电子科技企业产生的废弃物等。

建议保险私募股权投资机构关注投资企业在生产过程中的环境问题，考察企业环境保护责任意识、环保制度及手续完备性、环保设备及运维合规性、是否受到环境相关举报或行政处罚、企业危险废物安全管理等。在实践中，建议重点关注以下内容：企业是否按照《国家危险废物名录》，建立符合相关的危险废物管理名录；对尚未明确是否具有危险特性的固体废物进行废物属性鉴别及管理等；在危险废物安全管理过程中，企业是否实现对危险废物的收集分类、交通运输、仓库贮存以及处理进行细致化管理；如果委托第三方进行处置，第三方机构是否具备相关资质等。

（二）环境责任：“双碳”目标与绿色转型

近年来，可持续发展已经成为全球共识，也是未来社会发展的大势所趋。自2020年习近平总书记提出“双碳”目标以来，我国陆续出台《关于完整准确全面贯彻新发展理念做好碳达峰碳中和工作的意见》《2030年前碳达峰行动方案》《科技支撑碳达峰碳中和实施方案（2022—2030年）》等多部“双碳”政策文件，为我国“双碳”目标与绿色转型指明了发展方向。随着我国经济从高速增长阶段向高质量发展阶段转变，投资机构面临的环境、格局、理念都在发生深刻的变化。如何在“双碳”战略下探索新的发展机遇、如何通过投资促进社会可持续发展成为投资机构面临的新挑战。

当前，我国保险资金绿色投资增速和绿色风险保险保障增速均高于行业整体，保险资金在促进经济社会绿色转型中的作用逐渐增强。按照国家金融监管总局规划，2030年保险行业将成为助力经济社会全面绿色转型的重要金融手段，保险资金绿色投资规模将得到明显提升，在“双碳”目标的实现过程中发挥不可替代的作用。①

建议保险私募股权投资机构在实践中将“两山”理论、“双碳”目标融入投资实践与日常经营管理，促进新能源和清洁能源发展，关注气候变化挑战，主动识别和控制“双碳”目标与绿色转型相关ESG风险，排除不符合“双碳”目标要求的企业。同时，鼓励投资企业加强碳披露、实施减排行动，促进生态文明建设。

（三）社会责任：科技伦理治理

科技伦理是开展科学研究、技术开发等科技活动需要遵循的价值理念和行为规范，是促进科技事业健康发展的重要保障。随着各类新技术发展驶入快车道，新业务模式和新产品持续涌现。与此同时，信息茧房、歧视性定价、大数据杀熟、动物及人体试验、数据隐私保护等各种科技伦理问题和挑战，引发了社会广泛关注。2023年10月，科技部、教育部、工业和信息化部等联合印发《科技伦理审查办法（试行）》，为我国各领域科技伦

① 国家金融监督管理总局有关司局负责人就印发《关于推动绿色保险高质量发展的指导意见》答记者问，https：//www.gov.cn/zhengce/202404/content_6947541.htm。

理审查提供了综合性、通用性规定，为各地方和创新主体开展科技伦理审查提供了制度上的依据。

保险资金的安全性不仅关乎资金本身的保值增值，更关系到国家关键领域的科技创新和经济生活的稳定发展，也承载着国家期待和人民所盼。建议保险私募股权投资机构在践行 ESG 投资过程中遵循安全性原则，严格关注投资企业所涉及的伦理问题，防范伦理风险，促进科技向善。新技术行业是科技伦理问题的“重灾区”，以医学伦理为例，可关注的点包括：企业涉及人的临床试验项目是否提前进行伦理预审及审查；是否对收集的数据在处理、传输、使用过程中的隐私及敏感信息的保护进行伦理监督；是否对受试者出现的不良事件，进行伦理调查与伦理干预；重大项目的伦理预警与建议等。

（四）社会责任：企业创新

创新是引领发展的第一动力，也是实现联合国可持续发展目标的关键因素。民营经济是推进中国式现代化的生力军，2023 年 7 月中共中央发布了《关于促进民营经济发展壮大的意见》，明确提出“支持提升科技创新能力”，“加快推动数字化转型和技术改造”，而私募股权投资机构是支持民营经济发展的重要力量。自试点注册制以来，超过八成的科创板上市公司、超过六成的创业板上市公司都获得过私募股权和创投基金支持，有力推动了供给侧结构性改革与创新增长。

保险资金始终聚焦国家科技创新重大战略，具有良好的经济和社会效应，企业科技创新也能够为保险资金带来丰富的投资收益。创新活动普遍具有高投入、高风险的特点。相较于市场化私募股权投资机构，保险私募股权投资机构规模更大、期限更长，更能够为科技型创新企业提供支持。国家金融监管管理总局明确表示，将推动释放更多保险资金进入科技创新领域。[①] 但另外，早期企业技术能力相对并不成熟，更需要投资

---

① 参考自《推动释放更多保险资金进入到科技创新领域》，https：//www. gov. cn/xinwen/jdzc/202406/content_6959626. htm。

者精准判断企业的创新能力，而 ESG 理念和评价体系则提供了新的视角和方法。

在实践中，如何判断企业的创新能力是保险私募股权机构应关注的重点，ESG 理念和评价体系则提供了新的视角和方法。建议机构可以关注创新的社会价值，通过企业的研发投入、专利数量、高新技术产品收入等指标，判断企业的核心竞争力，以及资本投入能否帮助企业不断强化这一竞争力。关注创新的转化效率，包括企业核心自主技术的产品化、商业化转化。判断企业专利是否真实、主营产品是否构成侵权或有侵权诉讼隐患等，重点调查专利对于市场竞品的涵盖能力，专利布局可能性及专利是否具有新颖性、创造性等。

（五）社会责任：助力社会经济高质量发展

近年来，一级市场投资对于促进创新资本形成、支持科技创新和产业转型升级正发挥着越来越重要的基础性、战略性作用。《联合国 2030 年可持续发展议程》也提出，要促进具有包容性的可持续工业化，推动创新；促进持久、包容和可持续经济增长，促进充分的生产性就业和人人获得体面工作。在 ESG 实践中，建议充分考虑企业科技创新及其社会价值，判断企业所带来的正向或负向社会价值。

保险资金作为市场极具代表性的长期资金、耐心资本，能够有效补充科技创新企业的融资短板。近年来，国家持续加大力度引导保险资金投向科技创新行业。2024 年 1 月，国家金融监督管理总局发布的《关于加强科技型企业全生命周期金融服务的通知》中明确提到，“引导保险资金投资科技型企业和面向科技型企业的创业投资基金、股权投资基金等，推动更多资金投早、投小、投科技”，进一步为保险私募股权投资机构开展科技创新领域投资扫清了障碍。

建议保险私募股权机构在投资实践中要贯彻落实创新驱动发展战略，加大战略性新兴产业投资布局，同时积极为初创企业协调保险主业支持，为企业提供科技保险等风险保障，助力推进新质生产力发展。在具体实践中，一方面要大力支持中小企业转型升级。2022 年，我国“专精特新”中小企业占新上市企业的 59%，其创新能力和经济活力得到市场高度认可。保险私募股权机构可围绕“专精特新”企业进行布局，大力推动本土企业向核心高附加值领域突围，不断提升产业链供应链的安全性和竞争力。另一方面，要培养“链主”及制造业单项冠军企业。如果说“专精特新”企业是我国产业链供应链强链补链的关键，那么“链主”企业则是产业链、创新链、供应链的核心。培育产业发展中具有话语权和影响力的领军企业，带动、引领上下游企业及行业共同发展，不断提升我国产业链供应链的安全性和竞争力。

（六）公司治理：企业治理与内控体系

市场环境具有较大不确定性，私募股权投资机构要首先做好风险控制。2008 年财政部会同证监会、审计署、原银监会、原保监会制定了《企业内部控制基本规范》，在上市公司范围内执行，同时在 2010 年印发了配套指引，进一步加强和规范了企业内部控制规范。作为上市公司参照执行的内部控制规范，该文件也是私募股权机构在对投资企业治理过程中，应重点参考的内部控制规范。

保险私募股权投资机构相较于市场机构优势突出。一方面，保险私募股权投资机构横跨私募股权基金与保险资管两大领域，同时受到金融监管总局、证监会、中国证券投资基金业协会、中国保险资产管理业协会等不同监管机构、行业协会的严格监督，因此保险私募股权投资机构在基金的管理运作中更具规范性，也更需要在企业治理中加强风险管控，帮助企业完善内控体系建设。另一方面，保险私募股权投资机构更能够深度理解保险资金需求，对于保险资金的特点、自身使命以及与投资企业的关系有着更加深刻的认识，更能够快速结合自身需求，找准企业内部治理的核心问题，帮助企业改善内部治理。

保险私募股权机构在实践中可结合保险资金及私募股权投资领域监管关注重点，根据标的公司所处行业特征、发展阶段等内容，以价值投资、责任投资理念为导向，对不同成长时期企业的内部控制规范性及成熟度进行综合评价，形成内控成熟度评估体系。具体可参考表 3 - 3 - 2。

表 3－3－2　国寿股权投资企业内部控制规范性及成熟度评价指标

治理架构	运营管理	体制机制	风控合规	管理文化
部门架构健全性	管理效能先进性	社会责任履行性	合规职责完整性	公司战略明确性
统筹管控有效性	业务执行规范性	信息系统可靠性	监督评价有效性	企业文化普及性
授权机制明确性	管理内容适用性	人力资源支撑性	合规理念前瞻性	经营风格稳定型
决策体系健全性	管理流程可行性	绩效考核合理性		
	制度规范健全性	质量体制完备性		

（七）公司治理：管理团队的多元化

作为 ESG 多元化政策的一部分，全球董事会多元化的监管要求日趋严格。管理团队的多元化能够为企业经营发展、ESG 治理带来更多思路。同时，越来越多的实践表明，在投资中充分考量企业管理团队的多元化水平，是降低投资风险的有效手段。

保险私募股权投资机构在推动企业管理团队多元化方面具有独特优势。一方面，保险资金对于风险管理和合规性的严格要求，推动保险私募股权投资机构更加关注被投资企业管理团队的专业能力与人员构成上的多元化。另一方面，保险资金能够借助保险集团内部跨领域的资源和网络，为企业管理团队提供丰富的交流与合作机会，推动多种关键要素在投资生态圈内互助共享，提升企业管理能力。

在投资实践中，保险私募股权投资应重点关注企业创业团队及其他核心成员在专业背景、行业资源、年龄、性格以及管理等方面的互补程度，以综合研判企业核心竞争力。除此之外，可结合自身及投资企业实际情况，将人才赋能、组织发展作为投后管理的重要事项，结合企业在不同发展阶段的特点，助力企业进行高级管理人才招聘，不断充实管理队伍（见表 3－3－3）。

表 3－3－3　　全球部分国家和地区市场多元化监管要求

日期	国家或地区	新发展
2021 年 8 月	美国	美国证券交易委员会通过了纳斯达克关于董事会多元化和信息披露的修改提议。新的上市标准要求每个纳斯达克上市公司董事会至少包括 2 名多元化董事。如果没有，则必须对此作出解释
2021 年 7 月	英国	英国金融市场行为监管局就修改上市规则展开了磋商，新规则要求公司每年发布一份关于是否实现董事会中少数性别、少数族裔代表所提目标的《遵守或解释声明》，并披露关于董事会和最高行政管理层的性别和种族构成情况
2021 年 4 月	中国香港	香港联合交易所发布《检讨〈企业管治守则〉及〈上市规则〉的咨询文件》。文件包括只有单一性别的董事会不会被视为多元化的董事会；强制发行人须制定可量化的目标及时间表，以在董事会层面及所有雇员层面均达到性别多元化
2020 年 9 月	新加坡	由新加坡社会及家庭发展部成立的董事会多元化理事会旨在 2020 年使女性在董事会的比例达到 20%，到 2025 年达到 25%，到 2030 年达到 30%

资料来源：公开信息整理

（八）公司治理：尽责管理

尽责管理又被称为积极所有权，是指投资人通过参与被投公司治理，综合使用投票、沟通、担任董事会职位、提出股东提案等不同方法和投资者权利督促被投公司在 ESG 议题上作出积极改变，确保增长的可持续性。2022 年 9 月，中国保险资产管理业协会发布了《中国保险资产管理业 ESG 尽责管理倡议书》，从利益相关性、决策机制、监督执行、沟通协同、信息披露和能力建设六个方面提出倡议，以充分发挥机构投资者的影响力，引导被投企业在内的利益相关方共同努力构建绿色发展生态圈，支持我国经济社会可持续发展，助力碳达峰碳中和目标的实现（见表 3－3－4）。

表 3-3-4　中国保险资产管理业 ESG 尽责管理倡议书主要内容

倡议	主要内容	具体内容
利益相关性	与客户及受益人的利益保持一致	各机构要积极完善治理结构，逐步健全相关流程，践行追求长期价值的投资目标。各机构要主动了解客户和受益人在 ESG 方面的偏好，并根据其偏好调整投资策略和管理方式，与客户及受益人的长期利益保持一致
决策机制	将重大 ESG 因素纳入投资决策	各机构要逐步建立将 ESG 问题纳入投资决策的体系、流程与管理机制；要主动评估气候变化等 ESG 问题对整体投资组合价值、长期经济增长和金融市场稳定可能带来的系统性风险；要主动评估其投资组合中重大的 ESG 风险和收益等要素，并在年度报告中进行披露
监督执行	监督并积极参与被投资企业的 ESG 管理	各机构要积极采取有效措施，监测投资组合中的标的企业，了解标的企业创造长期价值的战略和所面临的风险与机遇；关注影响被投资企业业务战略的环境气候和社会方面的相关风险，并建立应对机制；要积极参与到被投企业的 ESG 风险的工作中，协助被投企业与相关方就相关风险管理进行主动沟通
沟通协同	鼓励并推动与其他利益相关方就环境、社会和治理议题加强协作	各机构要积极与其他利益相关方进行交流，共同推进 ESG 风险体系的建立。鼓励各机构借助其影响力与其他利益相关方包括政策制定者、标准制定方、投资链上下游企业和专家学者积极互动，加强协作，形成合力，共同提升 ESG 尽责管理在中国市场的普及性和成熟度，促进实现共同的可持续发展目标
信息披露	保持信息公开透明，披露可能对利益相关方产生重大影响的 ESG 信息	各机构应对其投资活动中有助于实现环境和社会目标的投资实践及自身的公司治理情况进行披露。鼓励各机构公开披露其投资活动中涉及 ESG 因素的公司战略和投资策略；鼓励各机构立足中国国情和自身实际履行披露义务
能力建设	加强环境与气候金融风险的人才培养、数据建设及信息披露能力	鼓励各机构加强气候变化法规和政策的贯彻落实，主动评估环境与气候变化趋势对现有和未来投资回报的潜在影响；鼓励各机构加大在气候风险领域的能力建设，加强专业人才培养，开发数据平台、完善数据质量、提升气候风险投资管理质效

资料来源：中国保险资产管理业协会

保险私募股权凭借与保险主业的生态合作与资源嫁接，在企业尽责管理中具有独特的资源优势。在投资实践中，保险私募股权投资机构可充分利用保险公司业务与生态规模与综合金融布局，为企业提供专业的增值服务和多元化的资源协同支持，帮助投资企业提前规范公司治理，为公司高质量发展夯实基础。同时，不断提升投后赋能效用，提高企业价值。例如，积极推进医疗健康领域投资企业就医疗服务和健康管理资源与保险主业对接，探索相关服务资源保险产品化，为保险公司健康养老服务生态圈提供资源链接。

二、如何提升投资企业 ESG 表现

相比较于其他投资类型，保险私募股权投资机构投资规模大、投资比重高，可通过任命核心高管、董事会成员参与企业发展经营过程中，为投资企业开展 ESG 工作创造了得天独厚的条件。在这一过程中，应积极思考如何能够引导企业主动开展 ESG 工作、创造社会价值，从帮助投资企业减少消极影响向增加积极影响转变。但是，由于企业所处行业、发展阶段、企业规模、ESG 认知方面存在差异，企业的 ESG 表现也会有所不同。要在客观认识到企业 ESG 表现差异的基础上，平衡好企业财务指标与非财务指标的关系，平衡好与其他股东不同诉求和偏好的差异。立足这些需求，课题覆盖近 50 家企业，结合保险私募股权投资，展开 ESG 专项调研。

（一）是否具有海外业务是影响企业 ESG 建设最重要的因素之一

调研发现，具有海外业务的企业往往更重视 ESG 建设（见图 3 – 3 – 1）。跨国企业承担社会责任在一定程度上降低了国际贸易壁垒，有利于国际业务的开展，履行社会责任正逐渐从软约束变为硬约束。对于希望走出去的中国企业，ESG 建设将成为其与国际接轨的重要标志和要求。

近年来，外部环境剧烈变化，国际政治经济环境多变、疫情反复等给部分企业的经营发展带来了严重负面影响，绝大多数企业因外部形势变化等对 ESG 的重视程度显著上升（见图 3 – 3 – 2）。《中华人民共和国国民经济和社会发展第十四个五年规划和 2035 年远景目标纲要》（简称“十四

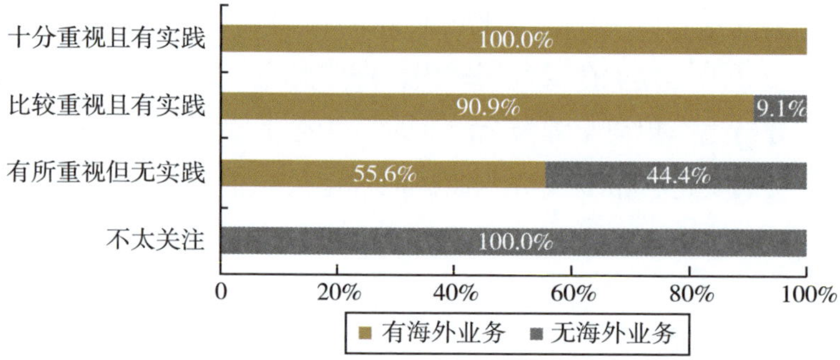

图 3-3-1　调研企业有无海外业务对 ESG 重视程度影响

资料来源：课题组调研

五”规划）明确提出：“支持企业融入全球产业链供应链，提高跨国经营能力和水平。引导企业加强合规管理，防范化解境外政治、经济、安全等各类风险。”面对全球 ESG 建设的主流风潮，ESG 有望成为企业“国际化”的重要标识与要求。

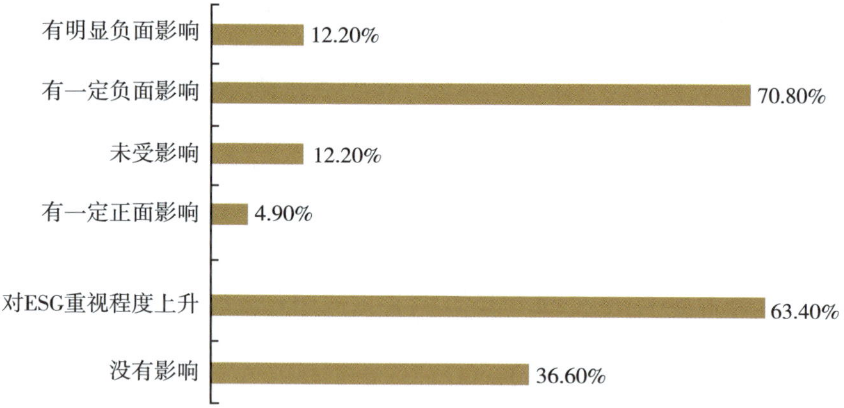

图 3-3-2　调研企业受外部事件影响情况

资料来源：课题组调研

（二）ESG 建设水平与企业规模直接相关

大型企业是目前 ESG 实践的主要群体。调研发现，企业规模越大，ESG 战略越清晰，在 ESG 评级、信息披露方面表现更为活跃（见图 3-3-3）。

同时，通过大型企业向其供应链上下游的中小企业进行 ESG 理念传导的现象越发普遍，已有越来越多的大型企业愿意加强产业链管理，通过培训或承担 ESG 相关费用的方式，提高其供应商履行社会责任的水平，以降低企业自身的 ESG 风险。此外，企业自身良好的 ESG 表现也有利于企业提升自身声誉和口碑，进一步拓展客户与供应商资源、获取市场融资，不断提高自身的产业链影响力，提升企业在供应链中的话语权。

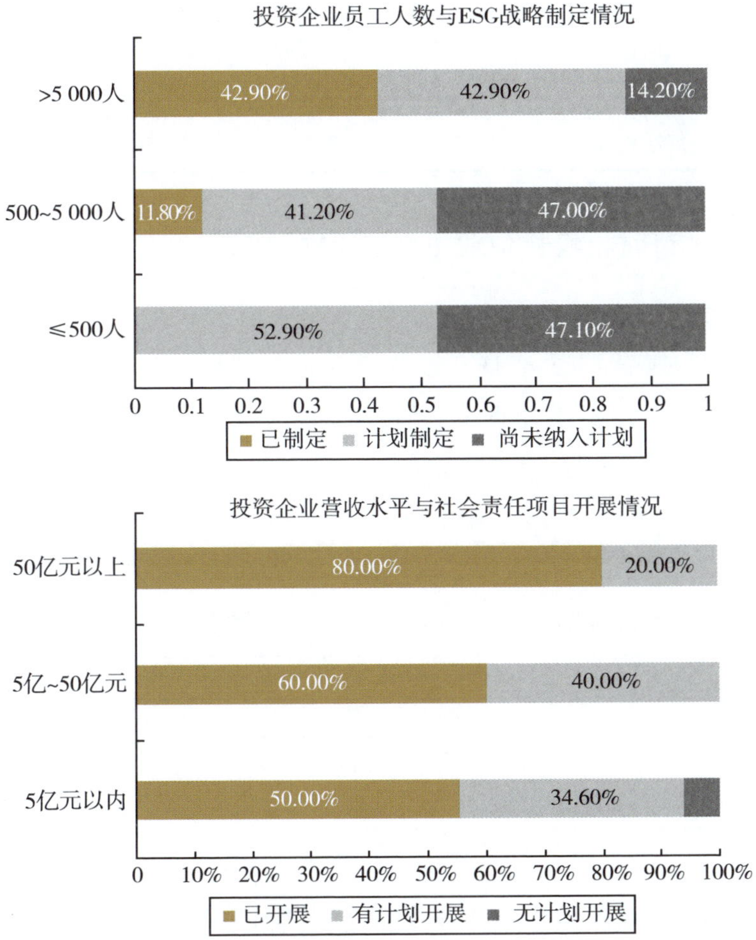

图 3－3－3　调研企业 ESG 建设情况

资料来源：课题组调研

（三）不同地区企业关注议题有较大差异

调研发现，在投资企业中，位于京津冀地区的普遍更关注共同富裕、乡村振兴等议题，而位于长三角、珠三角地区的明显更关注知识产权保护、技术投入、空气质量保护等议题（见表3－3－5）。

表3－3－5　　不同地区调研企业关注议题情况

京津冀	长三角	珠三角
77.8%关注共同富裕 55.6%关注知识产权投入 55.6%关注乡村振兴 44.4%关注空气质量保护	36.4%关注共同富裕 100%关注知识产权投入 27.3% 关注乡村振兴 63.6%关注空气质量保护	33.3%关注共同富裕 100%关注知识产权投入 66.7%关注乡村振兴 33.3%关注空气质量保护

（四）上市时长较长企业更注重ESG建设

调研发现，上市时长会显著影响投资企业在ESG战略制定、制度及流程完善、信息披露等方面表现。被调研企业中，上市三年以上的企业均已制订ESG战略规划，上市时长为0～3年的企业制订ESG战略的仅有16.7%（见图3－3－4）。

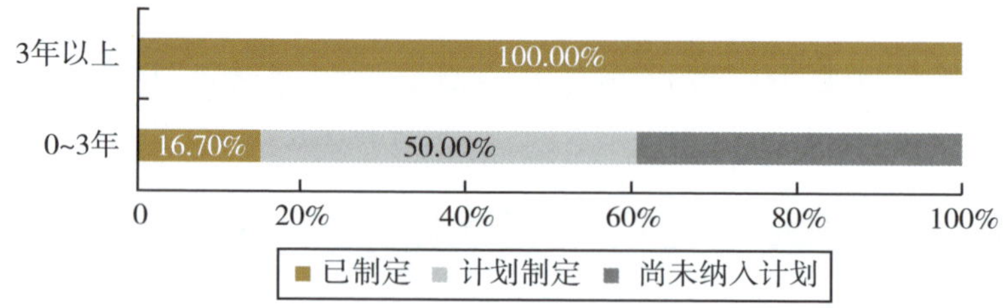

图3－3－4　调研企业上市时长与ESG战略制定情况

资料来源：课题组调研

（五）管理层多元化水平与公司经营管理密切相关

调研发现，企业中女性高管比例高的企业，普遍更重视ESG建设，ESG实践表现也更好。例如，在环境责任方面，该类企业更愿意使用清洁能源；社会责任方面，该类企业普遍开展了固定的社会责任实践项目，更关注员工成长及工作环境等。另外，董事会多元化水平较高的企业，盈利能力表现也更强（见图 3－3－5）。

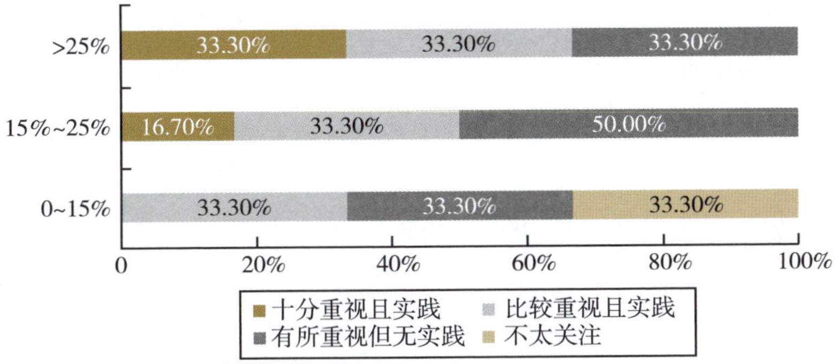

图 3－3－5　已上市调研企业女性高管占比与 ESG 建设情况

资料来源：课题组调研

（六）ESG 认知、人才、标准化 ESG 体系的缺失是国内企业 ESG 建设面临的主要挑战

目前，国内外在 ESG 的关注指标方面存在很大差异。当前融入全球 ESG 标准固然重要，但更需要有本土化的指标体系。需要通过行业实践的不断迭代，探索出适合自身国情的 ESG 方法论，最终形成行业认可的最佳标准。随着我国企业国际化水平不断提升，如何深入践行 ESG 理念，推进我国本土的 ESG 体系建设已成为一项面向未来的重要议题。调研结果显示，目前 ESG 认知及人才培养的不足、国内标准化 ESG 评价体系的缺失仍是国内企业 ESG 建设面临的主要挑战（见图 3－3－6）。

（七）嫁接 ESG 资源、提供 ESG 培训是企业最希望得到的 ESG 支持

研究表明，积极的 ESG 管理可有效助力企业为利益相关者创造长期、可持续的价值。越来越多的专业机构投资者，以股东身份主动参与投资企业公司治理，更积极主动发挥机构股东作用，帮助被投企业推进 ESG 改进。获得 ESG 资源、ESG 培训也是被投资企业最希望从专业机构投资者那里得到的 ESG 支持（见图 3－3－7）。

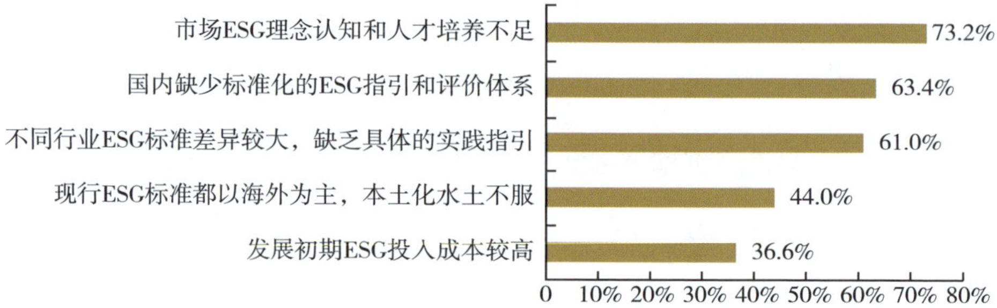

图 3-3-6　调研企业 ESG 建设的主要挑战

资料来源：课题组调研

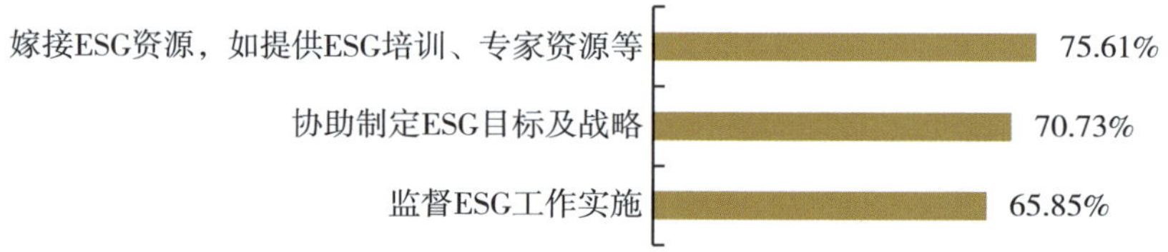

图 3-3-7　调研企业希望股东提供的 ESG 支持

资料来源：课题组调研

第三节　总结与思考

2004 年，“ESG”一词在具有里程碑意义的报告《WHO CARES WINS》中被正式提出，指出在资本市场中嵌入环境、社会和治理因素具有良好的商业意义，可带来更可持续的市场和更好的社会成果。2006 年，联合国支持成立了责任投资原则组织（UN PRI），提出将 ESG 纳入政策和实践，以降低风险、提高收益并创造长期价值，以构建高效并可持续的全球金融体系。作为一种防范社会环境风险、推动可持续发展的新理念，ESG 发展方兴未艾，迅速被全球主要资本市场和重要机构投资者所接受，逐渐成为国际共识，成为国际资本市场的一种“新规则”，也是我国企业走向世界一流的重要途径。

2018 年，中国 A 股正式被纳入 MSCI 新兴市场指数、MSCI 全球指数，推动了国内各大投资机构与上市公司对 ESG 的探索。2020 年以来，在“双碳”、共同富裕等一系列政策驱动下，叠加新冠疫情、俄乌冲突等各种不确定事件，ESG 理念开始被越来越多的中国企业和投资机构认可，监管机构也对 ESG 管理提出了更高的要求，ESG 迎来本土化发展的黄金期。目前与发达国家较为成熟的 ESG 体系相比，我国在 ESG 标准建设、信息披露、评级评价、监督管理、行动实践等方面尚存在一定差距。如何构建具有中国特色的 ESG 体系，已成为推动 ESG 本土化实践的迫切需要。但一套完整的 ESG 体系不仅仅是追求长期价值的理念，还包括投资决策、指标评价、信息披露等一系列实践操作，是需要社会各方共同参与的生态系统。通过调研，结合课题方向，总结以下几点发现和思考：

一是长期资金推动 ESG 实践提速。国家战略、监管政策等对投资机构 ESG 实践的推动是毋庸置疑的，但同时资金端的影响也十分直接。相比于纯人民币机构，有过美元募资经验的投资机构具有更强烈的 ESG 理念意识，不少都制定了较为完整的 ESG 制度、战略和目标。随着养老金、保险资金、社保基金等长期资金在股权市场影响力的提升，我国一级市场对 ESG 的重视程度正在不断提升和迭新，不少秉持 ESG 投资理念的投资人已经发生了从“负面筛选”到“正向选择”观念转变，在投资初期就对私募股权创投机构（GP）提出标准的量化要求，引导其选择更符合 ESG 理念的项目。

二是 ESG 建设要树立“长跑心态”。ESG 管理体系的建立是一个不断调整和完善的动态过程，投资机构要在实践过程中不断复盘，逐步形成有自己特色的 ESG 管理体系。当前，国内股权投资 ESG 建设整体偏定性研究，在定量研究、信息披露、决策流程融入等方面，均有较大提升空间。但纵观海外领先投资机构的 ESG 建设历程，在 ESG 建设初期，往往都选择专注于衡量整个投资过程中 ESG 考虑因素的整合，本质上都是定性研究。随着 ESG 建设的深入，再不断强化 ESG 数据和知识积累，最终实现定量、定性相结合的管理模式。

三是 ESG 工具具有高度包容性。对于 VC/PE 机构机构而言，伴随着资本市场的深化改革、一二级市场联动效应增强，将 ESG 纳入投资考量已逐渐成为趋势。与 VC/PE 机构所秉持的长期主义、价值投资理念相同，

ESG 投资承载着投资机构对企业实现长期价值的期待。从实操层面来看，ESG 可以是投资工具、管理手段甚至是经营战略。对于投资机构而言，全面将 ESG 因素纳入"募、投、管、退"各个环节，不仅能够吸引国际化的资金，还能从投资源头有效规避风险，筛选出退出渠道更为多元的优质项目，最终实现行业的高质量发展。

四是保险私募股权投资机构可建立特色 ESG 实践。就保险私募股权投资机构而言，可立足保险资金优势，将 ESG 作为战略规划制定的关键维度，逐步建立与保险资金运用、业务发展相匹配的 ESG 管理体系，如可探索将 ESG 建设与保险资金服务"双碳"目标、"健康中国"等相结合。同时，可借助"保险"生态圈优势，开展投后赋能，协助所投企业提升 ESG 意识和建设水平，提高投资组合韧性，创造良好的投资回报，营造良性的 ESG 生态体系。

本专题参考文献

［1］君联资本、21 世纪创投研究院. 可持续创新发展特刊，2022 年.

［2］商道融绿. A 股上市公司 ESG 评级分析报告，2023 年.

［3］国家金融监督管理总局. 中国银保监会关于印发银行业保险业绿色金融指引的通知. 国家金融监督管理总局官网，2022 年 6 月 1 日.

［4］国家金融监督管理总局. 银保监会召开专题会议传达学习贯彻国务院金融委会议精神. 国家金融监督管理总局官网，2022 年 3 月 16 日.

［5］中国保险资产管理业协会. ESG 尽责管理倡议书，2022 年 9 月 2 日.

［6］中国气象局气候变化中心. 中国气候变化蓝皮书（2022）［M］. 科学出版社，2022 年.

［7］全国人民代表大会常务委员会. 中华人民共和国环境保护法，2014 年 4 月 24 日.

［8］Blackstone. Environmental, Social, and Governance (ESG) Policy［R/OL］. 2023.

［9］ERM. ESG Ratings at a Crossroads［R/OL］. 2023.

［10］Guangyou Z, Lian L, Sumei L. Sustainable development, ESG performance and company market value: Mediating effect of financial performance［J］. Business Strategy and the Environment, 2022, 31 (7).

专题四

绿色产业投资：保险资金充电桩产业投资思考[①]

推进新能源汽车发展是服务“双碳”目标的重要抓手，受到国家政策的高度支持。2020 年国务院印发《新能源汽车产业发展规划（2021—2035 年）》，提出要推动我国新能源汽车产业高质量可持续发展，加快建设汽车强国；2022 年国家发展改革委、国家能源局印发《“十四五”现代能源体系规划》，提出要建立清洁低碳、安全高效，是现代能源体系，推动能源生产消费方式绿色低碳变革，提升能源产业链现代化水平；2022 年发展改革委等十部门印发《关于进一步提升电动汽车充电基础设施服务保障能力的实施意见》，提出至“十四五”末，我国将形成适度超前、布局均衡、智能高效的充电基础设施体系，能够满足超过 2 000 万辆电动汽车充电需求。

伴随着国家政策大力支持和绿色出行观念的深入人心，我国新能源车行业正在经历快速发展，截至 2023 年 9 月末，新能源汽车保有量已攀升至 1 820 万辆。得益于新能源汽车工业的快速发展和保有量提速，中国公共与私人充电桩同步高增，2022 年保有量分别为 180 万台、341 万台，2018—2022 年保有量 CAGR 分别达 56%、64%。根据相关测算，到 2025 年仅充电桩设备全球市场规模就有望达到千亿元，拉动产业链上游充电模块等配件生产，以及下游充电场站建设、充电运营服务的市场总规模有望达到万

① 此研究课题的承担单位为人保资本保险资产管理有限公司，课题负责人为罗胤，课题组成员包括刘涛、汪晓波、孙嘉怡。

亿级体量。充电桩产业的迅速崛起开始引起投资机构的关注，产业链各环节头部企业纷纷获得各类型资金的支持。

作为金融资金的重要组成部分，保险另类资金具备期限长、规模大、来源稳定、风险偏好低等特点，与充电桩类项目建设周期长、投资规模大、信用等级高、风险可控、收益适中等特点具有一定匹配性。因此，研究如何充分发挥保险另类投资优势，推动充电桩及相关产业链发展，探索开拓充电桩新发展领域，对于贯彻我国清洁能源战略，达成“双碳”目标，实现高质量发展具有一定的参考意义。

在我国新基建与新能源建设、产业高质量发展的背景下，本课题基于保险资金另类投资视角，对目前充电桩产业的发展现状、商业模式、竞争格局、技术趋势等核心驱动因素进行全面而系统性梳理；同时，也研究海外充电桩产业发展特点与市场机会，以及海外保险资金或另类资管机构参与该领域投资的模式与策略，丰富了洞察视角。此外，还创新探索了保险资金如何更好地投资充电桩产业链，在获得长期稳健投资收益的同时实现与保险端主业的创新协同发展。

第一章　充电桩产业链概述

第一节　充电桩的分类及各自适用场景

充电桩是新能源汽车的最主要能源补给设备，匹配足够数量和质量的充电桩是新能源汽车行业发展基础保障。充电桩产品体系分类方式繁多，按照最主要的服务对象和充电输出方式维度分类，充电桩产品族可分为公共/私人充电桩和交流/直流充电桩。

一、公共充电桩和私人充电桩

公共充电桩一般建设在商场、社区、公园、高速公路服务区等场所，面向社会车辆提供充电服务，其中面向所有社会车辆服务的是公用充电桩，面向部分特定社会车辆服务的是专用充电桩（见表4－1－1）。私人充电桩一般安装在私人车位，主要为私人车辆充电，部分私人桩也与其他车主共享，并获取充电收益，被划分为共享私桩。

表4－1－1　　公共桩与私人桩对比

产品	特点
公共充电桩	为社会公共车辆提供充电服务，完全面向社会车辆服务的公共充电桩称为公用充电桩，面向部分特定社会车辆服务的公共充电桩称为专用充电桩
私人充电桩	安装在私人车位，主要为私人车辆充电，部分与其他车主共享私人桩被称为共享私桩

资料来源：中国充电联盟

二、交流充电桩和直流充电桩

交流充电桩俗称“慢充桩”，需要通过车载充电器将交流电转换为直流电后为电池充电。交流桩充电功率较低，一般为7kW～15kW，充电时间较长，充满一辆车需要6～10小时，但体积小、技术成熟、容易安装、配电要求低，多适用于居民小区、办公楼等具备长时间停车充电的场所。

直流充电桩俗称“快充桩”，通过充电桩的充电模块直接将交流电转换为直流电为电池充电。直流桩充电功率可达60～480kW，较高的功率极大地缩短了充电时间，20～120分钟即可充满一辆新能源汽车。但直流桩体积大，占地面积大，建设安装难度大，配电运维要求高，更适用于公共停车场、商场、高速公路服务区等对充电效率要求较高的场所。一般而言，私人充电桩都是交流桩，而公共充电桩则既包括直流桩又包括交流桩（见表4－1－2）。

表4－1－2　　直流桩与交流桩对比

项目	直流充电桩	交流充电桩
是否需要搭配车载充电器	否	是
使用场景	商场、公园、高速公路服务区等集中充电场所	家用或安装于小区停车场
输出功率	60～480kW	7～15kW（主流7kW）
输出电流电压	350/750V，80～250A	220V，16/32A
充电时间	20～120分钟	6～10小时
电池衰减影响	对电池衰减有一定影响	对电池衰减影响小
体积	体积大，占地面积大	体积小
对电网要求	对电网供电能力要求高，审批比较繁琐	对电网供电能力要求低，审批简单
价格	5万元/台～12万元/台	0.2万元/台～0.5万元/台

资料来源：北极星电力网、中国充电联盟

第二节　充电桩产业链的组成和基本商业模式

完整的充电桩产业链上游包括各类硬件设备和电子元器件，中游包括充电桩整桩制造企业，下游为运营商和终端用户，产业链各环节商业模式各具特色（见图4－1－1）。

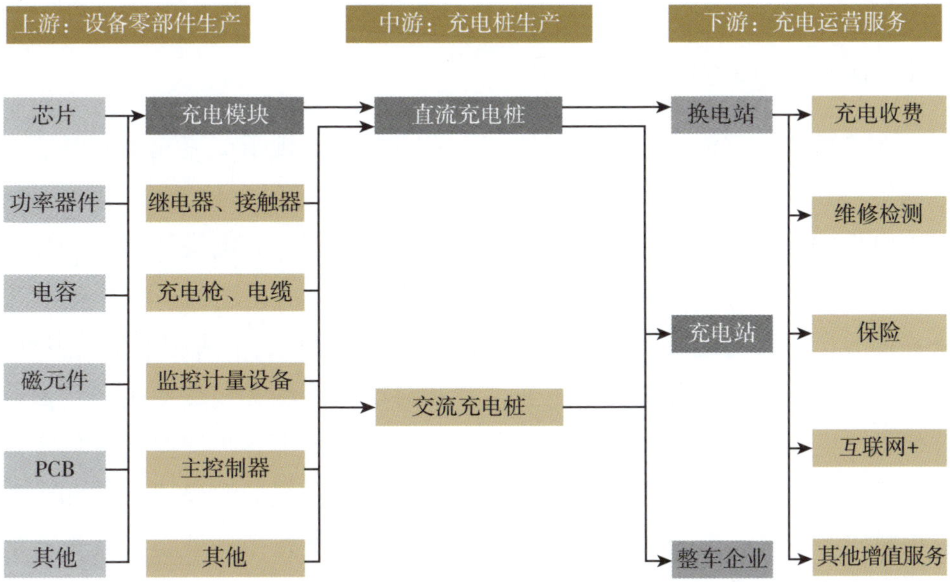

图4－1－1　充电桩产业链组成示意图

资料来源：国盛证券

一、上游：设备零部件生产

交流桩主要由变压器、保护装置、接触器、充电枪/电缆等构成，主要功能为电源控制与电流输出。直流充电桩主要由充电模块、接触器、断路器、控制器、充电枪/电缆组成，各配件在充电整桩中成本占比如图4－1－2所示。

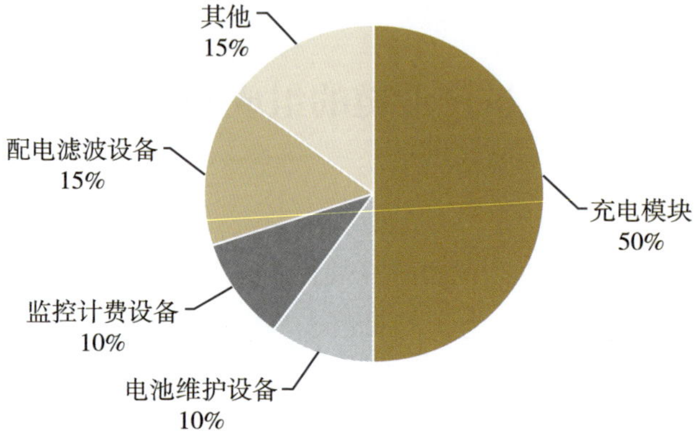

图 4－1－2　直流桩元件构成及成本占比

资料来源：中商产业研究院

充电模块是直流桩的核心部件。直流充电桩相较于交流充电桩增加了充电模块，主要作用是将电网中的交流电转换为可供电池充电的直流电，对充电桩的性能、充电效率和安全性起决定性作用，充电模块的生产技术要求很高，在直流桩的成本构成中，充电模块成本占比达到50%。随着未来新能源车对充电速度要求的进一步提升，充电模块行业有望迎来大发展。充电模块的商业模式主要包括专业生产和自产自用两类。专业生产厂商专注研发生产充电模块，通过与中游充电桩设备厂商等客户建立长期稳定产供关系，获取稳定销售收益；自产自用型厂商整合了上游模块生产和中游充电桩设备制造，甚至部分头部厂商打通了上中下整条产业链，其生产的模块产品主要供给自己使用。

其他配件方面，充电直流化、大功率化直接带动电压电流等级提高，对充电枪/线、连接器、线束、熔断器、继电器等配件的要求均有提升，带动多环节受益。

二、中游：充电桩生产

充电桩中游设备生产商主要为下游充电运营客户提供充电桩设备和场站建设成套解决方案。与充电模块行业类似，充电桩设备厂商也包括专业设备生产和生产运营一体化两种模式，专业设备厂商如绿能慧充、盛弘股份、永联科技等，聚焦充电桩研发生产，立足技术和成本优势，为下游客户提供价廉质优的充电桩产品；生产运营一体化厂商如特来电、星星充电等，生产的充电桩产品主要供给自己的场站建设运营使用。

三、下游：充电运营服务

充电运营基本商业模式是通过建设布点充电场站、优化场站运营运维、配套充电服务、搭建云平台、流量营销等抓手，吸引车主充电获取电费价差、充电服务费以及其他增值服务费。充电运营服务包括重资产模式和轻资产模式两种，前者是运营商自己投资建设充电场站，配套充电设备、配电设备、场地和后期运维，资金压力大、建设成本和回收期长，但运营管理效率高、可获取长期稳定盈利；后者则不参与场站投资建设，主要通过打通不同运营商的充电桩资源，连接运营商与车主用户，为用户提供找桩、电费结算等服务，帮助运营商引流，获取服务费分成，这种模式资金压力小、运营方式灵活，但与运营商容易产生利益矛盾。

第二章 我国充电桩产业发展现状及发展趋势

第一节　我国充电桩产业发展历程

我国的公共充电桩行业迄今为止主要经历了四个发展阶段（见图4－2－1）。

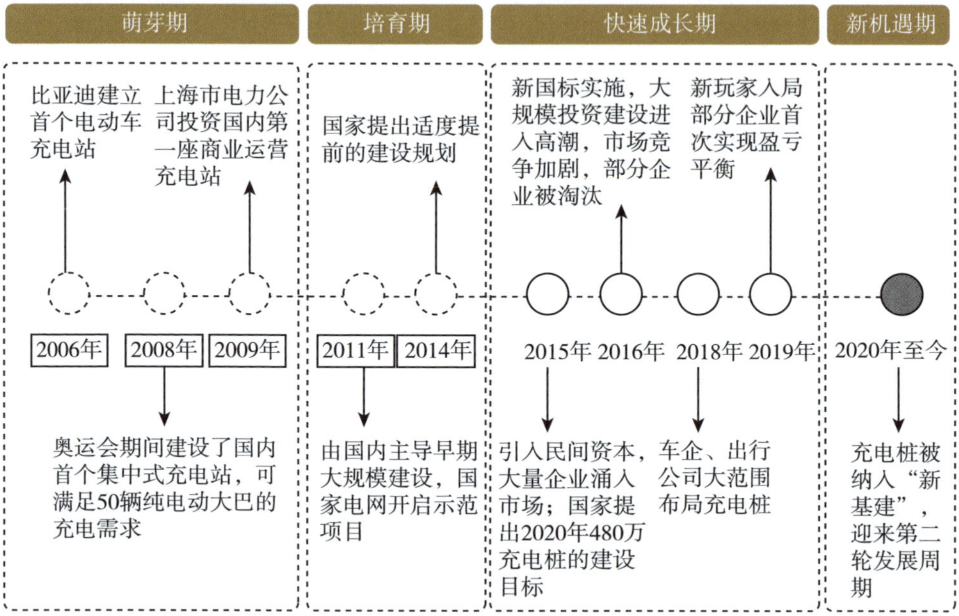

图 4－2－1　我国充电桩产业发展历程

资料来源：艾瑞咨询，发现报告

一、萌芽期（2006—2009 年）

2006 年，由比亚迪建立的首个电动车充电站投入使用。2008 年，国内首个纯电动大巴集中式充电站完成建设，为在北京奥运会期间投入使用的 50 辆电动大巴提供电力保障。2009 年，上海市电力公司投资建成国内第一座商用充电站——上海漕溪电动汽车充电站。

随着新能源汽车市场的扩张，社会对公共充电桩的需求日益强烈。行业萌芽期，国家层面并未出台相关政策，行业规范、未来规划仍在摸索进程中。同时，由于涉及电力设施，此阶段主要由国家电网等国资企业组织牵头进行初期探索。①

① 头豹研究院：公共充电桩。

二、培育期（2010—2014 年）

该阶段属于行业初探和培育时期，依然由国有资本主导大规模建设。2011 年，国家电网开启示范项目；2014 年，国家提出适度提前的建设规划，此期间尚未引入民间资本，行业规模增长缓慢。

三、快速成长期（2015—2019 年）

2014 年末，工信部出台《关于新能源汽车充电设施建设奖励的通知》（财建〔2014〕692 号），根据新能源汽车推广数量分年度安排充电设施奖励资金，首次将新能源汽车购置与充电设施补贴挂钩，以高速发展的新能源汽车行业带动公共充电桩行业快速发展；鼓励创新投入方式，采取政府和社会资本合作（PPP）模式等建设运营新能源汽车充电设施，并在 2015 年发展改革委、工信部等部门印发的《电动汽车充电基础设施发展指南（2015—2020 年）》（发改能源〔2015〕1454 号）中提出“到 2020 年车桩比达到 1∶1”的发展目标。特锐德、万邦数字能源等众多新能源行业公司借此成立全资子公司抢占公共充电桩市场，扩大公司产业版图。在此期间，新增注册包含充电桩业务相关公司超过 10 万家，公共充电桩保有量由 2014 年的 2.3 万台增长至 2019 年的 51.6 万台，年均增速达到 86.3%。

此期间充电桩行业标准、相关政策陆续出台，民间资本进入，行业开始野蛮生长。各企业跑马圈地，行业集中度逐渐增加，资金实力雄厚的公司逐步占据市场份额，资金实力薄弱的公司逐渐被淘汰。部分企业盲目扩张，缺乏实地调研，造成部分公共充电桩建设位置较为偏僻，使用率低。此类公共充电桩回笼资金能力偏弱，加速了弱小公司的退场。①

四、新机遇期（2020 年至今）

2020 年将充电桩建设纳入“新基建”七大重点领域，各城市地区相关

① 头豹研究院：公共充电桩。

支持政策加速落地。2021 年再次强调加强充电桩建设，为公共充电桩行业未来长期有序发展奠定政策基础。2020 年至今特来电、星星充电在公共充电桩的保有量、充电功率一直维持前 5 名地位。2023 年 8 月公共充电桩行业 TOP5 公司充电桩数量、充电总功率均占据市场 65% 以上份额，公共桩保有量从 2020 年的 80.7 万台增长到 2023 年 9 月的 246.2 万台。

行业进入有序高速成长期，集中格局基本形成。由于公共充电桩投资回报周期与充电桩利用率呈负相关性，且充电桩利用率与充电桩所处地段新能源汽车车流量呈正相关，已经抢占先机的头部公司未来地位将持续保持。头部企业优势逐步扩大，形成马太效应，行业集中度持续提升。

第二节　我国充电桩产业当前发展情况

一、我国充电桩保有量、销量保持高速增长

近年来，我国全类型充电桩保有量从 2017 年的 44.6 万台增长到 2022 年的 520.9 万台，年均增速为 63.5%；年度销量从 2017 年的 24.2 万台增长到 2022 年的 259.2 万台，年均增速为 60.7%。

（一）公共桩和私人桩保有量、增量近年来均保持高速增长，私人桩增速更快

按照公共桩和私人桩划分类型来看，公共桩保有量从 2017 年的 21.4 万台增长至 2022 年的 179.7 万台，年均增速为 53.05%；私人桩保有量从 2017 年的 23.18 万台增长至 2022 年的 341.20 万台，年均增速达 71.23%（见图 4-2-2）。公共桩销量从 2017 年的 7.3 万台到 2022 年的 65 万台，年均增速为 54.8%；私人桩销量从 2017 年的 16.9 万台到 2022 年的 194.2 万台，年均增速为 63%（见图 4-2-3）。私人桩增速更快的主要原因在于大量新能源车可以随车配送或配建。

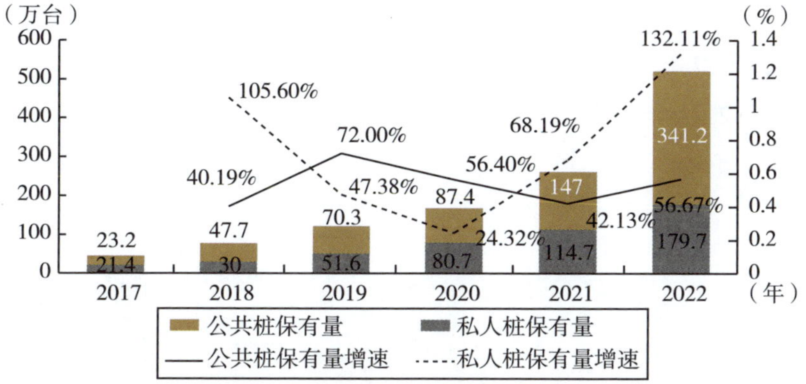

图 4－2－2　公共桩、私人桩保有量增长情况

资料来源：中国充电联盟

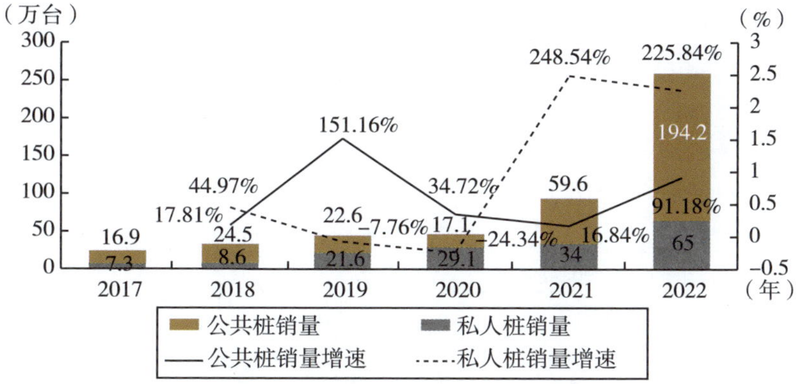

图 4－2－3　公共桩、私人桩销量增长情况

资料来源：中国充电联盟

2023 年以来，充电桩继续保持快速增长。截至 2023 年 9 月，国内充电桩总保有量为 764. 2 万台，同比增加 70. 3%，其中公共充电桩保有量为 246. 2 万台，私人充电桩 518 万台。

（二）直流桩和交流桩近年来均保持高速增长，交流桩保有量更大，直流桩销量增速更快

直流桩保有量在 2017 年为 6. 1 万台，到 2022 年为 76. 1 万台，年均增速为 65. 7%；交流桩保有量从 2017 年的 31. 8 万台增长到 2022 年的 444. 8 万台，

年均增速为69.5%（见图4-2-4）。直流桩销量从2017年的2.5万台增长到2022年的29.1万台，年均增速为63.4%；交流桩销量则从2017年的20.3万台增长到2022年的230.1万台，年均增速为62.5%（见图4-2-5）。

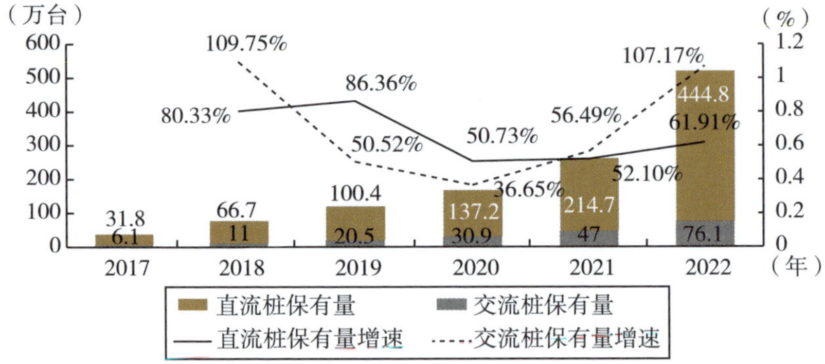

图4-2-4　直流桩、交流桩保有量增长情况

资料来源：中国充电联盟

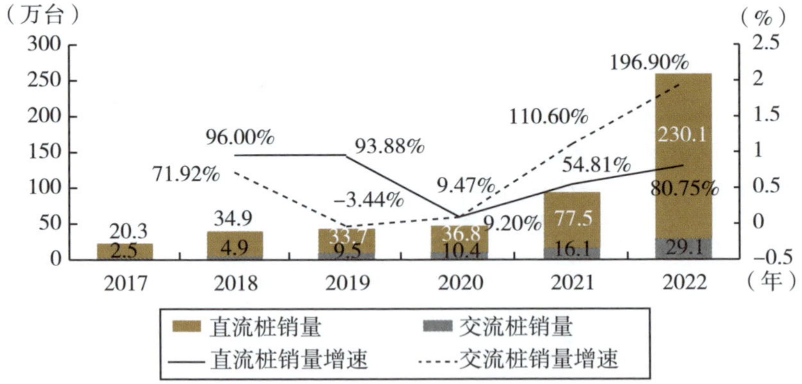

图4-2-5　直流桩、交流桩销量增长情况

资料来源：中国充电联盟

（三）公共桩里交流桩占比更高、直流桩增速更快

公共桩既包括公共直流桩也包括公共交流桩。截至2023年9月，国内公共直流充电桩保有量106.1万台，在公共桩里占比43.1%；交流充电桩140.1万台、占比56.9%。相比之下，公共直流桩占比明显落后（见图4-2-6）。

从 2017 年至 2022 年，公共直流桩年均增速为 65.7%，而公共交流桩年均增速为 64.5%，直流桩增速更快。随着大功率快速充电需求不断提升，预期公共直流桩未来增速将更快，占比将进一步提升。

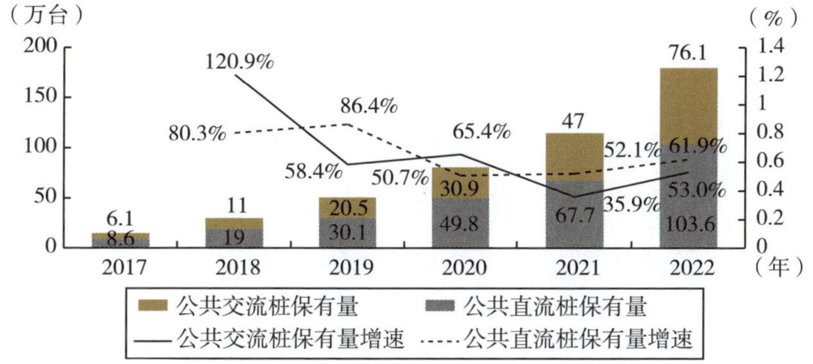

图 4－2－6　公共桩结构情况

资料来源：中国充电联盟

二、我国车桩比整体逐年缓慢下降，但公共桩建设距离政策要求有差距，尤其直流桩建设滞后

（一）车桩比呈逐年下降趋势，直流车桩比显著偏高

从保有量角度看，截至 2023 年 6 月末，我国新能源汽车保有量为 1 620 万辆，充电桩累计数量为 665.2 万台，车桩比为 2.4；只考虑公共充电桩为 7.3，只考虑直流桩为 17.8；从 2017 年到 2023 年上半年，车桩存量比从 3.4 下降到 2.4，只考虑公共桩从 7.1 上升到 7.3，只考虑直流桩从 25.1 下降到 17.8（见图 4－2－7）。从销量角度看，2023 年前 6 月新能源汽车销量 374.7 万辆，充电桩销量为 144.2 万台，车桩比为 2.6，只考虑公共充电桩为 10.68，只考虑直流桩为 25.5；车桩增量比从 3.21 下降到 2.6，只考虑公共桩从 10.6 上升到 10.7，只考虑直流桩从 31.1 下降到 25.5（见图 4－2－8）。

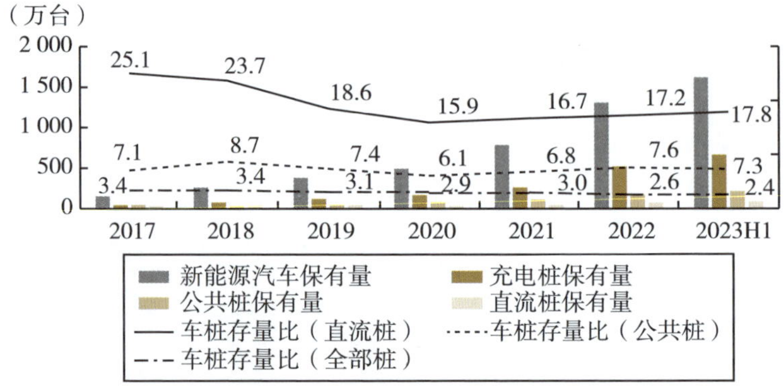

图 4-2-7　全部桩、公共桩、直流桩车桩存量比历年情况

资料来源：中国汽车工业协会，中国充电联盟

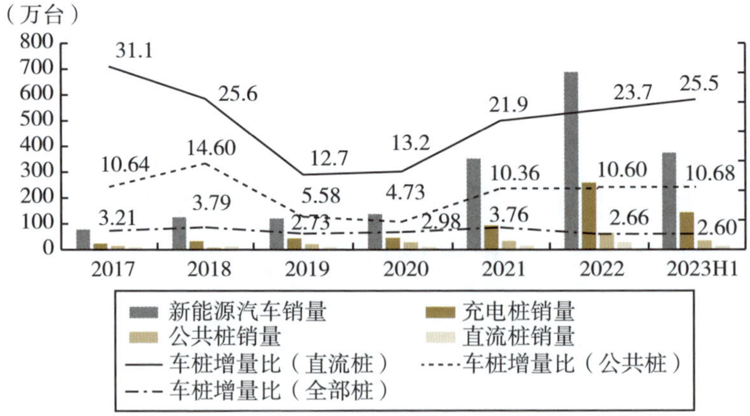

图 4-2-8　全部桩、公共桩、直流桩车桩增量比历年情况

资料来源：中国汽车工业协会，中国充电联盟

（二）公共桩、直流桩建设不足的结构性问题依然存在

工业和信息化部提出“2025 年实现车桩比 2∶1，2030 年实现车桩比 1∶1”“新增公共充电桩（标准桩）与公共领域新能源汽车推广数量（标准车）比例力争达到 1∶1”的目标，当前车桩比无论是全部桩还是只考虑公共桩，相比政策目标仍有一定差距，充电桩数量明显不足。由于出租车、网

约车等运营车辆每日行驶里程较长，未来将高频使用直流快充，目前直流桩车桩存量比仅有 17.8，难以满足实际需求。

三、我国充电桩区域分布和用户充电行为情况

整体而言，我国主要城市充电桩覆盖全面但区域差异较大，直流桩成为主导但仍有较大优化空间，充电桩整体利用率有待提升；车主用户更加偏好直流快充，对充电场所的配套设施有一定要求，单一充电运营商还不能充分满足车主找桩的需求。

（一）主要城市充电桩分布情况

1. 南方城市充电桩建设显著优于北方

根据《2023 年中国主要城市充电基础监测报告》，2022 年 36 座主要城市中心城区公用桩平均密度为 26.5 台/平方公里，深圳、上海、广州等城市排名超过 40 台/平方公里，其中深圳达到 154.9 台/平方公里，为全国最高，大连、烟台、莆田等 5 座城市低于 10 台/平方公里（见图 4－2－9）。

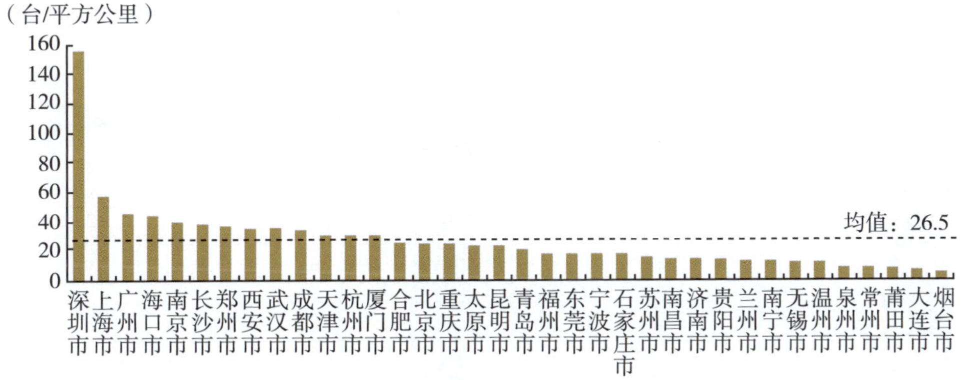

图 4－2－9　2022 年全国主要城市公桩密度情况

资料来源：2023 年中国主要城市充电基础监测报告

25 座南方城市平均密度为 29.2 台/平方公里，高于 11 座北方城市的 20.5 台/平方公里（见图 4－2－10）。与 2021 年相比，32 座主要城市公桩平均密度从 21.5 台/平方公里增加至 28 台/平方公里，其中郑州、成都、重庆等 8 座城市密度增长超过 50%。由于高气温对新能源汽车续航影响较小，南方城市相比北方城市密度增长幅度更加显著，整体呈现更强的发展态势（见图 4－2－11）。

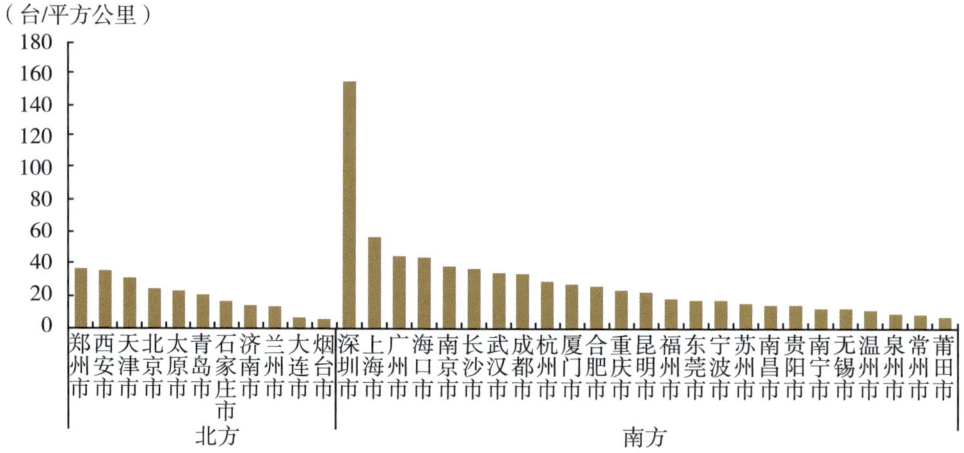

图 4－2－10　2022 年全国南北方城市公桩密度对比

资料来源：2023 年中国主要城市充电基础监测报告

（单位：台/平方公里）

城市名称	排名	2022年度	2021年度	变化量	排名变化	相对增长率
深圳市	1	154.9	129.0	25.9	0	20%
上海市	2	56.7	49.9	6.8	0	14%
广州市	3	45.0	37.4	7.6	0	20%
海口市	4	44.1	30.5	13.6	+1	45%
南京市	5	39.2	31.3	7.9	0	25%
长沙市	6	38.0	32.0	6.0	-1	19%
郑州市	7	36.8	20.5	16.3	0	79%
西安市	8	35.5	27.6	7.9	-1	29%
武汉市	9	35.0	26.4	8.6	-1	32%
成都市	10	33.7	19.0	14.7	+1	77%
天津市	11	31.3	21.4	9.9	0	46%
杭州市	12	29.3	23.2	6.1	-1	26%
厦门市	13	28.1	24.5	3.6	-1	15%
北京市	14	24.5	19.4	5.1	-1	26%
重庆市	15	24.0	14.3	9.7	+1	68%
太原市	16	23.3	18.7	4.6	-1	24%

城市名称	排名	2022年度	2021年度	变化量	排名变化	相对增长率
昆明市	17	22.8	14.9	7.9	0	53%
青岛市	18	20.2	14.3	5.9	+1	41%
福州市	19	18.0	12.3	5.7	+1	46%
东莞市	20	17.8	16.4	1.4	-1	8%
宁波市	21	17.2	10.7	6.5	+1	61%
石家庄市	22	17.0	14.6	2.4	-1	16%
苏州市	23	15.1	8.8	6.3	+1	72%
南昌市	24	13.7	12.0	1.7	-1	14%
济南市	25	13.3	8.1	5.2	+1	64%
贵阳市	26	13.3	11.5	1.8	-1	15%
无锡市	27	11.8	9.2	2.6	-1	28%
温州市	28	10.9	7.1	3.8	+1	53%
泉州市	29	8.2	6.6	1.6	+1	25%
常州市	30	7.9	7.2	0.7	-1	10%
大连市	31	5.9	4.4	1.5	0	35%
烟台市	32	4.8	3.2	1.6	0	48%

图 4－2－11　全国主要城市公桩密度 2021/2022 年对比

资料来源：2023 年中国主要城市充电基础监测报告

2. 主要城市公用桩覆盖率整体较高，但城市间差异较大

主要城市中心城区公用桩平均覆盖率为77%，天津、上海、西安等9座城市覆盖率超过90%，超大城市平均覆盖率为90%，显著高于三四线城市59.6%的水平（见图4－2－12至图4－2－14）。

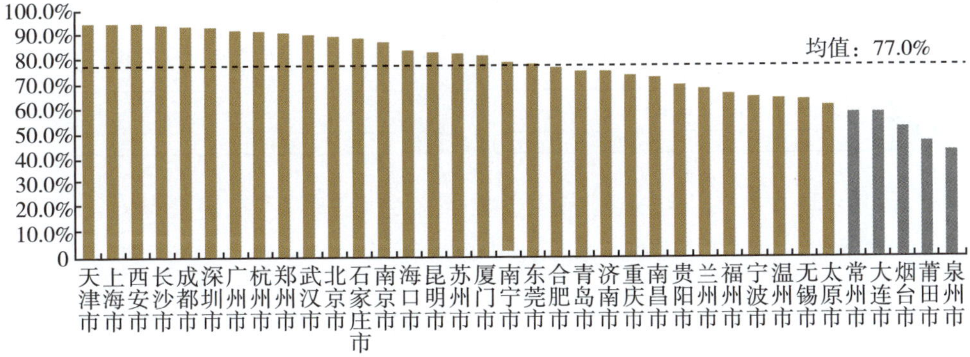

图4－2－12　全国主要城市中心城区公桩覆盖率情况

资料来源：2023年中国主要城市充电基础监测报告

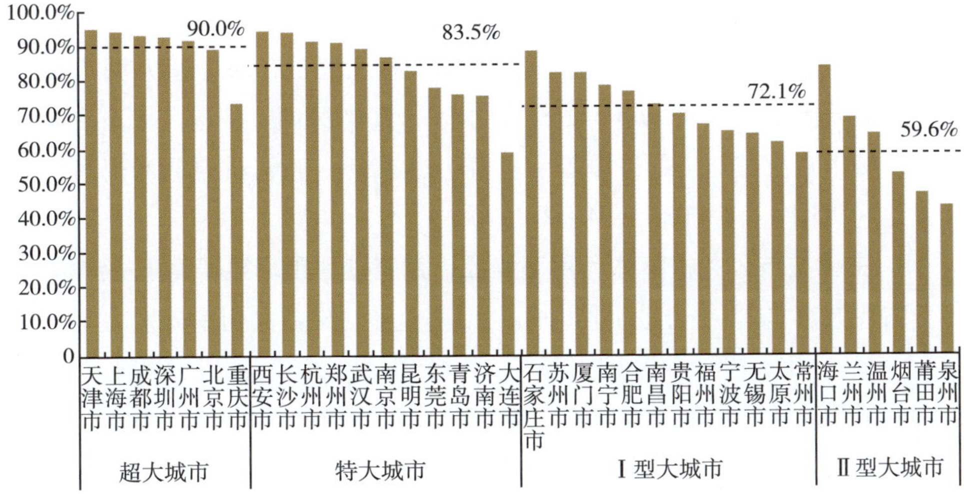

图4－2－13　全国主要城市分梯次公桩覆盖率对比

资料来源：2023年中国主要城市充电基础监测报告

城市名称	排名	2022年度	2021年度	变化量	排名变化
天津市	1	95.1%	91.9%	3.2%	+3
上海市	2	94.7%	93.3%	1.4%	-1
西安市	3	94.7%	92.0%	2.7%	0
长沙市	4	94.1%	90.7%	3.4%	+2
成都市	5	93.3%	88.3%	5.0%	+3
深圳市	6	92.7%	92.1%	0.6%	-4
广州市	7	91.9%	90.7%	1.2%	-2
杭州市	8	91.7%	88.7%	3.0%	-1
郑州市	9	91.1%	83.8%	7.3%	+4
武汉市	10	89.7%	87.4%	2.3%	-1
北京市	11	89.0%	86.1%	2.9%	0
石家庄市	12	88.4%	86.4%	2.0%	-2
南京市	13	86.9%	84.6%	2.3%	-1
海口市	14	83.5%	78.2%	5.3%	0
昆明市	15	82.8%	76.7%	6.1%	0
苏州市	16	82.0%	72.5%	9.5%	+1

城市名称	排名	2022年度	2021年度	变化量	排名变化
厦门市	17	81.9%	76.3%	5.6%	-1
东莞市	18	77.7%	72.1%	5.6%	0
青岛市	19	75.6%	71.1%	4.5%	0
济南市	20	75.4%	66.2%	9.2%	+1
重庆市	21	73.3%	62.0%	11.3%	+3
南昌市	22	72.9%	69.6%	3.3%	-2
贵阳市	23	69.7%	63.8%	5.9%	-1
福州市	24	66.5%	62.0%	4.5%	-1
宁波市	25	64.8%	61.8%	3.0%	0
温州市	26	64.0%	55.8%	8.2%	+2
无锡市	27	63.9%	58.7%	5.2%	-1
太原市	28	61.3%	56.9%	4.4%	-1
常州市	29	58.5%	52.3%	6.2%	0
大连市	30	58.4%	51.2%	7.2%	0
烟台市	31	52.4%	45.1%	7.3%	0
泉州市	32	42.8%	37.7%	5.1%	0

图 4－2－14　全国主要城市中心城区公桩覆盖率 2021/2022 年对比

资料来源：2023 年中国主要城市充电基础监测报告

3. 主要城市中直流桩占主导，但不同城市覆盖率差异大，部分城市直流桩覆盖存在较大优化空间

主要城市中心城区的直流桩占比平均为 61.8%，显著高于全国大约 40% 的水平，2/3 的城市直流占比超过 60%，其中广州、重庆、长沙等超大特大城市 120kW 以上直流桩超过 2 000 台，远超其他城市（见图 4－2－15）。

主要城市直流桩覆盖率均值达到 71.2%，北上广深等超大城市接近 85%，显著高于三四线城市 55.6% 的水平，其中深圳、济南、南宁、合肥等 4 座城市直流桩与全部桩覆盖率差值超过 10%，直流桩空间布局可进一步优化（见图 4－2－16、图 4－2－17）。

4. 主要城市公共桩整体利用率偏低，直流桩利用率显著高于交流桩

主要城市 2022 年公桩平均时间利用率、平均桩数利用率分别为 11.3% 和 51.8%，相比 2021 年分别下降了 2.8 个和 1.1 个百分点，深圳、北京、上海的平均时间利用率不足 8%，平均桩数利用率不足 40%，整体服务效能偏低（见图 4－2－18、图 4－2－19）。

主要城市的直流桩在平均时间利用率、平均桩数利用率、平均周转率等指标上均高于交流桩，交流桩平均充电时长远高于直流桩，充电效率低下导致利用率偏低（见表 4－2－1）。

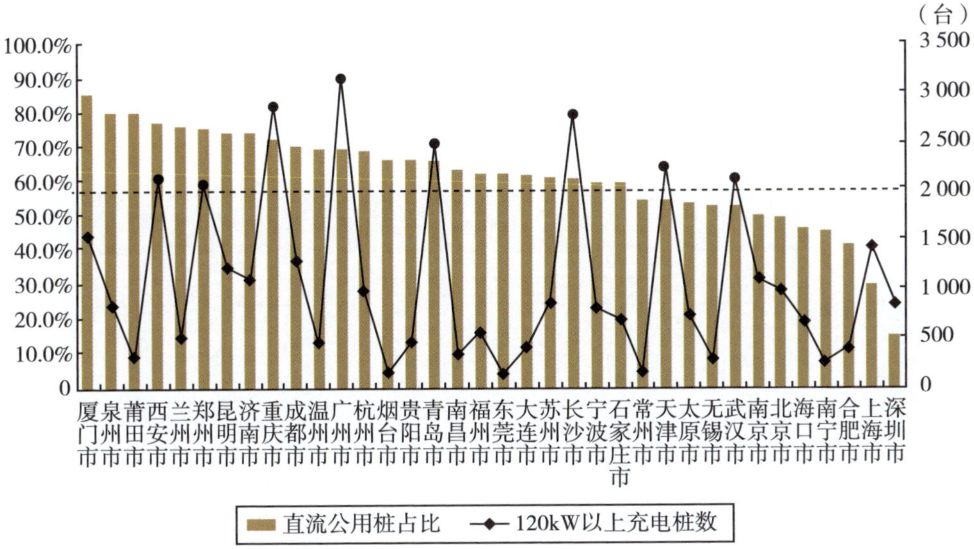

图 4 –2 –15　全国主要城市中心城区直流桩占比情况

资料来源：2023 年中国主要城市充电基础监测报告

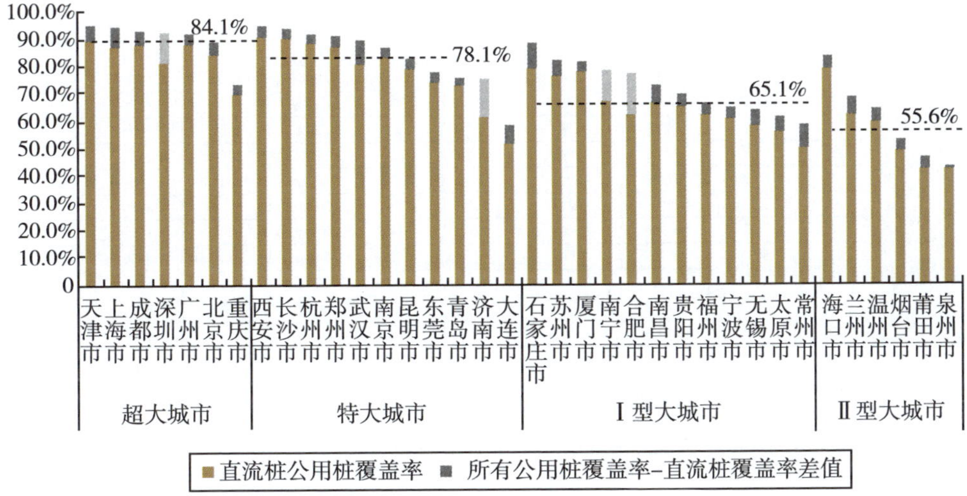

图 4 –2 –16　全国主要城市分梯次直流桩覆盖率对比

资料来源：2023 年中国主要城市充电基础监测报告

城市名称	直流公用桩占比					直流公用桩覆盖率				
	占比排名	2022年度	2021年度	变化量	排名变化	覆盖排名	2022年度	2021年度	变化量	排名变化
厦门市	1	85.9%	84.0%	1.9%	0	16	78.2%	71.5%	6.7%	-1
泉州市	2	80.7%	83.8%	-3.1%	0	32	42.3%	37.0%	5.3%	0
西安市	3	77.2%	74.7%	2.5%	0	1	90.9%	87.1%	3.8%	0
郑州市	4	76.2%	67.4%	8.8%	+3	8	87.3%	75.6%	11.7%	+4
昆明市	5	75.2%	69.8%	5.4%	-1	13	79.2%	70.3%	8.9%	+3
济南市	6	74.6%	65.6%	9.0%	+5	24	61.2%	47.2%	14.0%	+4
重庆市	7	72.6%	63.3%	9.3%	+6	20	70.3%	57.5%	12.8%	+1
成都市	8	71.0%	68.1%	2.9%	-2	4	88.4%	78.4%	10.0%	+5
温州市	9	70.1%	67.4%	2.7%	-2	26	59.2%	50.1%	9.1%	+1
广州市	10	69.9%	69.6%	0.3%	-5	6	87.7%	86.8%	0.9%	-4
杭州市	11	69.2%	64.8%	4.4%	+1	4	88.4%	83.3%	5.1%	-1
烟台市	12	67.0%	60.2%	6.8%	+3	31	49.0%	41.7%	7.3%	-1
贵阳市	13	66.6%	56.8%	9.8%	+4	22	65.3%	57.2%	8.1%	0
青岛市	14	66.3%	55.0%	11.3%	+5	19	73.0%	67.3%	5.7%	-1
南昌市	15	63.6%	54.7%	8.9%	+5	21	66.7%	61.4%	5.3%	-1
福州市	16	62.8%	66.3%	-3.5%	-6	23	62.3%	55.0%	7.3%	+1
东莞市	17	62.7%	66.4%	-3.7%	-8	18	73.4%	67.7%	5.7%	-1
大连市	18	61.9%	55.4%	6.5%	0	29	51.7%	43.8%	7.9%	0
苏州市	19	61.6%	60.5%	1.1%	-5	17	76.4%	62.4%	14.0%	+2
长沙市	20	61.2%	51.1%	10.1%	+2	2	90.2%	82.7%	7.5%	+2
宁波市	21	60.3%	51.1%	9.2%	+1	25	60.7%	56.4%	4.3%	-2
石家庄市	22	60.1%	59.2%	0.9%	-6	15	79.0%	72.6%	6.4%	-2
常州市	23	54.9%	47.6%	7.3%	+3	30	49.8%	38.0%	11.8%	+1
天津市	24	54.9%	52.3%	2.6%	-3	3	89.7%	81.5%	8.2%	+2
太原市	25	53.8%	46.1%	7.7%	+2	28	55.9%	50.3%	5.6%	-2
无锡市	26	53.3%	43.0%	10.3%	+4	27	58.2%	51.1%	7.1%	-2
武汉市	27	53.2%	48.8%	4.4%	-2	12	80.4%	75.7%	4.7%	-1
南京市	28	50.7%	44.4%	6.3%	0	10	83.6%	79.5%	4.1%	-2
北京市	29	50.0%	49.8%	0.2%	-5	9	84.5%	81.5%	3.0%	-4
海口市	30	46.9%	44.1%	2.8%	-1	14	79.1%	72.2%	6.9%	0
上海市	31	30.5%	27.3%	3.2%	0	7	87.5%	80.7%	6.8%	0
深圳市	32	15.1%	14.9%	0.2%	0	11	80.9%	77.5%	3.4%	-1

图 4-2-17　全国主要城市直流桩覆盖率 2021/2022 年对比

资料来源：2023 年中国主要城市充电基础监测报告

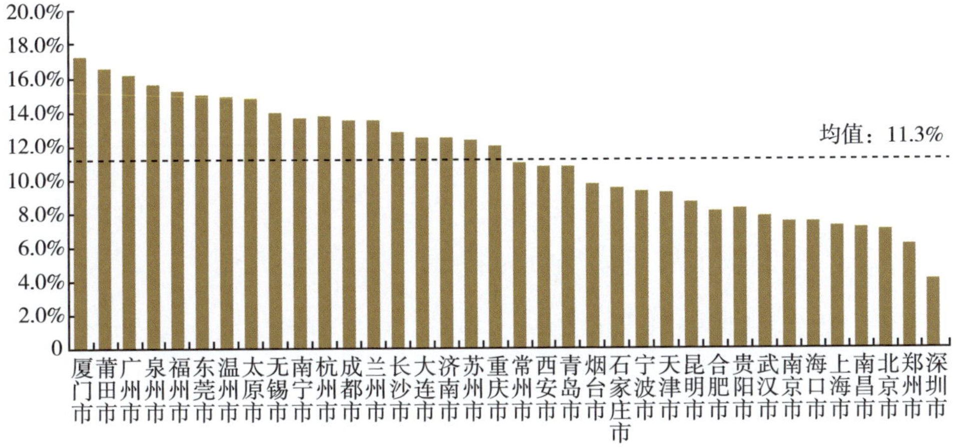

图 4－2－18　全国主要城市公桩平均时间利用率

资料来源：2023 年中国主要城市充电基础监测报告

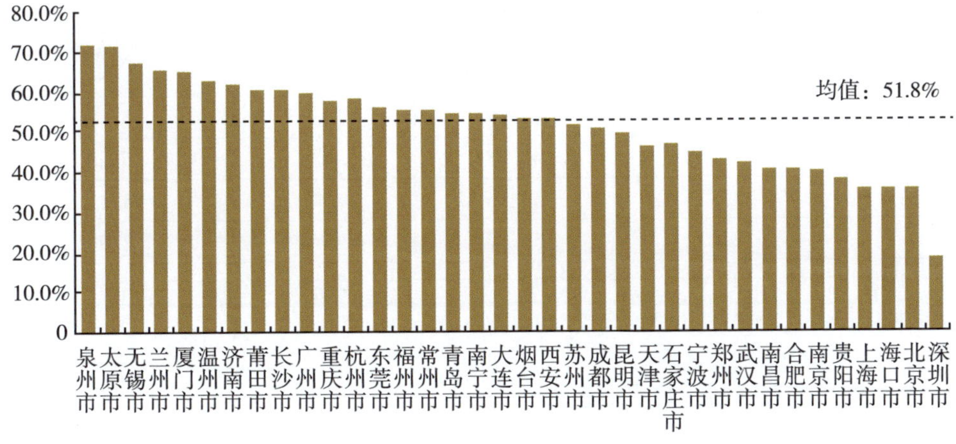

图 4－2－19　全国主要城市公桩平均桩数利用率

资料来源：2023 年中国主要城市充电基础监测报告

表4-2-1　全国主要城市直流桩、交流桩利用率对比

服务效能指标	直流公用桩	交流公用桩
平均时间利用率（%）	14	5.2
平均桩数利用率（%）	65.1	21
平均周转率（次）	4.3	0.5
平均充电时长（分钟）	47.3	169

资料来源：2023年中国主要城市充电基础监测报告

（二）主要城市用户充电行为特征

各类型车主用户充电均偏好直流快充，对充电场站的配套设施有一定要求，通常会同时选择多家运营商的充电服务。

1. 私家车充电频率相比出租车、商用车、网约车更低

根据《2022年中国电动汽车用户充电行为白皮书》的调研结果，出租车、商用车、网约车多用快充桩，单次充电时间短、充电量高、充电频率高，私家车相比之下单次充电时间长、充电量低、充电频率低（见表4-2-2）。

表4-2-2　不同类型用户充电特征对比

类型	单次充电量（度）	单次充电时长（分钟）	单次充电金额（元）	周充电频次（次）
出租车	26.63	47.59	24.95	5.08
商用车	25.58	46.98	24.67	5.28
网约车	25.23	50.16	25.16	5.13
私家车	25.22	51.80	25.82	2.99
其他	26.06	49.78	25.30	3.84

资料来源：《2022年中国电动汽车用户充电行为白皮书》

2. 高功率快充偏好占比更高

根据《2022年中国电动汽车用户充电行为白皮书》的调研结果，96%的车主选择直流充电，4%的车主选择交流充电，表明大部分车主用户对充电效率/时间比较敏感（见图4-2-20）。

尤其是网约车、商用车因工作属性对时间相对更加敏感，选择直流快充的比例明显高于私家车（见表4-2-3）。

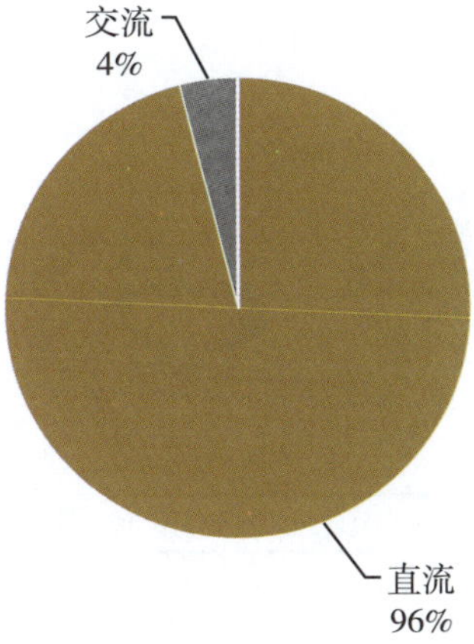

图4－2－20　用户直流、交流充电偏好对比

资料来源：《2022年中国电动汽车用户充电行为白皮书》

表4－2－3　用户直流、交流充电偏好对比

类型	电桩分类	用户占比
商用车	慢充	3%
	快充	97%
网约车	慢充	4%
	快充	96%
私家车	慢充	7%
	快充	93%
其他	慢充	4%
	快充	96%

资料来源：《2022年中国电动汽车用户充电行为白皮书》

用户偏好高功率充电，但高功率直流桩建设不足。对于不同充电功率设施使用情况进行分类统计，150kW以上的充电设施用户使用占比普遍高于建筑占比（见图4－2－21）。

3. 具有配套设施的充电场站更受车主青睐

车主用户明显偏好选择具有餐饮、休息室、便利店等配套充电设施的场站，66.85%的用户选择有配套设施的场站进行充电，但仅有27.3%的充电场站配备了相应的设施（见表4－2－4）。配备了餐饮、休息室、便利店

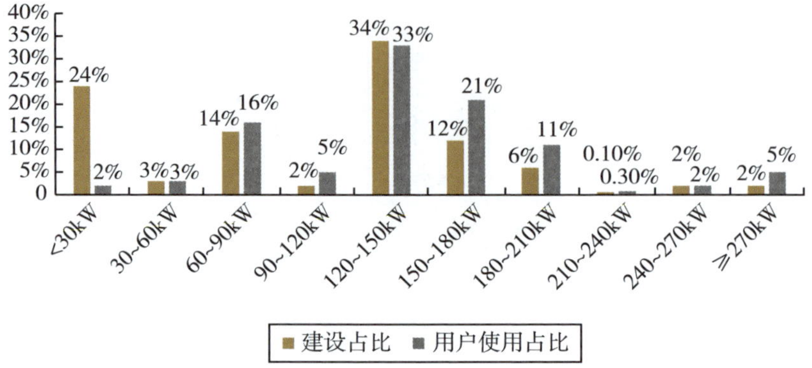

图 4 –2 –21　用户直流、交流充电偏好对比

资料来源：《2022 年中国电动汽车用户充电行为白皮书》

的场站的用户使用占比超过 43%（见表 4 –2 –5）。

表 4 –2 –4　用户对场站是否具有配套设施选择偏好

是否有配套设施	建筑占比	交易用户占比
无	72.7%	33.15%
有	27.3%	66.85%

资料来源：《2022 年中国电动汽车用户充电行为白皮书》

表 4 –2 –5　用户对场站不同类型配套设施选择偏好

配套设施类型	建筑占比	交易用户占比
餐饮	15%	43%
雨棚	2%	13%
共享充电宝	3%	10%
便利店	18%	44%
自动售货机	2%	9%
饮用水	2%	14%
洗车	4%	16%
休息室	12%	45%

资料来源：《2022 年中国电动汽车用户充电行为白皮书》

4. 用户通常选择多个运营商充电

单个运营商充电桩覆盖普遍不足，难以充分满足用户需求。87% 以上的车主用户有跨运营商充电行为，平均使用6家左右的运营商，当前运营商之间还无法完全实现电桩数据互联互通，单个运营商的电桩布局数量难以充分覆盖车主的充电需求，导致车主在选桩时不得不安装多个运营商的APP，降低了车主的充电便利性和体验（见表4－2－6、图4－2－22）。

表4－2－6　　用户跨运营商充电情况

跨运营商用户占比	平均跨运营商数量	最多跨运营商数量
87%	5.66家	52家

资料来源：《2022年中国电动汽车用户充电行为白皮书》

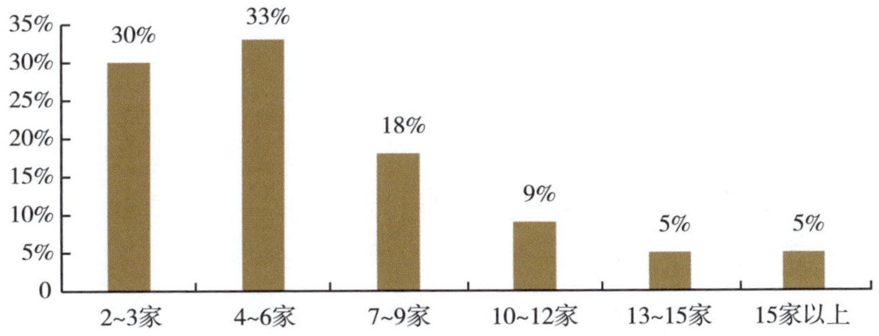

图4－2－22　用户跨运营商数量分布

资料来源：《2022年中国电动汽车用户充电行为白皮书》

四、充电桩产业发展难点与痛点

（一）直流桩建设依然滞后

根据《2022中国电动汽车用户充电行为白皮书》，2022年大部分用户对充电效率比较关注，高达96%的用户会选择直流桩充电，交流桩用户仅为4%。但根据用户公共充电满意度研究，69.03%的车主认为充电APP上覆盖的充电场站和充电桩尤其是直流桩数量偏少，2022年我国直流桩车桩比超过17，综合表明直流桩建设依然存在短板。

（二）充电场站建设的布局不够优化

运营商尤其是中小运营商缺乏合理的选址方案，叠加场站连接用户信息能力偏弱，电车用户依然存在“找桩难”问题，供需难以匹配。由《2022 中国电动汽车用户充电行为白皮书》充电网络建设的调研数据可知，认为充电场站“服务半径不满足需求”“快充网络覆盖不足”“充电站点布局不合理”的用户占比分别为 40.2%、38.1% 和 33.5%，在各类不满意因素中分列第二、第三、第四位。

《2023 年中国主要城市充电基础设施监测报告》则以北京市为样本研究，发现提高私人车主 500 米范围内的充电便利性有利于促进车辆使用和稳定补电，但实际情况是私人车 500 米距离内的充电设施覆盖很少，尤其是首都核心区便利性最差。

（三）电网配电能力有限

在电网进行容量升级、改扩建之前，难以承担大功率充电桩建设数量越来越多、使用越来越频繁的情况。根据相关机构研究，新能源汽车充电行为往往与居民用电高峰相重合，如果对车主充电行为不加管控，按照当前大功率电动汽车和充电桩的发展速度，几年后电网的负荷峰值将提高 49%，峰谷差将达到 74%，严重影响电网的安全和稳定。而配电网改建和变电站扩容的成本巨大，因此将不得不在一定时期内限制充电站的容量，调整降低充电桩的功率，难以充分满足新能源车主的充电效率要求（见图 4－2－23）。

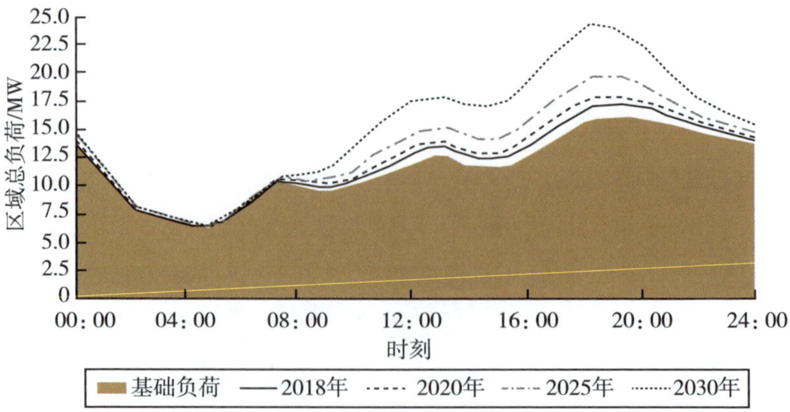

图 4－2－23　新能源汽车充电对电网负荷的影响趋势

资料来源：力氪科技新能源

（四）运营商运营能力和服务能力普遍偏弱

充电桩的标准化、开放性和共享性仍然存在短板，导致不同运营商的充电桩无法实现互联互通，车主需要同时安装多家运营商APP才能满足充电需求，充电站运维和服务能力不足。根据《2022年中国电动汽车用户充电行为白皮书》调研结果，用户对充电场站在“油车和满电车占位”“设施缺乏维护”“无人值守”“故障响应慢”“插队、抢位现象”等问题都存在不满；充电服务新业态、增值服务模式尚未有效建立，比如餐饮、便利店、休息室等服务设施广受车主欢迎，而目前较少场站配套。

（五）高速公路充电桩建设不足

相比于市区公共场所及社区公用充电桩，车主对高速公路充电不满意率最高，不满意车主反馈的问题主要在于“排队时间过长、充电功率低、直流桩数量少、充电价格过高”等。除此之外，充电桩缺少维护、故障率高、环境差、缺少配套设施等也是高速公路充电站需要解决的问题。

第三节　我国充电桩产业发展趋势

我国充电桩产业受到产业政策、新能源汽车增长、技术进步和市场需求多方面因素的综合驱动，未来发展潜力巨大。

一、政策支持我国充电桩产业发展

（一）中央政府已将充电桩建设已纳入新基建范畴

2020年5月，充电桩作为新能源汽车推广的配套设施，被纳入新型基础建设；2022年1月，国家发展改革委明确提出，到“十四五”末形成适度超前、布局均衡、智能高效的充电基础设施体系；2023年2月，工业和信息化部等八部门提出，要建成适度超前、布局均衡、智能高效的充换电基础设施体系，新增公共充电桩与公共领域新能源汽车推广数量比例力争达到1∶1；2023年6月，国务院办公厅提出，到2030年，基本建成覆盖广泛、规模适度、结构合理、功能完善的高质量充电基础设施体系，建设形成城市面状、公路线状、乡村点状布局的充电网络，大中型以上城市经营性停车场具备规范充电条件的车位比例力争超过城市注册电动汽车比例，农村地区充电服务覆盖率稳步提升（见表4－2－7）。

表4－2－7　我国充电桩产业政策一览表

政策名称	颁布时间	制定部门	主要内容
《关于进一步提升电动汽车充电基础设施服务保障能力的实施意见》	2022.01	发展改革委等十部门	到“十四五”末，我国电动汽车充电保障能力进一步提升，形成适度超前、布局均衡、智能高效的充电基础设施体系，能够满足超过2 000万辆电动汽车充电需求。加快推进居住社区充电设施建设安装，完善居住社区充电设施建设推进机制；鼓励充电运营企业通过新建、改建、扩容、迁移等方式，逐步提高快充桩占比；加强县城、乡镇充电网络布局，加快实现电动汽车充电站“县县全覆盖”、充电桩“乡乡全覆盖”。优先在企事业单位、商业建筑、交通枢纽、公共停车场等场所配置公共充电设施；鼓励地方加强大功率充电、车网互动等示范类设施的补贴力度，促进行业转型升级
《“十四五”现代能源体系规划》	2022.03	发展改革委、国家能源局	优化充电基础设施布局，全面推动车桩协同发展，推进电动汽车与智能电网间的能量和信息双向互动，开展光储、充、换相结合的新型充换电场站试点示范
《关于推进以县城为重要载体的城镇化建设的意见》	2022.05	国务院办公厅	优化公共充换电设施建设布局，加快建设充电桩
《国务院关于印发扎实稳住经济一揽子政策措施的通知》	2022.05	国务院	优化新能源汽车充电桩（站）投资建设运营模式，逐步实现所有小区和经营性停车场充电设施全覆盖，加快推进高速公路服务区、客运枢纽等区域充电桩（站）建设

续表1

政策名称	颁布时间	制定部门	主要内容
《商务部等17部门关于搞活汽车流通，扩大汽车消费若干措施的通知》	2022.07	商务部等17部门	积极支持充电设施建设，加快推进居住社区、停车场、加油站、高速公路服务区、客货运枢纽等充电设施建设
《“十四五”全国城市基础设施建设规划》	2022.07	发展改革委、住房和城乡建设部	加强新能源汽车充换电、加气、加氢等设施建设，加快形成快充为主的城市新能源汽车公共充电网络。开展新能源汽车充换电基础设施信息服务，完善充换电、加气、加氢基础设施信息互联互通网络。重点推进城市公交枢纽、公共停车场充电设施设备的规划与建设
《加快推进公路沿线充电基础设施建设行动方案》	2022.08	交通运输部、能源局等	加强高速公路服务区充电基础设施建设，每个服务区建设的充电基础设施或预留建设安装条件的车位原则上不低于小型客车停车位的10%；加强普通公路沿线充电基础设施建设；推动城市群周边等高速公路服务区建设超快充、大功率电动汽车充电基础设施，提升充电效率
《扩大内需战略规划纲要(2022—2035年)》	2022.12	中共中央、国务院	推进汽车电动化、网联化、智能化，加强停车场、充电桩、换电站、加氢站等配套设施建设
《推动能源电子产业发展的指导意见》	2023.01	工信部等六部门联发	采用分布式储能、“光伏+储能”等模式推动能源供应多样化，提升能源电子产品在5G基站、新能源汽车充电桩等新型基础设施领域的应用水平
《工业和信息化部等八部门关于组织开展公共领域车辆全面电动化先行区试点工作的通知》	2023.02	工业和信息化部、交通运输部等八部门	建成适度超前、布局均衡、智能高效的充换电基础设施体系，服务保障能力显著提升，新增公共充电桩（标准桩）与公共领域新能源汽车推广数量（标准车）比例力争达到1∶1，高速公路服务区充电设施车位占比预期不低于小型停车位的10%，形成一批典型的综合能源服务示范站

续表2

政策名称	颁布时间	制定部门	主要内容
《关于加快推进充电基础设施建设更好支持新能源汽车下乡和乡村振兴的实施意见》	2023. 05	国务院、能源局	加强公共充电基础设施布局建设，加快实现适宜使用新能源汽车的地区充电站“县县全覆盖”、充电桩“乡乡全覆盖”。统筹考虑乡村级充电网络建设和输配电网发展，加大用地保障等支持力度，开展配套电网建设改造，增强农村电网的支撑保障能力。到2030年前，对实行两部制电价的集中式充换电设施用电免收需量（容量）电费，放宽电网企业相关配电网建设投资效率约束，全额纳入输配电价回收
《国务院办公厅关于进一步构建高质量充电基础设施体系的指导意见》	2023. 06	国务院办公厅	到2030年，基本建成覆盖广泛、规模适度、结构合理、功能完善的高质量充电基础设施体系，有力支撑新能源汽车产业发展，有效满足人民群众出行充电需求。建设形成城市面状、公路线状、乡村点状布局的充电网络，大中型以上城市经营性停车场具备规范充电条件的车位比例力争超过城市注册电动汽车比例，农村地区充电服务覆盖率稳步提升。充电基础设施快慢互补、智能开放，充电服务安全可靠、经济便捷，标准规范和市场监管体系基本完善，行业监管和治理能力基本实现现代化，技术装备和科技创新达到世界先进水平

资料来源：各部委网站，长城证券

（二）地方政府积极出台补贴政策助推产业发展

1. 地方政府提出明确的充电桩发展目标

地方政府大多就“十四五”末充电桩保有量、车桩比等指标进行规划，推动充电基础设施建设，对于加速区域充电基础设施发展、解决充电基础设施布局不完善、结构不合理、服务不均衡、运营不规范等问题具有重要意义。在这些政策的支持下，“十四五”时期我国充电桩行业有望迎来蓬勃发展。当前，除广东、浙江等少数省市外，各区域充电桩保有量距2025年末规划目标保有量仍有较大差距。相关资料见图4－2－24、图4－2－25和表4－2－8。

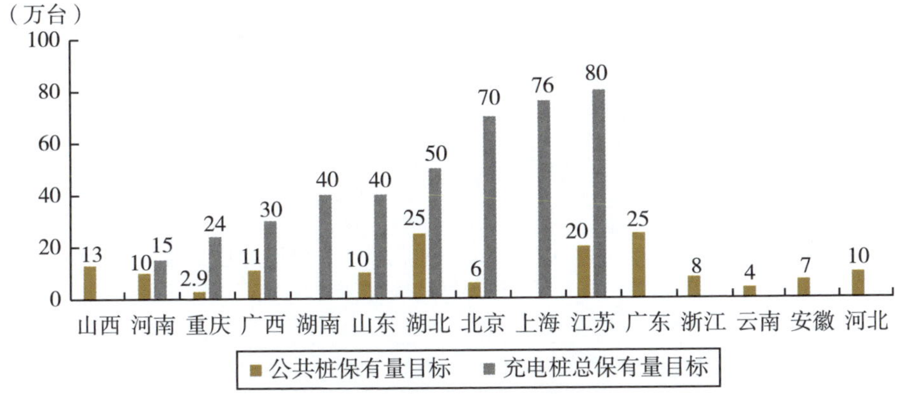

图 4 -2 -24　各地方 2025 年规划目标与实际保有量对比

资料来源：各地方政府网站，中国充电联盟，国信证券

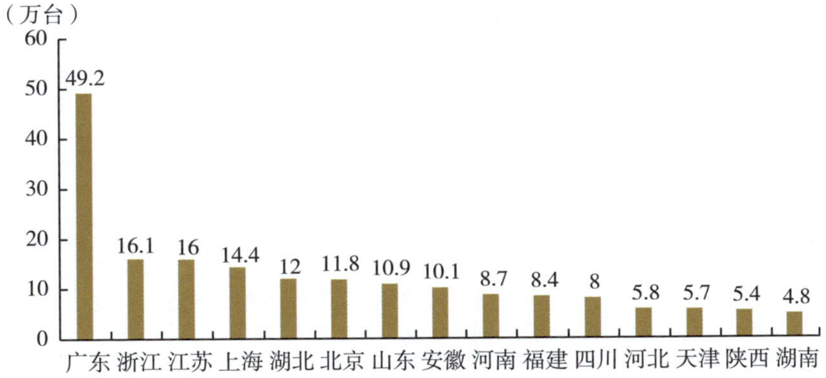

图 4 -2 -25　截至 2023 年 8 月各地方保有量情况

资料来源：各地方政府网站，中国充电联盟，国信证券

表 4 -2 -8　　各地方政府充电桩产业发展规划一览表

地区	主要规划内容
安徽	大力推进居民小区、公共停车场，公交、出租、环卫等专用停车场，党政机关、企事业单位办公场所，旅游景区、高速服务区等充电基础设施建设，建成统一管理、布局合理、运营高效、开放共享的充电基础设施体系。加大公共停车场、立体车库、充电桩等设施建设，重点解决老城区、老旧小区停车难问题
北京	到“十四五”末，全市电动汽车充电桩达 70 万个，累计建设不少于 5 万个单位内部充电桩，不少于 6 万个社会共用充电桩，不少于 20 个充电精品服务示范站

续表 1

地区	主要规划内容
重庆	有序提升城市公共充电桩、换电站覆盖能力，强化公共道路基础设施智能化改造，构建山地道路交通信息采集网络，提供超低时延、超高可靠、超大带宽的车路协同网络。推广纯电动车 1.6 万辆，新建充电设施 3 万座以上
福建	推进管道数字化改造、智能化应用，建设一体化“互联网 +”充电设施，加快建设电力物联网，开展配电网终端智能化改造。建设绿色交通基础设施，完善综合运输服务网络，加快充电、加氢基础设施建设，加大能源车辆推广应用力度，实施旅客联网联运
广西	加快布局发展新能源汽车和智能网联汽车，重点发展纯电动汽车、插电式混合动力（含增程式）、燃料电池汽车及耐低温、高安全性的动力电池 PACK 系统、电池管理系统、驱动电机及控制器、整车控制系统、智能网联汽车电子电控系统等。优化交通运输结构，推动交通运输节能，推广普及新能源汽车，发展低碳便捷交通体系
贵州	大力发展电力装备及器材制造，重点生产智能高低压成套开关、全封闭组合电器等数字化智能化输变电装备加快发展核电零部件和新能源汽车充电设施。推进新能源汽车直流充电桩生产、水月园区充电桩研发中心等项目和产业园建设。加快配套电网改造，加强公共停车场充电设施巡查检修，提高设施设备使用效率。到 2025 年，新建充电基础设施 20 000 个以上，新能源电动汽车充电保障能力提高到 3.5 千瓦/辆
海南	至 2025 年，公共领域新增和更换车辆 100% 使用清洁能源汽车，电动汽车与充电基础设施总体车桩比在 2.5∶1 以下。加快配套建设充电基础设施
河北	加强城乡路网、电网统筹规划，加快建设智能充电桩，完善城乡公共充电网络。健全城市路网系统，合理规划建设充电桩、停车场等公共设施，有效解决“停车难”问题，积极推进公交专用道建设，有序推进城市轨道交通和快速公交系统建设
河南	建设智慧能源基础设施，完善省能源大数据中心功能，加快电网基础设施智能化改造、智能微电网和充电桩建设，强化电力、天然气、热力、油品等能源网络信息系统互联互通和数据共享
黑龙江	加快布局便捷高效的充电基础设施。建成全省统一的充电设施运营管理平台，实现国家电网智慧车联网数据共享，依托公交站场、停车场、高速公路服务区等场所，构建车桩相随、智能高效的充电基础设施体系。新增各类充电桩 1.7 万个以上。建设公共服务充电基础设施，推进居民区与单位停车位充电桩配建工作，合理布局社会停车场所公共充电基础设施。新建换电站 30 个以上、充电站 650 个以上
湖北	补齐城市基础设施短板，优先发展城市公共交通，有序推进城市轨道交通建设，合理规划建设智能化停车场充电桩和地下综合管廊，加强各类生活服务设施建设，增加公共活动空间，推动发展城市新业态，完善和提升城市功能。城镇老旧小区改造工程：完善提升小区及周边公共卫生、养老、托育、停车场、充电桩等公共服务设施。建设 20 万个以上新能源汽车充电桩

续表 2

地区	主要规划内容
湖南	加快充电基础设施建设，建成充电桩 40 万个，形成“车桩相随、开放通用、标准统一、智能高效”的充电网。推进“发输变配用”全链条 5G 融合应用，推动充电基础设施布局，新建住宅小型充电车位占比不低于 10%，加快公共停车场充电设施改造
吉林	布局建设新能源汽车充电基础设施，破解充电桩进小区难等问题，提升互联互通水平，提高充电便利性和产品可靠性。到 2025 年，全省充电桩设施满足超过 10 万辆电动汽车充电
江苏	全面提升新能源汽车充电桩产业链供应链竞争力。推进电动汽车充电基础设施建设，有序布局城市和城际充电服务网络
江西	精准发展汽车产业，坚持电动化、智能化、网联化、共享化方向，保持特种车优势，有序发展新能源汽车打造商用车强省
内蒙古	实施再电气化工程，加大充电基础设施建设力度，推广“新能源 + 电动汽车”智慧协同互动体系
宁夏	加快推进电动汽车充电设施建设，形成较为完善的充电设施体系
青海	建设智能充电服务平台，构建车桩相随、智能高效的充电基础设施体系。研究制定投资高质量发展总体战略。推动 5G、数据中心、充电桩等新型基础设施建设，谋划一批强基础、增后劲、利长远的重大工程。装备制造产业发展工程：引进新能源汽车制造、充电桩生产线等项目，推进高原风电、光伏装备制造基地建设等项目支持发展大型锻铸件制造
四川	发展智能物流服务平台，推进智能电网和能源互联网发展，加快布局公共服务区域公（专）用充电基础设施
陕西	加强新能源汽车研发，强化整车技术创新，突破关键零部件技术，推动与互联网、新能源、人工智能等融合创新发展，推动充换电、加氢、信息通信与道路交通等基础设施建设，提升互联互通水平和使用效率
天津	优先发展公共交通，实施公交场站补短板工程，强化常规公交与轨道交通衔接，加快公交站点和充电、加氢停车换乘等配套设施建设。加快城镇老旧小区改造，鼓励社会力量参与，完善配套养老抚幼、无障碍设施、便民市场等服务设施，支持有条件的小区加装电梯，鼓励配建停车位和充电桩等设施，加强停车设施建设管理，到 2025 年，基本完成 2000 年底前建成的城镇老旧小区改造

续表 3

地区	主要规划内容
云南	进一步加大新能源汽车推广使用力度。增强产业竞争力和辐射力，聚力发展大健康产业，加快培育先进装备制造和新能源汽车、数字经济、化工、新材料和冶金、高原特色都市现代农业和绿色食品、文化和旅游、现代物流、金融服务等支柱产业集群
浙江	大力培育新一代信息技术、生物技术、高端装备、新能源及智能汽车、绿色环保、航空航天、海洋装备等产业，加快形成一批战略性新兴产业集群。积极推进绿色低碳综合交通网络建设，分步骤推广应用新能源和清洁能源车使用

资料来源：各地方政府网站，长城证券

2. 地方政府充电桩建设补贴、充电运营补贴相关政策逐步出台

2023 年新能源汽车补贴取消，新能源汽车市场由政策驱动走向市场驱动，政府开始关注新能源汽车使用情况。各地方政府积极发展充电桩产业，加大对充电基础设施的补贴力度，出台了新能源汽车基础设施建设与运营奖励政策（见表 4－2－9），政府补贴由电动车消费向充电基础设施和充电运营转变。[①]

表 4－2－9　　各地方政府充电桩补贴政策一览表

省市	政策名称	补贴标准
北京市	《2022 年度北京市电动汽车充换电设施建设运营奖补实施细则》	运营补贴：①日常：0.2 元/kW · h；②年度：106 元/kW · 年（A 级）90 元/kW · 年（B 级）74 元/kW · 年（C 级）
广东省珠三角、粤东西北各地市高速公路快充站	《关于 2022 年度电动汽车充电基础设施奖补资金预分配的公示》	建设补贴：直流充电桩：200 元/kW；交流充电桩：40 元/kW 建设补贴：直流充电桩：300 元/kW；交流充电桩：60 元/kW 建设补贴：直流充电桩：200 元/kW；交流充电桩：40 元/kW

① 于夕朦等．长城证券：新能源、新政策、新市场，助力充电桩行业新发展——充电桩行业深度报告．Wind，2023.

续表 1

省市		政策名称	补贴标准
上海市		《上海市鼓励电动汽车充换电设施发展扶持办法》	建设补贴：①出租车充电示范站：充电设备金额 30%；②共享充电示范小区：充电设备金额 50%；③小区智能充电桩加装和改造：加装能源路由器、更换设施等方式进行智能化改造，300 元/桩；支持小区自（专）用智能充电桩共享改造和利用的物业服务企业，500 元/桩；④“慢改快”示范：充电设备金额 30%；⑤智能车网充放电示范：充放电设备金额 30% 运营补贴：①公共充电桩：一、二、三星度电补贴分别为 0.1 元/kW·h、0.4 元/kW·h、0.7 元/kW·h（上限 1 000 千瓦时/千瓦·年）；②专用桩和换电设施：一、二、三星度电补贴分别为 0.05 元/kW·h、0.15 元/kW·h、0.25 元/kW·h（上限 2 000 千瓦时/千瓦·年）
海南省		《海南省电动汽车充电基础设施建设运营暂行管理办法》	建设补贴：2020 年及之前 200 元/kW、2021—2025 年 100 元/kW，补贴上限 2020 年前不超过设备投资额的 15%、2021—2025 年不超过 10%，补贴费用省、市（县）各担 50% 运营补贴：2020 年及之前 0.2 元/kW·h，2021—2025 年 0.1 元/kW·h；每个充电桩补贴上限为每千瓦不超过 200 元每年。补贴费用省、市（县）各担 50%
广西壮族自治区		《广西壮族自治区新能源汽车推广应用三年行动财政补贴实施细则》	建设补贴：交流充电设施 150 元/kW、直流充电设施 300 元/kW 运营补贴：0.14 元/kW·h，交流充电设施补贴上限电量为年 1 000 千瓦时/千瓦·年；直流充电设施补贴上限电量为年 1 500 千瓦时/千瓦·年
江苏省	常州市	《常州市新能源汽车充电设施建设运营财政补贴办法》	建设补贴：直流充电桩：500 元/kW；交流充电桩：200 元/kW 运营补贴：0.1 元/kW·h
	南京市	《南京市 2021 年度充电设施建设运营财政补贴办法》	建设补贴：直流充电桩：400 ~ 700 元/kW；交流充电桩：200 ~ 300 元/kW 运营补贴：0.15 元/kW·h

续表2

省市	政策名称	补贴标准
福建省	《福建省促进工业经济平稳增长行动方案的通知》	运营补贴：0.2元/kW·h
四川省成都市	《成都市电动汽车充（换）电基础设施建设运营财政补贴实施细则（征求意见稿）》	建设补贴：①非居住社区：100/kW；交流充电桩：150元/kW 运营补贴：0.1～0.2元/kW·h
湖南省	《关于支持新能源汽车产业高质量发展的若干政策措施》	建设补贴：200元/kW 建设补贴：260元/kW 建设补贴：320元/kW
浙江省温州市	《温州市支持新能源汽车产业发展及推广应用若干政策措施的通知》	建设补贴：①直流充电桩：200元/kW；②交流充电桩：80元/kW；自有充电桩报装补贴：2022年1月1日—2023年12月31日在温州市购买新能源汽车并上牌的个人消费者且在自有（或有1年及以上使用权）固定车位上通过电力部门报装的自用充电桩，600元/桩的充电费补贴 运营补贴：0.1元/kW·h
黑龙江哈尔滨市	《支持电动汽电基础设施建设运营实施细则》	建设补贴：直流：省级：300元/kW；中央：300元/kW 运营补贴：0.1元/kW·h
吉林省	《吉林省电动汽车充换电基础设施建设省级财政补贴资金管理暂行办法》	建设补贴：1. 公交、城/乡际客运、机场专线、旅游专线、高速公路停车区、服务区、机场、火车站等：①直流：600元/kW ②交流：50元/kW；2. 其他新建：①直流：300元/kW ②交流：50元/kW
山东省烟台市	《关于加强和规范电动汽车充电基础设施建设管理的实施意见》	建设补贴：①公共直流：65元/kW；②公共交流：20元/kW 充电补贴：全市范围内实行政府定价管理的公共设施类停车场，给予入场充电的电动汽车2小时/天免费停车优惠

续表 3

省市	政策名称	补贴标准
重庆市	《关于重庆市 2023 年度充换电基础设施财政补贴政策的通知（征求意见稿）》	建设补贴： 1. 直流充电桩：①中心城区/中心城区以外地区：150 元/kW、200 元/kW；②市内高速公路服务区和 3A 级（含）以上景区：300 元/kW；③350kW 以上超高压充电桩：350 元/kW；④改造升级：2018 年 12 月 31 日前竣工并投入使用且站点上一年年均容量利用率低于 2% 的直流充电桩功率“小改大”升级：100 元/kW 2. 交流充电桩：50 元/kW 3. 居住社区“统建统营”：居民小区、保障性住房的公共停车位建设充电专用车位，50 元/kW 4. “充储泊”体验中心示范运营：①平均单枪功率不低于 120 千瓦的公共快充桩：200 元/kW；②平均单枪功率不低于 350 千瓦的大功率充电桩：400 元/kW
新疆伊犁	《自治州贯彻落实新政发〔2022〕61 号文件精神推进经济稳增长一揽子政策措施》	免收基本电费至 2025 年底
云南省昆明市	《昆明市加快推进电动汽车充电基础设施建设实施意见》	建设补贴：直流充电桩：250 元/kW；交流充电桩：100 元/kW

资料来源：各地方政府网站，长城证券

二、新能源汽车产业有力推动充电桩产业发展

（一）我国新能源汽车的快速发展催生充电需求

根据中国汽车工业协会数据，我国新能源车销量从 2017 年的 77.7 万辆增长至 2022 年的 688.7 万辆，六年年均增速达 55.01%；2023 年 1—7 月新增销量 452.6 万辆，原乘联会（现为乘用车市场信息职席分会）预测 2023 年全年销量将达到 850 万辆（见图 4 - 2 - 26）。我国新能源车保有量

从2017年的153万辆增长至2022年的1 310万辆，六年年均增速达53.64%（见图4-2-27），2023年9月末保有量已突破1 820万辆。新能源汽车渗透率呈现逐年增长的趋势，从2017年2.8%逐渐增长至2023年7月末的28.96%。根据华为预测，预计2030年我国新能源乘用车渗透率将达80%以上；国内汽车电动化持续推进，对于车辆补能需求持续提升。

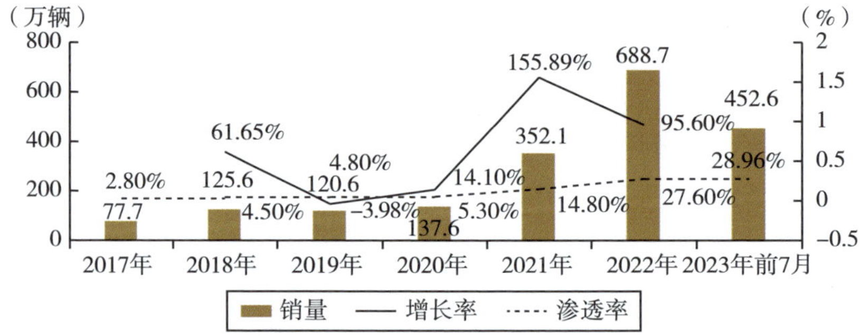

图4-2-26　我国新能源汽车历年销售及渗透率情况

资料来源：中国汽车工业协会

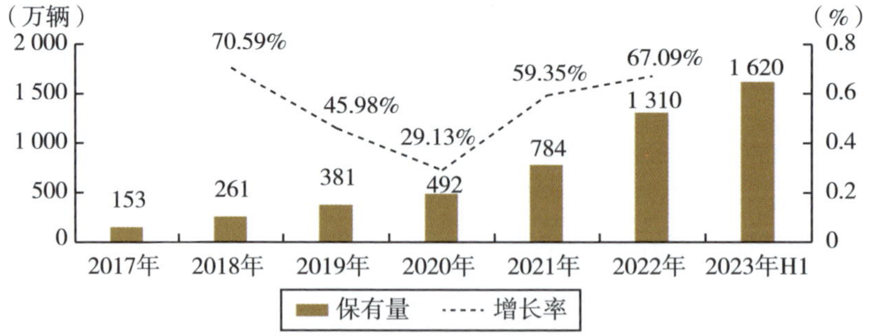

图4-2-27　我国新能源汽车保有量情况

资料来源：中国汽车工业协会

（二）高电压、大功率新能源车型加强直流快充需求

充电时间是影响消费者购车的主要顾虑因素，提高充电速度十分重要。根据麦肯锡发布的《2023麦肯锡中国汽车消费者洞察》，高达56%的受访者都认为续航里程和充电时间影响购车决策，要进一步发展新能源汽车产

业，提高充电速度十分必要（见图 4－2－28）。提高充电速度除了需要提升直流桩的输出功率外，还要求新能源汽车配备支持大功率充电的设备平台。

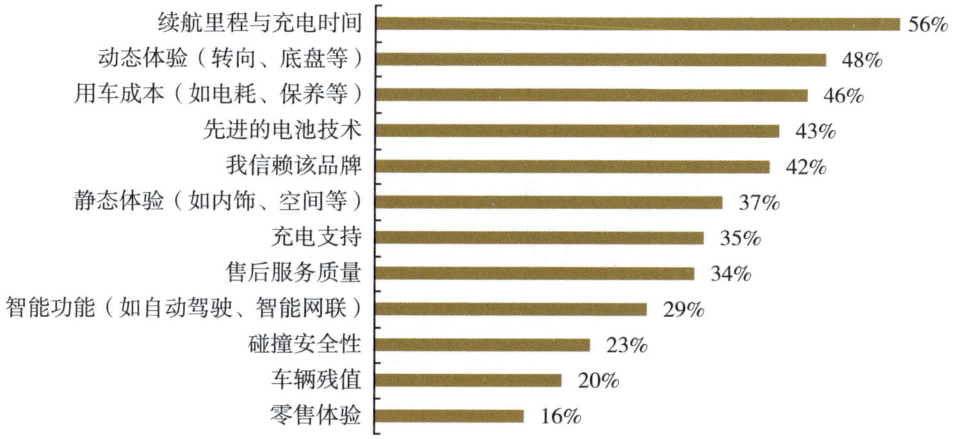

图 4－2－28　影响消费者购车的因素排名

资料来源：2023 麦肯锡中国汽车消费者洞察

车企不断提升车辆电压平台，高压快充将成未来趋势，加大对直流快充的需求。目前实现大功率充电有提高电压和提高电流两种方式，大电流方式由特斯拉率先采用，高电压方案则由保时捷首次推出，比亚迪、广汽埃安、小鹏、蔚来、东风、长安等车企先后跟进，推出基于 800V 及以上高压平台的高端车。当前车企电压平台由 350V 逐步向 450V、800V 演进，实现充电倍率 1～2C；部分车企通过提升电流到 500A 来实现 3～4C 的快充。据我国主要车企规划，2023 年满足 3C 以上高压快充的高端车型已经密集上市，2025 年主流车型均将支持高压快充。根据华为发布的《高压快充产业发展报告 2023—2025》预测，预计到 2026 年底，支持高压快充车型的市场保有量将达 1 300 万辆以上，销量占比将达到 50%。这一趋势也将进一步增强直流快充桩的市场需求。相关资料见图 4－2－29 至图 4－2－31。

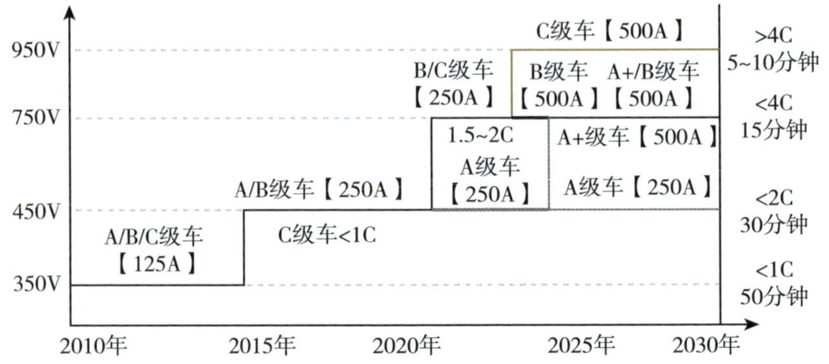

*A级车（55kW·h）：用电量14.4kW·h/100km；DOD范围30%~80%，续驶250km

*B/C级车（75kW·h）：用电量19.6kW·h/100km；DOD范围30%~80%，续驶250km

图4－2－29　新能源汽车高压快充发展趋势

资料来源：《高压快充产业发展报告2023—2025》

公司名称	平台名称	功率kW	首款车型发售/预售日期	代表车型
比亚迪	e平台3.0		2022-5	海豹
小鹏	Xpower3.0	480	2022-9	小鹏G9
理想			计划2023年推出	
蔚来			计划2024年推出	
广汽埃安	超倍速电池技术	480	2022-8	AION V plus
岚图			2021-9	
北汽极狐	华为HI		2021-4	阿尔法S华为HI版
长安阿维塔				阿维塔11
长城沙龙		480		机甲龙
上汽	星云			
保时捷			2020-6	Taycan
奥迪	PPE			A6 etron，Q6 etron
大众	Project trinity			
奔驰	MMA			
沃尔沃	和StoreDot合作		预计2040年	
特斯拉				Cybertruck, Semi
现代			2022-2	IONIQ5

图4－2－30　各车企推出高压快充车型情况

资料来源：各公司官网、中信证券

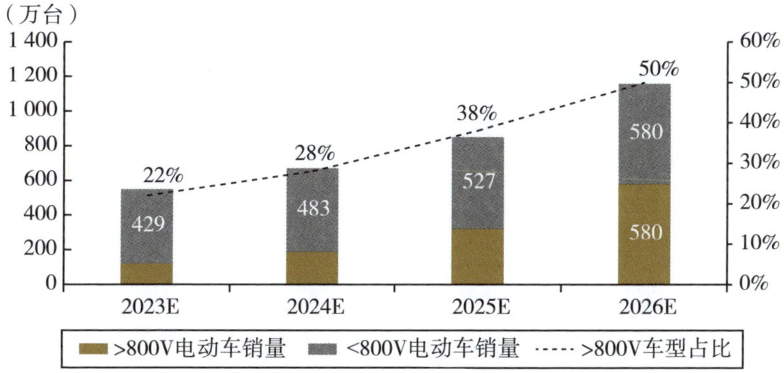

图 4－2－31　高压快充车型年度销量预期

资料来源：《高压快充产业发展报告 2023—2025》

三、技术更新迭代拓展充电桩产业发展空间

随着充电桩产业的发展，市场需求推动相关技术不断创新，不断提升充电效率，降低运营成本，催生新的充电服务场景，进一步拓展了行业的市场空间。

（一）柔性充电技术：灵活分配充电功率，提升电网利用率，降低运营商投资成本

柔性充电堆是“将电动汽车充电站全部或部分充电模块集中在一起，通过功率分配单元按电动汽车实际需要充电功率对充电模块进行动态分配的系统”；柔性充电堆可解决单桩功率固化问题，避免因单桩功率固定难以满足更高功率充电需求；可灵活分配充电功率，根据车辆 BMS 下发的充电需求，按需分配充电功率，提升设备利用效率；可显著降低投资成本，因柔性充电堆可有效解决“向上兼容”问题，无需对前期建设的充电站的电网功率进行扩容，进而无须重复增加后续投资，显著降低投资成本（见图 4－2－32）。盛弘股份、绿能慧充等企业已布局充电堆，其中绿能慧充已生产 960kW 充电堆（见图 4－2－33）。

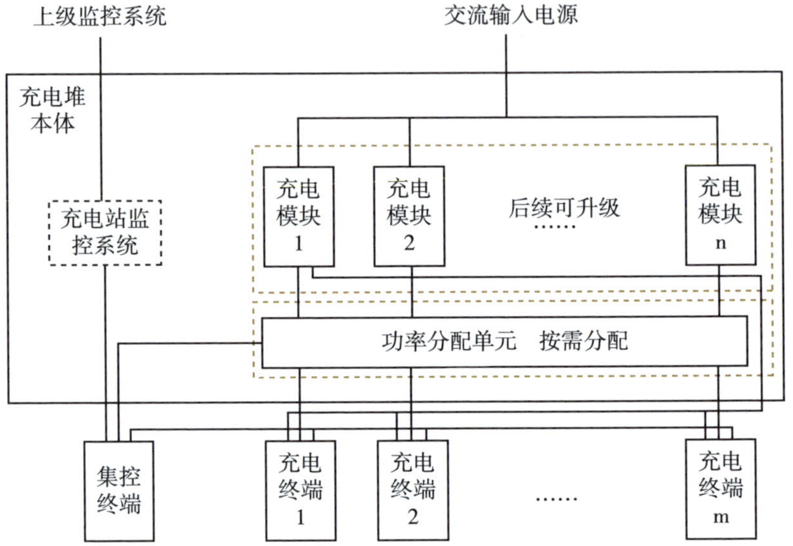

图 4-2-32　充电堆原理示意图

资料来源：特来电官网

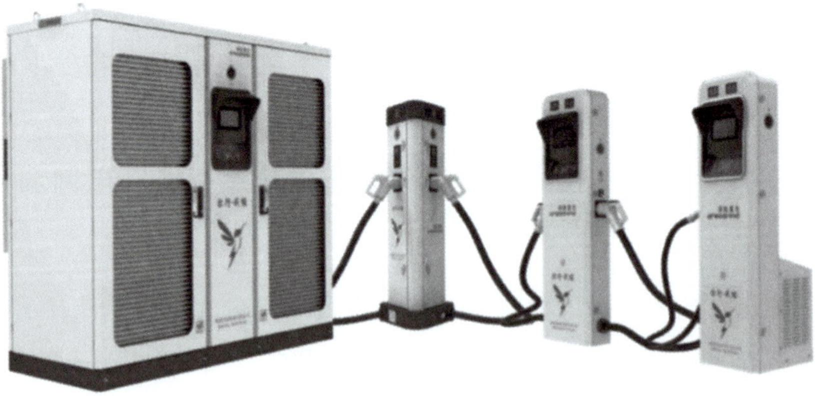

图 4-2-33　绿能慧充 960kW 充电堆

资料来源：绿能慧充官网

（二）“光储充检”一体化技术：实现用电负荷削峰填谷，降低运营费用，提高充电桩利用率

“光储充检一体化充电站”是指把光伏发电、储能设备、充电桩及电

池检测集成为一体的智能化充电站，新能源汽车保有量的高速增长和充电功率的逐步提升预计给电网带来更大冲击，光储充一体化将分布式光伏置于需求侧，与储能设施和充电负荷相匹配，满足高峰期用电需求，既实现了削峰填谷，节省了配电增容费用，又增加新能源的消纳，弥补了太阳能发电不连续性的不足；储能充电效率更高，有助于运营商提高充电利用率。《新能源汽车产业发展规划（2021—2035年）》（国办发〔2020〕39号）等一系列政策密集发布，推动光储充一体化发展。

（三）V2G车网融合技术：助力电网调峰，为运营商带来交易和增值服务收入

V2G技术使新能源汽车参与到电网的调度中，能量和信息双向流动。电动汽车逐渐由单纯的电能消费者转化为储能设备和灵活性调度资源，大幅增加电网的调峰调频资源；充电桩也从单纯的电气设备升级为电能、信息双向交互的节点和采集终端，车网之间的电力交易能够给车主带来电费价差收入、给运营商带来交易服务收入，大数据积累创造更多充电相关增值服务，软件和云服务等软实力的重要性也将显著提升。

四、国内充电桩市场容量广阔

在政策支持、产业带动、技术驱动的综合作用下，国内充电桩产业市场前景广阔。根据中汽协、中国充电联盟、能链研究院及券商等机构的测算，预计2025年国内充电桩新增市场规模在600亿～1 000亿元。基于上述机构的测算方法，本文测算2025年我国充电桩新增规模预计达到633亿元，2023—2025年复合增长率为41.9%（见图4－2－34）。其中，公共直流桩市场规模预期达到485.5亿元，2023—2025年复合增长率为49.5%；公共交流桩市场规模预期35.2亿元，2023—2025年复合增长率为25.1%；私人桩市场规模预期112.4亿元，2023—2025年复合增长率为24.5%。

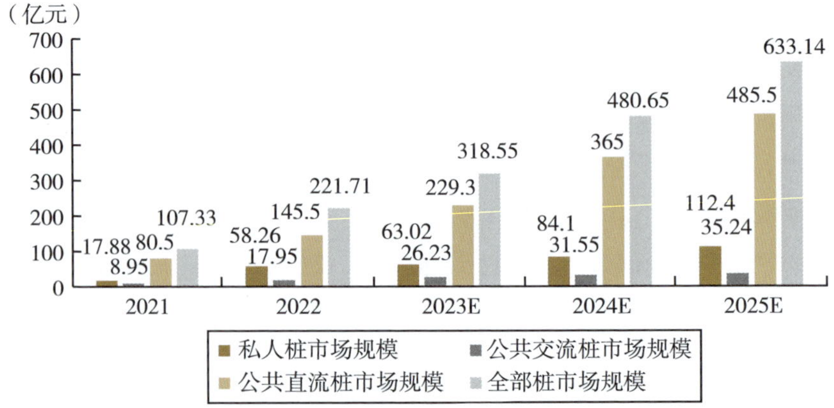

图 4－2－34　国内充电桩设备市场规模预测

资料来源：中国汽车工业协会、中国充电联盟，人保资本

第三章　欧美充电桩产业发展情况

第一节　欧美充电桩市场发展现状

一、美国充电桩建设严重滞后，车桩比上升，电站建设不均衡

根据国际能源署（IEA）相关数据，美国 2023 年上半年公共桩保有量仅为 14.1 万台，与我国同期 221 万台差距甚远；2020—2022 年保有量平均增速为 16.6%，也远低于我国同期；美国 2022 年公共车桩比高达 20.6，远高于我国 7.3 的水平，而且连续 3 年不降反升，公共桩建设严重不足（见图 4－3－1）。此外，美国充电站建设不均衡问题突出。2021 年美国约有 8% 的人口居住在最近的公共充电桩 10km 外。直流桩占比低，截至 2023 年上半年末占比仅有

22.5%，远低于我国46%的水平（见图4－3－2）。区域分布也不够合理，仅有7%的充电站位于洲际公路上，中部地区充电站分布不足。

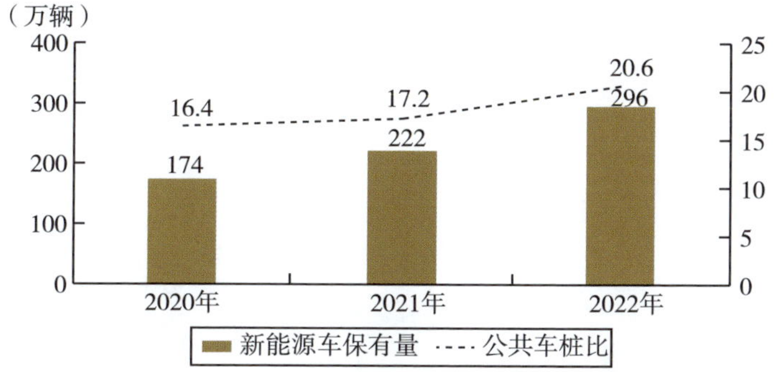

图4－3－1 美国近年来车桩比情况

资料来源：国际能源署（International Energy Agency，IEA）；替代燃料数据中心（Alternative Fuels Data Center，AFDC）隶属于美国能源部；欧洲汽车制造商协会（l'Association des Constructeurs Européens d'Automobiles，ACEA）；全球汽车信息平台（MarkLines）

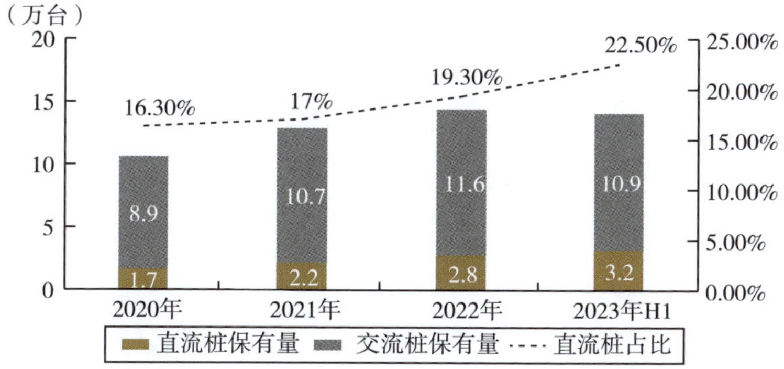

图4－3－2 美国近年来直流、交流桩保有量情况

资料来源：国际能源署（International Energy Agency，IEA）；替代燃料数据中心（Alternative Fuels Data Center，AFDC）隶属于美国能源部；欧洲汽车制造商协会（l'Association des Constructeurs Européens d'Automobiles，ACEA）；全球汽车信息平台（MarkLines）

二、欧洲充电桩建设速度低于新能源汽车增速，直流桩占比过低

近年来，欧洲新能源汽车发展迅速，2020—2022年保有量增速达到

55.2%，但公共桩同期增速仅为43.3%，新能源汽车保有量和公共桩存在不匹配，导致欧洲地区车桩比维持在较高位置（见图4-3-3）。2022年车桩比达到15.7，比2020年13.4的水平有所提升，远高于欧洲AFID车桩比"10"的建议标准（见图4-3-4）。大部分国家，比如冰岛、丹麦、挪威、德国、瑞典、英国、西班牙等，公共车桩比甚至超过20。

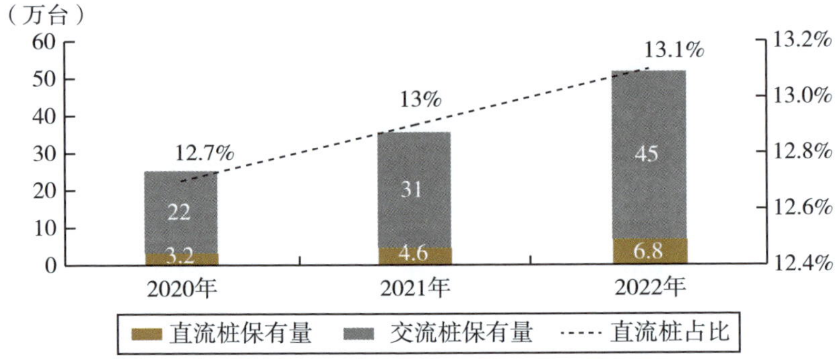

图4-3-3 欧洲近年来直流、交流桩保有量情况

资料来源：国际能源署（International Energy Agency，IEA）；替代燃料数据中心（Alternative Fuels Data Center，AFDC）隶属于美国能源部；欧洲汽车制造商协会（l'Association des Constructeurs Européens d'Automobiles，ACEA）；全球汽车信息平台（MarkLines）

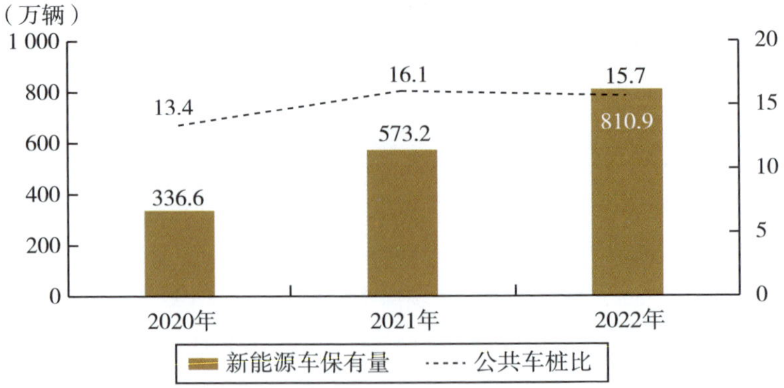

图4-3-4 欧洲近年来车桩比情况

资料来源：国际能源署（International Energy Agency，IEA）；替代燃料数据中心（Alternative Fuels Data Center，AFDC）隶属于美国能源部；欧洲汽车制造商协会（l'Association des Constructeurs Européens d'Automobiles，ACEA）；全球汽车信息平台（MarkLines）

欧洲的充电桩建设结构也不合理，近几年直流桩占比虽有所提升，但一直维持在 13% 上下，低于美国，更远不及中国。

第二节　欧美充电桩运营模式及市场格局

一、美国充电桩运营市场以轻资产运营商和车企运营商为主

专业运营商代表公司 ChargePoint 主要采取轻资产模式，与车企和其他业主共建充电站，不持有充电站资产；Blink Charging 则以充电桩销售和充电费用为主要模式；EVgo 拥有美国最大的公共快充网络，商业模式以销售及运营直流快充桩为主（见表 4－3－1）。[①]

表 4－3－1　　美国主要充电运营商业务模式及布局

公司	业务模式	业务布局
ChargePoint	轻资产，充电桩产品与联网收费系统绑定出售	在美国的市占率超过 75%，全球建有 11.28 万个充电站，计划 2025 年部署充电桩超过 250 万台
Blink Charging	充电桩销售与运营，小部分持有充电站资产	美国第二大充电桩运营商
EVgo	充电桩销售与运营，自持充电站资产	拥有超过 1 400 台充电桩，其中直流桩超 800 台，拥有美国最大公共 DC 快充网络
特斯拉	自建自营	拥有 12 711 台超级充电桩，约占美国快速充电桩总数的 60%
Electrify America	自建自营	大众子公司，2021 年推出其第一条横跨全美的充电路线，拥有全美第二大快充网络，预计 2026 年在美国/加拿大安装超 1 800 个充电站

资料来源：各公司官网资料整理，国盛证券

① 杨润思等．国盛证券：政策＋需求双轮驱动，充电桩行业风口有望来临．Wind，2023.

二、美国充电运营市场高度集中，直流桩运营以车企为主，交流桩运营以充电运营商为主

截至2022年末，美国直流桩市场CR5高达92.2%，其中特斯拉运营1.3万台，市占率为58%，Electrify America、EVgo Network、ChargePoint Network、Non－Networked分别提供0.3万台、0.17万台、0.166万台、0.09万台，市占率分别为15%、8%、8%、4%（见图4－3－5）。交流桩市场CR5高达88.7%，其中ChargePoint提供合计4.7万台，市占率53%，特斯拉、Non－Networked、SemaConnect Network、Blink Network分别提供1.47万台、1.10万台、0.58万台、0.32万台，市占率分别为16%、12%、6%、4%（见图4－3－6）。整体来看，直流桩市场由车企占据较大份额，交流桩市场由充电运营商占较大份额。

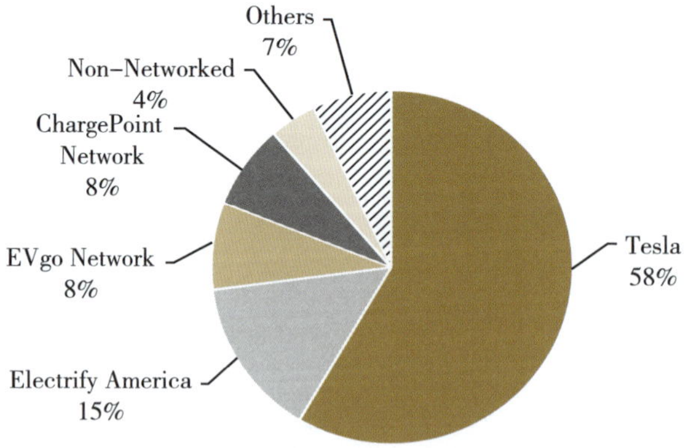

图4－3－5　美国直流桩运营市场格局

资料来源：IEA，AFDC，ACEA，Marklines

三、欧洲充电运营市场由传统能源企业、车企和电力公司共同参与

欧洲充电设施运营主体较为多样，充电运营企业主要包括传统能源企业、车企和电力公司等，资金普遍较为雄厚，通过自运营或投资建立子公司等方式经营充电业务（见表4－3－2）。

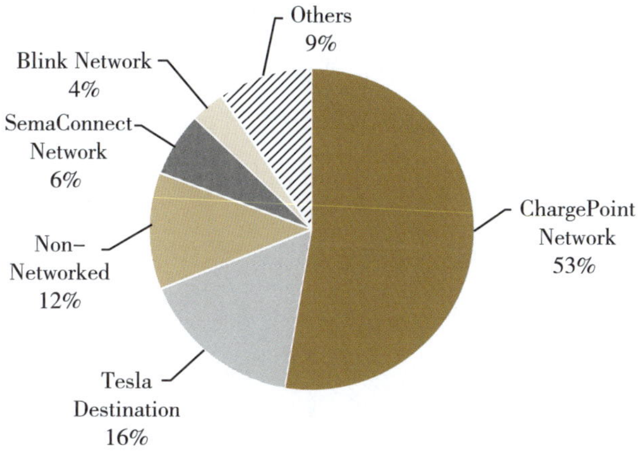

图 4-3-6　美国交流桩运营市场格局

资料来源：IEA，AFDC，ACEA，Marklines

表 4-3-2　　欧洲主要充电运营商业务模式及布局

公司名称	业务模式	业务布局
ABB	主要向车队以及商用客户销售充电桩和提供解决方案，部分电桩自建自营	截至 2021 年末，累计在全球销售超 50 万台交流桩、2.5 万台直流桩
特斯拉	配套服务于新能源汽车	截至 2021 年末，在欧洲布局超 600 个充电站，超 7 500 台超级充电桩
IONITY	聚焦于快速充电，主要为自建自营模式	IONITY 计划到 2025 年将充电站数量从 1 500 个增加到 7 000 个
壳牌	向车队、商业以及家用客户等提供充电桩硬件、软件及服务	已经在荷兰、德国、法国和英国运营 30 000 多台私人充电桩，并在欧洲建立覆盖 50 000 多个公共充电点的充电网络
Engie	向充电运营商、车队、商用以及家用客户等提供充电桩硬件、软件及服务	在全球已经建设超 50 万台充电桩，覆盖范围超 70 个国家地区

资料来源：各公司官网资料整理，国盛证券

四、欧洲充电桩设备市场以交流桩为主

根据 eMobility Excellence 数据，截至 2022 年 3 月 31 日，统计范围内的

17 个欧洲国家共有近 33 万台公共充电桩，其中交流桩 29.4 万台、直流桩 3.6 万台；直流快充市场主要由车企或能源企业带头推动，如 Tesla、Ionity、EnBW、BP、壳牌等。2021 年 Tesla 在欧洲市场拥有约 0.76 万个快充桩，市占率第一；而在所有公共桩市场中，Engie 占比最大。相关资料见图 4－3－7、图 4－3－8。

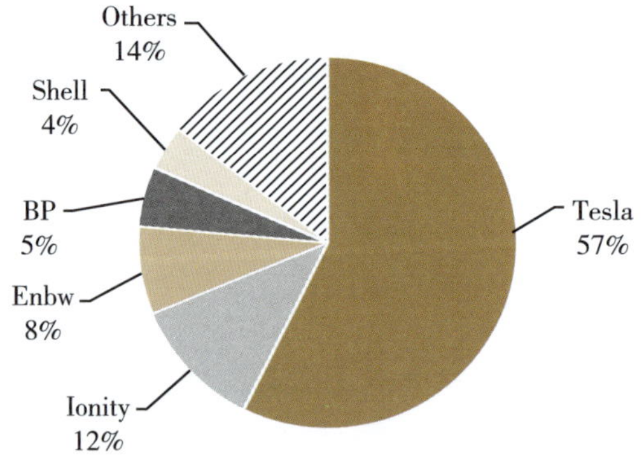

图 4－3－7　2021 年末欧洲直流桩运营市场格局

资料来源：IEA，eMobility Excellence

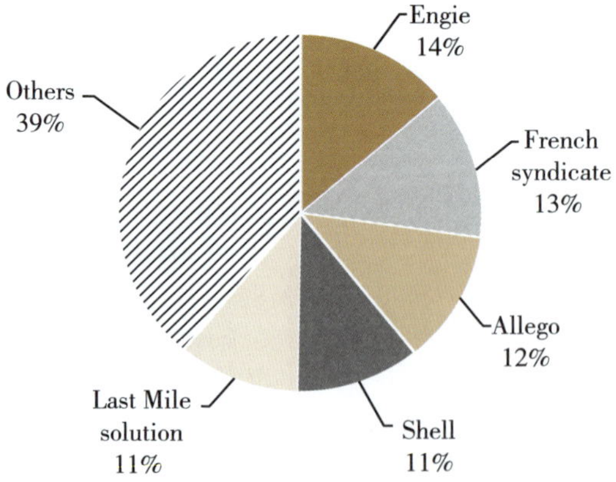

图 4－3－8　2021 年末欧洲直流桩运营市场格局

资料来源：IEA，eMobility Excellence

第三节　美国和欧洲充电桩产业支持政策

近年来，美国和欧洲各国纷纷出台充电桩发展政策，完善产业补贴。一方面，各国对未来充电桩发展制定了明确的目标，比如欧盟2025年要建设100万台公共充电桩，美国2023年计划建设50万台公共充电桩；另一方面，针对充电桩的补贴政策也更加完善，比如，德国对高于100kW的大功率桩最高有机会享受3万欧元的补贴，美国充电设备的联邦税收抵免延长至2032年，私人用途抵税比例为30%，上限1 000美元；商业用途税收抵免为6%，上限10万美元（详见表4－3－3）。

表4－3－3　　欧美主要国家充电桩产业支持政策

国家/地区	颁布年份	主要内容
欧盟	2020	到2025年要建设100万台公共充电桩，到2023年需要约300万台配套公共充电桩
	2023	到2023年底，将在TEN－T网络上提供15亿欧元（17.7亿美元）用于建设直流快充桩和加氢站
英国	2019	4亿英镑基金用于帮助开发电动汽车的快速充电点，首笔7 000万英镑投资创造3 000个新的快速充电点，2024年快速充电点的数量增加1倍以上
	2020	2030年投入约23.82亿英镑，并吸引约30亿英镑的私营部门投资，通过为购买电动汽车的消费者提供补贴、安装电动汽车充电桩、研发和批量生产电动汽车电池，加速英国向零排放车辆过渡
	2021	6.2亿英镑用于目标电动汽车拨款和基础设施，特别是当地的街道居民充电点；2022年开始新建住宅必须安装电动汽车充电桩，再安装14.5万台充电桩
法国	2022	将在未来10年投资3亿欧元，用于部署和安装汽车充电设施

续表

国家/地区	颁布年份	主要内容
德国	2019	到 2030 年要建设 100 万台公共充电桩
	2022	针对公共桩/私桩制定了完善的补贴政策，公桩高于 100kW 的大功率桩最高有机会享受 3 万欧元的补贴，普通的交流公共桩的补贴金额最高也可达 2 500 欧元，私桩的补贴标准为 900 欧元，能够覆盖大部分设备 + 安装费用的成本
瑞典	2019	投资 1 亿欧元在国家公路网络上建设充电桩，同时将以平均 30% 的比例补贴充电桩建设，在某些情况下补贴幅度为 40% 为主要交通走廊沿线的 HDV 充电基础设施提供 5.5 亿瑞典克朗（6 390 万美元）的资金
美国	2021	投资 75 亿美元用于美国充电桩基础设施建设，目标是 2030 年在全美建设约 50 万台公共充电桩，力争在每条州际公路上每 50 英里配备一个新能源充电站，每个充电站至少保证有 4 台直流充电桩
	2022	五年内拨款近 50 亿美元建造数千个电动汽车充电站，州际公路每间隔 50 英里应该设有充电设施，同时充电桩离公路距离不应超过 1 英里，每个充电站至少要布置 4 台充电桩，充电基础设施成本的 80% 由联邦政府承担；充电设备的联邦税收抵免延长至 2032 年；私人用途，抵税比例为 30%，上限 1 000 美元；商业用途，税收抵免为 6%，上限 10 万美元

资料来源：EVBox，各国政府官网

第四节　美国和欧洲充电桩市场前景分析

根据阿里巴巴国际站发布的最新跨境指数显示，2022 年新能源汽车充电桩的海外商机快速增长 245%，预计未来 10 年其海外需求或将翻 3 倍，市场规模达 154 亿欧元，为国内充电桩企业打开一片蓝海。

一、美国充电桩市场容量

近两年，美国新能源汽车政策力度很大，按照规划，到 2030 年美国电动汽车在新车销售中的占比至少要达到50%，而且需要相应配备50 万台公共桩。截至 2023 年 6 月美国公共桩保有量仅 14 万台，美国政府计划投资 75 亿美元补足缺口。根据 IEA、AFDC、中汽协及券商等机构测算，美国充电桩市场容量 2025 年将达到 120 亿～200 亿元规模（见图 4－3－9）。据此方法，本文测算美国充电桩 2025 年新增市场规模将达到 130 亿元，2023—2025 年均增速达到 132%。

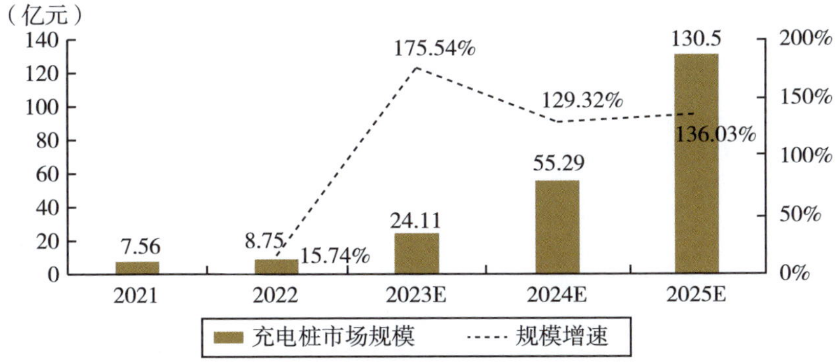

图 4－3－9　美国充电桩市场容量测算情况

资料来源：IEA，AFDC，中汽协，人保资本

二、欧洲充电桩市场容量

根据 IEA 研究测算，欧洲新能源汽车充电桩市场将从 2021 年的 50 亿欧元增至 150 亿欧元。根据 eMobility Excellence、中汽协及券商等机构测算，欧洲充电桩市场容量 2025 年将达到 200 亿～350 亿元（见图 4－3－10）。根据上述方法，本文测算欧洲充电桩 2025 年新增市场规模将超过 210 亿元规模，2023—2025 年均增速达到 71%。

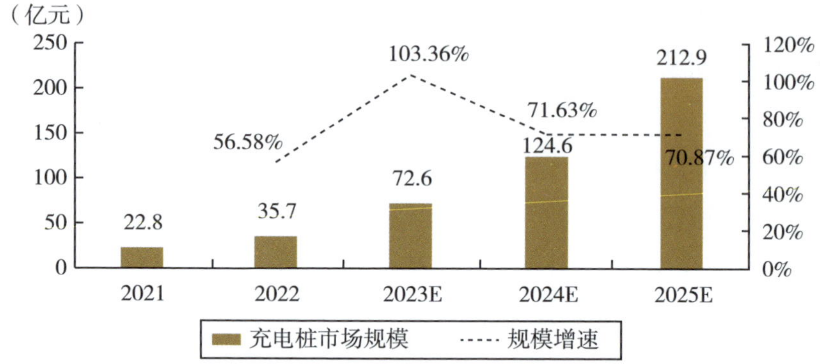

图 4-3-10　欧洲充电桩市场容量测算情况

资料来源：IEA，eMobility Excellence，中汽协，人保资本

第四章 充电桩产业链各环节的投资逻辑分析

第一节　充电模块等上游配件的投资逻辑

经过多年市场竞争，充电模块市场格局已较为稳定，价格接近低点，毛利率趋于稳定，2025 年新增市场空间有望达到 300 亿元以上，模块厂商的核心竞争力在于技术实力，头部厂商的市场地位难以打破。

一、充电模块市场情况

（一）充电模块价格、毛利率目前已趋于稳定

得益于充电模块的巨大需求，充电模块主要厂商均已实现规模化生产；

同时，经过多年市场竞争，价格已降至低位。根据中商产业研究院数据，2016 年充电模块价格约 1.2 元/W，到 2022 年已下降至 0.13 元/W，降幅达 89%（见图 4－4－1）。截至目前，充电模块成本已接近成本曲线底部，近年来的价格走势趋于稳定。毛利率随着价格也逐渐稳定，行业的平均毛利率在 20% 左右（见图 4－4－2）。

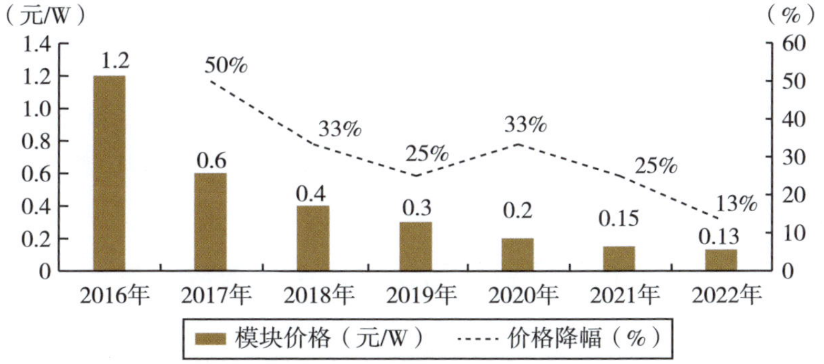

图 4－4－1　充电模块历年价格走势

资料来源：中商产业研究院，优优绿能招股说明书

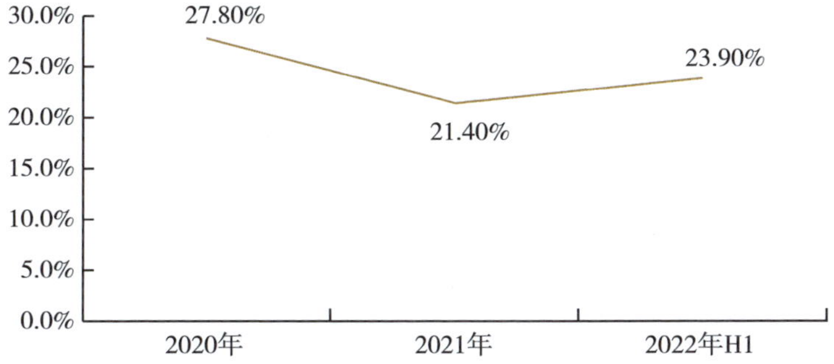

图 4－4－2　充电模块历年毛利率情况

资料来源：优优绿能招股说明书

（二）2025 全球充电模块市场新增规模有望超 315 亿元

得益于充电桩建设提速，充电模块的市场规模也开始快速扩张。根据 Marklines、IEA、华经产业研究院等机构测算，预计到 2025 年全球模块市场新增规模达到 300 亿～450 亿元（见图 4－4－3）。根据上述方法，本文

测算认为到2025年国内充电模块市场规模有望达到192亿元，国外规模达到125亿元，总量将超过315亿元，2023—2025年均增速达到60%。

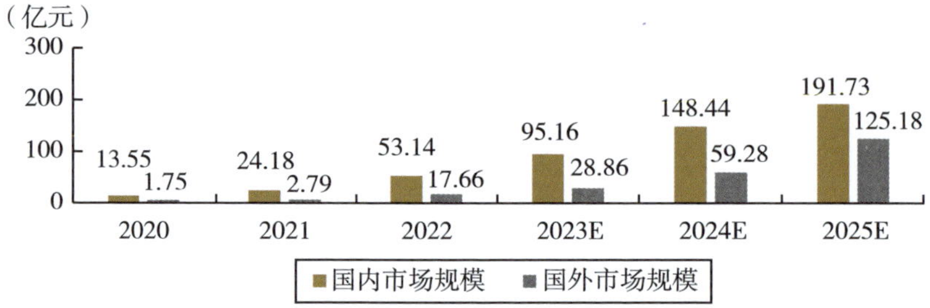

图4-4-3　2020—2025年充电模块国内外市场规模

资料来源：Marklines，AFDC，IEA，人保资本

（三）国内充电模块行业格局稳定，头部效应明显

由于生产技术壁垒较高，厂商数量有限，充电模块行业市场集中度高，目前只有10余家，可分为两类：一是自产自用型（特来电、盛弘股份、科士达等）；二是专业模块供应商（英飞源、优优绿能、通合科技、英可瑞、永联科技、华为等）。经过多年市场竞争，行业格局已十分稳定，2021年行业CR5为72%，2022年增至82%，英飞源连续市占率第一；2022年，受益于小米智造1.15亿元增资，优优绿能市占率实现较大跃升，但头部企业格局基本固化（见图4-4-4）。

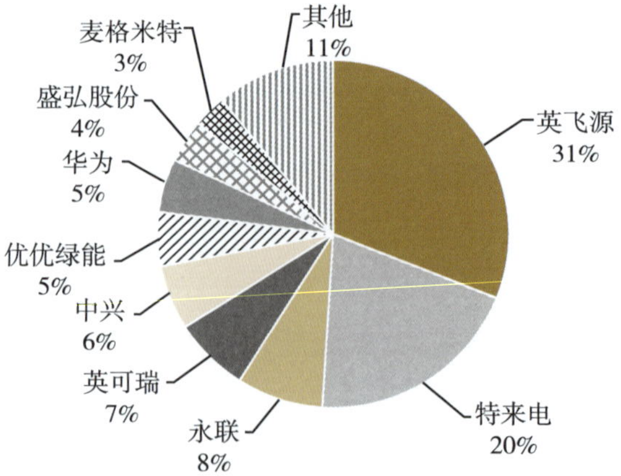

图4-4-4　2021/2022年国内充电模块市场格局

资料来源：中国产业信息网

二、充电模块行业的核心竞争壁垒

充电模块行业竞争壁垒主要在于技术实力、客户验证、成本管控能力和海外认证等方面，其中技术实力是起决定作用的核心竞争力。

（一）充电模块核心技术在于拓扑结构设计和集成化能力，对厂商的技术积累要求很高

充电模块的功率密度、运行稳定性、散热效率和使用寿命是充电模块最重要的品质因素。充电模块内含超过 2 500 个元器件，器件的拓扑结构设计水平直接决定了产品的功率密度和运行稳定性，散热结构集成化设计水平决定了产品的散热效率和使用寿命，只有在电子设备生产制造领域具有长期技术积累的厂商，才能够生产出高品质的产品，并为海内外客户所广泛认可。

（二）中游客户会对模块产品进行严格认证，一旦通过后通常保持长期供货关系

中游电桩设备客户会对产品品质、交期、供货稳定性以及企业的规模、技术能力、技术发展方向、服务情况等进行严格的认证考核，一旦通过，通常会和模块厂商会保持长期紧密合作关系，甚至会参股优质模块企业，确保订单的稳定供货，比如星星充电和 ABB 就参股了优优绿能，订货量逐年增加（见图 4 –4 –5）。

（三）模块原材料种类繁杂，供应链管控力强的企业能有效降低成本和价格波动

模块元器件种类繁杂，而且元器件成本占充电模块总成本的 87%，成为影响毛利率的重要因素（见图 4 –4 –6）。供应链上游元器件厂商数目众多，需要公司具备较强的供应链垂直管控能力来降低原材料成本和价格波动，新进入者需要长时间积累才能形成高效的原材料成本管控能力（见图 4 –4 –7）。

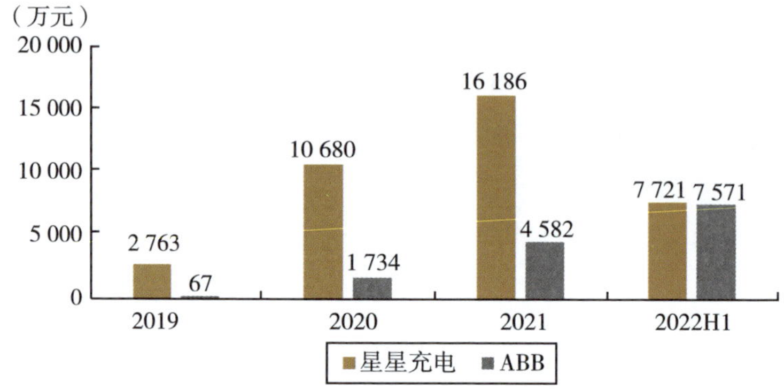

图 4-4-5　优优绿能对星星充电、ABB 的销售收入逐年增加

资料来源：优优绿能招股说明书

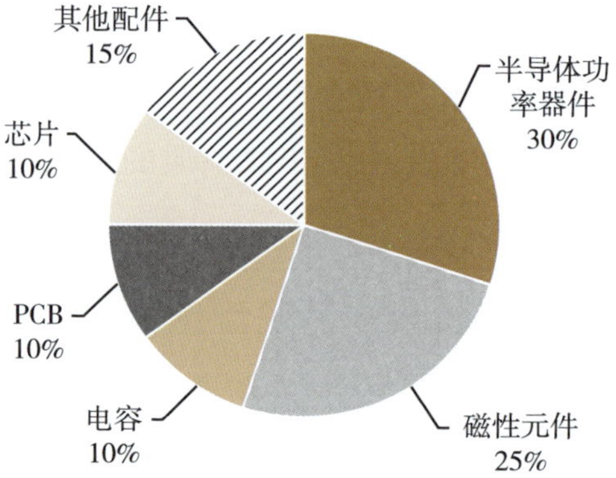

图 4-4-6　充电模块各元器件成本占比

资料来源：优优绿能招股说明书

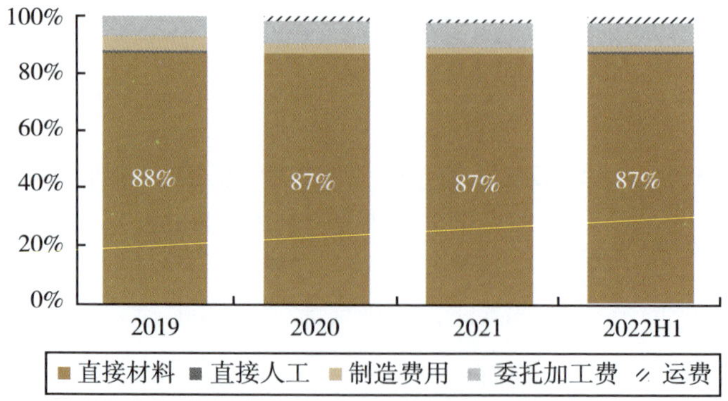

图 4-4-7　充电模块各类成本占比

资料来源：优优绿能招股说明书，中信证券

（四）国内充电模块出海存在认证壁垒，率先通过认证企业有望实现高速增长

海外充电模块的毛利率显著高于国内，海外市场的广阔空间给国内模块厂商提供了良好发展机遇。但美国和欧盟对充电桩和模块品质均设置了严格认证，获得这些认证是国内充电桩和模块企业实现成功出海的首要壁垒，率先通过认证的厂商将获得更多成长机会。目前，英飞源、优优绿能、通合科技等头部企业已经通过欧盟 CE、美国 UL 等认证，并已有相关产品出口海外（见表 4－4－1）。

表 4－4－1　各国认证标准

标准	地区	主要要求	认证周期
CE	欧盟	强制性标准 主要测试产品在所处的电磁环境中是否能够正常工作，且不对其他系统或设备产生干扰	1～2 个月
FCC	美国	强制性标准 该认证为电磁兼容方面的测试认证，美国 FCC 对于工作频率在 9KHZ 以上的电子产品所产生的电磁干扰均有管制	2～5 个月
UL	美国	非强制性标准 主要针对产品安全性能进行认证检测	6 个月
ETL	美国	非强制标准 电气产品安全性能及电磁辐射的抗扰度检测	1 个月

资料来源：中国充电桩网，国信证券

三、大功率充电趋势利好头部技术型厂商

充电模块作为技术门槛较高的电子产品，实现高品质需要考量很多参数，包括体积、质量、散热效率、功率密度、噪声、工作温度、耐久性等，在功率要求更高的情况下，如果模块品质不够，会在后续运营阶段产生很大问题，因此对生产厂商技术和制造工艺提出更高要求。

（一）大功率充电要求模块不断提高功率密度，高功率密度模块毛利率更高，助力头部厂商提升盈利能力

要达到更高的充电功率，需要在电桩里并联更多充电模块，模块数量增加会加剧模块之间发生不均流故障的概率，因此需要增大充电模块单体功率以减少整桩故障率。单个充电模块的功率由早期的3/7.5/15kW，发展至目前主流的20/30kW，并向40/60kW甚至更高功率方向持续发展。高功率密度对厂商的技术积累要求很高，当前主要厂商模块功率密度平均为2.6W/cm^3、1.7W/g，而部分头部技术型厂商已经研发出超过3.5W/cm^3、2.5W/g的产品。

高功率充电模块盈利更高。根据优优绿能招股说明书，20/30/40kW模块的销售均价每台分别为2 558元、3 761元、4 242元，毛利率分别为23.9%、31.7%、32.3%（见图4－4－8）。功率密度越高，毛利率越高，部分头部厂商已经开始批量供应40kW模块，甚至推出50/60kW模块产品，有望从高功率密度模块获取更高收益（见图4－4－9）。

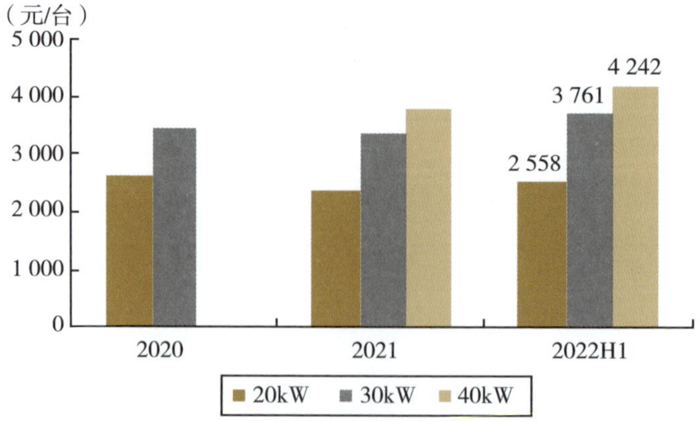

图4－4－8　不同功率密度充电模块售价

资料来源：优优绿能招股说明书，中信证券

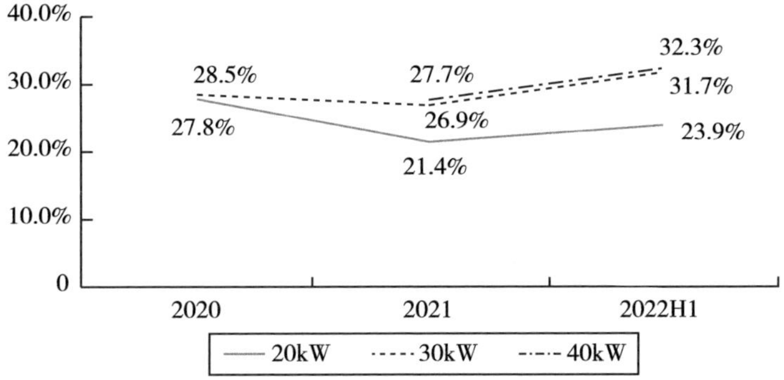

图4－4－9　不同功率密度充电模块毛利率情况

资料来源：优优绿能招股说明书

（二）大功率充电要求充电模块不断优化和升级散热方式，头部厂商的技术优势进一步凸显

当前行业主流的风冷散热模式往往暴露于室外环境中，容易发生故障，而且散热效果难以满足大功率快速充电要求。主流厂商正在布局的独立风道和液冷散热有望成为将来主流的散热模式。独立风道模式将电子元件和散热器隔离，有助于减少故障率，提高模块使用寿命。此外，液冷模式通过冷却液体为发热器件降温，相比风冷散热效果更好，提高使用寿命至10年，是风冷模块的2～3倍，但目前成本较高，随着技术发展，未来液冷模块有望逐渐替代风冷模块。部分头部厂商已经在2023年6月展会上展出了40/60kW液冷模块产品（见图4－4－10）。

四、投资充电模块行业的核心关注要素

对于充电模块赛道，投资应重点关注厂商的先发优势（较早从事电力电子设备制造、积累较多经验）、制作技术和工艺能力（功率密度、单位能耗、质量等）、稳定客户渠道（客户认可）、原材料成本管控（有效整合上游企业资源）、技术创新（液冷、高功率模块设计制作）以及海外市场拓展（通过海外各项认证、与海外头部运营商建立合作）等几个关键要素。

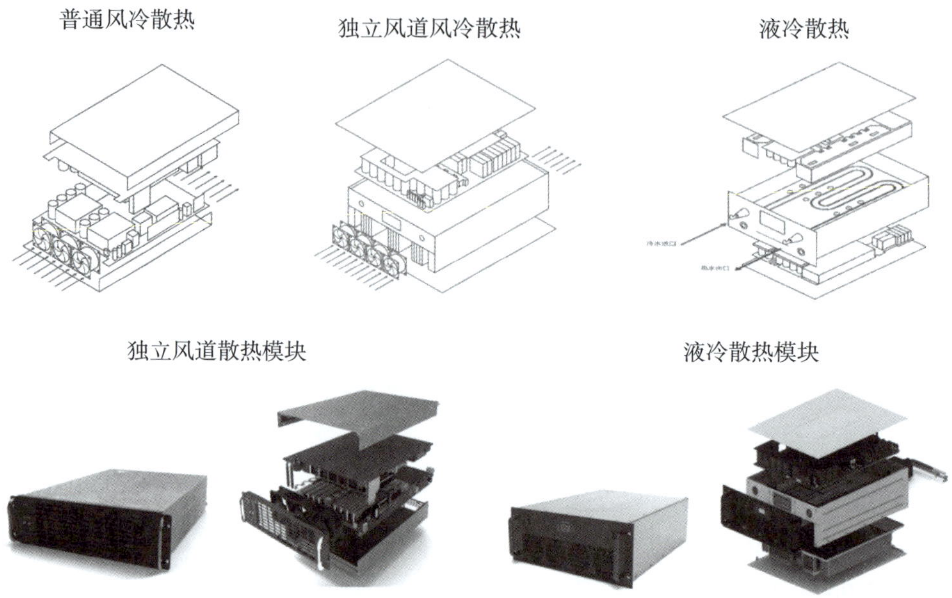

图 4 -4 -10　不同模块散热原理示意图

资料来源：优优绿能招股说明书

模块品质要求整体提升背景下，技术型龙头企业更加具有竞争优势。早期进入的充电模块企业多是由电子电力设备或电源设备转型而来，经过多年市场竞争，积淀了深厚的电子电力设备研发和生产经验，构筑起技术能力护城河，产品品质不断提升，并在此基础上积累优质的客户资源和供应链成本管控能力，占据了较大市场份额。随着大功率充电需求逐步升级、海外市场对充电桩品质的严格要求，行业技术壁垒将进一步加深。技术型龙头企业普遍较早布局高功率密度、液冷、新功率器件模块等创新产品，积极申请通过海外认证壁垒，叠加传统客户结构、供应链成本等优势，有望进一步扩大市场占有率。

五、充电枪/线等其余上游配件的投资逻辑

充电枪/线是充电桩价值量第二高的关键元件，液冷充电枪/线投资价值将进一步提升。充电枪/线是电源桩和新能源汽车电池的桥梁，成本占比

20%左右。根据《电动汽车传导充电连接标准》，300A及以上的产品需要强制配备液冷，液冷充电枪在线缆中放置液冷管道，通过电子泵驱动冷却液流动散热，能够将电缆重量减轻40%～50%，具备更轻便、安全、安静的优点。随着快充渗透率加速提升，液冷技术关键性凸显，充电枪和线缆价值量将进一步提高。液冷技术在北美和欧洲市场已大量应用，国内液冷技术刚刚起步，有望充分受益大功率充电带来的结构性增量。优先布局液冷充电枪/线、开发海外市场的企业预期可获取竞争优势。

第二节　中游充电桩制造的投资逻辑

充电桩设备市场供需双方相对分散，长尾特征明显。由于功率升级和规模化生产，行业毛利率稳中有升，头部厂商的成本、资源和技术创新升级优势是核心竞争力。2025年新增市场规模有望达千亿元，海外市场、下沉市场、功率升级和技术迭代有望为桩企开辟新的增长空间。

一、充电桩设备市场情况

（一）充电桩设备平均价格下降、毛利率稳中小幅提升

由于充电桩市场竞争激烈，同样功率充电桩设备的价格有所下降，但受到功率升级的影响，直流桩行业平均价格预计小幅上升（见图4－4－11）。受益于行业发展迅速、需求旺盛，目前充电设备也已实现规模化生产，大批量零部件采购成本降低，部分企业模块自产也有助于降低生产成本，综合作用下，目前行业整体毛利率比较稳定，处于20%～30%（见图4－4－12）。

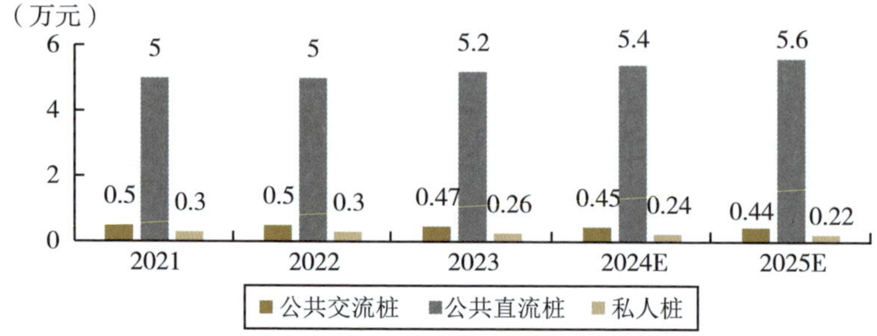

图4-4-11　充电桩历年平均价格情况

资料来源：主要公司网络资料整理

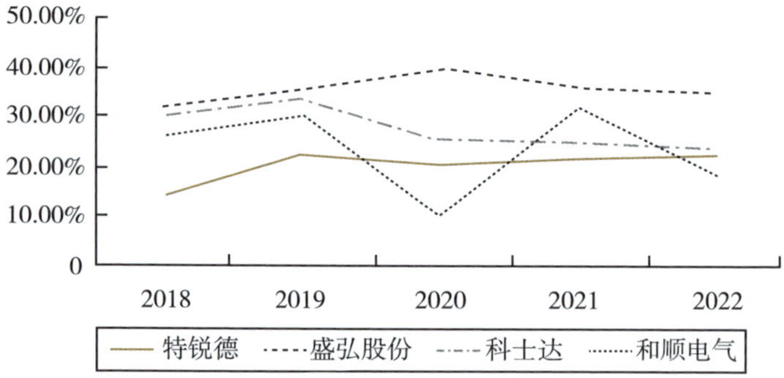

图4-4-12　部分头部企业毛利率情况

资料来源：中国充电桩网，各公司官网资料整理，中信证券

（二）2025年全球充电桩设备市场规模有望达千亿元，以直流桩为主

受到国内外新能源汽车大发展带来的需求支撑，全球充电桩设备市场快速扩张。根据各大券商研究所、中汽协等机构的测算，到2025年国内充电桩市场规模预计达到633亿元，国外市场规模有望突破345亿元，总量接近千亿元（见图4-4-13）；2023—2025年均增速达53.3%；其中直流桩市场规模预计达到810亿元，占据市场主导。

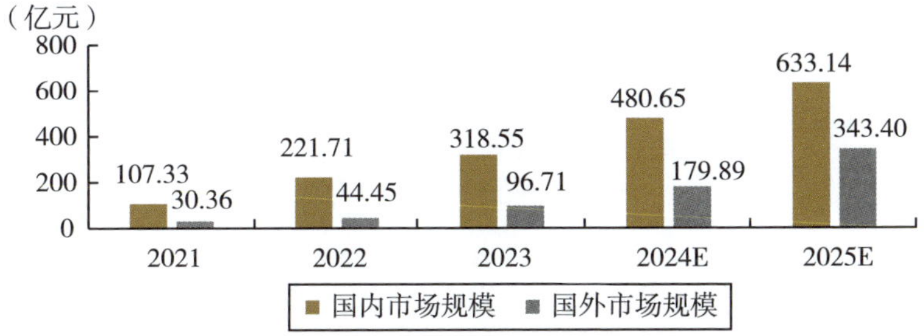

图 4 -4 -13 全球充电桩设备市场规模情况

资料来源：中国充电联盟，Marklines，AFDC，IEA，人保资本

（三）充电桩设备供需主体较为分散，市场呈现长尾特征

1. 国内充电桩需求客户分散，网外客户需求更大

网内需求市场主要是指国网、南网的公共桩的集中招标，充电桩提供商主要是国网、南网体系的充电桩公司。网外需求客户主要是民营运营商、各地方城投交投和各大车企，客户相对分散。目前，网外需求量更大，占据市场主导（见图 4 -4 -14、图 4 -4 -15）。

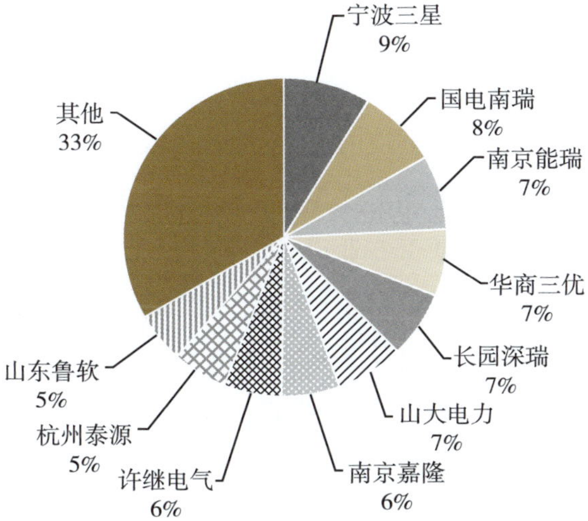

图 4 -4 -14 2022 年国网招标中标企业金额占比

资料来源：北极星储能网

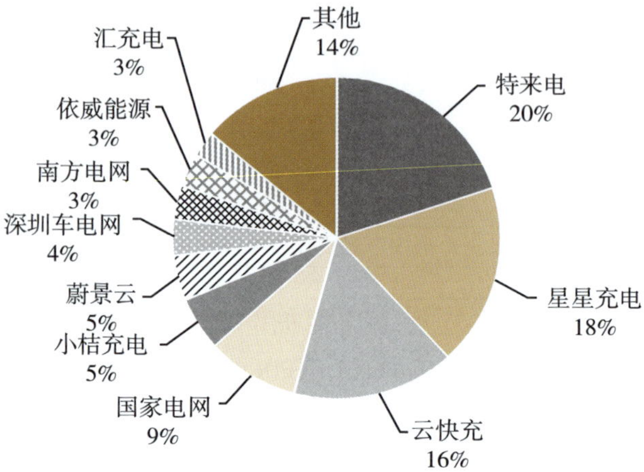

图 4－4－15　2022 年我国运营商市场份额情况

资料来源：中国充电联盟

2. 充电桩设备供应商也比较分散，专业设备类厂商盈利能力最强

充电桩设备供应商同样较为分散，主要分为三类（见表 4－4－2）：

第一类是国网、南网体系内的充电设备商，如国电南瑞、国电南自、许继电气、国网普瑞等，依托电网基础设施或央企身份带来的资源优势，在大规模公共桩建设中具有一定竞争力，但这类厂商的毛利率普遍低于网外厂商。

第二类是同时兼具充电桩设备生产和充电站运营的厂商，如特来电、星星充电、万马股份等，这类民营运营商大多依靠于电力设备制造的母公司，同时向上下游延伸，意图打通全产业链，这类厂商绑定了优质大客户，但资源分散、电桩利润率低于专业设备厂商。

第三类是专业的充电站设备生产商，如盛弘股份、科陆电子、科士达、和顺电气、中恒电气等，主要从事民营充电站的充电桩设备和成套解决方案，产品广泛供给网内外客户，盈利能力保持较高水平。除此之外，还有部分车企，如特斯拉、比亚迪、蔚来、小鹏等，生产运营充电桩主要为了配合汽车销售并吸引购车充电。①

① 杨润思等．国盛证券：政策＋需求双轮驱动，充电桩行业风口有望来临．Wind，2023.

表 4-4-2　　各类充电桩设备供应商情况对比

类型	代表公司	竞争优势
国网、南网体系	国电南瑞、国电南自、许继电气、国网普瑞	依托电网基础设施或央企身份带来的资源优势，在大规模公共桩建设中具有一定竞争力
兼具充电桩生产和充电站运营	特来电、星星充电、万马股份	依靠于电力设备制造的母公司，同时向上下游延伸，意图打通全产业链
专业的充电设备生产商	盛弘股份、科陆电子、科士达、和顺电气、中恒电气、绿能慧充、EN+	从事民营充电站的充电桩设备和成套解决方案，盈利能力较高

资料来源：中国充电联盟，各公司官网数据整理，国盛证券

3. 充电桩设备市场长期盈利性低于模块行业

充电桩头部厂商依靠已建立的资源和成本优势，占据大部分市场份额，后入者难以撼动；但相比充电模块行业，充电桩设备的技术壁垒低，客户和制造商数量多而且分散，市场格局比模块行业复杂，市场竞争相对激烈，长期来看盈利性将低于模块行业。

二、充电桩设备制造业的核心竞争要素

充电桩设备行业的竞争壁垒主要在于成本、渠道、海外认证等方面，其中成本和渠道资源是起决定作用的核心竞争力。

（一）具备充电模块自产能力的整桩企业盈利能力强

充电桩生产商可细分为充电模块自产自用型和充电模块外采型，因为充电模块是充电桩的核心，掌握充电模块技术的企业，通过规模化生产采购降低模块成本，相比外采模块型企业在竞争中容易获得优势。如盛弘股份自产充电模块，生产成本低、盈利水平较高，毛利率能达到25%以上。

（二）建立稳定客户渠道、规模化生产的企业能够实现更好盈利

渠道方面应关注厂商是否绑定优质的大客户，包括电网、运营商、地方城投交投和各大车企等（见表4－4－3）。与客户建立长期稳定关系的厂商不仅取得持续高营收，同时规模化生产也有助于降低成本，提高盈利。

表4－4－3　　部分桩企的客户资源

厂商	国内主要客户
盛弘股份	特来电、普天新能源以及许继电气等
绿能慧充	国家电网、小桔充电、中石油、中石化、成都交运、壳牌等
星星充电	碧桂园、绿地控股、恒大集团、万科等
EN＋	武汉地产、卓越集团、雅居乐、比亚迪、上汽集团、小桔充电等

资料来源：各公司官网数据整理

（三）率先进入海外市场的厂商有望获取更大市场空间

根据前文数据，海外充电桩设备单瓦价值量较高，毛利率显著高于国内10～20个百分点，国内桩企一旦出海成功将极大拓展市场空间。

1. 国内桩企出海面临主要壁垒是认证、渠道品牌建设和法规认证

海外主流认证标准包括欧盟CE认证、德国TUV认证、美国UL及FCC认证等，主要对产品的安全性、抗电磁干扰等方面提出要求。渠道品牌建设方面，海外客户对充电桩价格敏感度低于国内，更看重产品性能、服务、软件、人机交互体验等，对于产品的网络安全、金融支付安全、操作便捷度、售后服务等有很高要求，而国内充电桩企业往往对这一方面重视度相对不足，较难获得当地运营商的认可。法规方面，美国IRA法案等要求我国企业在当地建厂、采购当地零部件等。

2. 主要出海路径是代工、突破运营商大客户、电商toC等维度

国内厂商在海外市场取得突破的关键点在于三个方面：一是通过OEM方式进入海外设备供应商，主要是技术和制造能力具有一定优势、被海外企业收购或进入主流海外车企供应链的企业；二是利用光伏、储能等其他业务

基础积累市场经验和资源，开拓大运营商客户，主要是在光伏、储能等相近市场具有市场经验和资源的企业；三是通过运营或电商渠道带动设备销售，主要是运营设备一体化或具有海外电商销售渠道的企业（见表4－4－4）。

表4－4－4　　　部分桩企的出海方式

出海路径	代表厂商	主要特点
OEM方式进入海外设备供应商/车企	炬华科技	电能计量为传统主业，为某汽车企业代工进入美国市场；产品通过CE认证，通过子公司谋划布局欧洲市场
利用其他业务基础体系，开拓大运营商客户	盛弘股份	产品品类齐全，在欧洲市场成为英国石油的直流充电桩供应商
	道通科技	主业为汽车检测业务，有望利用汽车检测积累的客户资源获取开拓机会
运营设备一体化或电商渠道进入	星星充电	2020年出海欧洲，兼具运营和设备，对当地市场适配较高
	英杰电气	国内最早获得UL认证的企业之一，2020年以来利用电商平台实现销售

资料来源：各公司官网数据整理

3. 国内厂商布局欧洲进展相对更快

欧洲市场起步早，盛弘股份、星星充电、绿能慧充等企业已在欧洲市场有所布局（见表4－4－5）；美国市场规模较小，特斯拉、ChargePoint等企业市场份额集中，认证周期长且存在政策扰动因素（见表4－4－6）。和欧洲相比，国内企业开拓市场所面临的竞争和阻力更大，美国市场开拓进展较慢。

表4－4－5　　　部分桩企出口欧洲情况

厂商	已获认证	出口产品	出口情况
盛弘股份	CE	充电桩、充电模块	2022年，公司Interstellar交流桩通过欧标认证，成为首批进入BP的中国桩企供应商
绿能慧充	TUV、CE	充电桩	海外充电桩市场开拓主要针对欧洲及东南亚市场，目前已有部分产品通过欧盟CE认证和小批量来自欧洲市场的订单

续表

厂商	已获认证	出口产品	出口情况
星星充电	TUV、UL、CE	充电服务及设备	2018 年公司与欧洲充电巨头 Hubject 签署合作协议，双方共建 10 万个充电网点，还与英国、法国、意大利等地能源公司达成合作协议，已覆盖 17 个国家
道通科技	UL、CE	充电桩	2021 年公司交流桩通过欧标认证，通过荷兰进军欧洲，拿到德国、英国等多国订单
特来电	CE	充电桩	贴牌方式进入海外市场
EN +	CE、UL	充电桩	产品满足国标、欧标要求，出口 40 个以上国家和地区
阳光能源	CE	充电桩	InterSolar2022 展出光储充场景，2022 年 6 月挪威发布欧标 30kW 直流桩，海外逐步发力
易事特	CE、CCS	充电桩	产品在荷兰国际太阳能技术应用展会亮相，逐步发力欧洲
炬华科技	CE、UL	充电桩	以 OEM 方式进入美国市场，通过欧洲子公司 LOGAREX 开拓市场

资料来源：各公司官网数据整理，国信证券

表 4 -4 -6　　部分桩企出口美国情况

厂商	已获认证	出口进程
炬华科技	CE、UL	具有美标认证，以 OEM 方式进入美国市场，为某车企代工充电桩
道通科技	CE、UL	已实现美标、欧标充电桩量产，2022 年进入美国内华达州电力公司充电桩供应商名录，2023 年发布定增拟在北美投建新工厂
英杰电气	CE、UL	国内最早取得 UL 认证的企业之一，以电商平台方式逐步实现向欧美销售充电桩产品
星星充电	CE、UL	捷豹、保时捷等品牌的充电桩产品全球供应商，并提供充电服务

资料来源：各公司官网数据整理，国信证券

三、投资充电桩设备制造业的核心关注要素

投资充电桩制造赛道要关注的核心要素包括几个方面：成本优势（充电模块自产能力、规模化生产能力）、渠道优势（与运营商、地方城投交投和各大车企建立稳固客户关系）、海外市场拓展（通过海外各项认证、与海外头部运营商建立合作）、下沉市场开发（满足三四线城市布局）、技术优势（优先进入积累较丰富的研发设计生产经验，以及高压快充、柔性充电堆等大功率快充产品优先生产布局）。

在三类充电桩生产主体中，专业的充电设备头部生产商聚焦深耕充电设备领域，积累了深厚的充电模块或充电桩生产工艺、技术和经验，通常都具备整合模块生产、充电桩生产和充电场站充电设备解决方案的能力，普遍与运营商、地方城投交投、各大车企等网内外优质客户长期合作、建立了牢固的产供关系，稳定的订单带来的规模化生产叠加模块自产能力能够有效控制生产成本，可获得较高的盈利水平。头部生产运营一体化厂商本身就有巨大的充电桩需求，具有天然的渠道优势，但随着各地方城投交投纷纷入局，加之运营商本身资金压力增大，这类厂商的渠道优势在减弱。网内厂商主要依靠网内资源，客户需求相对稳定，但当前网内公共桩毛利率大幅低于民营运营商项目，且需求量暂时低于网外客户，因此网内厂商当前的资源优势尚不明显。预期将来随着“国家队”逐渐扩大规模，这类厂商可能会有更好的成长空间。

长期来看，专业充电设备头部生产商基于专业能力和经营积累，成本和渠道优势更加明显，随着海外市场、下沉区域、大功率快充等新需求逐渐兴起，头部厂商相对更容易发挥专业优势，不断丰富完善充电桩相关产品线，破局认证壁垒，充分满足海外、下沉、大功率市场更加多样化需求，从而建立起更高的能力壁垒，打开更广阔的市场空间。

第三节　下游充电运营行业的投资逻辑

充电运营2030年新增市场规模有望达4 000亿元，市场格局相对集中，民营运营商暂时占主导，地方机构逐渐入局，仅头部企业能实现盈利，资金、先发优势、数据、流量是行业的核心竞争力，“光储充检”一体化、V2G模式有望为充电运营行业打开新的增长空间。

一、我国充电运营市场情况

（一）充电运营基本商业模式是赚取电费价差和服务费

国内充电桩的运营模式，按照是否自行投资建设并运营可分为重资产运营与轻资产运营两类。重资产运营主体主要为专业充电运营商、国有企业、整车企业等，如国家电网、特来电、星星充电、蔚来等；轻资产运营主体主要包括第三方运营平台、合伙人共营等，相关运营主体包括小桔充电、云快充等。目前国内充电桩运营主体还是以专业充电运营商为主。在重资产运营模式下，主要通过赚取电费差价、充电服务费、政府补贴、车位经营等形式来盈利；在轻资产模式下，第三方平台主要通过帮助运营商获客、提高单桩利用率、提升客户充电体验以及为运营商提供运维服务等，获取充电运营商的分成服务费及增值服务费（见表4－4－7）。[①]

（二）民营运营商占充电运营市场主导

截至2022年底，国内各类充电桩运营企业已超3 000家，公共桩保有量超过1万台的企业有17家。充电需求及渠道的相对分散，造成了运营市

① 王蔚祺等．国信证券：新型电力系统专题研究系列之充电桩—直流桩需求持续提升，国内企业加速出海．Wind，2023.

表 4－4－7　　　　重资产、轻资产运营模式对比

分类	运营主体	业务模式	优势	不足	代表企业
重资产模式	专业充电运营商	自主完成充电桩建设与运营维护，并为用户提供充电管理等后续运维服务	主流模式，运营管理效率高	资金压力大，建设成本高，投资回收期较长	特来电、星星充电
	国有企业	依托国企优势为新能源车提供充电服务	资源网络发达、资金实力雄厚	市场敏感度较低	国家电网、南方电网
	整车企业	从事新能源汽车配套充电桩投资、建设、运营，打造新能源车生态链并形成闭环	为车主提供完善后续服务，打造销售、售后闭环生态链，以此带动车辆销售	资金压力大，技术、原材料供给等方面较专业运营商处于劣势	特斯拉、比亚迪、蔚来
轻资产模式	第三方运营平台	不直接参与充电桩的投资建设，通过资源整合能力将各大运营商的充电桩接入自家 SaaS 平台，连接运营商与消费者	资金要求较低，打通不同运营商之间的互联互通，提高用户充电体验	与运营商之间会存在部分利益冲突	小桔充电、充网、快电
	合伙人共营	“投资方＋充电服务运营商＋场地资源方”多方合作，完成充电站建设、运营和维护工作	改善运营商重资产的运营现状，有效盘活充电桩上下游的产业资源，拓展社会多方合作	各方利益关系复杂	云快充

资料来源：各公司官网数据整理，国信证券

场相对长尾的格局，但是头部企业依托资金优势、规模优势等，在行业中保有较高市场份额，截至 2023 年 7 月底，国内公共桩保有量前五大企业合计运营市场 69% 的充电桩，前十大企业运营市场 86% 的充电桩，前五大运营商中 4 家是民营企业。

（三）单桩利用率偏低，仅有部分头部运营商实现盈利

单桩利用率是决定充电运营盈利能力的核心指标，根据有关研究测算，只有当单桩利用率达到7%时，充电站运营才能实现盈亏平衡（见图4－4－16）。然而，根据中国充电联盟数据，近年来国内头部运营商的单桩利用率在3.8%～12.8%之间，差别较大（见图4－4－17）。其中，小桔充电基于滴滴平台的流量和用户体验优势，单桩利用率明显高人一筹。星星充电于2022年启动了支付宝小程序，引入支付宝流量优势，单桩利用率实现了明显的提升。绝大部分运营商依然处于亏损状态。此外，直流桩利用率显著高于交流桩，说明充电效率是影响利用率的重要因素。

单桩利用率	单桩年利润（万元）	投资回收期（年）
6%	-0.2	15
7%	0	10
8%	0.2	8
9%	0.4	6
10%	0.6	5

图4－4－16　充电桩利用率敏感性测算结果

资料来源：中信证券

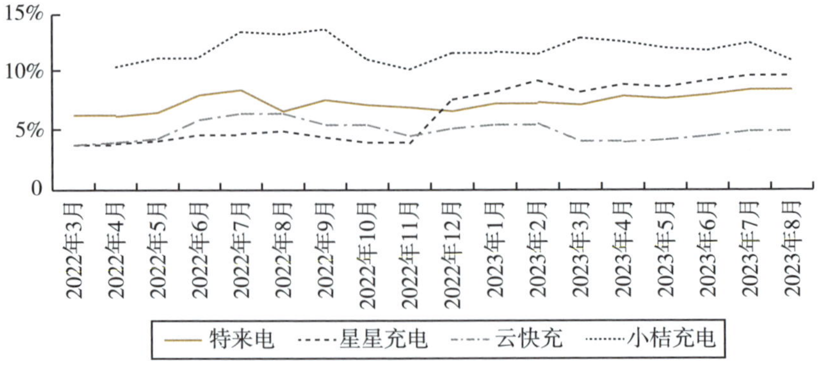

图4－4－17　部分头部运营商单桩利用率情况

资料来源：中国充电联盟

（四）充电运营未来市场规模巨大

根据智链研究院研究结果，到 2030 年，充电场站建设市场将达到 4 770 亿元，充电运营服务市场将达到 4 340 亿元，接近万亿元级体量。

二、充电运营行业的主要竞争壁垒

充电运营行业的竞争壁垒主要在于股东背景、资金、场地、电网容量、数据、流量等方面。其中，对于重资产运营商而言，资金和先发优势是最重要因素；对于轻资产运营平台而言，先发优势和流量是最重要因素。

（一）资金成为制约重资产充电运营企业成长的主要壁垒

《电动汽车充电设施盈利模式及经济效益分析》测算，在四种充电站场景下（小型—公交、大型—公交、小型—乘用、大型—乘用），建设运营一个充电站前期投资费用均在百万元级别，只有具有较大资产规模的头部运营商，股东背景实力雄厚，融资渠道畅通，才能负担得起大规模场站建设的资金量。借助资金优势，运营商可以快速完成前期布点建站的“跑马圈地”过程，尤其可以建设更多数量的直流桩，提高单桩利用率，实现盈利、减少投资回收期（见图 4 －4 －18）。

费用（万元）	小型—公交	大型—公交	小型—乘用	大型—乘用
建筑工程费	38.5	112.7	54.8	123.5
设备购置费	131.7	436.9	140.2	337.8
其中：充电系统	68	272	50.3	177.6
配电系统	63.7	164.9	89.9	160.2
安装工程费	15.1	83.7	37.9	90.7
其他费用	12.4	43.2	18.9	43.9
总投资	**197.7**	**676.4**	**251.8**	**595.8**

图 4 －4 －18　充电桩利用率敏感性测算结果

资料来源：胡龙、王志会、谭杰仁．电动汽车充电设施盈利模式及经济效益分析．2020.

（二）大城市中心城区公桩密度提升有限，构成充电运营场地壁垒

根据中国城市规划设计研究院发布的《2022 年中国主要城市充电基础设施监测报告》数据，截至 2022 年末，36 座主要城市中心城区公桩平均覆盖率已达到 77%，其中，天津、上海、西安、长沙等 9 座城市中心城区覆盖率超过 90%，留给新进入者的空间相对有限；同时，充电场站通常采用租赁方式，租赁到期后，原有运营商续约可能性更高，后入局者很难打破先入者的场地垄断。

（三）充电运营企业面临电网容量壁垒

受到电网容量影响，充电站运营规模受限。电动车充电行为通常与日常用电高度重合，负荷高峰会严重影响电网供电的安全，电网需要额外付出成本增设供电线路，但电网扩容会造成电网资源闲置成本增高，同时也需要政府审批和设计规划，获批难度较大。因此，电网容量会限制充电站的运营规模，行业先进入者具备较强的垄断性。

（四）数据、流量资源能够帮助运营商提升单桩利用率

专业充电运营商早期侧重基础设施建设，缺乏精细化运营管理，且运营商之间的充电网络互联互通进程缓慢，导致各家运营商充电 APP 覆盖不足，用户大多面临找桩难、排队时间长等情况，严重削弱了车主的充电体验，进而降低了电桩利用率。

优先入局的第三方充电服务平台往往具有更多流量优势，形成车主客户的使用惯性，能够帮助运营商提高电桩利用率，例如能链智电、快电、小桔充电、云快充、达克云等三方服务平台基于自身专业优势，打通不同运营商的信息壁垒，有效连接运营端和车主端，能够给运营商提供流量、广告、选址等运营解决方案，为提高电桩利用率提供强大助力。

数据资源能够帮助运营商进一步提升充电桩价值。未来充电桩将实现用户、车辆、能源的实时、高强度交互，形成基于用户、车、电池的海量用户行为大数据、工业大数据和能源大数据。运营商可基于数据挖掘，全

面提升充电桩的智能化水平，带来增值服务，增强客户体验，提升客户黏性，从而进一步提高单桩利用率，增厚运营商的盈利（见图 4 –4 –19）。

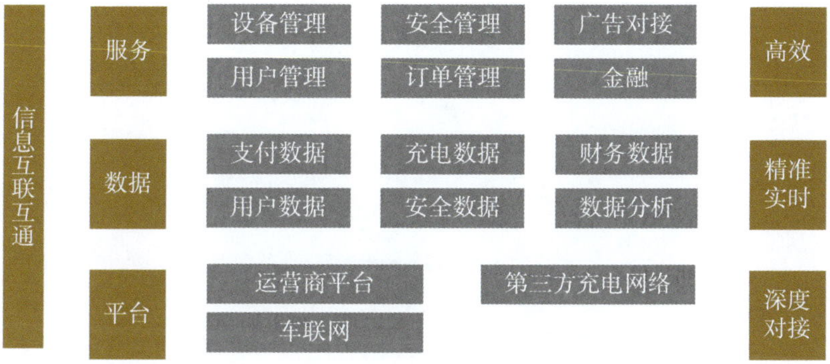

图 4 –4 –19　充电桩信息互联互通创造价值示意图

资料来源：易观分析

三、“光储充检”一体化、V2G 车网融合成为运营发展趋势

（一）“光储充检”一体化的主要原理和经济价值

“光储充检”一体化是由光伏发电、储能、充电集成一体、互相协调支撑的绿色充电模式（见图 4 –4 –20）。可通过以下四个方面提高充电运营商的收益：一是借助光伏发电并存储，这部分电能几乎是无成本的；二是电价套利，在电价较低的用电低谷期储存电能，用电高峰期为汽车充电，在电价差收益大于储能成本的情况下，可实现电价套利；三是在不增加电网容量的情况下，通过储能电池可以较大幅度提高充电功率，从而为运营商节省了增网扩容的成本；四是基于电池检测功能，积累电池健康、用户充电行为等相关数据，可提供电池管理、客户引流等增值服务收益。据有关研究测算，对于一个 10 台电桩规模的中小型充电场站来说，如果升级为光储充电站，则静态投资回收期缩短将近半年，年经营利润提高大约 4 万元。正是看到“光储充检”一体化模式的经济价值和市场

潜力，整车厂、运营商、电池企业、能源企业等多种禀赋的企业均逐步入局（见图 4－4－21）。

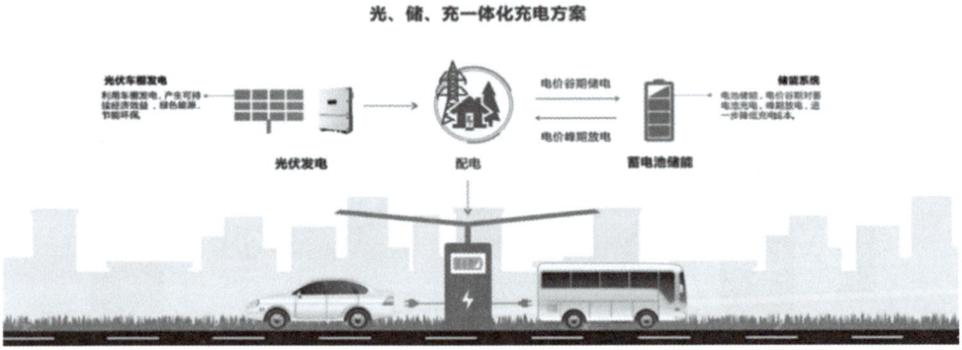

图 4－4－20　“光储充检”一体化场站原理示意图

资料来源：艾瑞咨询

类型	厂家	布局和规划
整车厂	特斯拉	光储充一体化超充项目落地上海
	广汽埃安	超充站配套光伏
	宝马-国网	未来三年建设 100 座光储充一体化充电站
设备/运营商	星星充电	市级光储充一体化充电站启用
	特锐德	提出变配光储充放多站一体交直混网
	科士达	提供光储充一体化系统并参与建设
	许继电气	和重庆荣昌签订总投资 71 亿元的光储充合作协议
	阳光电源	助力整县推进；在湖北建设光储-超快充结合的示范项目
电池企业	宁德时代	推出支持 800V 充电的光储充一体化方案；控股子公司快卜已建成 20 座，目标未来 3-5 年达到 1 000 座
能源企业	大唐	开启装机容量 2GW 的基于 BIPV 的光储充一体化项目
	天合光能-中石化	依托加油站资源，实施光储充一体化方案
	中国燃气	和杭州上城区政府签订光储充项目
	国润储能+华电	在山西建设全钒液流电池光储充一体化项目

图 4－4－21　各方机构布局“光储充检”一体化情况

资料来源：北极星电力网，各公司官网，中信证券

（二）V2G 电车电网融合的基本原理和潜在商业模式

V2G 是 vehicle to grid 的简称，又称双向逆变式充电技术，其本质在于实现车辆能源和电网能源之间的平衡（见图 4－4－22）。当电网负荷较低时，给电车充电，储存电网电能；当电网负荷过高时，运营商通过数字化系统，将电车电池资源进行整合，形成虚拟电厂，通过 V2G 充电桩向电网放电，提高电网运行效率和调节能力，减少电网负荷。V2G 模式的发展前提是电车数量和大容量电池得到广泛应用，且分时电价大范围普及。V2G 技术一旦商业化，不仅可以实现电动汽车与电网的双向能量互动，保障日常稳定供电和应急供电，还能显著降低新能源汽车全周期成本，可以通过电力市场交易获得额外辅助服务或峰谷差价收益，而运营商通过整合零散电车电池资源，构建电力供需市场，推动电车和电网之间电力交易，获取交易服务收入。

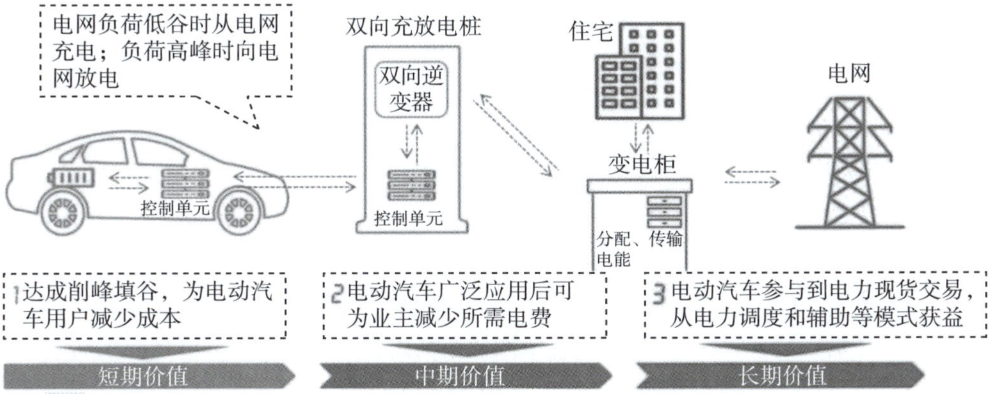

图 4－4－22　V2G 车网融合模式原理示意图

资料来源：艾瑞咨询

四、投资充电运营行业的核心关注要素

投资充电运营赛道的核心关注点包括：股东背景，先发优势，资金规

模和融资能力，场地、电桩、数据、客户流量等资源积累程度，选址布点、场站建设运维、充电场景增值服务等客户服务保障能力，以及功率升级、光储充、虚拟电厂等新领域优先布局等方面。

对于重资产运营商而言，短期内需要完成大量场站建设布点以及后期运维，主要面临资金壁垒，具有较好股东背景、早期入场的重资产头部运营商的融资能力较强，能够快速积累一定充电终端规模，并在此基础上逐步建立场地、电网容量、流量等方面的能力护城河。长期来看，是否优先布局功率升级、光储充、V2G 等新领域是其取得长期竞争力的关键要素。

对于轻资产运营商而言，解决行业普遍存在的单桩利用率偏低问题是盈利的关键，这需要提高客户流量、数据资源、场景服务、选址定位、电桩互联互通等多方面能力。具有较好股东背景、早期入场的轻资产头部平台具有流量优势，能够链接更多客户、运营商和电桩，获取更多数据，促进平台厂商持续提高服务运营商和客户的能力、增强客户黏性，获取更多运营商链接，形成良性循环，逐渐构筑竞争能力壁垒。第三方平台在光储充、V2G 等新模式下具有较多的场景匹配性，与优先在新领域布局的运营商合作有望实现更广盈利空间。

第五章 保险资金投资充电桩产业的策略分析

第一节　充电桩产业投融资现状

伴随着新能源汽车产业的崛起，充电桩逐渐成为投资机构关注的赛道，产业链各环节头部企业纷纷获得资本支持，保险系投资机构目前的介入还不多。

一、部分充电模块厂商投融资情况

英飞源：2017 年，英飞源获得了中兴创投、方广资本等知名机构的投资；2019 年，英飞源又获得了知名投资机构长江晨道、招银国际的投资；2023 年，英飞源完成新一轮融资，投资机构包括成都思佰益、招商证券投资、招商局投资、俱成秋实基金等。

优优绿能：2019 年，获得万帮新能源、ABB 投资；2022 年，获得小米智造投资。

特来电：2020 年，特来电引入鼎晖投资、国调基金、国新资本等战略投资者，并计划分拆特来电至上交所上市；2021 年，特来电成功引进 GIC（全球主权基金排名前列）、普洛斯、国家电投、三峡集团等战略投资者，投后估值约 136 亿元。

二、部分充电桩设备厂商投融资情况

星星充电：2020 年获得 A 轮融资，由中金资本旗下基金和施耐德电气领投，建银国际、国创中鼎、上海国和、武进高新区平台公司等跟投；2021 年完成 B 轮融资，由高瓴资本领投，IDG 资本、新希望投资集团、泰康资产等跟投。

XCharge（智充科技）：2017 年完成 A 轮融资，GGV 纪源资本领投，真格基金参投；2021 年完成 B 轮融资，获得壳牌资本注资。

三、部分充电服务运营商投融资情况

云快充：2018 年完成 A 轮融资，由普洛斯隐山资本领投；2021 年完成 B1 轮融资，投资方为宁德时代、合力资本和财信金控旗下财信产业基金，完成 B2 轮蔚来资本融资，B3 轮 OPPO 融资。

快电：2018 年完成 A 轮融资，由中楷集团、赛马资本、蓝焱资本联合领投，同年完成 A + 轮融资，由蓝焱资本、朴素资本领投；2019 年完成 B 轮融资，由金沙江联合资本、清科资管领投，中海资本、青岛全球财富中心公司跟投；同年完成 B + 轮融资（股权 + 债权），由国家中小企业发展基金、东方富海、日照市财金投资集团、建设银行青岛分行联合投资；同年完成 C 轮融资，由愉悦资本领投，蔚来资本、KIP 中国跟投；2020 年完成 D 轮融资，由中金资本旗下的基金领投，小米集团跟投。

整体而言，目前保险资金方面，仅有泰康资产投资星星充电，在充电桩产业链上险资投资布局的程度还相对较低，有较大发展空间。

第二节　充电桩产业链各赛道保险资金另类投资策略

保险资金另类投资具有长期性、价值性和稳健性特点，需要明确充电桩产业链上中下游各赛道的核心投资逻辑，对照保险资金特点，匹配最合适的另类投资标的。整体而言，充电模块及配件赛道的核心投资逻辑是技术，充电桩设备赛道的核心投资逻辑是成本和渠道，充电运营赛道中重资产模式的核心逻辑是资金、早入局和创新技术布局，轻资产模式的核心逻辑是早入局和流量数据。

对于**成长型投资**，投资标的需具有清晰稳健的盈利能力、跨越周期的核心竞争力和长期增长动能。上游充电模块市场格局稳定，虽然市场容量相对不大，但在充电桩行业整体发展的背景下，模块市场成长前景看好，头部企业具有很强的技术、客户认可和成本管控壁垒，市场地位稳固，在可预见的较长时期内能够保持较高的盈利水平，尤其诸如英飞源、优优绿能、通合科技、麦格米特、华为等头部企业已启动布局高功率密度、独立风道、液冷模块等创新产品，为未来充电功率升级进行战略储备。整体而言，在充电桩的产业链中，充电模块头部未上市企业是最符合保险资金另类投资的成长型投资标的。

对于**持有型投资**，更看重投资标的长期增长潜力，即使当前标的企业盈利性一般，但一旦外部条件成熟，有望实现长期稳定盈利和价值增长，或者能够与保险主业形成较强协同，打造“投资—保险—产业”良性循环。下游充电运营行业当前单桩利用率普遍较低，参与机构大量亏损，盈利性一般，当前不是保险资金的优质标的；但未来市场空间巨大，发展前景在充电桩产业链中最为广阔，当前市场集中度较高，民营企业占主导，头部重资产运营商如特来电、星星充电等已建立资金、先发、电网容量、数据等多方面竞争优势，头部轻资产运营平台如快电、能链智电、达克云等已链接大量运营商、逐渐积累流量优势；随着新能源汽车保有量持续提升，运营商建站、运维、服务水平不断改善，叠加未来“光储充检”一体化、V2G 等创新模式兴起，头部未上市运营商/平台的优势有望进一步强化、盈利能力将得到较大提升，真正构建起推动充电桩产业与保险主业协同发展的模式，成长为保险资金另类投资的优质标的，需关注的风险主要是国家电网、中石油等央企大规模收购民营运营商。

中游充电设备赛道技术壁垒不高，厂商的护城河主要在于成本和渠道，头部厂商已建立起较高的竞争壁垒，市场集中度较高、市场空间广阔，当前毛利率较高，海外市场、下沉市场、功率升级给中游厂商创造了结构性机会，但参与主体多而分散、市场竞争激烈，长期来看毛利率将低于充电模块，头部企业市场地位也不如充电模块厂商稳定。对于保险资金另类投资而言，中游行业整体比不过上游和下游，只有最头部企业可成为投资标的（见表 4 – 5 – 1）。

表 4 – 5 – 1　　充电桩产业链各环节投资逻辑

行业	价格及毛利率	市场规模	市场格局	竞争壁垒	投资价值
充电模块	价格接近底部，行业平均毛利率长期稳定在 20% ~25%	2025 年全球新增规模有望超过 350 亿元	CR5 在 80% 以上，参与主体少，格局稳定	技术壁垒高，头部企业技术、成本等优势难以打破	头部技术型企业具备较好成长型投资价值

续表

行业	价格及毛利率	市场规模	市场格局	竞争壁垒	投资价值
充电桩设备制造及解决方案	价格稳中小降，行业平均毛利率当前在 20% ~ 30%，长期将低于模块行业毛利	2025 年全球充电桩设备新增市场规模有望达到千亿元	供需方分散，集中度高但竞争比较激烈	技术壁垒不高，成本和渠道壁垒较高	最头部企业具有一定成长型投资价值，整体不及充电模块和充电运营
充电运营服务	电价上升、服务费下降，重资产运营商普遍亏损（部分头部厂商除外）	2030 年运营服务、场站建设运维全球市场规模有望突破 8 000 亿元	CR5 接近 70%，长尾特征明显	资金、场地、电网容量、数据、流量壁垒高，头部企业已建立优势难以打破，未来可能形成重资产运营商和轻资产平台之间互相竞争的格局	未来具有较好投资价值，可关注头部运营商和平台

资料来源：人保资本

一、上游充电模块投资策略

充电模块是直流桩的核心部件，成本占比接近 50%，研发和生产模块的技术和工艺要求高，厂商的技术实力是行业核心竞争力，立足技术实力逐步建立的客户认可和供应链成本管控同样构成了行业主要壁垒。当前充电模块市场格局稳定，集中度高，CR5 已达到 82%；已实现规模化生产，成本低、价格稳定，头部企业近年来毛利率在 20% 以上、盈利比较稳定。随着直流桩建设深入推进，高压快充需求不断提升，海外市场需求进一步打开，对充电模块的功率密度、散热、功耗、故障率等品质指标都提出更高要求，头部技术型企业的竞争优势将更加明显，盈利具有一定的持续性。赛道的劣势在于，相比于充电桩设备生产、充电运营等，模块的市场容量相对有限，核心功率器件 IGBT 可能会面临“卡脖子”难题。

对于保险资金另类投资而言，充电模块基于较高的技术壁垒是可以关注的赛道，行业内具有技术领先、客户结构优化、供应链成本优势，并优先布局大功率充电和海外市场的头部企业，有望成为保险资金另类投资的标的。

未来可通过建立私募股权基金、股权投资计划，以股权方式投资行业优质头部企业。

二、充电桩设备生产投资策略

相较于充电模块市场，充电桩设备生产属于组装类产业，技术壁垒不高，厂商的核心竞争力主要来自成本和规模优势，长期专业深耕该领域、整合了模块自产和充电运营解决方案、具有稳定客户源的头部专业设备厂商更容易绑定优质大客户，实现规模化生产，从而获取两方面优势，建立行业壁垒。

充电桩设备市场空间比模块市场更加广阔，但市场格局更加复杂，长尾特征明显，竞争激烈；行业毛利率暂时稳定在较高水平；随着高功率充电需求提升，大功率直流桩将保持高速增长；海外市场、下沉市场为充电桩设备生产打开了新的市场空间。入行较早，具有模块自产，并已建立稳定优质客户资源客户更具竞争力，优先布局海外、下沉市场，提前布局生产高功率充电桩以及充电堆等创新产品的厂商有望收获更多成长空间。赛道的劣势主要在于市场竞争激烈，企业难以像充电模块厂商那样建立长期稳固的竞争优势，盈利的水平和持续性长期来看比不上充电模块。

对于保险资金另类投资而言，充电桩设备赛道在一定时期内还会经历高速增长，市场空间将进一步扩张；但行业洗牌还未完成，市场竞争依然比较激烈，只有最头部的整合了模块生产和充电解决方案的专业设备厂商及生产运营一体化厂商，有望在市场竞争中稳定盈利，是当前可以关注的标的。网内厂商方面，如果电网客户需求放量，则有望出现优质标的，后续可持续跟进。

三、充电运营服务投资策略

重资产型运营商的场地、电网容量、数据和客户资源等优势一旦形成，后进厂商短期内不容易破局，优质的股东背景能为运营商或平台提供资金支持，帮助运营商快速建成护城河。随着轻资产平台、地方城投交投主体的涌入，重资产运营商由于资金压力增大，建桩放缓，会对现有市场格局形成一定影响，但头部厂商已经建立起的优势短期内难以打破。此外，由于大功率直流桩建设滞后、覆盖不充分、布点不科学、配套设施和服务跟不上等，重资产运营商普遍单桩时间利用率低、盈利性差，只有头部厂商勉强实现盈利；随着高压快充逐渐普及，直流桩功率升级启动推进，光储充、V2G 等新模式不断发展，有望拓展充电运营的盈利空间，进一步利好头部充电运营商。

轻资产平台可凭借流量、电桩互联、服务、营销等专业能力帮助运营商提高单桩利用率。优先入局的平台可链接更多的运营商和车主，积累更多的流量和数据，形成流量和客户黏性护城河，后来者难以颠覆。当前轻资产平台对于运营商和电桩的覆盖还不完全，与运营商还存在利益分成问题，但头部平台市场势力已然显现，未来有望成为类似其他互联网平台的高度集中的市场格局。

无论是重资产模式还是轻资产模式，未来终会形成高度集中的市场格局，轻资产模式的集中度可能更高。对于保险资金另类投资而言，充电运营赛道虽然当前盈利模式还不够清晰，盈利水平还不高，暂时难以成为投资标的，但未来的发展潜力和想象力是三个赛道中最为广阔的，可提前关注早期入场、资金实力强、背景优良、布局创新模式的一体化重资产头部运营商，以及具有流量、服务优势的头部三方充电服务平台，持续关注行业头部未上市运营商/平台的成长情况，待盈利能力逐步提升、稳定，有望从中发掘出优质的投资标的，通过实物资产股权投资方式或资产支持计划方式投资标的项目。

第三节　充电桩“投资—保险—产业”生态模式展望

充电桩产业的高速发展催生保险服务需求。当前充电桩相关保险市场需求旺盛，国家相关部委也出台政策支持充电桩保险发展，但由于对充电桩行业数据积累有限、风险管理等方面缺少经验，保险公司对于充电桩保险比较谨慎。保险资金另类投资可推动运营商与保险公司加强合作，助力解决充电桩保险当前发展障碍，推动充电桩创新业态与保险产品协同，构建“投资—保险—产业”新生态。

一、充电桩保险发展现状、问题和投保协同模式

在充电桩运营过程中，会面临诸多风险，比如由于充电不当、极端天气造成的设备损坏，或者由于操作失误、电力系统问题造成的人身伤害和汽车损坏等，需要保险公司根据充电桩风险特征为充电桩企业提供相应的保险产品，帮助企业管理风险，保障各相关方利益。

（一）充电桩保险发展现状

2023 年 7 月，国家发展改革委、财政部、商务部等十三部委印发《关于促进汽车消费的若干措施》，指出要“支持保险公司开发新能源汽车充电桩保险等创新产品”，为发展充电桩相关保险提供了政策支持。根据保险公司调研结果，当前市场上针对充电桩的专属保险产品较少，在售保险产品主要关联于财产险与责任险维度，在具体保险条款设置上有所拓展，如对火灾爆炸、自然灾害导致的充电桩及充电场站周边资产损坏可进行承保，以及承保在销售、安装、使用、维修过程中发生意外事故导致第三方伤亡或财产损失，或由于充电桩本身质量问题造成操作充电桩的人或者其他第三方人身或财产损失等。

充电桩保险产品需求日益旺盛，许多充电运营商乐于成为保险公司的客户，为其直流桩提供保险服务。从已经承保的理赔及接触到的行业数据看，如果是接入电网的直流电充电桩，保险风险相对可控，整体赔付率目前在30%左右，但涉及储能环节的话，风险会有所提升。未来，随着直流桩建设越来越多，技术和工艺改进不断进步，新的保险需求将持续涌现，将促进新增保费持续增长。保险公司对于行业整体判断较为乐观，也正在积极探索与充电运营商合作，力争开拓充电桩保险市场空间和渠道。

（二）存在问题：准入标准高，保费规模低

由于充电桩行业和充电桩保险行业均处于发展初期，保险公司掌握的充电桩运营管理、运维、客户使用等方面数据尚不充分，在充电桩风险评估、风险管理、风险定价、保险理赔等方面经验积累不足，所以大多数公司目前对承保标的准入标准设置较为严格，可进入的运营商和充电桩数量不多，造成充电桩保险行业整体保费规模偏低。

（三）险资投资助力运营商与保险公司合作推进充电桩保险发展

充电桩是新能源汽车产业生态的重要组成部分，而车险在财产险中占据了最重要比重，充电桩运营环节的投资布局将对于未来“双碳”目标发展背景下，保险产业链延伸与生态建设具有积极意义。保险资金在充电运营赛道的投资与布局，有助于减少充电桩运营商与保险公司间的信息不对称，助力强化双方信息融合互通，补齐保险数据短板，推动保险产品创新研发，既有益于保险公司为运营企业提供更加精准的产品和服务，也有益于运营企业更好管理充电桩运营风险，提升客户忠诚度和黏性，提高运营商电桩利用率，获取稳定持续盈利，形成“投资—保险—产业”的良性循环。

二、充电桩产业创新与保险协同发展模式探索

在“光储充检”、V2G模式下，充电桩从单纯的电气设备升级为电能、信息双向交互的节点和采集终端，而保险是依靠大数据实现产品设计和开

发的，充电桩产业的创新发展必将推动保险业的创新发展。

（一）充电桩创新发展推动保险开发储能赛道

在可预见的“光储充检”一体化、V2G 等模式下，储能将成为充电桩产业创新发展的重要环节，包括充电站的储能设备和新能源汽车的动力电池等，储能系统价值量高、风险多样，根据《电化学储能保险发展报告》，储能系统可能存在的风险包括热失控、化学、电气和操作等多方面风险，因此储能系统所有者和相关方有财产保险需求。同时，由于对储能系统的效能和项目可融资性都有要求，也将催生相关的责任保险、信用保证保险需求。

（二）储能保险预期存在的问题

我国储能类保险仍处于发展初级阶段，没有针对储能系统的专属保险产品，只能按照传统的财产保险进行承保处理。但储能设备是具有独特风险特征的，根据《电化学储能保险发展报告》，不加区分的承保方式会导致风险认识不足、风险难以分析回溯、客户体验差等问题，从而造成保险公司不愿承保、保费不足。究其本质原因，是因为承保储能系统对风险管理要求较高，需要通过大量的数据积累，从传统的等量管理转向减量管理，当前在储能领域的数据积累还难以满足保险公司开发相应创新产品的要求。

（三）创新模式下可行协同模式的探索展望

在“光储充检”、V2G 等创新模式下，充电桩链接大量车主用户，积累了海量的充电电站、新能源汽车的储能设备数据，保险资金通过投资布局了“光储充检”、V2G 等创新模式的充电运营商，可进一步推进保险公司与运营商合作，针对储能设备系统开发专属保险产品，实现产品和服务的定制化。比如，通过收集用户驾驶行为、充电行为数据以及电池健康程度数据等，综合判断车主用户以及电池的风险等级，提供完全量身定做的产品和服务，匹配更加灵活的保费定价和理赔流程；通过保费增减与车主充电行为相关联，促进车主加强电池健康保养，帮助保险公司实现风险减量管理；提高充电运营企业风险保障和满意度，提高保险公司竞争力，真正打开充电相关保险的广阔蓝海。

目前，实业界已经开始在“光储充检”项目上有所布局，人保财险深圳分公司2023年5月与北京昇科能源签出国内首张“光储充检”项目保单（即光伏、储能、速热超充、电池检测等全方位保障方案），通过双方在技术、数据、渠道等方面合作，推动完善“光储充检”核保风控和风险定价模型，探索保险产品和商业模式创新。未来一旦保险资金入驻充电桩赛道，可进一步强化保险公司与“光储充检”运营商合作，加速创新发展步伐，构建“投资—保险—产业”的良性发展循环。

本专题参考文献

[1] 蔡文璇，段芳娥．国外车网互动（V2G）发展实践及经验启示［J］．中国能源，2021（10）．

[2] 戴琼洁．光伏－储能－充电站价值链能力分析模型及云平台研究［D］．河北：华北电力大学，2020．

[3] 董霞．“双碳”目标下我国绿色保险产品开发的创新与实践［J］．现代金融导刊，2022（3）．

[4] 付炳锋等．2022中国电动汽车用户充电行为白皮书〔研究报告/电子文档〕．https：//www.evcipa.org.cn，2023．

[5] 傅若兰，李秋念，窦健．电化学储能保险创新发展研究［J］．保险理论与实践，2022（8）．

[6] 管鸣宇等．麦肯锡：2023中国汽车消费者洞察报告〔研究报告/电子文档〕．https：//www.McKinsey.com.cn，2022．

[7] 刘天然．A电网企业充电桩市场发展战略研究［D］．云南：云南师范大学，2022．

[8] 聂帅，李艳．新能源汽车保险创新研究［J］．保险理论与实践，2021（7）．

[9] 潘孝慈．补贴模式、市场结构与市场扩张——基于充电桩市场研究［D］．辽宁：东北财经大学，2022．

[10] 石岩等．国泰君安证券：充电桩：国内外共振，充电桩进入发展快车道〔研究报告/电子文档〕．Wind，2023．

［11］孙潇雅．天风证券：充电运营的经济性路在何方〔研究报告/电子文档〕．Wind，2023．

［12］王蔚祺等．国信证券：新型电力系统专题研究系列之充电桩——直流桩需求持续提升，国内企业加速出海〔研究报告/电子文档〕．Wind，2023．

［13］谢澄江．X新能源汽车充电运营商的商业模式优化策略研究［D］．成都：电子科技大学，2022．

［14］袁健聪等．中信证券：充电模块：小身材，大能量——新能源汽车行业充电桩行业系列深度报告（三）〔研究报告/电子文档〕．Wind，2023．

［15］袁健聪等．中信证券：新能源汽车充电桩－千亿市场，盈利边际向好〔研究报告/电子文档〕．Wind，2023．

［16］杨思等．国盛证券：政策＋需求双轮驱动，充电桩行业风口有望来临〔研究报告/电子文档〕．Wind，2023．

［17］于夕朦等．长城证券：新能源、新政策、新市场，助力充电桩行业新发展——充电桩行业深度报告〔研究报告/电子文档〕．Wind，2023．

［18］朱嘉维．充电桩企业商业模式比较研究——基于中国经验的分析［D］．上海：上海财经大学，2021．

［19］张永伟等．华为：2023—2025中国高压快充产业发展报告〔研究报告/电子文档〕．https：//www. huawei. com/cn/，2023．

［20］赵一新等．2023年中国主要城市充电基础设施监测报告〔研究报告/电子文档〕．https：//www. caupd. com/index. html，2023．

［21］周喆．安信证券：国内海外同频共振，政策需求双轮驱动——充电桩行业系列报告（1）〔研究报告/电子文档〕．Wind，2023．

［22］艾瑞咨询：中国公共充电桩行业研究报告〔研究报告/电子文档〕．https：//www. iresearch. com. cn，2020．

［23］发现报告：2023充电桩行业研究报告〔研究报告/电子文档〕．https：//www. fxbaogao. com/yan－xuan，2020．

［24］头豹研究院：公共充电桩〔研究报告/电子文档〕．https：//www. leadleo. com/wiki/brief? id＝64658230c35172dc1a057744，2020．

专题五

绿色投资风险管理：ESG 理念在信用风险管理中的应用[①]

根据《中国 2060 年前碳中和研究报告》，我国拟于 2030 年前尽早达到高峰，2030—2050 年前加速脱碳，2050—2060 年实现全面中和，在这一目标指引下绿色投资时不我待。ESG 投资理念与保险资金长久期配置特点相吻合，可降低投资组合波动性，有利于抵御下行风险，也符合国家和监管部门绿色金融投资的基本导向。通过不断加深对 ESG 评级体系的研究，可提升公司风险评价体系的完整性，加强投资环节中对于环境、社会责任、公司治理等方面的考量，起到避免 ESG 潜在风险、丰富投资维度和优化投资组合的作用。

但在目前公开文献中，针对 ESG 理念在信用风险管理中实际运用效果如何，特别是对主体违约风险的预警作用方面的研究和论述相对较少。本课题从保险机构投资固定收益类产品的信用风险角度切入，构建 ESG 评价体系对信用风险预警回归模型，验证各因素间的关联关系和作用机制，旨在加深对于 ESG 评价体系的理解，完善保险资金投资中的信用分析框架，为 ESG 在保险机构的信用风险管理提供有益参考。

① 此研究课题的承担单位为光大永明资产管理股份有限公司，课题负责人为王瀑，课题组成员包括翟忆辰、胡鑫、李铭、马睿。

第一章 ESG 理念在信用风险管理中的研究应用情况

第一节　ESG 的主要参与主体的发展情况

自 ESG 的概念正式提出以来，国际 ESG 组织、监管机构、投资人、资管机构和企业等参与方通过信息披露、ESG 评级、研究咨询、投融资等活动相互影响促进，形成了一个较为完整的 ESG 生态圈。在这个生态圈中核心参与主体主要包括企业、评级/研究机构和投资人/资管机构三方（见图 5－1－1）。

一、企业端

企业进行 ESG 管理实践是 ESG 生态系统中的重要环节。通过披露企业 ESG 相关信息，可向外界传递企业的可持续发展经营理念，并通过 ESG 角度优化公司战略、商业模式及相对应体系保障等，增强企业整体抗风险能力，增加市场认可度。

外界观察和评估企业的 ESG 表现主要通过企业披露的 ESG 报告。目前海外企业的 ESG 信息披露较为完善，而国内由于 ESG 发展起步较晚，在 ESG 报告内容方面尚未形成统一规范，报告的披露率仍有待提升。从上市公司 ESG 信息披露情况来看，香港联交所自 2020 年起要求强制披露 ESG 信息，上交所和深交所尚未强制要求，但针对部分特定行业和重点排污单

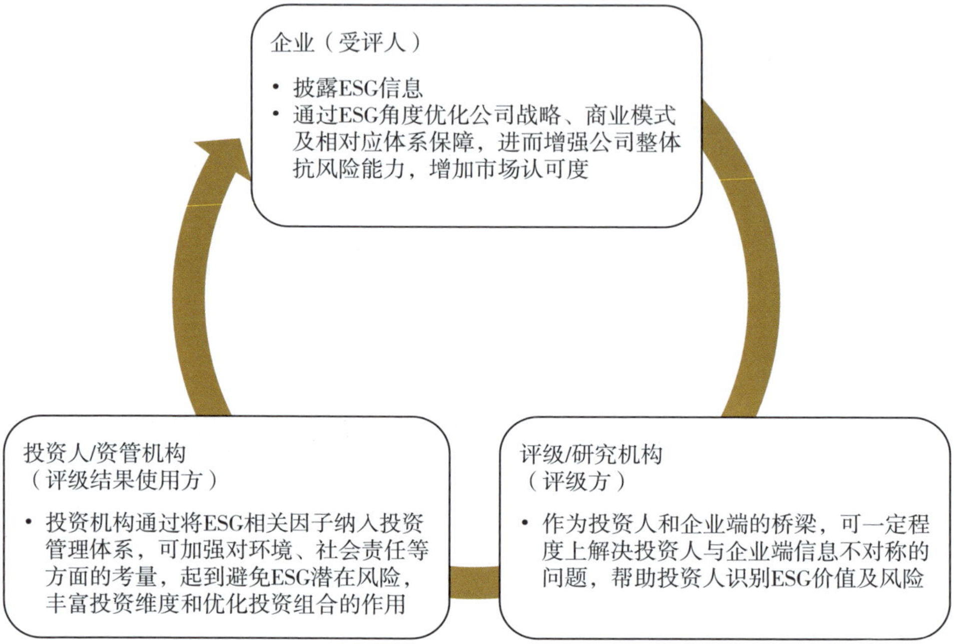

图 5－1－1　ESG 评价体系核心参与方

资料来源：公开资料，光大永明资产整理

位设定了强制披露要求。根据中诚信绿金统计，截至 2023 年 6 月 30 日，A 股及中资港股共 2 785 家公司发布了 2022 年 ESG 相关报告（包括 ESG 报告、社会责任报告或可持续发展报告），披露率为 45.56%。从已披露 ESG 相关报告的上市公司来看，披露形式中社会责任报告占比最高，A 股披露 2022 年社会责任报告企业达 1 152 家，占比 63.40%。而披露 ESG 报告企业为 594 家，占比 32.69%，较其他发达经济体相比披露比例仍较低。

二、评级/研究机构

ESG 评级与研究机构作为投资人和企业端的桥梁，通过 ESG 评级并发布相关评级结果，可一定程度上解决投资人与企业端信息不对称的问题，帮助投资人识别 ESG 价值及风险。目前 ESG 评级整体思路为：根据企业发布的企业社会责任报告以及多维度外部数据，针对企业在环境、社会和公司治理三方面情况进行打分，汇总后得到最终 ESG 评级。

（一）海外机构的 ESG 评级方法

海外 ESG 评级市场发展时间长，成熟度较高，包含摩根士丹利资本（MSCI）、富时罗素（FTSE Russell）、标普全球（S&P Global – Sustainable1）、晨星（Morningstar – Sustainalytics）等多家知名 ESG 评级机构及数据提供商。整体评级思路为三级指标体系，一级指标为环境、社会和公司治理，二级和三级指标不同公司间有所差异。各海外评级机构的评级方法及指标维度对比如表 5 – 1 – 1 所示。

表 5 – 1 – 1　　海外 ESG 评级机构评级方法对比

海外 ESG 评级机构	评级覆盖范围	评级方法	评级结果
摩根士丹利资本（MSCI）	全球 8 500 家公司	针对 37 个 ESG 关键问题的数千个数据点进行评估，运用 AI 技术等，重点关注公司核心业务与可能为公司带来重大风险和机遇的行业问题之间的交集。超过 200 + 分析师团队。在考察不同行业 ESG 表现时，MSCI 根据影响程度和作用时间对每个三级关键问题指标赋予了不同权重	CCC ~ AAA 序列；其中 CCC ~ B 为落后梯队，BB ~ A 为中间梯队，AA ~ AAA 为领先梯队
富时罗素（FTSE Russell）	全球 47 个国家的 4 000 只证券	包含 14 个主题，300 多个独立评估指标。指标权重的给定参考敞口大小，最重要的 ESG 问题被赋予最大的权重。根据富时罗素行业分类，将全球分为 11 个产业，又细分为 20 个超级行业、45 个行业和 173 个子行业	0 ~ 5 分，评分可到小数点后一位
标普全球（S&P Global – Sustainable1）	全球可持续发展评估（CSA）超 1 万家	超过 30 项标准评分，涉及 130 个问题和近 1 000 个数据点，1 500 名信评分析师 + 60 名可持续金融分析师，利用公司在可持续发展评估问卷中的回答作为分析起点，并通过评级公司分析师、公司管理层和董事会成员的深入接触得到进一步分析指出。61 个行业的特定分析方法	0 ~ 100 分，ESG 状况分 + 准备充足性得分 = ESG 评估分

续表

海外 ESG 评级机构	评级覆盖范围	评级方法	评级结果
晨星（Morningstar－Sustainalytics）	全球 172 个国家和地区的 4 万家公司的数据和 2 万家公司的评级	从 ESG 风险角度出发，根据企业 ESG 表现进行风险评估。主要由三个模块组成：企业管理模块、实质性 ESG 议题模块及企业独特议题模块。三个模块中，实质性的 ESG 议题模块为核心和评分关键模块，涵盖企业在环境、社会、管治三个层面中的各类综合指标	按照企业 ESG 风险得分划分风险等级。其中，0～10 分为可忽略的风险水平，10～20 分为低风险水平，20～30 分为中等风险水平，30～40 分为高风险水平，40 分以上为严峻风险水平

资料来源：公开资料，光大永明资产整理

从各家机构的 ESG 评级结果来看，在行业分类、评估过程、数据来源和评级结果表述方式等方面仍有较大差异，评级结果对比分析的难度较高。海外学者 Florian、Julian 和 Roberto 在论文“Aggregate confusion：The Divergence of ESG ratings”中验证了五家主流 ESG 评级提供商的 ESG 总分以及 E、S、G 细项得分的两两相关性，发现不同机构间评级结果相关性并不高，相关性范围在 0.38～0.71，平均值为 0.54，且三个指标中公司治理（G）指标相关性最低，平均值仅为 0.3（见表 5－1－2）。

表 5－1－2　　海外五家主流 ESG 评级相关性数据

	KL SA	KL MO	KL SP	KL RE	KL MS	SA MO	SA SP	SA RE	SA MS	MO SP	MO RE	MO MS	SP RE	SP MS	RE MS	Average
ESG	0.53	0.49	0.44	0.42	0.53	0.71	0.67	0.67	0.46	0.7	0.69	0.42	0.62	0.38	0.38	0.54
E	0.59	0.55	0.54	0.54	0.37	0.68	0.66	0.64	0.37	0.73	0.66	0.35	0.7	0.29	0.23	0.53
S	0.31	0.33	0.21	0.22	0.41	0.58	0.55	0.55	0.27	0.68	0.66	0.28	0.65	0.26	0.27	0.42
G	0.02	0.01	－0.01	－0.05	0.16	0.54	0.51	0.49	0.16	0.76	0.76	0.14	0.79	0.11	0.07	0.30

资料来源：Aggregate confusion：The Divergence of ESG ratings

（二）国内机构的 ESG 评级方法

近几年国内的 ESG 评级发展迅速，从早期商道融绿、华证指数少数几家公司发展到现在主流 ESG 评级机构已有 10 余家。目前 ESG 评级对象仍主要集中于上市公司，发债主体覆盖程度偏低。仅有中债金融估值中心侧重于信用债发行主体的 ESG 评级，已实现信用债主体评级全覆盖。表 5－1－3 梳理了国内主流 ESG 评级机构评级框架及结果序列，可以看到国内评级普遍借鉴了国外的三级指标体系，再根据各家不同的行业分类和计算方式进行指标调整。

表 5－1－3　　国内 ESG 评级机构评级方法对比

国内 ESG 评级机构	评级覆盖范围	评级方法	评级结果
中财大绿金院	涵盖了 5 810 家上市公司和 1 500 多家非上市债券发行主体近 8 000 家公司的 ESG 数据	ESG 指标体系包含三部分：定性指标、定量指标和负面行为与风险，具体包括 3 个一级指标——E、S、G，22 项二级指标以及超过 160 项三级指标。行业划分：制造业细分为 16 个二级行业，服务业细分为 12 个二级行业，金融业细分为 3 个二级行业	A＋、A、A－、B＋、B、B－、C＋、C、C－、D＋、D、D－共 12 个等级
商道融绿	覆盖全 A 股、港股通、中概股及重要发债主体	共 200 多项三级指标，来源于 1 000＋个数据点	A＋、A、A－、B＋、B、B－、C＋、C、C－、D 共 10 个等级
中诚信绿金	5 600＋上市公司、2 300＋发债主体	根据申万行业分类划分 37 个行业评级模型，根据各行业特征确定一级指标 16 项，二级指标 50＋项，三级指标 140＋项，底层数据 240＋项，引入 ESG 风险因子，作为评级框架的补充，最终得分由 ESG 正向得分扣除风险评分后的结果	AAA、AA、A、BBB、BB、B、C 共 7 个等级

续表

国内 ESG 评级机构	评级覆盖范围	评级方法	评级结果
中债金融估值中心	公募信用债发行主体全覆盖 + 上市公司共 8 000 + 家	14 个评价维度，39 个评价因素，160 余个指标	1 ~ 10 分，2022 年中债 ESG 得分接近正态分布，发债主体平均分 4.9 分，上市公司平均分 5.97 分
华证	涵盖所有 A 股上市公司	一级指标 3 个、二级指标 14 个、三级指标 26 个以及超过 130 个底层数据指标。通过按季度定期评价与动态跟踪相结合的方式，系统测算过去 10 年以上全部 A 股上市公司的 ESG 得分水平	AAA ~ C 共 9 个等级
Wind	涵盖所有 A 股上市公司	利用人工智能、大数据等技术，覆盖上市公司年报、社会责任报告、可持续发展报告和各类新闻媒体、各级政府及监管机构公告，并接入专业第三方数据平台。评级体系包括 3 大维度，27 个议题，300 + 指标，由管理实践得分（总分 7 分）和争议事件得分（总分 3 分）组成	AAA ~ CCC 共 7 个等级

资料来源：公开资料，光大永明资产整理

为观测国内各机构评级结果的可比性，参照海外学者的相关性研究报告，对国内 ESG 评级结果进行了相关性检验。基于 Wind 数据库获取的五家评级机构对 A 股公司的 ESG 评级数据，根据级别分布进行线性量化处理，得到 0 ~ 100 形式的评级数值，之后计算两两相关性。结果如表 5 - 1 - 4 所示，各机构评级结果的相关性范围在 0. 29 ~ 0. 63 之间，平均值为 0. 45，低于海外机构 0. 54 的均值，说明目前国内评级结果差异化程度更高。但需关注的是，因多数机构未公布级别映射阈值，统一的线性量化处理可能造成一定的结果偏差。

表 5－1－4　　　国内五家 ESG 评级相关性数据

Wind	Wind	Wind	Wind	华证	华证	华证	商道融绿	商道融绿	富时罗素	平均值
华证	商道融绿	富时罗素	盟浪	商道融绿	富时罗素	盟浪	富时罗素	盟浪	盟浪	
0.44	0.45	0.44	0.44	0.41	0.29	0.44	0.63	0.48	0.44	0.45

资料来源：Wind，光大永明资产整理

（三）国内评级与海外评级主要差异

虽然国内外评级机构的整体评级思路比较相似，但在指标侧重方向、数据来源和评级结果相关性等方面仍存在较大差异。

第一，海内外国情不同，环境（E）、社会（S）、公司治理（G）指标侧重点有所不同，国内包含共同富裕、乡村振兴等特色化指标，标准较难统一。例如环境方面，根据《中国 2060 年前碳中和研究报告》，我国拟于 2030 年前达到高峰，2030—2050 年前加速脱碳，2050—2060 年实现全面中和，各类双碳政策出台，电力、钢铁和水泥等重点行业发布实施方案等，减排路径较《巴黎协定》相比更为严格，对企业端施加压力较大。而对于社会责任方面，我国国家层面推行共同富裕、乡村振兴等中国特色社会主义战略，侧重于农业农村优先发展，且更加重视提高城乡居民收入水平，缩小分配差距，防止两极分化。

第二，海内外数据来源不同，国内目前评级数据以企业自行披露信息为主，数据质量欠佳，且受各机构主观判断影响较大，数据透明度偏低。与海外评级采用问卷调查及大量第三方数据库不同，国内 ESG 评级数据主要来源于上市公司公开发布的年报、社会责任报告、可持续发展报告、各级政府及监管机构公告和新闻等其他公开渠道数据。同时，因企业端披露信息标准化程度较低，数据质量欠佳。此外，大量评级指标为定性指标，受各评级机构主观判断影响较大，其专业性将直接影响评级结果的有效性。

第三，评级级别参考价值有限，国内评级结果相关性低于海外评级结果相关性。根据上文中对海内外评级结果的相关性检验，可以看到国内五家评级结果相关性均值为0.45，低于国外机构的评级相关性。说明不同评级机构的评级结果差异较大，其参考价值有待进一步提高。

三、投资人/资管机构

投资机构通过将ESG相关因子纳入投资管理体系，可加强对环境、社会责任等方面的考量，起到避免ESG潜在风险、丰富投资维度和优化投资组合的作用。ESG投资近两年在国内资管投资领域发展迅速，根据《2022年度中国资管行业ESG投资发展研究报告》的数据，截至2022年6月30日，中国（包含内地和香港地区）共有188家机构加入UN PRI，包括7家资产所有者、148家投资管理者和33家服务提供商，其中内地加入UN PRI机构数量破百（共102家），包含4家资产所有者、74家投资管理者和24家服务提供商（见图5-1-2）。国内ESG公募基金（包含核心ESG公募基金和ESG主题公募基金）共374只，总体基金份额超过2 419亿份，总体基金净值达3 925亿元。国内市场合计发行ESG银行理财产品276只，

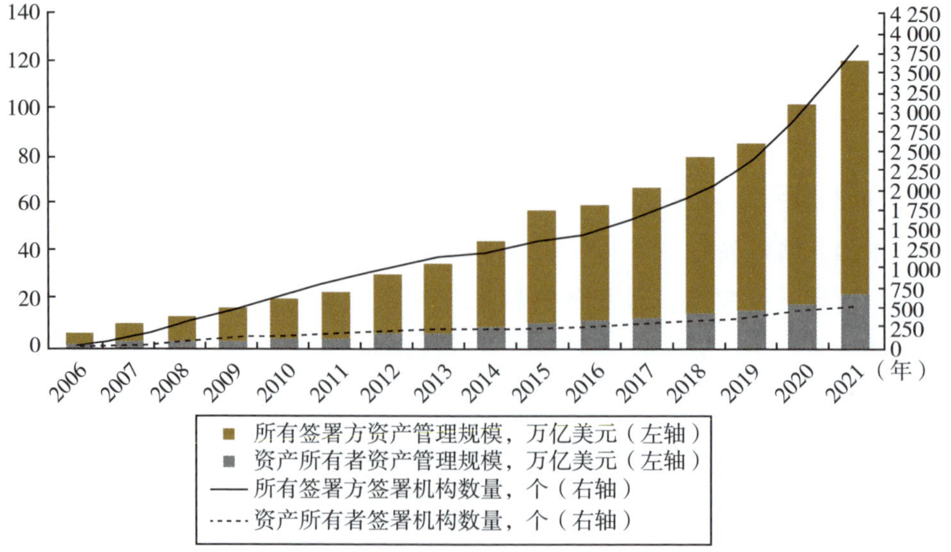

图5-1-2 联合国负责任投资原则签署方数量及管理资产规模

资料来源：2022年中国资管行业ESG投资发展报告

合计募集资金约 1 500 亿元，其中存续产品 199 只。2022 年上半年，ESG 相关理财产品累计存续和在售 81 只，数量较 2021 年同期增长 1.53 倍，募集资金约 212 亿元，较 2021 年同期增长 6.5%。

第二节　将 ESG 因素纳入信用风险管理的必要性分析

一、传统信用风险评估具有局限性

自 2014 年我国信用债发生首单违约起，债券违约规模和违约主体个数整体呈上升态势。从违约原因来看，主要集中在盈利能力弱影响偿债能力、业务模式瑕疵引发账面流动性问题、对外投资激进导致企业长期高杠杆运营以及公司治理与信息披露较差所导致的风险积聚等。其中，盈利能力、资产流动性与偿债能力等因素是显性特征，随投资人经验的不断积累，相关风险已被能够被市场充分识别，出现以上问题的企业通常因不被投资人认可而逐步退出债券市场，相关类型的违约事件也呈现一定的下降态势。而以投资激进、财务造假、偿债意愿不足为代表的公司治理层面的问题风险隐蔽性较高，市场难以通过财务指标进行综合衡量，开始成为近期企业违约的重要影响因素。

传统信用评级模型从业务状况和财务状况两个维度出发，选取企业的生产经营情况、盈利情况、偿债能力、现金流状况等指标，再结合指标权重、得分方法和评级区间等模型要素，对企业信用状况进行评级。该类模型主要反映企业过去绩效表现，无法代表企业当前和未来的经营能力；对于公司治理方面的评估也存在风险揭示程度不足等问题。

二、ESG 因素对企业信用风险具有监测和预警作用

ESG 主要考量公司在环境、社会责任和公司治理方面的表现，更侧重

于分析企业当下及未来的发展潜质，以及财务数据之外的潜在风险信息。引入ESG因素可在传统信用分析框架的基础上，加强对于企业整体信用风险的分析与判断。ESG表现可以一定程度上反映企业盈利能力、外部融资及偿债意愿等方面的信息，提升投资机构对于企业非财务性指标监测水平。

（一）ESG表现对于企业盈利能力的影响

企业承担社会责任具有资源效应，主动承担社会责任会在一定程度上获得声誉资本、道德资本和政策优惠，有助于企业盈利能力的提升。具体体现在三个方面：一是企业所展现出的良好社会责任将使得企业拥有较多的外部媒体的正面报道，有助于企业形成声誉资本，树立正面品牌形象；同时，吸引高素质员工加入，提升企业人力资源质量，提高企业整体经营效率。二是企业积极履行社会责任可以形成道德资本，一定程度上增加外界对企业的认可程度，进一步加强企业的外部资源获取能力，提升企业整体经营效率。反之，当企业出现一些负面表现，例如安全事故、环境污染、压榨员工、偷税漏税等，将直接影响外部对于企业的看法，企业形象和经营情况也将因此受到极大损害。三是企业加大环保技术、绿色生产、环境监测等方面投入在提高生产效率的同时可获得政府的税收优惠等政策支持，政策优惠所形成的现金流将在一定程度上形成对公司利润的补充。

（二）ESG表现对于企业融资的影响

企业ESG相关信息披露有助于降低信息不对称性，提高企业融资能力。主流观点认为，企业与外部投资者之间的信息不对称是导致企业融资受阻的重要原因之一。企业ESG信息披露能够增强外部投资者对于企业的了解，良好的ESG表现也能向外界传递积极的信号，在一定程度上降低企业和外界的信息不对称，有助于外部投资人作出合理的正向判断，提高企业融资能力。

另外，近年来我国在生态环境领域的顶层设计有效促进了绿色金融的发展。监管部门颁布了一系列有关环境信息披露、再融资环保核查、绿色信贷的规范文件，加强对企业融资行为的环保约束，加大对环境友好型企业政策扶持力度。例如，我国对于绿色环保企业给予信贷支持和优惠利率，鼓励企业发行绿色债券。

（三）ESG 表现在一定程度上能反映出企业还款意愿

ESG 表现较好的企业通常具有良好的道德水平和经营态度，其还款意愿相应较强，不容易出现有还款能力但没有还款意愿的恶意拖欠行为。具体来看，如果企业及其高管发生违法违规行为，或者在经营和管理方面存在严重问题，一方面会遭到监管部门甚至法律的惩罚，给企业的经营和偿债能力带来负面影响；另一方面，说明企业本身的“道德品质”可能存在问题。近年来，各类企业高管贪腐案件频繁曝出，发债人偿债意愿不强，恶意逃废债的情形也屡有发生，企业的这种失信行为，会给利益相关者造成极大损失，因此如果仅关注企业的财务情况则很难有效规避风险。

综上所述，ESG 因素更具综合性且侧重长期表现，将其纳入信用风险管理有助于完善投资机构的现行信用评级框架，提升投资机构对于信用风险的监测能力和预警前瞻性。在企业出现风险苗头前，及时研判并采取行动，降低机构及投资企业所面临的实际风险，提高经营稳定性。

第三节　将 ESG 纳入信用风险管理的实践情况

一、国内外评级公司的相关实践

（一）国际评级机构起步时间早，评级方法和产品体系较为完善

由于海外发达金融市场 ESG 评级启动较早，ESG 相关信息披露较为完善，目前国际三大主流信用评级机构如穆迪、标普和惠誉已陆续将 ESG 因素纳入自身信用评级的考核要素，并对其原有的评级方法等进行补充完善。

在实际操作中，国际主要评级机构均采用了两条不同的技术路线推进

ESG 评级。其中，穆迪投资者服务（Moody's Investors Service）通过发行人档案评分（IPS）和信用影响评分（CIS）来评价 ESG 因素对发行人信用评级的影响程度；对上市公司 ESG 打分的数据（即 ESG 评级等）则被整合为 ESG 风险解决方案（ESG Risk Solutions）。惠誉评级（Fitch Ratings）通过 ESG 相关性评分（ESG Relevance Scores）来评价 ESG 因素对发行人信用评级的影响程度，而惠誉旗下的惠誉可持续发展（Sustainable Fitch）则提供 ESG 评级产品。

（二）国内评级机构仍处于初期探索阶段

从已披露的公开信息来看，目前国内评级机构也开始将 ESG 纳入自身信用评级体系。其中，中诚信国际 2022 年 8 月修订了其信用评级方法，在评级过程中除了考虑业务风险和财务风险要素外，将综合考虑 ESG、流动性等其他因素后得出受评主体的信用质量评价。其中，ESG 因素以中诚信绿金科技（北京）有限公司的 ESG 评级结果为主。

大公国际 2022 年 7 月发布的最新版《信用评级方法总论》提出：将可持续发展能力作为判断财富创造能力的重要指标以评价评级对象长期偿债能力的稳定性；在考察企业的市场竞争力时，对部分行业将额外考察产业链延伸、环保和节能等情况；在调整项中考虑了“公司治理”“绿色因素”等方面的影响，针对受评企业的 ESG 个性特征要素进行补充分析。

联合资信的 3C 评级方法是对传统经营、财务两大要素进行调整完善的基础上，新增对企业可持续发展能力的专项分析和评估。在此评级框架下，基于企业经营能力、财务能力和可持续发展能力三个维度的综合评价，得出受评主体模型基础信用级别 R0；然后根据行业风险状况进行校准，得到个体初始信用级别 R1；再由评级专家给出调整因素以及调整规则，对企业自身难以量化、非常态性的因素进行定性分析和调整，得到个体信用等级 R2；最后根据对外部支持力度的判断，得到发行人主体信用级别 R3。

二、ESG 投资策略及主流金融机构 ESG 实践经验

（一）ESG 主要投资策略

ESG 理念在国际金融领域已经发展较为成熟，但主要运用于权益投资领域，在固收投资领域的运用较为初期。全球可持续投资联盟曾提出七种 ESG 策略，即负面/剔除筛选、正面/领先筛选、规范筛选、ESG 整合、可持续发展主题投资、影响力/社区投资和企业参与及股东行动等。具体到固定收益投资领域，主流金融机构主要通过以下几种具体的方式将 ESG 纳入考虑。

1. 整合策略

ESG 整合是较为常见的方式，领先的国际资管机构将 ESG 因素纳入信用分析及投资决策中。全球最大的债券投资公司之一的 PIMCO（太平洋投资管理公司）已在其信用风险分析和投资决策中纳入了 ESG 因素，以更好地评估债务人的信用风险。AXA Investment Managers（安盛投资管理公司）要求投资经理、分析师根据 ESG 评分、内外部 ESG 研究以及剔除政策将对 ESG 风险和机遇的考虑纳入投资标的分析过程中；对于其管理的负责任投资基金还会采用更为严格的 ESG 整合方式并设有专门的 ESG 目标进行定期监控。

2. 主题投资策略

开展 ESG 主题投资或可持续投资是直接参与 ESG 的方式，近年来发展较快。国际上 ESG 债券型基金主要采用开展 ESG 主题投资的方式，ESG 主题债券发行量持续稳定上升，2020 年较 2019 年增长 1 倍左右，2021 年发行量突破 1 万亿美元。目前贴标 ESG 主题债券主要为绿色债券、社会责任债券、可持续发展债券、可持续发展挂钩债券、转型债券等，其中市场规模最大的为绿色债券。中金固收的研究结果表明，ESG 长久期全球债券基金在 2010 年至 2022 年期间的大多数年份跑赢全部长久期全球债券基金，ESG 分析应用于长久期基金中可带来超额收益。

3. 企业参与及股东行动策略

参与企业行动更适用于权益投资者，但近年来债券投资者对发行人的影响力也在上升。债券投资人可以在企业债券首次发行、再融资以及进入条款行权期等关键议价阶段针对 ESG 议题与发行人进行沟通。

（二）国内外银行的相关实践

银行体系是金融行业中较早将 ESG 纳入业务信用风险管理实践的机构，目前国内外主流大型商业银行已纷纷将 ESG 因素纳入客户信用评级实践中。

1. 国外商业银行

花旗银行基于环境和社会风险管理（ESRM）政策以及在气候风险分析方面的经验，针对与气候变化相关的贷款组合进行转型风险和物理风险抵御能力测试。ESRM 部门、客户代表和风险经理等共同负责花旗 ESRM 政策。

法国兴业银行构建了一套完善的 ESG 框架落实相关政策和流程，建立一系列工具来识别、评估和管理 ESG 相关风险。ESG 框架主要包含三个层面：第一，将 ESG 尽职调查适用于所有交易及服务；第二，制定特定行业的 ESG 尽职调查流程，主要包括农林业、油气业、燃煤业等；第三，将 ESG 整合到现有的风险管理流程。

德意志银行的信贷评级程序不仅评估客户的信用风险，也会评估客户的气候风险和其他 ESG 风险，并将风险进行分类。如果这些风险确定是实质性的，风险相关的违约可能性将会被记录在客户在银行评级系统中。

2. 国内商业银行

江苏银行客户 ESG 评级系统把环境、社会及公司治理表现作为非财务指标内嵌至客户信用评审中，贯穿信贷业务全流程。对于 ESG 评级优、环境和社会风险低的企业，江苏银行将优先给予差异化的定价和授信政策。江苏银行的客户 ESG 评级系统有别于传统的客户评级系统，考虑了非财务指标，更符合绿色发展的趋势。

邮政储蓄银行将环境与气候风险纳入信用风险管理体系。邮政储蓄银行因地制宜地将环保数据接入“金睛”信用风险监控系统，开展环境气候风险管理；并且应用大数据、云计算、区块链、机器学习等金融科技手段，将环境与气候风险纳入信用风险管理体系，构筑分层管理、逐级报告的信用风险监控预警体系。

（三）保险机构的相关实践

由于 ESG 投资理念与保险资金长久期配置特点相吻合，可降低投资组合波动性，有利于抵御下行风险，也符合国家和监管部门绿色金融投资导向，因此近年来国内保险机构 ESG 理念应用逐步深入。据中国保险资产管理业协会统计，保险资金通过债券、股票、资管产品等方式投向绿色相关产业账面余额超过 9 000 亿元。目前多家大型保险资管机构已签署 UN PRI，并将 ESG 纳入全面风险管理体系。国寿资管和长江养老已推出 ESG 相关指数和保险资管产品。具体实践情况如下：

中国人寿将 ESG 理念融入公司治理、组织架构、制度建设、业务开展、风险管理等方面。中国人寿寿险公司设有 ESG 和绿色金融管理架构，确保 ESG 和绿色金融管理工作的职责清晰，权责明确。国寿资产在投资和风险管理领域全面融入绿色理念，专门成立了 ESG/绿色投资管理委员会，加强对 ESG/绿色投资重大事项的统筹管理，制定 ESG/绿色投资基本指导规则，强化 ESG/绿色投资的顶层设计和全局谋划；设立 ESG 评级部，制定 ESG 评级管理办法，开展 ESG 评级实践，将数据、模型、流程纳入系统管理；权益投资、固收投资、另类投资等部门全方位开展 ESG/绿色投资工作。

国寿资产建立的 ESG 评价体系，在行业内具有学习和借鉴价值。首先，国寿资产的基础数据丰富，除了公开和第三方数据之外，还利用自身优势，通过行业研究和企业调研等方式，逐步建立起相对丰富的 ESG 基础数据库。其次，国寿资产开发的是一套以常规指标为基础、以例外调整为补充的综合模型，更符合目前国内信息披露质量较差，模型敏感度不高的情况。最后，除 ESG 评级的核心结论之外，国寿资管的评价体系还输出 E、

S、G 三支柱评分，18 个主题评分，ESG 与信用评级关联度评分，以满足更多的应用场景需要。

安联资管作为安联集团的中国子公司，在集团 ESG 经验的基础上，结合中国国内的实际情况，形成了更适应本土的 ESG 风控机制。具体包括投前的 ESG 分析、投中以及投后的 ESG 监测与报告等。在投前，公司建立了明确的 ESG 禁投清单和观察清单，根据清单的不同等级，对应禁止投资、不再新增投资、尽快终止投资等相应的风险管控措施。在投中和投后监测中，安联资管设立了完善的 ESG 评估和监测机制，包括 ESG 评分分布监测、变化趋势分析、情景测试和舆情分析等。在模型和指标方面，安联资管针对重点行业，在现有信评模型中纳入 ESG 因子，并选出一些对所处行业信用质量有实质性影响的 ESG 指标，从对信用资质的影响程度、影响时间周期等维度进行分类，并根据分类结果选择不同的纳入方式，与现有信评模型进行结合。

相关资料见表 5 -1 -5。

表 5 -1 -5　　部分保险机构 ESG 投资情况

保险机构	ESG 相关进展
国寿资管	2018 年签署联合国支持的负责任投资原则（PRI）；2021 年，国寿资管出台《ESG/绿色投资基本指导规则》，推出保险资管行业内第一只 ESG 债券指数“中债—国寿资产 ESG 信用债精选指数”
中国平安	2019 年签署联合国支持的负责任投资原则（PRI），打造 AI - ESG 保险智慧管理平台，兼顾 ESG 综合管理和 ESG 投资风控管理，建立集团责任投资（ESG 投资原则、积极股东原则、主体投资原则、审慎原则、信息透明原则）全方位产品体系，覆盖金融衍生品多个类别，并将气候变化风险等纳入集团“251” ESG 风险管理体系
泰康集团/泰康资产	2021 年签署联合国支持的负责任投资原则（PRI）；2022 年初首次发布负责任投资政策指引，构建绿色金融管理架构
长江养老	2021 年 5 月发行首只 ESG 保险资管产品——金色增盈 6 号

资料来源：公开资料，光大永明资产整理

第二章 构建 ESG 评价体系对信用风险预警回归模型

本章以中国发债主体为研究对象，将 ESG 综合得分纳入信用风险评估和预警模型中，旨在从环境、社会责任和公司治理三个维度来衡量企业的可持续发展能力，更全面地对企业信用风险进行衡量，探究 ESG 对信用风险的影响及预警效果。

第一节　研究对象及研究目的

随 ESG 理念深入人心，将 ESG 纳入实践的机构范围也在不断扩大，但在目前公开文献中，针对 ESG 理念在信用风险管理中实际运用效果如何，特别是对主体违约风险的预警作用的研究和论述相对较少。已有的关于 ESG 评价体系对主体违约风险预警作用的研究大多侧重于上市公司维度，并非信用风险更为集中的发债主体维度，对于违约的定义也大多集中于上市公司“ST”或“＊ST”，并没有直接反映固收投资领域更为关注的估值波动风险及信用风险。本章将从更契合保险机构投资固收类产品的信用风险角度切入，构建 ESG 评价体系对信用风险预警的回归模型，验证各因素间的关联关系和作用机制，加深对于 ESG 评价在完善信用风险管理中所发挥作用的理解。

一、研究对象为发债主体，关注固收类产品信用风险

（一）以发债主体作为对象的相关研究较少

大量文献从公司管理的角度探究了 ESG 对公司价值、融资成本等要素

的影响，还有一些文献分析了金融危机或新冠疫情冲击此类突发状况下ESG是否具有缓释作用。相关文献的研究对象多是我国A股市场上市公司，现有研究角度也大多集中于股票市场，而对于ESG在固定收益类产品方面发挥的作用效果的关注度较低。本章研究将视角聚焦于ESG对发债主体信用风险的预警作用上，围绕发债主体的ESG评分和信用风险水平进行研究。

（二）债券市场更符合保险资金大类资产配置的长久期和稳定性要求

股票和债券作为中国资本市场上两类常见的投资品种，在投资对象、收益形式、风险特点等方面存在显著差异。股票市场具有强投机性和高流动性的特点，价格受供需关系和市场情绪等多种因素影响，投资收益主要来源于股票价格上涨和分红收益。而债券有固定的利息支付和本金回收期限，正常情况下投资者可按约定时间获得稳定的利息和本金收入，其收益相对可控，且债权受偿权优先于股权。总体而言，债券市场较股票市场更符合保险资金的大类资产配置中长久期和绝对收益的要求。

二、研究目的为验证ESG对信用风险的影响及预警效果

（一）重点关注ESG因素对主体信用风险影响

本文模型构建中选用信用利差作为因变量，直观反映发债主体的信用风险程度。信用利差定义为“用以向投资者补偿基础资产违约风险的、高于无风险利率的利差”，利差本质来源于风险溢价，可最为直观地反映主体信用风险水平在市场层面的表现。一般而言，信用利差水平高的主体其信用风险水平较高，市场对其认可度偏低，需要更高的风险溢价进行补偿。研究信用利差不仅对违约事件和违约概率有一定的预测作用，而且有利于加深对于信用风险管理和信用产品定价的理解。

（二）关注 ESG 对信用风险预警效果如何

除验证当期 ESG 评分和信用利差之间的关系，本文也通过 ESG 评分和不同时间段后信用利差数据之间的关联性进一步验证其是否具有预警效果。

当期的 ESG 评分和当期信用利差之间的关系反映的是双方是否相关、相关的方向和密切程度。但若想观察其预警效果，需将两个因素间的时间差纳入考量，本文重点探究是否可以借助 ESG 表现预估发债主体一段时间后信用利差的变化情况，即 ESG 表现是否能起到一定预测或预警作用。

（三）分别验证 E、S、G 三个指标预警效果

除 ESG 整体评价分数外，E（环境）、S（社会责任）、G（治理）三方面因素如何分别对信用风险产生影响也是本文的研究方向之一。每类因素的侧重点以及对信用风险水平影响方向和作用程度各不相同，分别验证 E（环境）、S（社会责任）、G（治理）三类因素与信用风险间的关联程度，有助于加深对于各因素在信用风险管理中发挥作用的理解，帮助完善信用风险分析框架。

（四）验证 ESG 对国有企业和非国有企业预警效果的异质性

国有企业特别是央企是我国国民经济的重要支柱，履行社会责任是其与生俱来的使命，因此央企履行社会责任的情况受社会各界高度关注。2022 年以来国务院国资委牵头发布一系列提升央企治理能力政策，涉及财务管理、生态环境保护、合规管理、ESG 信息披露等，推动了国央企的 ESG 实践，其践行 ESG 的程度整体优于非国有企业。从目前已出现违约或展期风险事件的企业性质来看，非国有企业整体信用风险水平高于国有企业信用风险水平，但其不同的 ESG 表现是否能反映并影响其信用风险水平仍待验证。

第二节 指标选取

一、因变量：企业信用风险水平

本文选取了发债主体信用利差数据作为模型中的因变量，用于反映主体信用风险水平。主体利差为该主体存续个券利差的中位数。个券信用利差计算公式如下：

债券个券信用利差 = 个券收益率（中债行权估值）- 基准收益率（同期限国开债收益率）

二、自变量：ESG 表现

为观测 ESG 因素对信用风险的影响和预警情况，本文选取了 Wind ESG 评价分数代表主体的 ESG 表现情况。Wind ESG 评级指标体系由管理实践（70%）和争议事件（30%）两部分组成。其中，管理实践指标由环境、社会、公司治理三大维度构成，涵盖 25 个议题下的 400 多个管理实践指标，充分考虑中国资本市场现状、监管政策和中国企业具体 ESG 实践，反映长期 ESG 基本面影响；争议事件主要包括监管处罚、法律诉讼和舆情事件等指标。

Wind ESG 评分综合得分数值在 0 ~ 10 分范围内，映射到 CCC ~ AAA7 个级别。为分别观测 E、S、G 三个因素对信用风险的影响，本文中自变量还采用了 E（环境管理实践）、S（社会管理实践）、G（治理管理实践）三方面因素的分项得分数据，其数值也在 0 ~ 10 分范围内。相关资料见表 5 -2 -1、表 5 -2 -2。

表 5－2－1　　Wind ESG 评价体系框架

Wind ESG 综合得分（0～10 分）	管理实践得分（0～7 分），三项加权求和后乘以 70%	环境管理实践（0～10 分），相关议题得分加权求和	环境管理
			能源与气候变化
			水资源
			原材料与废弃物
			废气
			废水
			生物多样性
			绿色建造
			绿色金融
		社会管理实践（0～10 分），相关议题得分加权求和	雇用
			职业健康与安全生产
			发展与培训
			研发与创新
			供应链
			产品质量
			可持续产品
			客户
			信息安全与隐私保护
			社区
			医疗可及性
		治理管理实践（0～10 分），相关议题得分加权求和	ESG 治理
			董事、监事、高级管理人员
			股权及股东
			审计
			业务连续性管理
			贪污腐败
			反垄断与公平竞争

续表

Wind ESG 综合得分（0～10 分）	争议事件得分（0～3 分），在 3 分的基础上，扣掉总扣分	总扣分（0～3 分）	监管处罚事件
			法律诉讼案件
			新闻舆情事件

资料来源：Wind，华宝证券，光大永明资产整理

表 5－2－2　　　　Wind ESG 评分及含义

Wind ESG 综合得分	Wind ESG 评级	Wind ESG 评级含义
[9，10]	AAA	企业管理水平很高，ESG 风险很低，可持续发展能力很强
[8，9)	AA	企业管理水平高，ESG 风险低，可持续发展能力强
[7，8)	A	企业管理水平较高，ESG 风险低，可持续发展能力较强
[6，7)	BBB	企业管理水平一般，ESG 风险一般，可持续发展能力一般
[5，6)	BB	企业管理水平较低，ESG 风险较高，可持续发展能力较弱
[4，5)	B	企业管理水平低，ESG 风险高，可持续发展能力弱
[0，4)	CCC	企业管理水平很低，ESG 风险很高，可持续发展能力很弱

资料来源：Wind，光大永明资产整理

三、控制变量

本文选取了在信用评估中较常使用的四个指标：营业收入（OPER_REV）、净资产收益率（ROE）、短期债务比例（STDR）和 EBITDA 利息保障倍数（EBITDA_Cov）来控制企业规模、盈利能力、资本结构以及偿债能力对结果的影响（见表 5－2－3）。

表 5－2－3　　　　　　　　财务指标及计算

指标类别	指标名称	指标简称	指标计算
规模	营业收入	OPER_REV	营业收入/营业收入样本均值
盈利能力	净资产收益率	ROE	净利润/所有者权益合计
资本结构	短期债务比例	STDR	短期有息债务/全部有息债务
偿债能力	EBITDA 利息保障倍数	EBITDA_Cov	EBITDA/利息费用

资料来源：光大永明资产

第三节　模型构建

为从 ESG 综合得分、分项得分、企业性质异质性三个角度进行分析，本次模型分为基本模型、ESG 分项因素模型和企业性质异质性模型三大类，并在模型中引入滞后期因素，帮助分析 ESG 表现是否具有信用风险预警作用。

一、基本模型

本文重在探索 ESG 综合得分对发债主体信用风险的影响及预警价值，基于研究目标构建如下回归模型：

$$CS_{i,t} = \alpha + \beta_1 ESG_{i,t} + \beta_2 OPER\_REV_{i,t} + \beta_3 ROE_{i,t} + \beta_4 STDR_{i,t} + \beta_5 EBITDA\_Cov_{i,t} + \epsilon_{i,t}$$

其中，$CS_{i,t}$表示主体 i 在 t 时刻的主体信用利差；$ESG_{i,t}$表示主体 i 在 t 时刻的 ESG 综合得分；$OPER\_REV_{i,t}$、$ROE_{i,t}$、$STDR_{i,t}$、$EBITDA_Cov_{i,t}$分别表示主体 i 在 t 时刻的营业收入、净资产收益率、短期债务比例和 EBITDA 利息保障倍数；α 为回归常数项；$\epsilon_{i,t}$为回归扰动项。

二、E、S、G 分项因素模型

为分别检验 E（环境）、S（社会）、G（公司治理）维度对主体信用风险的影响大小和预警价值，本文将模型中的 ESG 综合得分因子（$ESG_{i,t}$）替换为环境管理实践因子（$E_{i,t}$）、社会管理实践因子（$S_{i,t}$）和治理管理实践因子（$G_{i,t}$）分别进行回归。回归模型如下：

$$CS_{i,t} = \alpha + \beta_1 E_{i,t} + \beta_2 OPER\_REV_{i,t} + \beta_3 ROE_{i,t} + \beta_4 STDR_{i,t} + \beta_5 EBITDA\_Cov_{i,t} + \epsilon_{i,t}$$

$$CS_{i,t} = \alpha + \beta_1 S_{i,t} + \beta_2 OPER\_REV_{i,t} + \beta_3 ROE_{i,t} + \beta_4 STDR_{i,t} + \beta_5 EBITDA\_Cov_{i,t} + \epsilon_{i,t}$$

$$CS_{i,t} = \alpha + \beta_1 G_{i,t} + \beta_2 OPER\_REV_{i,t} + \beta_3 ROE_{i,t} + \beta_4 STDR_{i,t} + \beta_5 EBITDA\_Cov_{i,t} + \epsilon_{i,t}$$

三、企业性质异质性模型

为检验不同企业性质在 ESG 综合得分对主体信用风险的影响中是否存在差异，本文将 nonSOE 虚拟变量，以及交乘项 nonSOE × ESG 引入模型中。其中，当主体的企业性质为非国有企业时，虚拟变量 nonSOE 取 1；当主体的企业性质为国有企业时（包括中央国有企业和地方国有企业），虚拟变量 nonSOE 取 0。具体模型如下：

$$CS_{i,t} = \alpha + \beta_1 ESG_{i,t} + \beta_2 OPER\_REV_{i,t} + \beta_3 ROE_{i,t} + \beta_4 STDR_{i,t} + \beta_5 EBITDA\_Cov_{i,t} + \beta_6 nonSOE_i + \beta_7 nonSOE_i \times ESG_{i,t} + \epsilon_{i,t}$$

第四节　样本数据处理与描述性统计

一、样本数据处理

数据方面，本文选取的样本数据为 2019 年 6 月到 2023 年 7 月的月度数据。本文用到的主体信用利差数据来源于 DM 平台，选取该发债主体所有剩余期限在 6 个月到 6 年内的公募流通债券信用利差的中位数作为主体信用利差，同时剔除 ABS、可转债、永续债的影响。本文用到的财务数据和 ESG 数据均来自 Wind 数据库。本文选取的 ESG 综合得分数据为 Wind ESG 评级数据。

本文对样本数据按以下原则进行了处理：（1）剔除金融行业的样本数据；（2）剔除主要变量缺失的样本；（3）为减少极端值的影响，对主要连续变量进行了 1% 和 99% 的缩尾处理；（4）由于营业收入指标样本间差异较大，为了更好体现估计效果，在计算该指标时进行了缩放处理。

二、描述性统计

（一）各变量描述性统计

表 5 -2 -4 展示了各变量描述性统计结果。因变量方面，主体信用利差均值为 184. 48BP，标准差为 325. 2BP，中位数为 50. 890BP，表明样本公司的主体信用利差存在较大差异，低风险和高风险主体信用利差分化显著。

表 5 -2 -4　　　　各变量描述性统计

变量	均值	标准差	最小值	25 分位数	中位数	75 分位数	最大值
CS	184. 483	325. 199	25. 755	50. 890	78. 840	167. 135	2 400. 826
ESG	6. 177	1. 010	2. 650	5. 430	5. 990	6. 810	9. 420
E	2. 575	2. 363	0. 000	0. 630	1. 930	4. 010	10. 000
S	4. 084	2. 328	0. 000	2. 240	3. 820	5. 790	10. 000
G	6. 842	1. 075	1. 160	6. 180	6. 810	7. 460	9. 770
OPER_REV	5. 246	13. 279	0. 030	0. 395	1. 154	3. 697	95. 550
ROE	0. 053	0. 071	-0. 287	0. 027	0. 051	0. 083	0. 260
STDR	0. 444	0. 231	0. 027	0. 267	0. 406	0. 615	0. 975
EBITDA_Cov	7. 819	7. 522	-3. 341	3. 533	5. 641	12. 031	44. 326

资料来源：光大永明资产

自变量方面，ESG 综合得分均值为 6.177，标准差 1.010，最大值 9.420，最小值 2.650，样本企业间 ESG 表现存在差异。分别看 ESG 综合得分下的环境、社会、公司治理三大维度，其中，环境管理实践因子（E）均值 2.575，中位数 1.930，标准差 2.363；社会管理实践因子（S）均值 4.084，中位数 3.820，标准差 2.328；治理管理因子（G）均值 6.842，中位数 6.810，标准差 1.075。

通过环境、社会、公司治理三大维度对比可知，企业披露公司治理方面的数据（如董监高离职率、女性董事占比、反垄断与公平竞争培训等）相对较多、较完善，治理管理实践因子（G）的中位数和均值显著高于环境管理实践因子（E）和社会管理实践因子（S）。社会管理方面数据（如帮扶脱贫人口数量、产品召回程序、员工满意度调查、研发与创新等）完善程度次之；环境管理方面数据（如环保总投入、清洁能源/可再生能源使用、原材料与包装材料管理体系与制度等）披露较少，均值和中位数均显著低于其余两个维度，且 0 值较多。在区分度上，环境管理实践因子（E）和社会管理实践因子（S）的区分度更高，而治理管理实践因子（G）的区分度较低。

控制变量方面，营业收入进行了缩放处理，其缩放后均值为 5.246，净资产收益率均值为 5.3%，短期债券占比均值为 44.4%，EBITDA 利息保障倍数均值为 7.819%。

（二）变量间相关系数情况

表 5-2-5 展示了各变量之间的相关系数矩阵，各财务变量之间的相关性整体较低，可认为模型中多重共线性问题不严重，适合进行下一步回归分析。基于 ESG 各维度得分的相关性方面，社会管理实践因子（S）与 ESG 综合得分相关性最高，相关系数为 0.843；环境管理实践因子（E）与 ESG 综合得分相关性次之，相关系数为 0.748；治理管理实践因子（G）最低，相关系数为 0.598。这可能与各维度指标的披露情况和区分度有关，社会管理实践因子（S）和环境管理实践因子（E）整体信息披露的区分度更高，贡献了各企业间 ESG 综合得分的差异，和 ESG 综合得分的相关系数更高。

表 5-2-5　　变量间相关系数矩阵

	CS	ESG	E	S	G	OPER_REV	ROE	STDR	EBITDA_Cov
CS	1.000	—	—	—	—	—	—	—	—
ESG	-0.323	1.000	—	—	—	—	—	—	—
E	-0.264	0.748	1.000	—	—	—	—	—	—
S	-0.296	0.843	0.570	1.000	—	—	—	—	—
G	-0.186	0.598	0.359	0.328	1.000	—	—	—	—
OPER_REV	-0.229	0.308	0.407	0.247	0.249	1.000	—	—	—
ROE	-0.143	0.122	0.107	0.111	0.084	0.270	1.000	—	—
STDR	0.287	0.031	0.117	0.058	-0.023	0.227	-0.042	1.000	—
EBITDA_Cov	-0.263	0.210	0.173	0.200	0.126	0.098	0.645	0.001	1.000

资料来源：光大永明资产

第三章
ESG 评价体系对信用风险预警回归模型实证分析

本章第一节基于基本模型和分项因素模型，从四个维度进行了实证研究，分别为 ESG 综合得分对主体信用风险影响及预警价值，E、S、G 三个因素分别对主体信用风险影响及预警价值。为了验证企业性质因素是否会影响实验结果，本章第二节进行了异质性检验，进一步探究不同企业性质是否会造成 ESG 对主体信用风险的影响和预警作用差异。

第一节 实证结果及分析

一、ESG 综合得分对主体信用风险的影响

根据模型回归结果，ESG 综合得分与主体信用风险呈现显著负相关关系，说明 ESG 综合得分升高时，主体信用风险降低，直观反映了 ESG 表现较佳的主体其信用风险水平较低。

具体来看，表 5-3-1 展示了主体信用风险影响因素回归结果，所有因子均在 1% 的水平上显著。其中，解释变量 ESG 的回归系数显著为负，表明主体信用风险随着 ESG 综合得分的上升而降低。营业收入（OPER_REV）、净资产收益率（ROE）和 EBITDA 利息保障倍数（EBITDA_Cov）的回归系数分别为 -1.505、-616.744 和 -3.741，表明营业收入增加、净资产收益率上涨、EBITDA 利息保障倍数上升有助于降低主体信用风险。短期债务比例（STDR）的回归系数为 241.297，表明短期债务比例的上升会导致主体信用风险的增加，呈现显著正相关关系。

表 5-3-1 主体信用风险影响因素回归结果

变量	系数	标准差	t 值	P 值
α	374.224	20.873	17.928	0.000
ESG	-36.756	3.199	-11.490	0.000
OPER_REV	-1.505	0.092	-16.377	0.000
ROE	-616.744	75.817	-8.135	0.000
STDR	241.297	11.339	21.280	0.000
EBITDA_Cov	-3.741	0.321	-11.637	0.000
R^2	0.095			
调整后 R^2	0.094			
观测值	11 643			

资料来源：光大永明资产

二、ESG 综合得分对主体信用风险的预警价值

为了进一步探究 ESG 评价体系对主体信用风险是否具有预警价值，本文将滞后 6 期（即 6 个月）和滞后 12 期（即 12 个月）的 ESG 综合得分与财务数据、主体信用利差回归，构建主体信用风险预警模型。

模型回归结果分别如表 5 -3 -2（滞后 6 期）和表 5 -3 -3（滞后 12 期）所示。回归结果显示，滞后 6 期和滞后 12 期的 ESG 综合得分对主体信用风险均具有预警作用，且在 1% 的水平上显著。滞后 6 期和滞后 12 期的 ESG 回归系数分别为 -36. 981 和 -40. 650，表明 ESG 综合得分越高，即 ESG 表现越好，主体未来信用风险越低，反映了 ESG 在信用风险预警方面的作用价值。

表 5 -3 -2　　滞后 6 期主体信用风险预警模型回归结果

变量	系数	标准差	t 值	P 值
α	380. 048	23. 387	16. 250	0. 000
ESG	-36. 981	3. 570	-10. 358	0. 000
OPER_REV	-1. 491	0. 103	-14. 500	0. 000
ROE	-580. 036	84. 685	-6. 849	0. 000
STDR	224. 127	13. 253	16. 912	0. 000
EBITDA_Cov	-3. 183	0. 410	-7. 762	0. 000
R^2	0. 069			
调整后 R^2	0. 069			
观测值	9 667			

资料来源：光大永明资产

表 5 -3 -3　　滞后 12 期主体信用风险预警模型回归结果

变量	系数	标准差	t 值	P 值
α	405. 613	28. 374	14. 295	0. 000
ESG	-40. 650	4. 374	-9. 293	0. 000

续表

变量	系数	标准差	t 值	P 值
OPER_REV	-1.310	0.128	-10.232	0.000
ROE	-427.017	103.317	-4.133	0.000
STDR	196.224	15.256	12.862	0.000
EBITDA_Cov	-2.736	0.551	-4.969	0.000
R^2	0.047			
调整后 R^2	0.046			
观测值	7 927			

资料来源：光大永明资产

三、环境、社会、公司治理维度分别对主体信用风险的影响

ESG 综合环境（E）、社会（S）、公司治理（G）三大维度衡量主体绿色可持续发展能力，对主体信用风险具有解释性和预警性。本文继续探究 ESG 各分项对主体信用风险的影响。根据模型回归结果，环境（E）、社会（S）、公司治理（G）三个因素与主体信用风险均有显著负相关关系，其中社会（S）对主体信用利差的解释力最强，环境（E）对主体信用利差的影响次之，公司治理（G）对主体信用利差的提供的额外解释能力相对较弱。表 5-3-4 展示了具体的回归结果。

（一）环境因子（E）

表 5-3-4 中列（2）展示了加入环境管理实践因子（E）后的回归结果。环境管理实践因子（E）的回归系数为 -13.180，在 1% 的水平上显著，与主体信用利差呈负相关关系。回归结果显示对企业环境管理更为关注的主体具有更低的信用利差。加入环境管理实践因子（E）后模型 R^2 为 0.091，相比未加入时 R^2 增加 0.008，表明环境管理实践因子（E）对信用利差的变化提供了额外的解释力。

表 5-3-4　主体信用风险 E、S、G 分项影响因素回归结果

变量	(1)		(2) E		(3) S		(4) G	
	系数	t 值	系数	t 值	系数	t 值	系数	t 值
α	155.325***	(25.803)	179.330***	(27.738)	212.801***	(25.549)	235.882***	(10.572)
E			-13.180***	(-11.370)				
S					-16.434***	(-11.668)		
G							-12.036***	(-3.789)
OPER_REV	-2.028***	(-21.493)	-1.453***	(-14.932)	-1.530***	(-16.157)	-1.796***	(-17.180)
ROE	-616.572***	(-8.067)	-626.863***	(-8.221)	-627.455***	(-8.258)	-620.178***	(-8.125)
STDR	240.461***	(21.316)	249.781***	(21.901)	244.027***	(21.513)	238.867***	(21.253)
EBITDA_Cov	-4.384***	(-13.581)	-3.958***	(-12.549)	-3.613***	(-11.044)	-4.195***	(-12.817)
R^2	0.083		0.091		0.096		0.084	
调整后 R^2	0.082		0.091		0.095		0.084	
观测值	11643		11643		11643		11643	

注：*、**、*** 分别表示在 10%、5%、1% 的水平上显著。

资料来源：光大永明资产

（二）社会因子（S）

表5－3－4中列（3）展示了加入社会管理实践因子（S）后的回归结果。社会管理实践因子（S）的回归系数为－16.434，在1%的水平上显著，与主体信用利差呈负相关关系。回归结果显示对社会管理可持续化发展（包括公平雇用、产品研发和创新、信息安全保障等）更为关注的主体具有更低的信用利差。加入社会管理实践因子（S）后模型R^2为0.096，相比未加入时R^2增加0.013，表明社会管理实践因子（S）对信用利差的变化提供了新的解释力。

（三）治理管理因子（G）

表5－3－4中列（4）展示了加入治理管理实践因子（G）后的回归结果。治理管理实践因子（G）的回归系数为－12.036，在1%的水平上显著，与主体信用利差呈负相关关系。回归结果显示对公司治理关注的主体具有更低的信用利差。加入治理管理实践因子（G）后模型R^2为0.084，相比未加入时R^2增加0.001，表明治理管理实践因子（G）对信用利差提供额外解释能力，但较为有限。

（四）对比分析

表5－3－4中列（2）、（3）、（4）模型回归结果对比显示，社会管理实践因子（S）对主体信用利差的解释力最强，在列（1）模型（即未加入任何ESG方面因子）的基础上提供最多的额外解释力，R^2增加0.013；环境管理实践因子（E）对主体信用利差的影响次之，R^2增加0.008；治理管理实践因子（G）对主体信用利差的提供的额外解释能力最弱，R^2增加0.001。在ESG综合评分的分项中，治理管理实践因子（G）是平均得分最高、各企业披露最完善，也是区分度最小的分项，这可能是导致治理管理实践因子（G）在判别主体信用风险高低中表现不佳的原因。另外，也可能是管理实践因子（G）选取的指标（基于Wind ESG评级方法披露，治理管理实践因子底层数据点涵盖了包括了董监高离职率、女性董事占比、检

举者保护机制、反垄断与公平竞争培训等指标）与企业运营结果好坏的关联度较低，导致对主体信用风险的影响较小。

四、环境、社会、公司治理维度分别对主体信用风险的预警价值

本文继续探究 ESG 各分项对主体信用风险的预警价值，将各因素间的时间差纳入考量，从环境、社会、公司治理三个维度分别检验该分项对主体信用风险预警能力。表 5－3－5 和表 5－3－6 展示了滞后 6 期（即 6 个月）和滞后 12 期（即 12 个月）环境管理实践因子（E）、社会管理实践因子（S）、治理管理实践因子（G）与主体信用利差的回归结果。根据模型回归结果，环境（E）和社会（S）对未来信用利差具有预测能力，该影响随着时间的拉长，效力仍持续显著，公司治理（G）与主体信用利差的相关性较差，对滞后 6 期的未来主体信用风险预测性明显降低，滞后 12 期回归系数已不显著。各项财务因子系数符合经济学常识，但其对未来信用风险的解释能力随着时间的推移（即滞后期的拉长）有所下降。

（一）环境因子（E）

第（2）列展示了加入滞后 6 期（即 6 个月）和滞后 12 期（即 12 个月）环境因子（E）后的回归结果。滞后 6 期的环境管理实践因子（E）回归系数为 －14.291，滞后 12 期的环境管理实践因子（E）回归系数为 －16.390，均在 1% 的水平上显著，与主体信用利差呈负相关关系。回归结果显示企业优良的环境管理水平有助于降低企业未来的信用风险，显著降低未来企业信用利差。加入环境管理实践因子（E）后模型 R^2 分别为 0.067（滞后 6 期）和 0.045（滞后 12 期），相比未加入时，R^2 分别增加 0.009（滞后 6 期）和 0.011（滞后 12 期），表明环境管理实践因子（E）对未来信用利差具有预测能力，该影响随着时间的拉长，效力仍持续显著。

（二）社会因子（S）

第（3）列展示了加入滞后 6 期（即 6 个月）和滞后 12 期（即 12 个月）

表 5-3-5 滞后 6 期主体信用风险 E、S、G 分项预警模型回归结果

变量	(1)		(2) E		(3) S		(4) G	
	系数	t 值	系数	t 值	系数	t 值	系数	t 值
α	161.612***	(22.513)	185.555***	(23.712)	228.669***	(22.969)	201.513***	(8.658)
E			-14.291***	(-9.842)				
S					-19.615***	(-12.755)		
G							-6.005*	(-1.763)
OPER_REV	-1.979***	(-18.951)	-1.379***	(-12.418)	-1.418***	(-13.445)	-1.858***	(-15.318)
ROE	-573.220***	(-6.694)	-586.719***	(-6.896)	-597.882***	(-7.052)	-576.160***	(-6.729)
STDR	218.600***	(16.572)	232.679***	(17.427)	227.688***	(17.223)	218.321***	(16.569)
EBITDA_Cov	-3.856***	(-9.587)	-3.378***	(-8.435)	-2.875***	(-6.907)	-3.752***	(-9.154)
R^2	0.058		0.067		0.076		0.058	
调整后 R^2	0.057		0.066		0.076		0.057	
观测值	9667		9667		9667		9667	

注：*、**、*** 分别表示在 10%、5%、1% 的水平上显著。
资料来源：光大永明资产

表 5－3－6　　滞后 12 期主体信用风险 E、S、G 分项预警模型回归结果

变量	(1)		(2) E		(3) S		(4) G	
	系数	t 值	系数	t 值	系数	t 值	系数	t 值
α	165.464***	(18.995)	192.521***	(20.413)	247.622***	(20.415)	165.476***	(6.375)
E			－16.390***	(－9.581)				
S					－23.552***	(－12.717)		
G							－0.002	(－0.000)
OPER_REV	－1.837***	(－15.221)	－1.152***	(－8.350)	－1.213***	(－9.532)	－1.837***	(－11.878)
ROE	－408.857***	(－3.898)	－429.934***	(－4.107)	－466.023***	(－4.511)	－408.858***	(－3.894)
STDR	188.738***	(12.402)	206.759***	(13.478)	200.895***	(13.244)	188.737***	(12.406)
EBITDA_Cov	－3.438***	(－6.508)	－2.956***	(－5.563)	－2.269***	(－4.064)	－3.438***	(－6.337)
R^2	0.034		0.045		0.057		0.034	
调整后 R^2	0.033		0.044		0.057		0.033	
观测值	7927		7927		7927		7927	

注：*、**、*** 分别表示在 10%、5%、1% 的水平上显著。
资料来源：光大永明资产

社会管理实践因子（S）后的回归结果。滞后 6 期的社会管理实践因子（S）回归系数为 -19.615，滞后 12 期的社会管理实践因子（S）回归系数为 -23.552，均在1%的水平上显著，与主体信用利差呈负相关关系。回归结果显示对社会管理可持续化发展（包括公平雇用、产品研发和创新、信息安全保障等）更为关注的主体在未来具有更低的信用利差，能显著降低企业未来信用风险。加入社会管理实践因子（S）后模型 R^2分别为 0.076（滞后6 期）和 0.057（滞后 12 期），相比未加入时，R^2分别增加 0.018（滞后6 期）和 0.023（滞后 12 期），表明社会管理实践因子（S）对未来信用利差具有预测能力，该影响随着时间的拉长，效力仍持续显著。

（三）治理因子（G）

列（4）展示了加入滞后6 期（即6 个月）和滞后 12 期（即 12 个月）治理管理实践因子（G）后的回归结果。滞后 6 期的治理管理实践因子（G）回归系数为 -6.005，在 10%的水平上显著，与主体信用利差呈负相关关系。滞后 12 期的治理管理实践因子（G）回归系数不显著。回归结果显示治理管理实践因子（G）与未来主体信用利差的相关性较差，对未来主体信用风险的预测性明显降低（滞后 6 期）或不显著（滞后 12 期）。加入治理管理实践因子（G）后模型 R^2分别为 0.058（滞后 6 期）和 0.034（滞后 12 期），相比未加入时 R^2没有增加，表明治理管理实践因子（G）对未来信用利差的预测不提供额外解释能力。

（四）对比分析

表 5 -3 -5 和表 5 -3 -6 中列（2）、（3）、（4）模型回归结果对比显示，社会因子（S）对主体信用利差的预警价值最高，在列（1）模型（即未加入任何 ESG 方面因子）的基础上提供最多的额外解释力（滞后6 期 R^2增加 0.018，滞后 12 期 R^2增加 0.023），环境因子（E）对主体信用利差预警性次之，R^2分别增加 0.009（滞后6 期）和 0.011（滞后 12 期），治理管理实践因子（G）对主体信用利差预测提供的额外解释能力最弱，滞后 6 期因子在 10%的水平上显著，滞后 12 期因子不显著，R^2未有明显增加。

在 ESG 综合评分中，社会因子（S）和环境因子（E）具有较强的外部性，对企业经营和利润好转的影响较为长期。企业在长期符合国家战略发展能有效降低企业信用风险，如增加清洁能源/可再生能源的使用，降低对化石能源的依赖，既是响应国家节能减排、向清洁低碳转型的号召，短期内可获得相应补贴，减少监管污染处罚，又是为未来能源不确定性、化石能源存量降低导致的价格波动积极提早布局、寻求替代方法，做好风险防范，降低未来经营风险、信用风险。模型中也体现了这种长期性，即社会因子（S）和环境因子（E）的改善能有效降低未来一年内主体信用利差，降低主体信用风险。

第二节　异质性分析

一、ESG 影响主体信用风险的企业性质异质性

（一）模型

为了进一步检验不同企业性质对 ESG 影响主体信用风险的效力是否存在差异，本文将虚拟变量 nonSOE，以及交乘项 nonSOE × ESG 引入模型中。回归模型如下：

$$CS_{i,t} = \alpha + \beta_1 ESG_{i,t} + \beta_2 OPER\_REV_{i,t} + \beta_3 ROE_{i,t} + \beta_4 STDR_{i,t} + \beta_5 EBITDA\_Cov_{i,t} + \beta_6 nonSOE_i + \beta_7 nonSOE_i \times ESG_{i,t} + \epsilon_{i,t}$$

当主体的企业性质为国有企业时，上述公式可以表示为：

$$CS_{i,t} = \alpha + \beta_1 ESG_{i,t} + \beta_2 OPER\_REV_{i,t} + \beta_3 ROE_{i,t} + \beta_4 STDR_{i,t} + \beta_5 EBITDA\_Cov_{i,t} + \epsilon_{i,t}$$

当主体的企业性质为非国有企业时，上述公式可以表示为：

$$CS_{i,t} = (\alpha + \beta_6) + (\beta_1 + \beta_7) ESG_{i,t} + \beta_2 OPER\_REV_{i,t} + \beta_3 ROE_{i,t} + \beta_4 STDR_{i,t} + \beta_5 EBITDA\_Cov_{i,t} + \epsilon_{i,t}$$

其中，β_6和β_7分别反映了非国有企业相对于国有企业组的截距和斜率的差异。本文关注参数β_7，它反映了ESG变量在国有企业和非国有企业两组中的系数差异。

（二）回归结果

研究结果表明ESG综合得分的提高能有效降低国有企业和非国有企业主体信用利差。区分企业性质来看，对非国有企业的信用利差降低作用更显著，每提高1分ESG综合得分，非国有企业信用利差比国有企业信用利差多降低77.379BP。

具体来看，表5-3-7展示了加入虚拟变量nonSOE以及交乘项nonSOE×ESG后的模型回归结果。其中，交乘项nonSOE×ESG的回归系数为-77.379，在1%的水平上显著。虚拟变量nonSOE的回归系数为785.599，在1%的水平上显著。基于回归公式，ESG综合得分对信用利差（CS）的边际影响可表达为：$\partial CS_{i,t}/\partial ESG_{i,t}=\beta_1+\beta_7 nonSOE_i$，带入回归系数整理后得：$\partial CS_{i,t}/\partial ESG_{i,t}=-18.988-77.379\times nonSOE_i$。该公式表明良好的ESG表现对非国有企业信用风险的降低作用更显著。该回归结果表明，其他条件相同的情况下，每提高1分ESG综合得分，国有企业信用利差预期降低18.988BP，非国有企业信用利差预期降低96.367BP，非国有企业信用利差比国有企业信用利差多降低77.379BP。

基于回归公式，非国有企业（nonSOE）对信用利差（CS）的边际影响可表达为：$\partial CS_{i,t}/\partial nonSOE_i=\beta_6+\beta_7 ESG_{i,t}$，带入回归系数整理后得：$\partial CS_{i,t}/\partial nonSOE_i=785.599-77.379ESG_{i,t}$。该公式表明其他条件相同的情况下，非国有企业的信用利差高于国有企业，但良好的ESG表现可以使得两者的利差差距缩小。例如，非国有企业A和国有企业B其他条件相同（此处指模型中的控制变量相同），若两者ESG综合得分均为0，非国有企业A的信用利差比国有企业B的信用利差预期高785.599BP；但若两者的ESG综合得分均为10（满分），基于回归结果，非国有企业A的信用利差预期只比国有企业B的信用利差高785.599-77.379×10BP，即11.809BP。良好的ESG表现能够一定程度上降低非国有企业因企业性质劣势导致的风险溢价。

表 5-3-7　企业性质对 ESG 影响主体信用风险的检验

变量	系数	标准差	t 值	P 值
α	248.286	14.923	16.638	0.000
nonSOE	785.599	59.953	13.103	0.000
ESG	-18.988	2.534	-7.494	0.000
nonSOE × ESG	-77.379	8.898	-8.696	0.000
OPER_REV	-0.736	0.085	-8.646	0.000
ROE	-683.448	67.917	-10.063	0.000
STDR	132.951	10.376	12.813	0.000
EBITDA_Cov	-4.051	0.325	-12.455	0.000
R^2	0.250			
调整后 R^2	0.250			
观测值	11 643			

资料来源：光大永明资产

二、ESG 预警主体信用风险的企业性质异质性

根据回归结果，ESG 表现对主体未来 6 个月和 12 个月信用利差的降低均有显著正向作用；区分企业性质来看，非国有企业的降低作用更显著。本文将虚拟变量 nonSOE 以及交乘项 nonSOE × ESG 引入滞后 6 期（即 6 个月）和滞后 12 期（即 12 个月）的 ESG 综合得分和财务数据构建的主体信用风险预警模型，模型回归结果如表 5-3-8 和表 5-3-9 所示。

具体来看，表 5-3-8 展示了滞后 6 期（即 6 个月）的预测模型回归结果，其中，交乘项 nonSOE × ESG 的回归系数为 -81.413，虚拟变量 nonSOE 的回归系数为 839.430，均在 1% 的水平上显著。回归结果表明滞后 6 期的 ESG 综合得分对企业信用利差具有预测性，非国有企业良好的 ESG 表现对未来主体信用利差（此处指 6 个月后）下降有更显著作用。

表 5-3-9 展示了滞后 12 期（即 12 个月）的预测模型回归结果，其中交乘项 nonSOE × ESG 的回归系数为 -96.559，虚拟变量 nonSOE 的回归

系数为962.258，均在1%的水平上显著。回归结果表明滞后12期的ESG综合得分对企业信用利差具有预测性，非国有企业良好的ESG表现对未来主体信用利差（此处指12个月后）下降有更显著作用。

表5-3-8　企业性质对主体信用风险预警模型的影响（滞后6期）

变量	系数	标准差	t值	P值
α	246.233	17.017	14.469	0.000
nonSOE	839.430	67.662	12.406	0.000
ESG	-17.169	2.818	-6.093	0.000
nonSOE × ESG	-81.413	10.143	-8.026	0.000
OPER_REV	-0.639	0.097	-6.565	0.000
ROE	-750.625	76.499	-9.812	0.000
STDR	104.261	11.916	8.750	0.000
EBITDA_Cov	-3.446	0.403	-8.559	0.000
R^2	0.239			
调整后 R^2	0.239			
观测值	9 667			

资料来源：光大永明资产

表5-3-9　企业性质对主体信用风险预警模型的影响（滞后12期）

变量	系数	标准差	t值	P值
α	252.408	20.143	12.531	0.000
nonSOE	962.258	85.013	11.319	0.001
ESG	-17.568	3.369	-5.215	0.000
nonSOE × ESG	-96.559	12.746	-7.575	0.000
OPER_REV	-0.406	0.124	-3.281	0.000
ROE	-645.314	92.335	-6.989	0.000
STDR	73.788	13.981	5.278	0.000
EBITDA_Cov	-3.256	0.516	-6.313	0.000
R^2	0.225			
调整后 R^2	0.224			
观测值	7 927			

资料来源：光大永明资产

第四章　结论与建议

第一节　研究结论

一、ESG 表现在固收产品信用风险管理中具有显著参考价值

根据上文研究发现，ESG 表现越好的企业，其债券收益率利差水平越低，信用风险水平越低；分别研究企业环境表现（E）、社会表现（S）和公司治理表现（G）对于其债券信用风险水平的影响，结果同样实证良好的环境、社会和公司治理表现均会显著降低收益率利差，特别是社会表现（S）和环境表现（E）两个因素影响效果更为明显。此外，在引入滞后项后进一步证实了 ESG 表现对一定时间后的信用风险具有预警作用，这与 ESG 反映企业较长期抗风险能力的理论相吻合。ESG 表现较佳的企业商业价值高，同时对其长期稳定性、声誉、市场地位等产生正面影响，形成正反馈机制，最终实现提升公司较长期抗风险能力的作用。以上结果证实了将 ESG 相关指标纳入到传统的信用风险模型中十分必要。

二、相较于国有企业，非国有企业更应加强 ESG 重视程度

根据实验结果，提升 ESG 表现对于非国有企业的信用利差水平降低的效果更加突出。在投资机构针对非国有企业进行投资时，公司内部治理情况和股东支持情况均为投资人重点关心的方向，完善的 ESG 披露体系有助

于提升公司的信息透明度，减少信息不对称性，提高公司市场认可度，可能会通过降低融资成本和拓宽融资渠道等传导机制实现降低公司收益率利差的作用。投资机构可增加对非国有企业的 ESG 因素重视程度，进一步管控其管理资产信用风险水平。

三、待优化方向

首先，本文研究主要基于 OLS 线性模型进行分析，在未来的研究分析中可借助集成学习、机器学习等更为先进的算法改进优化模型，达到更好的预测效果。其次，目前企业 ESG 表现有关评价的数据基础还不完整，或导致结果在一定程度上存在偏差。此外，可能还有其他因素对企业 ESG 表现影响机制产生作用，需要继续挖掘。最后，本文研究并未针对 ESG 与信用风险之间关系进行中介效应的因素进行检验分析，可作为后续研究方向。

第二节　将 ESG 纳入信用风险管理的建议

根据国际、国内投资者的实践经验，结合我国目前 ESG 投资的发展阶段，本文认为在固定收益投资的风险管理方面，可以通过以下几种具体的方式融入 ESG 考量。

一、顶层设计和整体规划

将 ESG 理念融入公司经营管理是一项复杂、长期、多维度的工作，与投资收益这类短期绩效不同，ESG 目标的达成更需要顶层设计以及自上而下推动。公司管理层需要制定明确的 ESG 发展战略，并在公司组织架构设置、制度建设、绩效考核、投资管理流程等方面进行整体规划，配合 ESG 理念的落地。

二、投资决策

在进行信用类资产的投资决策时，可以考虑应用负面筛选、ESG 整合以及主题投资等策略。

一是 ESG 负面筛选，基于 ESG 标准，从投资组合中剔除特定行业或公司。例如，剔除 ESG 得分排名靠后的发行人，或剔除特定行业，可以达到减少组合波动风险的效果。

二是 ESG 整合，明确、系统化地在投资分析和投资决策中纳入 ESG 因素。资管机构应将 ESG 理念纳入投资决策的全流程中。在尽调阶段，从第三方数据提供商、公开信息、自主调研等收集 ESG 信息并加以分析，找出影响公司、行业的重要 ESG 因子，衡量 ESG 因素对公司的表现以及偿债能力的影响程度。投资经理在作出投资决策时既要考虑传统的信用基本面指标，也要关注 ESG 因素可能带来的信用风险。在投后管理阶段，资管机构应持续监控发行人的 ESG 表现，避免造成信用损失。

三是主题投资，投资于主题资产是当前国际上固定收益投资机构参与 ESG 投资最普遍、认可度最高的途径之一。2016 年七部委提出构建绿色金融体系指导意见中提出推动证券市场支持绿色投资、设立绿色发展基金、发展绿色保险、丰富融资工具、支持地方发展绿色金融等。目前国内的 ESG 固收类相关资产主要包括绿色债券，社会债券、可持续发展债券、可持续发展挂钩债券以及绿色债券主题基金等。

三、产品创设和产品风险管理

保险机构作为保险资管产品的提供方，应注重能力建设，将 ESG 理念纳入产品创设和产品风险管理中。通过创设绿色、可持续发展等 ESG 相关领域的产品，达成支持国家重大战略、获取长期和稳定收益、控制产品信用风险的多赢局面。

四、ESG 评价因素纳入内部信用分析

ESG 评价在 ESG 信用分析和风险管理领域具有基础性作用，但不同第三方机构之间 ESG 评价标准差异较大，结论的相关性较低，评价普适性不强。类似于自建内部评级体系，保险机构也应该建立自己的 ESG 评价体系，并纳入信用分析。保险机构可以参考第三方机构评分、内部分析师研判，采用模型和人工相结合的方式，将 ESG 评价作为信用评级模型的因子。经过探索和研究，可以根据不同行业、不同企业性质，建立更具针对性的 ESG 评价标准及信用风险管理方案，及时调整和校准相关因子及其权重，提升合理性和准确性。

五、风险监测和预警

在投后阶段，关注企业 ESG 评价的边际变化，以及不同 ESG 因素对企业影响程度，对公司的 ESG 表现进行持续监控。不断积累 ESG 评价对债券估值波动和信用风险事件的预警机制的经验，提早进行研判，对可能造成的估值波动和信用风险事件做好预案。

六、团队建设与人员培训

保险机构应根据 ESG 战略规划和公司实际情况，进行相应的 ESG 团队建设以及人员培训教育。有实力的公司可通过建立 ESG 评价团队，获得更贴合公司实际需要的 ESG 评价结果，应用于公司投资决策和风险管理的各个领域。中小型公司需要加强员工 ESG 相关的培训和教育，提高其对于 ESG 因素和信用风险之间关系的理解，使之能够更有效地运用既有的 ESG 评分进行信用风险预警。

七、科技投入与系统建设

为了获得更全面、更深入的 ESG 数据和分析，保险机构需要加大科技投

入和系统建设。一方面，可以与第三方研究机构或数据提供商加强合作，丰富数据维度，更好地理解数据来源和评判标准，以便于积累自身对于 ESG 数据使用的经验。另一方面，在信用评级模型和投后管理系统中，开发 ESG 模块，将 ESG 因素通过系统化的方式纳入到信用风险管理的各个阶段。

第三节　将 ESG 纳入信用风险管理的挑战

一、ESG 评价差异大，内部应用难度较大

目前，国内 ESG 信息披露的规则仍在持续完善和统一的过程中，EGS 信息在内部信用风险管理中的应用难度较大。这主要体现在 ESG 披露企业和第三方评价结果两方面。目前对于发债企业的 ESG 披露尚未强制，披露标准也不统一，投资人对于 ESG 评价信息的收集和筛选难度较大。此外，在借助第三方机构 ESG 评价结果方面，各家机构对于评价因素、评价指标、权重的选取不同，因而评价结果差异性较大。而且不同于信用评级结构，目前国内的不同机构 ESG 评价相关性较弱，缺乏权威和广泛适用的评价结果。对于保险机构来说，不仅要理解不同第三方机构 ESG 评价结果的信息来源和评价模型，还需要契合内部评级模型，实际应用方面难度较大。

二、系统和科技投入要求较高

将 ESG 因素纳入投资和风险管理的全流程离不开系统的支持。在流程管理方面，需要对现有业务系统进行改造升级，增加 ESG 模块。在数据库方面，需要采购 ESG 数据或 ESG 评级结果，完成系统对接；ESG 纳入模型后还需不断优化，提升适用性。对中小保险机构而言，自主系统开发建设能力较弱，面临人力物力不足的情况，ESG 因素在内部风险管理中的应用效果可能大打折扣。

三、避免短期行为

随着政府和监管对 ESG 投资和绿色金融的鼓励和引导，金融市场参与者对于 ESG 资产和资产管理产品的需求不断增加，部分机构出现了“漂绿”行为。由于目前 ESG 尚未强制披露，评判标准缺乏权威性，部分企业通过主动披露 ESG 信息从而吸引投资者的目光，迎合 ESG 评价机构的评价标准，存在误导投资者的情况。保险机构应不断提高 ESG 的专业判断能力，识别企业的短期行为对 ESG 评价结果和对信用风险管理方面的影响。

目前大部分保险机构仍处于探索 ESG 投资的初级阶段，如何将 ESG 更好地融入公司经营理念、融入投资体系，需要不断实验和探索。ESG 投资并不是盲目的跟风追逐，而是积极顺应经济社会的发展趋势，最终达成打造“绿色”保险生态圈、增强保险资管业务竞争力的发展目标。

本专题参考文献

[1] 曹静．融合与创新——ESG 在保险资管风险管理的实践［J］．保险业风险观察，2022（4）．

[2] Florian B，Julian F. K，Roberto R. Aggregate Confusion：The Divergence of ESG Ratings［J］．Review of Finance，2022：1315－1344．

[3] 黄珺，汪玉荷，韩菲菲，李云．ESG 信息披露：内涵辨析、评价方法与作用机制［J/OL］．外国经济与管理．https：//doi. org/10. 16538/j. cnki. fem. 20221018. 202，2022－11－02．

[4] 刘均伟，周萧潇等．中金 ESG 手册［EB/OL］．https：//mp. weixin. qq. com/s/lGW0_r3Qy68PxRax4OfoJQ，2022－11－18．

[5] 刘璐．我国债券市场 ESG 投资实践有效性研究［J］．债券，2021（10）．

[6] 刘学娟，常如月，张静怡，邸浩．考虑 ESG 表现的企业违约风险预警研究［J］．金融理论与实践，2023（4）．

[7] 马紫晨．ESG 对于房地产企业的信用风险与财务绩效的影响［J］．现代金融导刊，2023（2）．

［8］彭满如，陈婕，殷俊明．ESG 表现、创新能力与企业绩效［J］．会计之友，2023（7）．

［9］王宝东，张琳，马忠宝．ESG 评级在企业财务风险预警中的应用研究［J］．投资与创业，2022（12）．

［10］王海波，万筱越等．海外 ESG 固收投资产品和策略研究［EB/OL］．https：//mp. weixin. qq. com/s/ih－_IygFscSUf6mihqVWTg，2022－9－21．

［11］张晶，刘学昆．ESG 评分影响公司债券在险价值的实证研究［J］．投资研究，2022（11）．

［12］张琳，潘佳英．融入 ESG 因素的企业债券信用风险预警研究［J］．金融理论探索，2021（4）．

［13］张晓娟．ESG 因子对信用债违约风险的预警作用研究［D］．吉林：吉林大学，2022．

［14］赵强，张雨凝．ESG 发展背景下保险业风险管理［J］，中国保险，2022（11）．

［15］周方召，潘婉颖，付辉．上市公司 ESG 责任表现与机构投资者持股偏好——来自中国 A 股上市公司的经验证据［J］．科学决策．2020（11）．

专题六

绿色投资风险管理：气候风险对基础设施和不动产投资的影响探究①

近年来，保险资管产品进一步发挥其资金长期性、稳定性优势服务国家战略，加大对基础设施及不动产领域的投资力度。在政策支持下，债权投资计划等另类投资日益成为保险资管产品投向上述领域的主要渠道。

但是，随着平均气温逐渐升高，暴雨洪涝、干旱等气候灾害频发，气候变化对基础设施及不动产的建设运营环境、安全稳定性和可靠耐久性产生的不利影响持续增大，使气候物理风险成为相关产品投资风险的重要影响因素之一。因此，在气候变化新常态、经济高质量发展背景下，研究气候风险如何影响基础设施和不动产领域保险资管产品投资风险，对保险资管行业强化气候风险管理、提高绿色资产配置能力具有重要意义。

课题首先分析了基础设施及不动产领域保险资管产品特征，为后续探究气候风险对上述领域保险资管产品投资风险的影响打下基础。研究发现，目前债权投资计划是保险资管产品投向上述领域的主要渠道。因此本课题主要基于债权投资计划开展研究。从近两年发行的债权投资产品看，其投向领域主要以交通、市政领域基础设施和商业不动产为主，项目期限多为5～10年，投向区域主要集中于经济发达的东部地区。此外，国家绿色化转型加速背景下，贴标绿色债权投资项目也日益兴起。

---

① 此研究课题的承担单位为中诚信国际信用评级有限责任公司，课题负责人为闫衍，课题组成员包括高卫涛、魏文龙、詹颖、梁蕴兮。

由于我国气候条件复杂，课题针对我国面临的气候物理风险进一步展开分析。从气候灾害的时空特征来看，近年来我国平均气温逐渐升高，高温、干旱等气候灾害频发且影响广泛，不同气候灾害在不同区域的发生概率及影响程度不同。目前，气候灾害造成的经济损失占 GDP 比重较高，与发达国家相比，我国灾害影响仍处于较为严重水平。气候灾害对四川和两湖地区的影响最为严重，其产生的经济损失主要体现在房屋倒塌损毁、基础设施运营中断和损坏等方面；气温升高、海平面上升等慢性气候风险的负面影响主要体现在农业减产、基础设施受损等方面。

在此基础上，课题分析了气候风险对基础设施和不动产领域保险资管产品投资风险的影响机制，研究发现气候风险对上述领域保险资管产品投资风险的影响主要集中在物理风险尤其是急性物理风险上，分析维度主要包含危害、敞口及脆弱性三个方面。

基于以上研究成果，课题就保险资管机构提高气候风险管理水平提出建议。监管部门可从强化政策引导、搭建沟通平台、推动气候风险数据联动共享等方面助力保险资管行业强化气候风险研究和管理能力。保险资管机构需多措并举强化气候风险管理：一是从战略高度推进气候风险管理，包括制定气候风险管理策略、建立气候管理组织框架，以及强化相关人才培养等；二是建立全流程气候风险管理体系，包括完善投前气候风险评估、建立气候风险压力测试和预警体系，以及完善投后管理等；三是可依托保险主业，强化气候风险管理与研究；四是强化绿色产业支持力度，助力国家战略实施。

第一章 国内外相关研究现状

近年来，我国平均气温有所升高，极端天气时有发生，由此导致的气候物理风险对实体经济的不利影响日益显现，并不断向金融体系蔓延。其中，传统基础设施建设和不动产领域高碳资产多、气候风险敞口大，气候变化所带来的长期不利影响和突发极端事件已成为该领域面临的重要风险之一，对相关金融产品投资风险的影响值得关注。而基础设施建设与不动产是保险资管产品的重要投向领域。在气候变化影响逐渐加深背景下，研究气候风险对基础设施与不动产领域保险资管产品投资风险的影响，对防范保险资金运用风险、推动绿色转型均具有重要意义。从防风险角度看，保险资金作为社会风险管理与社会保障体系建设的重要组成部分，其投资稳健性至关重要，强化气候风险研究有利于加强保险资管行业对气候风险的识别与应对能力，进而提高保险资金的投资安全性。从促进绿色发展角度看，提高气候风险认识也有利于保险资管行业提高绿色资产配置能力，有助于引导更多保险资金投向气候韧性项目和绿色低碳项目，助力经济社会低碳转型。

从既往研究与国内外金融机构实践来看，部分金融机构已开始探索将气候风险纳入全面管理体系并开展测算分析，但大多聚焦于气候转型风险领域，对气候物理风险的研究探讨较少，尤其是针对保险资管产品和基础设施和不动产领域的系统性研究更为稀缺。基于此，本研究立足于强化保险资管行业气候风险应对与管理能力，在对保险资管产品投向基础设施与不动产领域项目特点进行分析的基础上，按照“气候物理风险因素分析—基础资产风险敞口和脆弱性分析—对资管产品投资风险影响分析路径分析”的框架探究气候风险对基础设施与不动产领域保险资管产品投资风险的影响机制，以期为保险资管机构搭建气候风险管理体系、优化投资风险管理机制提出可行性建议；从监管政策角度，就保险资管行业防范气候风险、提高保险资金绿色资产配置能力提出政策建议。

第一节　国外相关研究进展

一、UNEP

联合国环境规划署（United Nations Environment Program，UNEP）在《UNEP FI's Comprehensive Good Practice Guide to Climate Stress Testing》报告中认为，在众多气候压力测试框架中，央行与监管机构绿色金融网络（Central Banks and Supervisors Network for Greening the Financial System，NGFS）框架是管理金融机构气候风险、开展气候风险压力测试工作应用最广泛框架（见图6－1－1）。

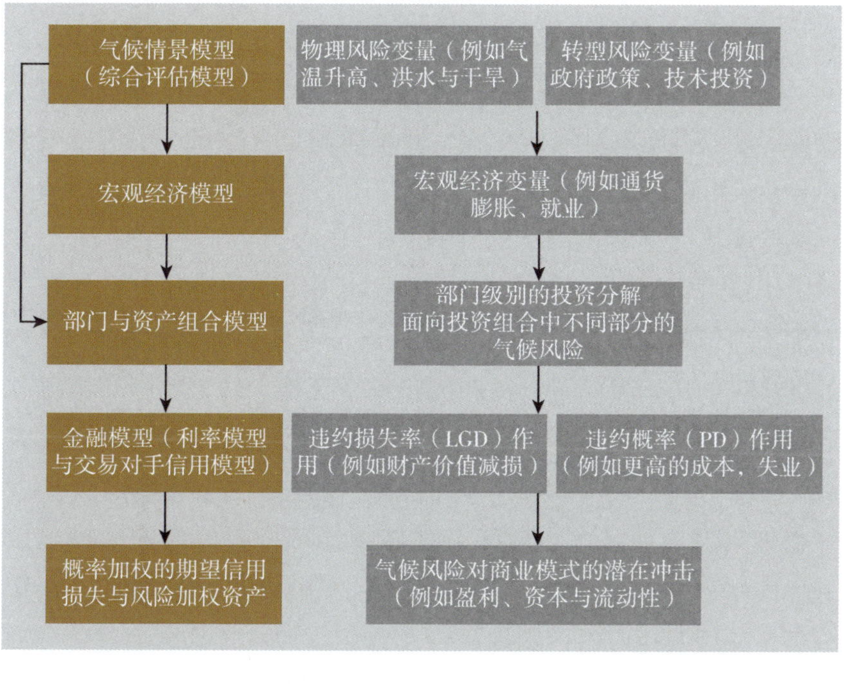

图6－1－1　UNEP提出气候风险压力测试方法学

资料来源：UNEP

二、NGFS

NGFS 于 2017 年“一个星球”巴黎峰会上由八国央行及监管机构设立，旨在帮助各国提高对巴黎协定目标的践行力度，强化各国金融系统在管理气候风险中的作用，在可持续发展大背景下推动资本增强绿色低碳领域的投资力度。

NGFS 在代表浓度路径（Representative Concentration Pathway，RCP）及共享社会经济发展路径（Shared Socioeconomic Pathways，SSP）情景基础上，围绕物理风险及转型风险提供 3 类场景及 6 种情景（NGFS，2022）。其中，3 类场景包括：有序转型、无序转型、热室世界。有序转型指各国政府一开始就迅速应对气候变化颁布政策或采取措施并逐年强化；包括 2 种情景，即 2050 净零排放（1.5℃）、低于 2℃。无序转型指各国政府在出现气候风险后没有采取措施及时应对，或虽及时应对但不同国家及不同部门采取了非统一有序措施导致同样温度下，碳价比其他情景更高；包括 2 种情景，即计划外净零排放（1.5℃）、延迟转型。热室世界指只有一部分国家或地区采取措施应对气候变化，并不能满足全球尺度上应对气候变化需要，导致不可逆转破坏（如海平面上升）；包括 2 种情景，即国家自主贡献、维持现状（见图 6－1－2、图 6－1－3）。

NGFS 气候情景整体上汇集了一套全球统一的转型路径，并基于此将气候变化物理影响及经济指标结合在一起，提供一整套数据集。NGFS 模型套件优势在于其全球覆盖范围和风险综合评估。转型路径将直接影响宏观经济指标（如 GDP 增速），同时转型路径减缓或推进适应慢性物理风险（如气温升高）。慢性物理风险一方面对宏观经济产生影响，另一方面也对急性物理风险（如暴雨、台风）的频率、严重程度等产生影响，而急性物理风险本身会对经济社会造成冲击，影响宏观经济指标。在转型路径影响下，减缓及适应慢性物理风险及急性物理风险都会通过传导路径最终体现在宏观经济指标上。至此，NGFS 勾勒出气候风险的传导框架（见图 6－1－4）。

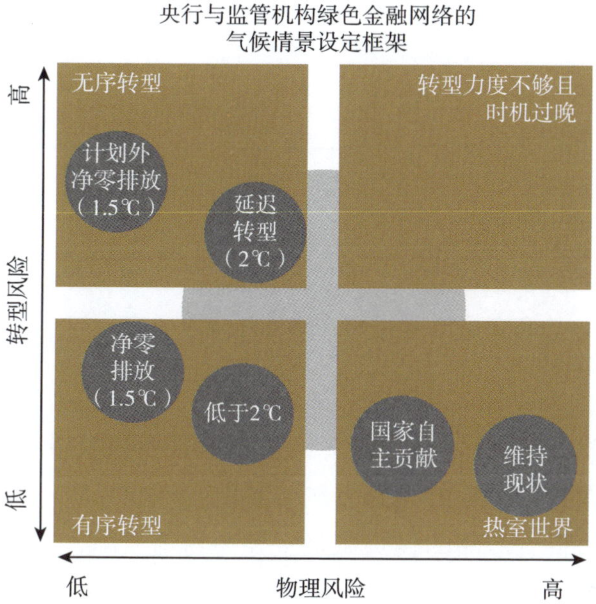

图 6－1－2　NGFS 气候情景矩阵

资料来源：NGFS

类别	情景	物理风险 政策力度	转型风险 政策响应	技术变化	二氧化碳脱除	区域政策差异
有序转型	2050净零排放	1.4℃	立即且平稳	变化迅速	中高程度	中等差异
	低于2℃	1.6℃	立即且平稳	变化适中	中高程度	差异小
无序转型	计划外净零排放	1.4℃	立即但不同部门存在差异	变化迅速	中低程度	中等差异
	延迟转型	1.6℃	反应滞后	变化缓慢或迅速	中低程度	变化适中
热室世界	国家自主贡献（NDCs）	2.6℃	国家自主贡献（NDCs）	变化缓慢	中低程度	中等差异
	维持现状	3℃+	缺少政策相应	变化缓慢	低程度	差异小

不同领色代表站在宏观金融风险分析角度看对应特征更加严重或更加趋缓

■ 风险低
■ 风险适中
■ 风险高

图 6－1－3　NGFS 提供 6 种气候情景

资料来源：NGFS

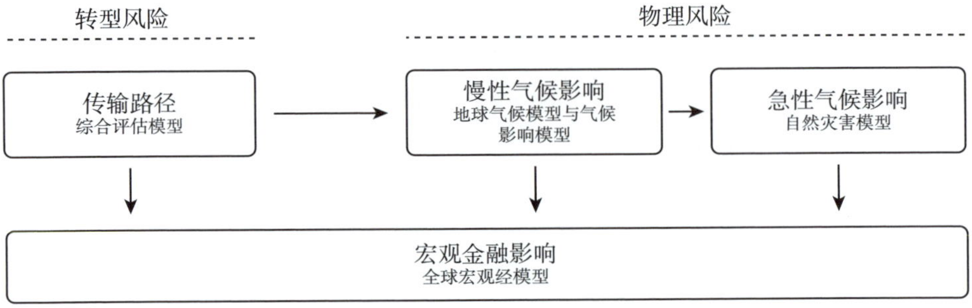

图 6－1－4　NGFS 气候风险研究框架

资料来源：NGFS

从 NGFS 的 6 种情景（见图 6－1－5）及具体假设出发，NGFS 提供了关于转型风险及物理风险的完整方法学。由于气候风险中，对基础设施及不动产领域保险资管产品的投资风险主要为物理风险，且以急性物理风险为主，本文对物理风险展开阐述。物理风险方面，NGFS 提出多个大型模型耦合方法学及数据流，最终生成我国未来不同情景下物理风险的时空分布（见图 6－1－6）。

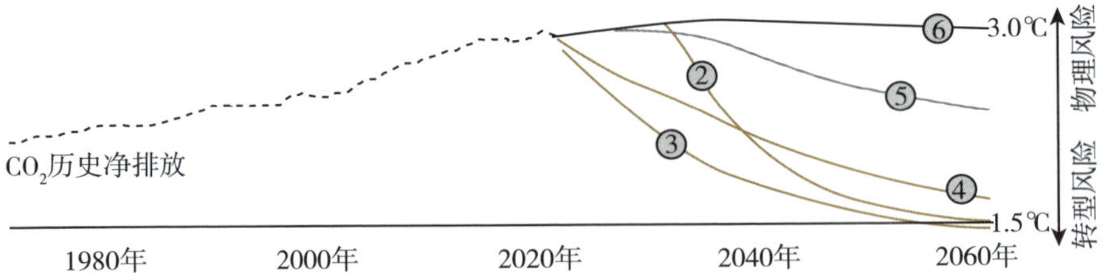

图 6－1－5　NGFS 六种情景气温路径

资料来源：NGFS

三、MSCI

明晟（Morgan Stanley Capital International，MSCI）认为，随着碳排放量增加，未来气候变暖产生气候风险，包括全球气温升高、降水量增加，同时导致极端气候事件增加，例如暴雨、暴雪、野火等（MSCI，2023）。MSCI 面向不动产领域的气候风险主要聚焦极端气候事件，包括极端高温、

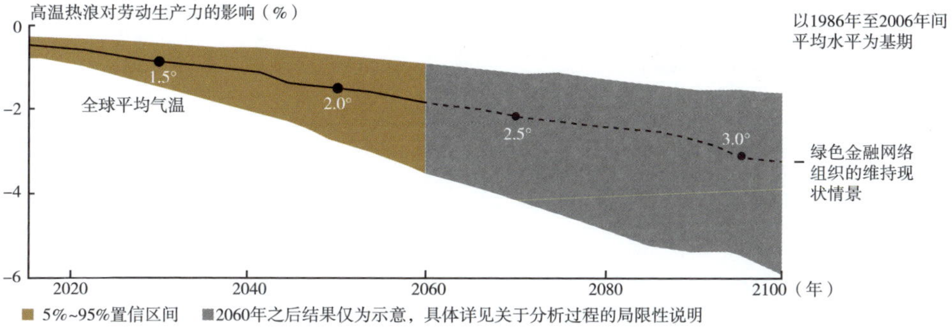

图 6－1－6　NGFS 预测我国未来各种情景下
由高温引起劳动力短缺程度平均值及不确定性分析（1.5℃）

资料来源：NGFS

极端低温、热带风暴、野火、沿海地区及河流沿岸暴发洪水等，借鉴保险业应用广泛的灾害模型，根据不动产领域投资组合空间分布、极端气候事件、脆弱度三个要素，计算得到不动产及投资组合未来在极端气候事件下损失现值，得到物理风险在险价值（Physical Climate Value－at－Risk，PC-VaR）。

MSCI 关于物理风险在险价值计算逻辑与 NGFS 关于急性物理风险量化分析方法一致，即利用资产组合空间分布、极端气候事件及脆弱度三要素计算，且与保险行业巨灾模型原理一致（见图 6－1－7、图 6－1－8）。

四、SWISS RE

瑞士再保险（Swiss Re－insurance，SWISS RE）开发了瑞再企商气候风险评分框架。该框架将降水和海平面上升的前瞻性气候模式数据与全球洪水和风暴潮区相结合，以创建物理气候风险的高分辨性评估。以台风为例，SWISS RE 在 2022 年报中提及已更新北美热带气旋模型库。该模型基于热带气旋强度及频次频率、风速等基本属性，模拟一次灾害及洪水等二次灾害，计算评估风险敞口及潜在损失。同时，SWISS RE 还将现有干旱等多种巨灾模型集成应用于气候风险管理中。

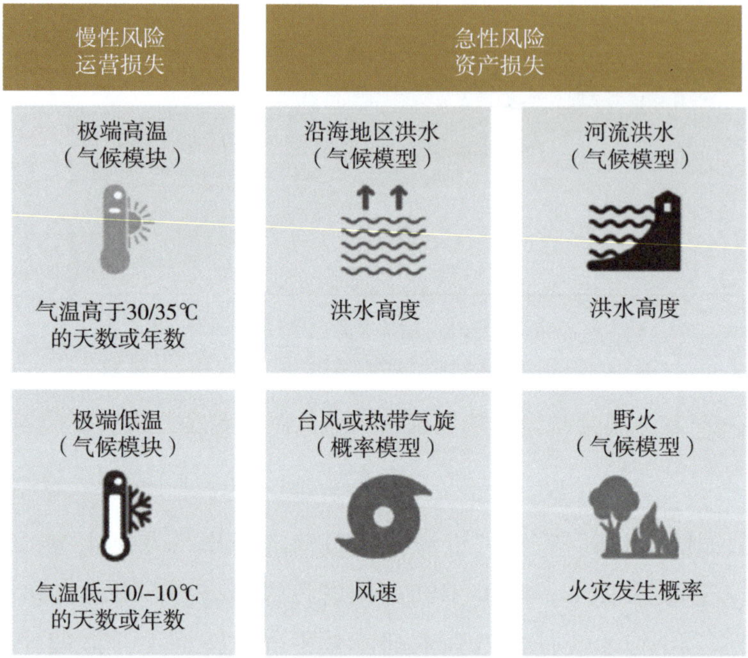

图 6-1-7　MSCI 在不动产领域应对物理风险聚焦对象

资料来源：MSCI

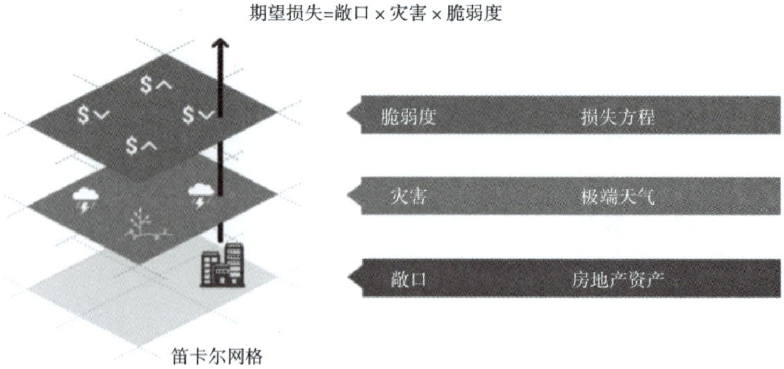

图 6-1-8　MSCI 的急性物理风险量化方法学

资料来源：MSCI

SWISS RE 从保险行业巨灾模型角度出发，构建气候物理风险损失估计与敞口管理，其背后逻辑与 NGFS 关于急性物理风险量化分析方法拥有共通点，即都考虑了资产组合空间分布属性、极端气候事件特征及脆弱度等要素。

五、RMS

风险管理解决方案（Risk Management Solution，RMS）面向台风、暴雨洪水、野火、风暴等极端气候事件提供 RCP2.6、RCP4.5、RCP6.0、RCP8.5 等情景模拟，为金融机构提供资产组合气候风险分析管理解决方案。RMS 最早由斯坦福大学于 1989 年成立，经过 30 多年发展，其解决方案及风控模型被国外众多商业保险公司、再保险公司及金融机构采用，已经成为公认的巨灾风险管理领域领袖企业，2021 年被 MOODY'S 收购。

在气候风险管理方法学层面，RMS 结合灾害事件特征、损害、资产分布及脆弱性引入空间分析，得到不同空间分布的不同资产在不同极端气候事件中受损概率分布及期望损失，这方面与 NGFS 关于急性物理风险量化分析方法一致。同时，RMS 在巨灾模型原理及应用方面拥有众多优势。在模型方面，RMS 拥有众多结构多样功能丰富的专业模型；在数据方面，RMS 拥有统一历史灾害数据库及损失数据库，例如仅暴雨一个场景，有超过 800 条脆弱性曲线（见图 6－1－9）。

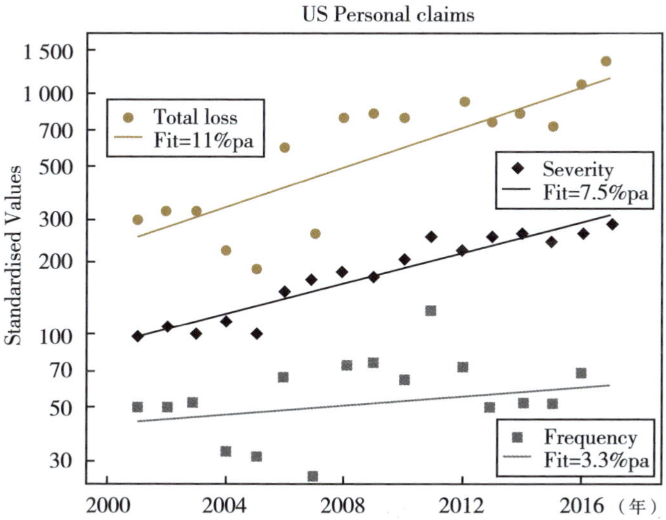

图 6－1－9　RMS 极端暴雨及强对流灾害模型参数率定过程示意

资料来源：RMS

第二节　国内相关研究进展

一、中国人民银行环境压力测试

中国人民银行先后组织开展了针对重点行业、针对重点省份的转型风险气候压力测试，并正在探索气温升高、洪水气候灾害等物理风险的压力测试。整体上认为，物理风险由气候变化因子、暴露因子、脆弱性因子三因子构建测试框架，并认为存在 2 种传输路径：其一为自下而上，即从单个资产或设施出发自下而上计算在某种气候灾害下损失；另一为自上而下，即从气候事件出发对宏观经济影响，间接影响金融稳定。由于我国幅员辽阔，自然地理及气候基础条件空间差异性突出，因此对数据基础及模型复杂度都产生了挑战（孙天琦、苗萌萌，2023）。

二、中再保险巨灾模型

中国再保险（集团）股份有限公司（简称“中再”）于 2018 年成立了专注于巨灾风险管理的保险科技子公司，并发布了我国第一个拥有自主知识产权的商用中国地震巨灾模型（地震并非气候风险）。随后于 2021 年发布了中国台风巨灾模型 2.0 版本，并于 2022 年研发并对外发布了中国洪涝巨灾模型 1.0，通过巨灾模型及巨灾风险管理技术提供气候风险及环境风险量化工具，为气候巨灾风险管理技术自主研发及国产化奠定坚实基础（见图 6－1－10）。

三、人保财险巨灾保险

中国人民财产保险股份有限公司（简称“人保财险”）为 13 个省份 34

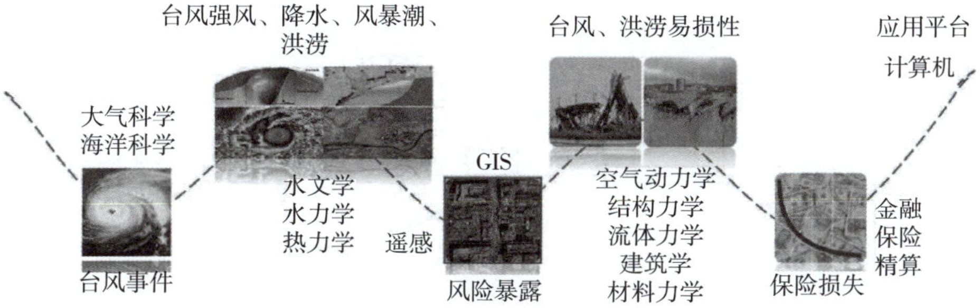

图6－1－10　中再提出巨灾模型量化路径（以台风为例）

资料来源：中再

个城市定制个性化巨灾保险方案，覆盖2.4亿人。典型案例包括：为宁波市城乡居民及外来人口提供台风、暴雨等自然灾害保险保障；为宁波原水有限公司定制开发水资源巨灾保险，并为库区大坝及湿地工程巨灾保险保障；为新疆昌吉提供水利设施防洪减灾巨灾保险保障等。

2022年12月，人保财险在香港特区成功发行上市了地震巨灾债券。虽然地震并非气候风险，但地震巨灾债券的发行为人保财险设计推广其他气候巨灾保险产品、完善巨灾风险管理体系、构建再保险与保险风险证券化稳健分散体系奠定基础。巨灾债券发行将保险公司内部巨灾风险转移给债券投资者，通过市场进一步分散风险。地震巨灾债券实践为气候风险分散管理与创新实践提供思路。

四、课题组所在机构气候压力测试

课题组所在机构探索将四大信用风险模型之一的麦肯锡CPV（Credit Portfolio View）模型应用于物理风险压力测试领域中，认为可以用于模拟未来气温升高及降水量增加情景下对银行信贷资产质量的预测。该成果已应用于《珠海农村商业银行股份有限公司2022年度环境信息披露报告》中，选取暴雨与干旱为主要因素，采用区域气温为替代表征指标，成功构建了气候风险压力测试模型（见图6－1－11、表6－1－1）。在气候变化大背景下，假设其他因素不变，气温越高该银行参试行业信贷资产质量受冲击程度越大。以 NGFS 的 1.5℃、2℃、3℃情景为轻度压力情景、中度压力情景、重度压力情景，从上述情景下不良贷款率和各项资本充足率指标变化情况看，该银行各项指标基本保持平稳，满足监管要求。

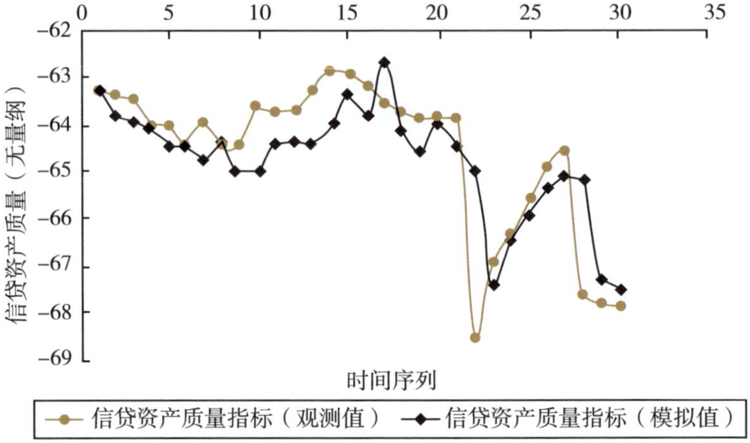

图 6-1-11 珠海农村商业银行物理风险气候压力测试模型示意

注：因数据敏感问题，图中信贷资产质量指标做了转换并增加了同一常数项。

资料来源：本课题组整理

表 6-1-1 珠海农村商业银行物理风险气候压力测试结果

指标	2021 年现状	轻度压力情景	中度压力情景	重度压力情景
不良率（%）	1.25	1.42	1.49	1.71
拨备覆盖率（%）	218.30	191.71	160.68	117.14
核心一级资本充足率（%）	11.89	11.74	11.52	11.10
核心一级资本充足率是否满足监管要求（7.5%）	是	是	是	是
一级资本充足率（%）	11.89	11.74	11.52	11.10
一级资本充足率是否满足监管要求（8.5%）	是	是	是	是
资本充足率（%）	15.89	15.74	15.52	15.10
资本充足率是否满足监管要求（10%）	是	是	是	是

资料来源：《珠海农村商业银行股份有限公司 2022 年度环境信息披露报告》，本课题组整理。

第三节　现有相关研究的主要问题

一、技术路线不统一

保险资管机构在投资基础设施及不动产领域时，识别、评估及应对气候风险主要体现在基础设施及不动产资产面临风险通过集聚转移至保险资管机构本身的问题。目前存在两种技术路线管理：一种是 NGFS 技术路线，以 CLIMADA 模型模拟极端气候事件，自下而上面向时空分布的资产损失卷积计算，得到某资产组合在某类极端气候灾害事件中损失概率分布及期望损失；另一种是以课题组所在机构为代表（简称“课题组所在机构技术路线”），自上而下地构建宏观经济计量模型，将气候因素融入模型中，保留时间概念同时弱化空间概念，构建面板模型预测某行业未来气候变化情况下资产质量恶化程度。

两种技术路线不同点可从两方面阐述：一是 NGFS 技术路线包含空间概念，通过不断细化区域网格划分将极端气候事件对资产损失影响直观表达，更容易被投资者接受；而课题组所在机构技术路线则依赖于计量模型，无空间概念，通过把不同地点资产整体视为一个对象测试，更多依赖假设检验、机理解释，往往被视为黑盒模型而容易引起投资者质疑。二是 NGFS 技术路线，参照保险业巨灾模型依赖灾害模型本身结构；而课题组所在机构技术路线依赖数理统计原理，前者更专业但被大众知晓程度低，后者因依赖统计学而且与传统信用风险技术路线相似度高及成本低而容易被金融机构风控部门接纳。

通过分析比较，课题组所在机构技术路线与 NGFS 技术路线根本区别在于底层逻辑差异，前者采用计量经济学模型，后者引用 CLIMADA 模型。课题组所在机构技术路线原应用于珠海农商行，前期仅面向珠海本地应用，未来若每一行政区域采用一套模型单独率定参数，则可引入空间概念，例如向国有大行开展物理风险压力测试，可以以每个省直辖市自治区或地级市为一个最小计算单元建模预测，提高模型表达空间精度与解释力。

二、基础设施与不动产领域物理风险气候压力测试缺少案例实践

中国人民银行于2021年组织23家大型政策性银行、国有商业银行及股份制商业银行，面向钢铁、火电、水泥建材三个行业，围绕碳排放权价格开展转型风险气候压力测试。从参试银行结果看，整体上2030年资本充足率下降率不足1个百分点（重度情景），说明我国银行系统在2021年面临的转型风险带来的系统性风险较小，整体可控（见图6－1－12）。

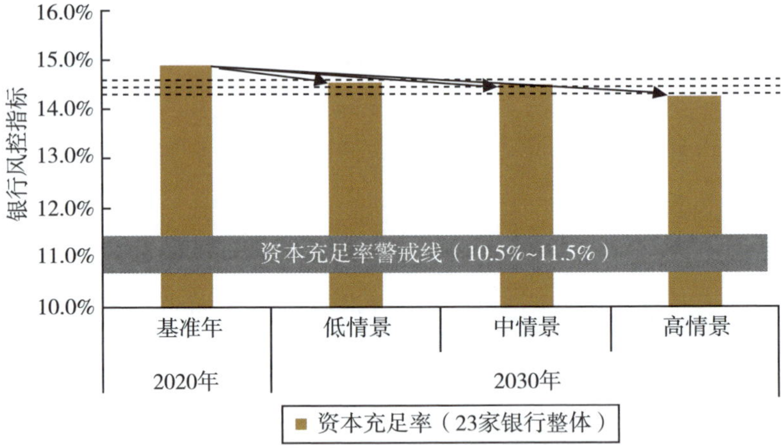

图6－1－12 《2021年第四季度中国货币政策执行报告》中23家银行转型风险压力测试结果

资料来源：本课题组整理

自2022年以来，我国金融机构不断探索物理风险气候压力测试应用，目前国内公布的物理风险气候压力测试成熟案例较少，基础设施与不动产领域物理风险气候压力测试案例更是少之又少，因此有待于金融机构风控部门及专业第三方机构辅导金融机构，开展物理风险气候压力测试（尤其是基础设施及不动产领域）的应用案例探索研究。

三、被投项目购置巨灾保险有待完善，风险叠加需要提前关注

被投资项目通过购买气候灾害风险产品实现风险转移是一种有效的风险管理措施，气候变化下内陆地区项目购置巨灾险需求在增加。以台风为例，以往受影响最大沿海地区通过购置巨灾保险在受到台风重创后得到赔付，历史上台风灾害不频繁的内陆省份（如河南、安徽、河北）往往没有购置台风巨灾险，但随着气候变化日益突出，这些区域潜在损失越来越大，购置巨灾险需求日益凸显。

四、NGFS 为金融机构提供气候风险压力测试范式，但仍需金融机构结合自身情况细化研究

NGFS 在网站上公布了气候物理风险测试结果，可以分区域分时间分纬度查看，但由于整体时空精度受限，金融机构在实际落地物理风险气候压力测试时，应结合资产空间布局及特征属性细化研究。同时，金融机构在有条件前提下，可借鉴 NGFS 方法学，根据自身特点进行调整改造，自上而下或自下而上分析研究应用。

五、开展物理风险气候压力测试人才、数据、资源要求较高

物理风险气候压力测试属于交叉领域，需要金融、气候、能源、环境、数理统计等多领域专业知识，对从业队伍及人员要求较高，往往需要复合型人才（孙天琦、苗萌萌，2023）；需要资产或项目所在空间布局及特征；要求数据量大，需要搜集当地气候物理历史数据，数据缺失对测试结果影响较大；或需用蒙特卡罗模拟，计算资源也会制约测试结果。

整体来看，相关研究已对气候风险对基础设施和不动产领域财务指标、企业估值的影响进行了探讨。但气候物理风险对实体经济的影响多为单因素研究，缺少综合性的分析，同时气候风险对相关领域金融产品投资风险影响的有关研究也有所缺失。本研究通过对气候风险对该领域保险资管产品投资风险影响进行研究，能够在一定程度弥补此研究方向上的空缺。

第二章 保险资管产品基础设施及不动产领域投资情况

第一节 政策积极引导保险资金投向基建及不动产项目

保险资金具有期限长、规模大、来源稳定等优势，与基础设施和不动产领域长期融资需求相匹配。为推动保险资金更好服务实体经济，监管部门加大保险资金运用改革创新力度，不断拓宽资金运用渠道、丰富投向领域，引导保险资金投向社会效益大、符合国家战略的基础设施和不动产项目。

一、基础设施领域

政策最早于2006年便明确险资可以投资基础设施计划，此后不断拓宽投资范围。具体来看，2006年《保险资金间接投资基础设施项目试点管理办法》《基础设施债权投资计划产品设立指引》等规定出台，明确保险资产管理机构可以通过发行债券、股权投资计划的方式将保险资金投向交通、通信、能源、市政、环保等基础设施项目，从而进一步丰富金融市场长期资产供给，满足融资主体对长期资金的需求。2016 年原保监会发布《保险资金间接投资基础设施管理办法》，将可投项目范围拓展至一切基础设施项目，项目领域不限于上述领域，项目级别不再限于国家级重点项目。

同时，监管部门不断深化金融供给侧结构性改革，增加长期资产的供给。一方面，支持保险资产管理公司发起设立保险私募基金、资产支持计划等长期限的产品，丰富长期产品市场。一是推动资产支持计划由试点转向常态化发展。资产支持计划最初可追溯至 2012 年 10 月原保监会发布的《关于保险资金投资有关金融产品的通知》中有关项目资产支持计划的试点运行，后 2015 年 8 月原保监会发布《资产支持计划业务管理暂行办法》（保监发〔2015〕85 号），正式明确资产支持计划开始进入常态化发展阶段。二是允许保险资管机构设立保险私募基金，丰富险资以股权方式支持实体经济的形式。2015 年 9 月发布的《中国保监会关于设立保险私募基金有关事项的通知》，明确保险资金可设立私募基金，投资重大基础设施、棚户区改造、新型城镇化建设等民生工程和国家重大工程等领域，支持实体经济发展。此外，为进一步深化“放管服”改革、提高服务实体经济质效，2021 年 9 月《中国银保监会办公厅关于资产支持计划和保险私募基金登记有关事项的通知》（银保监办发〔2021〕103 号）发布，将资产支持计划和保险私募基金由注册制改为登记制，进一步提高相关产品发行效率，缩短发行时间。另一方面，允许保险资金投资公募不动产投资信托基金（Real Estate Investment Trust，REITs），为保险资金提供了一种新的配置存量基础设施的途径。2021 年 11 月，原银保监会发布《中国银保监会办公厅关于保险资金投资公开募集基础设施证券投资基金有关事项的通知》（银保监办发〔2021〕120 号），明确规定“允许保险资金投资公开募集基础设施证券投资基金”，在进一步丰富保险资产配置结构的同时，推动险资助力盘活基础设施存量资产。

经济承压背景下，监管部门更积极鼓励保险资金发挥长期优势，加大对基础设施投资力度，促基建、稳增长。如 2022 年 5 月，国务院发布《关于印发扎实稳住经济一揽子政策措施的通知》，鼓励保险公司等加大对水利、水运、公路、物流等基础设施建设和重大项目的支持力度。针对具体领域，监管部门支持保险资金通过多种方式支持基础设施建设。如2022年4月，原银保监会、交通运输部发布《关于银行业保险业支持公路交通高质量发展的意见》，一方面鼓励保险机构通过债权、股权、股债结合、资产支持计划和私募基金等形式参与重大公路交通基础设施、新型交通基础设施等项目建设；另一方面，支持保险资金在风险可控前提下通过购买地方政府债券方式合法合规参与公路发展。

二、不动产领域

2010年原保监会发布《保险资金投资不动产暂行办法》（保监发〔2010〕79号），首次放开保险资金不动产投资，但保险资金采用债权、股权或者物权方式投资的不动产，仅限于商业不动产，办公不动产，与保险业务相关的养老、医疗、汽车服务等不动产自用性不动产。在长租房和保障性租赁住房方面，自2018年起，原银保监会陆续发布《中国银保监会关于保险资金参与长租市场有关事项的通知》（银保监发〔2018〕26号）等文件，支持保险资金参与长租市场，推动保险资金进入租赁住房领域，并进一步强调保险资产管理机构通过债权投资计划、股权投资计划、保险私募基金等方式投资长期租赁住房项目的，相关注册机构建立受理及注册绿色通道，优先受理。为缓解新市民、青年人等住房困难问题，坚持房住不炒的原则，2022年2月原银保监会、住房和城乡建设部联合发布《关于银行保险机构支持保障性租赁住房发展的指导意见》（国办发〔2021〕22号），要求各类保险机构发挥自身优势，加大保障性租赁住房金融支持力度。

政策支持下，保险资金作为我国资本市场的重要机构投资者，在建设与服务国民经济发展中起到越来越重要的作用。后续看，进一步发挥保险资金的长期优势和“压舱石”作用、引导保险资金流向国家政策导向和战略重点任务基建和不动产项目仍将是政策重点。

保险资管产品作为对接保险资金与实体经济的主渠道，其风险管理重要性将进一步凸显。不同于金融市场其他类型资金，保险资金对安全性和稳健性要求更高，《保险资产管理公司管理规定》对保险资管的定位也是实现资产长期保值增值。因此，在创新投资渠道、强化基建和不动产重要领域支持的同时，也需要加强保险资管产品投资风险管理。尤其是在近年来气候风险加剧，基础设施和不动产的建设运营面临气候变化新挑战，相关项目面临的气候风险成为其投资风险的影响因素之一。此背景下，深化气候风险对基础设施及不动产领域保险资管产品投资风险研究具有必要性。

第二节　基础设施及不动产领域保险资管产品特点分析

一、债权投资计划是保险资管产品投向基建及不动产的主要渠道

根据《保险资产管理产品管理暂行办法》，保险资管产品包括债权投资计划、股权投资计划、组合类产品和监管机构规定的其他产品。其中组合类产品中的固收类、权益类、金融衍生品及混合类产品主要通过二级市场投资和产品组合实现保险资金的保值增值，并拓宽保险资金参与资本市场的渠道；而股权投资计划、债权投资计划、保险私募基金等保险资管业创新型产品则一端对接资金，一端直接对接实体，且主要投向基础设施和不动产领域，是本课题研究的重点方向。

从保险资管产品运行来看，债权投资计划发行规模大且均投向基础设施和不动产领域。截至 2023 年 7 月，中国保险资产管理业协会（以下简称“协会”）共登记债权投资计划合计 2 921 只，规模达 5.66 万亿元；股权投资计划共 116 只，规模达 0.44 万亿元；保险私募基金合计 82 只，规模达 0.56 万亿元（见图 6－2－1）。从 2022 年全年情况看，共登记 485 个债权投资计划，规模合计 8 711.78 亿元，其中约 2/3 投向基础设施类项目，资金规模达 6 694.78 亿元；1/3 投向不动产领域，共计 2 017.01 亿元。此外，

全年共注册股权投资计划 23 项、保险私募基金 21 只，规模分别达 577.15 亿元、1 218.28 亿元，主要投向清洁能源、市政建设以及交通等基础设施领域，以及消费、国企改革、信息技术、大健康等其他领域。

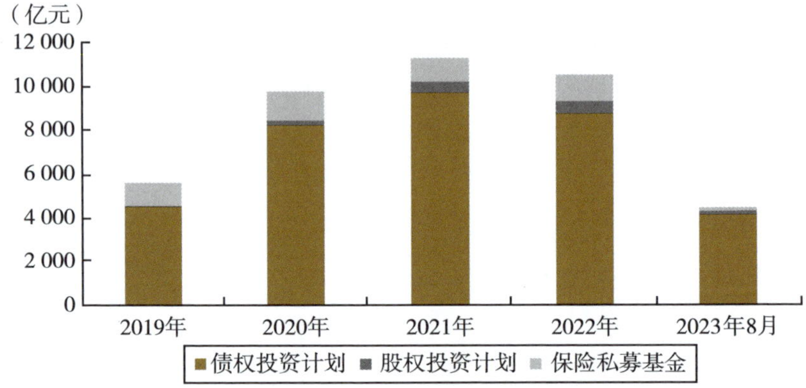

图 6-2-1 债权投资计划发行规模较大

资料来源：中国保险资产管理业协会

二、基础设施及不动产领域保险资管产品特点

债权投资计划规模相对较大，且是保险资管直接投向基础设施和不动产领域的主要渠道，此部分以债权投资计划为例分析投向基础设施及不动产领域保险资管产品特点。

从具体投向分布看，债权投资计划在基础设施领域重点投向交通和市政领域，不动产领域则以商业不动产项目为主（见图 6-2-2）。从基础设施领域项目投向来看，2022 年债权投资计划投向交通和市政领域规模最高，分别达 3 204 亿元、2 264 亿元，占债权投资计划整体比重分别为 37% 和 26%；其次为能源领域，共发行 31 只计划，规模合计 789 亿元，占比 9%。水利领域项目较少，共 14 个，规模合计 265 亿元，但多数具有绿色或环保属性。2022 年保险资管机构注册发行的不动产类债权投资计划仍以投向商业不动产为主，共 162 个计划投向商业不动产，规模达 1 988 亿元，项目区域较为分散，涵盖威海、南京、长沙、成都、大连、重庆等一二三线城市。在监管部门支持保障性住房建设下，2022 年共有 2 只债权投资计划投向保障性住房，规模合计 22.41 亿元。此外，1 只不动产类债权投资计划投向棚户区改造项目，规模为 7 亿元。2023 年 1—8 月注册债权投资计划投向领域分布也呈现出类似特点（见图 6 –2 –3）。

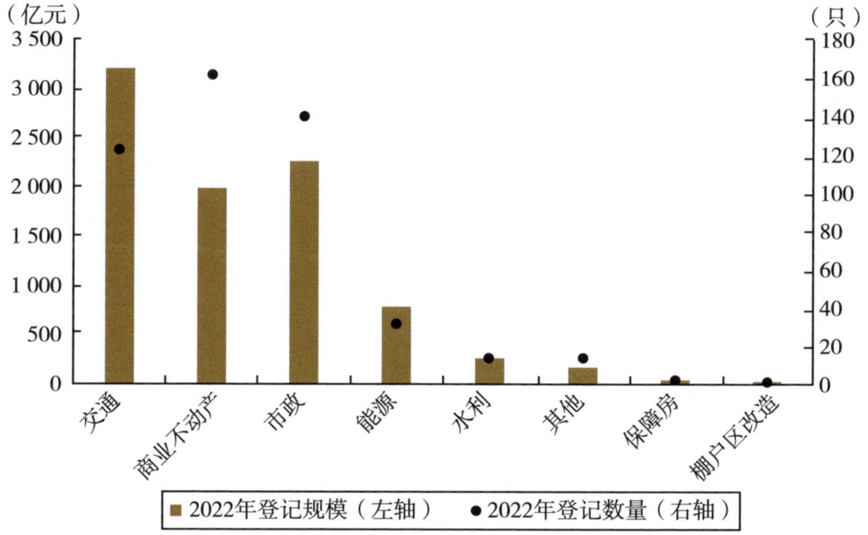

图 6 –2 –2　2022 年债权投资计划投向领域分布

资料来源：中国保险资产管理业协会

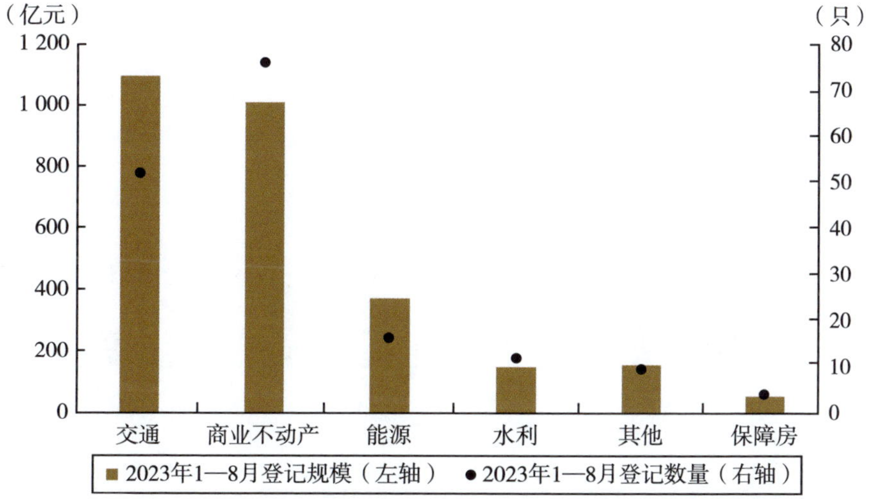

图 6 –2 –3　2023 年 1—8 月债权投资计划投向领域分布

资料来源：中国保险资产管理业协会

从项目期限分布看，债权投资计划以5～10年期项目为主，交通基础设施类项目平均期限最长（见图6－2－4）。债权投资计划项目期限分布于1～20年，主要集中于5～10年期，占比七成。从不同投向领域看，2022年至2023年8月登记的项目中，交通领域项目平均期限最长，达8.91年，水利类项目次之，达7.85年。不动产领域中，商业不动产项目期限均值达6.29年；保障房项目数量较少，共6个项目平均期限为7.17年；仅有一个棚户区改造项目，项目期限为5年（见图6－2－5）。

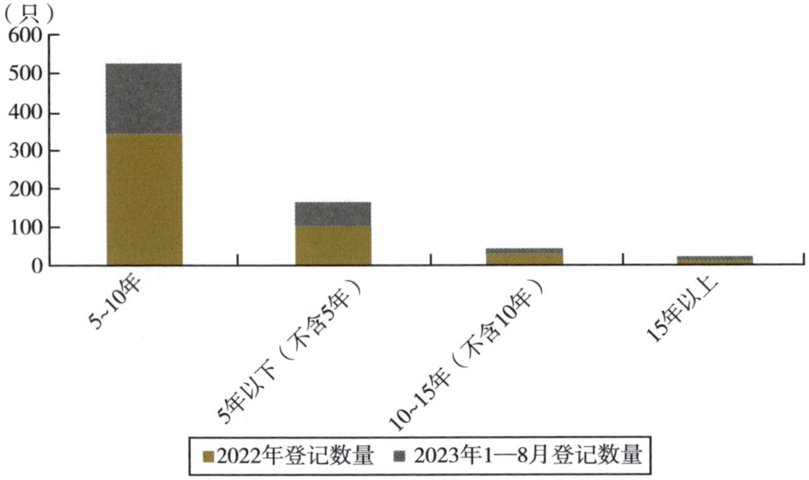

图6－2－4　2022年与2023年1—8月债权投资计划项目期限分布

资料来源：中国保险资产管理业协会

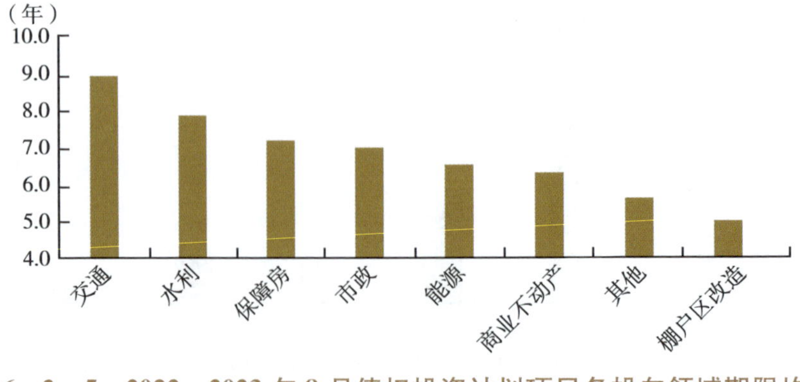

图6－2－5　2022—2023年8月债权投资计划项目各投向领域期限均值

资料来源：中国保险资产管理业协会

从区域分布看，债权投资计划投向区域主要集中于经济发达的东部地区。2022 年共 71 只债权投资计划投向浙江，规模达 1 120.96 亿元，为全国最高区域。其次为江苏、湖北、广东，资金规模均达 700 亿元以上。2023 年 1—8 月，债权投资计划也主要投向浙江、江苏、广东等发达地区。从存量规模看，截至 2023 年 8 月末，投向山东省的债权投资计划存量规模最高，达 1 813.39 亿元；跨省项目，四川、湖北、江苏、广东、浙江亦位列前位，存量规模超 1 000 亿元（见图 6－2－6）。

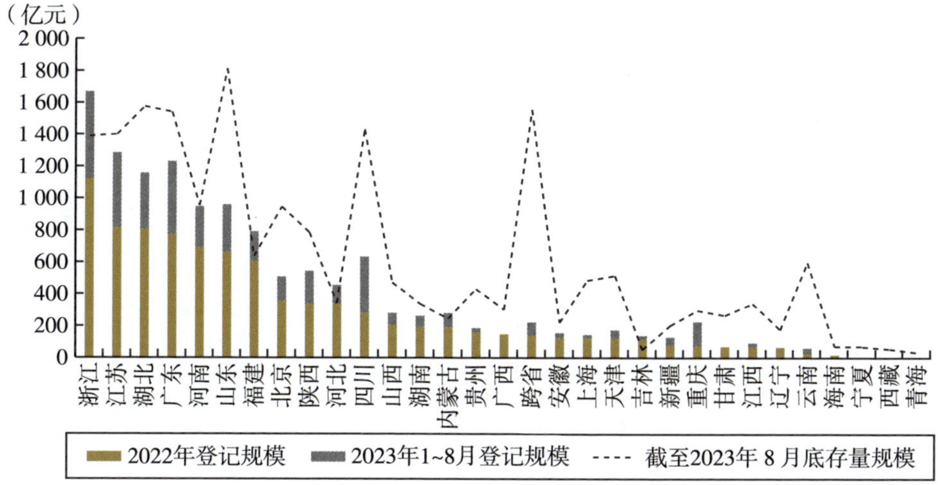

图 6－2－6　债权投资计划项目区域分布

资料来源：中国保险资产管理业协会

贴标绿色债权投资项目投资逐渐兴起。随着国家绿色化转型的加速，保险资管产品也加大对实体经济低碳转型支持力度。截至 2022 年底，保险资金债权投资计划、股权投资计划和保险私募基金支持绿色产业发展登记（注册）规模近 1.2 万亿元。其中，债权投资计划投资项目中涉及绿色产业的登记（注册）规模超 1 万亿元，其中近四成投向交通领域，超三成投向能源领域。2022 年以来，贴标绿色债权投资计划逐渐兴起，更多保险资管设立绿色债权投资计划，引导金融资本流向绿色产业。2022 年共登记 13 只绿色债权投资计划，规模达 310 亿元；2023 年 1—8 月共登记 16 只绿色债权投资计划，规模达 220.32 亿元，较前一年同期大幅增加。从项目投向看，主要以生态保护、废旧资源利用以及减缓气候变化影响同时兼顾社会和经济效益的交通、水利等领域基础设施为主（见图6－2－7）。

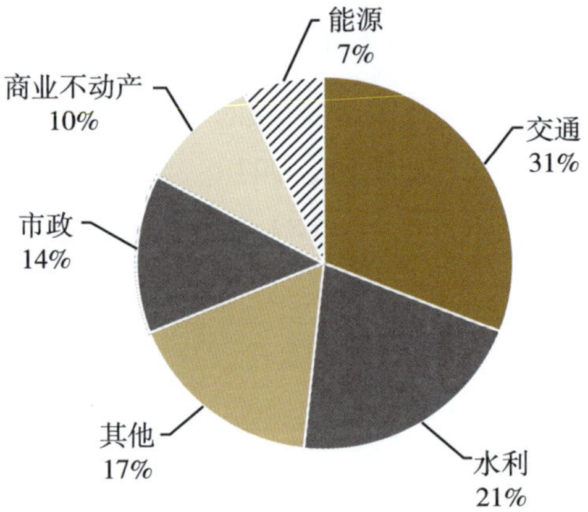

图6－2－7　2022年至2023年8月绿色债权投资计划投向领域分布（按项目个数）

资料来源：中国保险资产管理业协会

第三章　我国气候物理风险分析

第一节　我国面临的气候物理风险概况

一、气候物理风险分类

根据联合国政府间气候变化专门委员会（Intergovernmental Panel on Climate Change，IPCC）于2007年发布的第四次综合报告，气候物理风险可分为两类：一是急性风险，包括热带气旋、风暴潮极端降水、河流洪水、热浪与寒潮、干旱等极端气候变化，属于突发性事件；二是慢性风险，由气温、降水、海平面上升等平均气温状况引起，属于渐变性事件。

气候变化风险构成包括两个维度及三个方面。两个维度指致险因子和承险体，三个方面指危害性（hazard）、敞口（exposure）及脆弱性（vulnerability）（郑菲、孙诚、李建平，2012）。两个维度中，致险因子指的是自然和人为引致的气候变化，决定着风险发生的可能性；承险体为遭受气候影响的社会经济和自然环境，包括人员、生计、环境服务和各种资源、基础设施，以及经济、社会或文化资产等（IPCC，2007）。三个方面中，危害性是致险因子的属性，指气候变化造成的危害；敞口和脆弱性是承险体的两个属性，前者指处在有可能受到负面影响地理位置的承险体数量，后者指受到不利影响的倾向或趋势，常以敏感性和易损性为表征指标（IPCC，2012）。因此，单独气候变化与极端气候事件并不一定导致灾害，而必须与脆弱性和暴露程度交集之后才可能产生风险。

二、气候灾害时空特征分析

中国国土面积辽阔，地形地貌种类多样，气候条件复杂，全国各省（自治区、直辖市）都受到过气候灾害的影响。据统计，近25年除现代火山活动外，地震、台风、洪涝、干旱风沙、风暴潮、崩塌滑坡泥石流、风雹、寒潮、热浪、病虫鼠害、森林草原火灾、赤潮等几乎所有的自然灾害均有发生记录。气候灾害影响范围广泛，暴雨洪涝灾害是我国最主要气候灾害之一，影响着我国60%以上的大陆地区（吴绍洪，2011，2017）；台风、风暴潮主要影响广大东南部发达地区，旱灾、风沙威胁广大三北地区，近年特大旱灾频发于南方各地，尤以西南更甚。我国华北、西南、西北、台湾等地区地震多发、影响趋重，因复杂的地质构造和广布的山区等地质地理条件，崩塌滑坡泥石流等地质灾害频繁发生在占国土面积60%以上的山地、丘陵和高原。海域风暴潮和赤潮多见，森林和草原火灾易发（史培军，2017）。

本文根据中国气象局发布的《气象灾害统计年鉴》和国家气候中心发

布的《中国气候公报》，统计了近十年（2013—2022 年）的全国平均气温、平均年降水量以及每年的暴雨站日数和高温日数。近十年我国全国平均气温在 10.1℃ ~10.6℃间波动，2020—2022 年平均气温逐渐升高；全国高温日数自 2020 年起逐步攀升，2022 年达到近十年高点，为 16.4 天；近十年我国年平均降水量波动范围是 606 ~730 毫米，2016 年达到近十年降水量最大值 730 毫米（见图 6 –3 –1）。暴雨站数与降水量关系紧密，2016 年的暴雨站日数也达到最高值 8303（站日）（见图 6 –3 –2）。

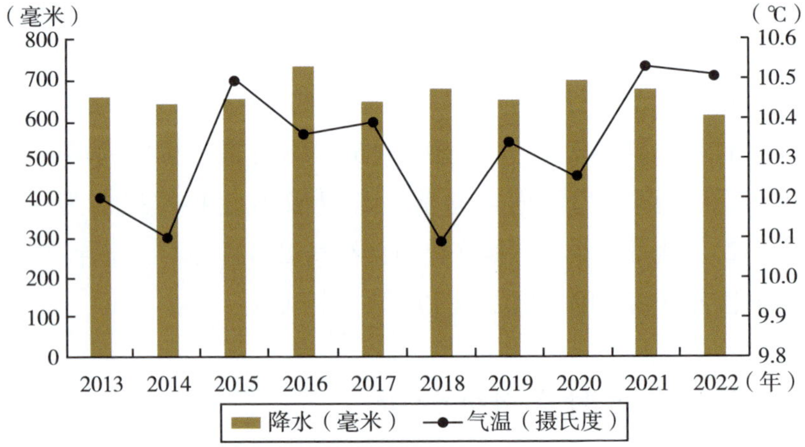

图 6 –3 –1　中国 2013—2022 年平均气温和降水量

资料来源：《中国气候公报》

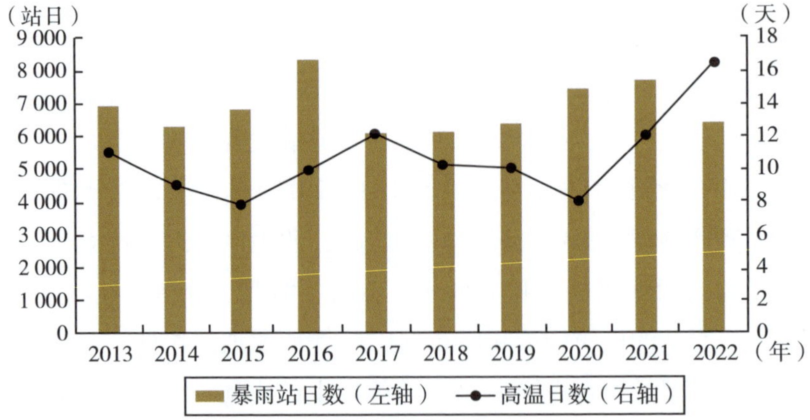

图 6 –3 –2　中国 2013—2022 年高温日数及暴雨站日数

资料来源：《中国气候公报》

本文根据中国气象局历年发布的《气象灾害统计年鉴》计算了中国各地区 2003—2019 年气候灾害导致的农作物受灾面积情况，暴雨洪涝灾害主要影响长江中游地区，年鉴数据显示两湖地区（湖南和湖北省）农作物受暴雨洪涝灾害最为严重，其次为黑龙江、安徽、河南和四川地区（见图 6－3－3、图 6－3－4）。

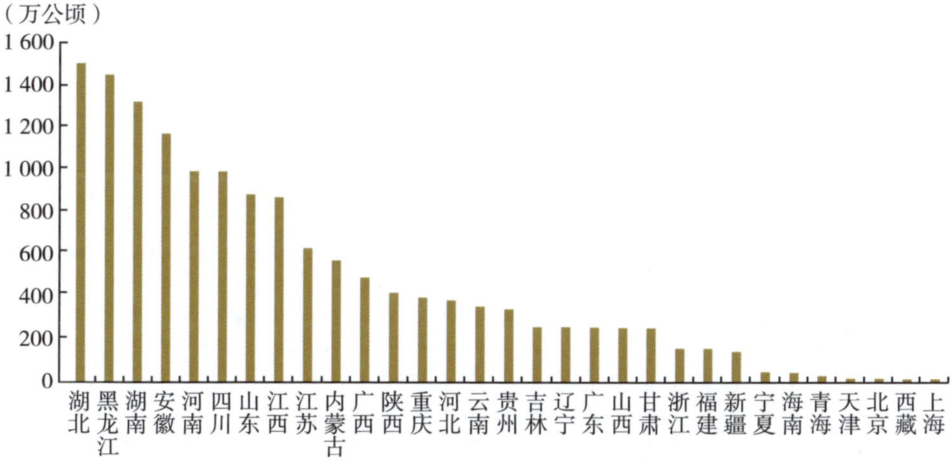

图 6－3－3　中国各省（市）2003—2019 年暴雨洪涝灾害农作物受灾面积

资料来源：中国气象局《气象灾害统计年鉴》

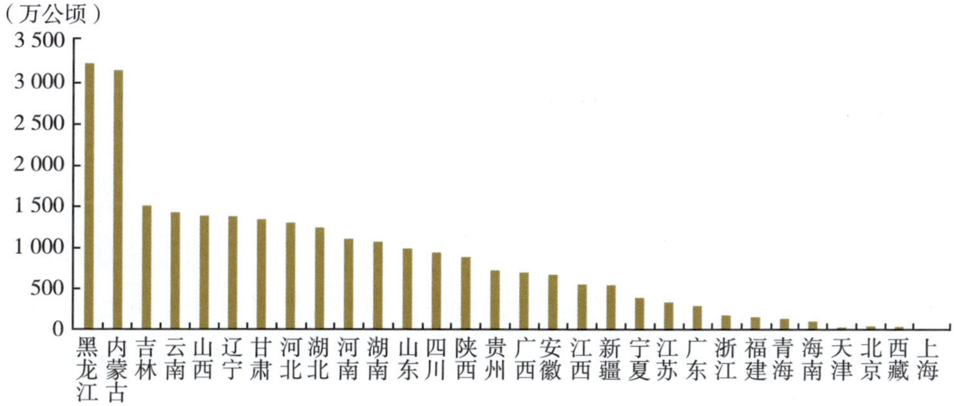

图 6－3－4　中国各省（市）2003—2019 年干旱灾害农作物受灾面积

资料来源：中国气象局《气象灾害统计年鉴》

干旱灾害主要影响北方地区的农作物生产种植，以黑龙江和内蒙古地区最为严重，吉林、甘肃、山西等地亦为重点受灾区。此外，长江以南的云南地区受干旱灾害影响相对较大。

对于雪灾和低温灾害而言，两湖地区（湖南和湖北省）的农作物受灾面积相对其他地区较大。此外，甘肃和内蒙古地区农业种植易受暴雪和低温天气影响，南方地区的安徽和云南等省市也为低温灾害易感区（见图6－3－5）。

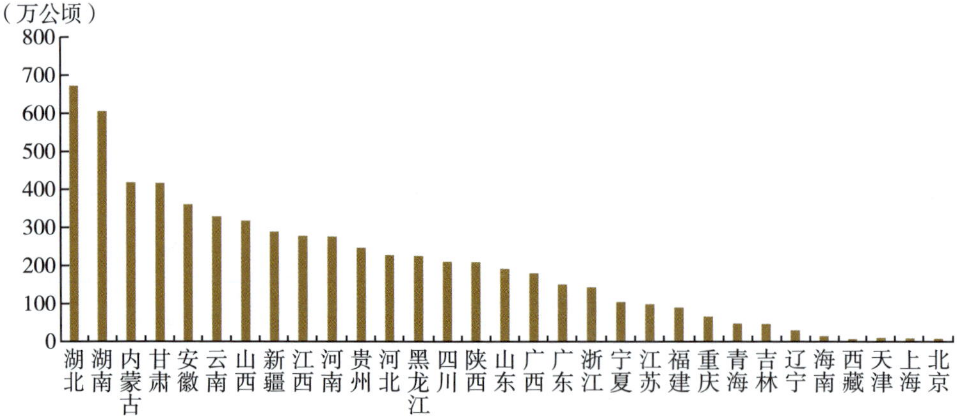

图6－3－5　中国各省（市）2003—2019年雪灾和低温灾害农作物受灾面积

资料来源：中国气象局《气象灾害统计年鉴》

三、气候变化趋势分析

IPCC AR6第一工作组报告显示，在所有5个排放情景下①，至少到21世纪中期，全球地表温度将持续上升。未来几十年内如果不在全球范围内进行二氧化碳和其他温室气体的大幅减排，全球升温将在本世纪内超过1.5℃和2℃。气候灾害的频发与全球气温的持续升高直接相关，包括极端高温、海洋热浪、强降水和部分区域农业和生态干旱的频率和强度增加，

① 五种情景分别是：SSP1－1.9、SSP1－2.6、SSP2－4.5、SSP3－7.0和SSP5－8.5。

强热带气旋比例的增加，以及北极海冰、积雪和多年冻土减少等。

全球变暖每一额外增量都会伴随极端事件更大的变化，IPCC 的研究发现全球升温每额外增加 0.5℃，就会导致极端热事件（很可能）、强降水（高信度）以及一些地区的农业和生态干旱（高信度）的强度和频率的明显增加。此外，一些地区的气象干旱强度和频率发生明显的变化，增加的地区多于减少的地区（中等信度）。随着全球变暖的加剧，一些地区的水文干旱的频率和强度的增加幅度将会加大（中等信度）。即使全球温度上升 1.5℃情况下，全球气温的额外增暖，也会导致一些罕见的极端事件的发生，发生频率越低的极端事件，其预估的发生频率的增长百分比越大（高信度）。

近百年中国气候变化的主要特征与全球气候变化的趋势一致。中国近百年增暖的幅度为 0.5℃ ~ 0.8℃，比全球同期增温略高。气候变暖后，中国的极端天气和气候事件的发生频率和强度也出现了变化。这包括极端最低气温上升，温度日变化减少，极端降水事件趋多、趋强。尤其是 20 世纪 90 年代，长江及长江以南地区降水量和极端降水量、降水事件强度都趋于增加。另外，夏季高温热浪增多，霜冻日数下降，寒潮明显减少，雪灾发生概率增加，沙尘暴趋于减少。

在全球气候变暖背景下，我国高温、干旱、暴雨等极端事件同样呈现多发重发的态势，严重影响了经济社会可持续发展，特别是气候灾害和社会经济系统叠加后造成的风险加剧（IPCC，2021）。据研究预测中国将继续变暖，变暖幅度为 3 ~ 5℃/100a，较 20 世纪更明显，特别是中国北方和西北地区，到 2050 年预计变暖 2.3℃ ~ 3.3℃，2100 年变暖 3.9℃ ~ 6.0℃。综合各种排放情景，21 世纪全国大范围可能变湿，尤以东北和西北明显，中部部分地区则可能变干。到 2050 年左右，排放增加的情况下西部地区降水增加更加明显，尤其是西北的新疆地区，降水将增加 15% ~ 40%（丁一汇等，2007），但北方地区的降水可能抵不上蒸发与蒸腾量的增加，干旱缺水会较长期地继续发展；南方特别是东南沿海地区，降水量增加和海平面上升会导致洪涝和风暴潮灾害的加剧（施雅风，1996）。

第二节　我国面临的气候物理风险经济损失分析

一、急性气候风险经济损失分析

世界气象组织发布的《2020 年气候服务状况报告》显示，在过去 50 年中，全球发生超过 1.1 万起气候相关自然灾害，致使 200 万人丧生，造成经济损失高达 3.6 万亿美元。虽然记录表明，受灾死亡人数逐年下降，但造成的经济损失却逐年上升。

国家气候中心气象灾害资料库统计数据显示，1991—2020 年我国平均每年气候灾害直接经济损失为 2 587.3 亿元，总体呈现增加趋势，平均每年直接经济损失占全国国内生产总值（GDP）的 1.6%。暴雨洪涝灾害直接经济损失占比最大，为 44.8%；其次为干旱，占比达 19.4%；台风占比为 17.8%；大风、冰雹、雷电等强对流天气灾害为 9.8%；低温冷害造成的损失最小，占比 8.1%。因暴雨洪涝死亡人数最多，占总死亡人数的 63.4%；其次为强对流天气灾害，占总死亡人数的 24.7%；台风和低温冷害死亡人数占比分别为 10.0% 和 1.8%。

本文根据中国气象局历年发布的《气象灾害统计年鉴》计算了中国各地区 2003—2020 年气候灾害造成的累计直接经济损失（亿元）和受灾人口（万人次）。综合直接经济损失和受灾人口，四川地区和两湖地区（湖南省和湖北省）受气候灾害影响最为严重。四川省 2003—2020 年累计受灾人口为 4 034 万人次，累计直接经济损失为 45 105.2 亿元；湖南省 2003—2020 年累计受灾人口为 3 924.9 万人次，累计直接经济损失为 42 583.7 亿元（见图 6 - 3 - 6）。北京、上海和天津三个直辖市受灾人口和直接经济损失均相对较小，西北地区的西藏、青海和宁夏受灾人口和直接经济损失也相对较小。此外，经济发达地区呈现出直接经济损失相对较高但是受灾人次相对较低的情况，例如广东、浙江、福建等地区。

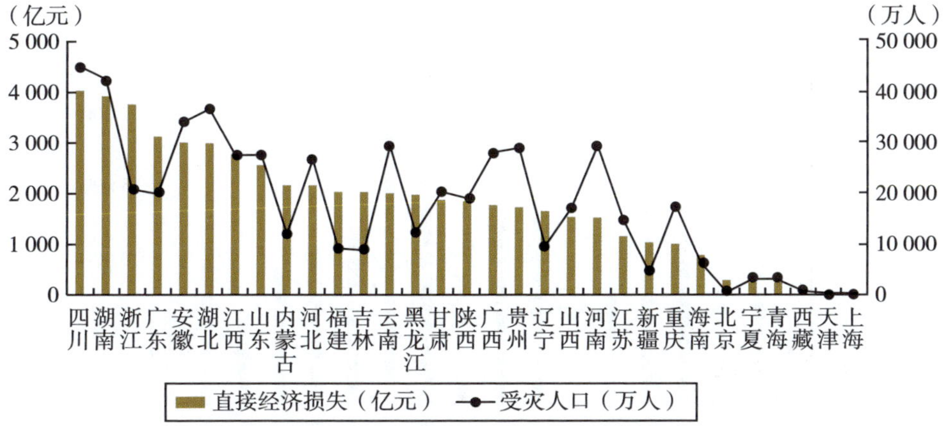

图 6-3-6　中国各地 2003—2030 年气候灾害累计损失

资料来源：中国气象局《气象灾害统计年鉴》

干旱是中国最常见、影响最大的气候灾害之一，每年因干旱造成的粮食减产占气象灾害造成粮食总损失的 50% 左右。根据黄荣辉、郭其蕴等的统计结果，中国各地均可能发生干旱，每年平均旱灾面积达 $0.2\times10^{8}\text{hm}^{2}$，占中国耕地总面积的 1/6 左右（黄荣辉，1997）。中国有些地区经常出现年降水量比常年偏少 30% ~50%，个别季度能出现比常年平均偏少 60% ~80%，致使发生严重干旱（黄荣辉、杜振彩，2010）。从时间趋势上看，2006—2014 年为干旱灾害影响最为严重的年份区间，在 2011 年造成了 927.5 亿元的经济损失，受灾人数达到 20 300 万人；自 2015 年起，干旱灾害所导致的经济损失和受灾人数逐渐回落（见图 6-3-7）。

雨涝每年造成的粮食损失约占气象灾害造成粮食总损失的 27.5%，个别严重雨涝年份损失更严重。从时间趋势上看，2010 年、2016 年和 2020 年为暴雨洪涝灾害造成直接经济损失最为严重的三个年份，直接经济损失分别达到 3 505 亿元、3 134.4 亿元、2 685.8 亿元，但相对受灾人数自 2010 年起逐步下降（见图 6-3-8）。全国每年平均遭受洪涝灾害的农田面积约为 0.07 亿至 0.1 亿公顷（即 1.0 亿至 1.5 亿亩）。1998 年，夏季长江流域、嫩江和松花江流域发生了极为严重的洪涝事件，降水量达到了常年的 2 倍左右，降水总量约为 1 200 毫米。这次灾害导致了大约 0.2 亿公顷的

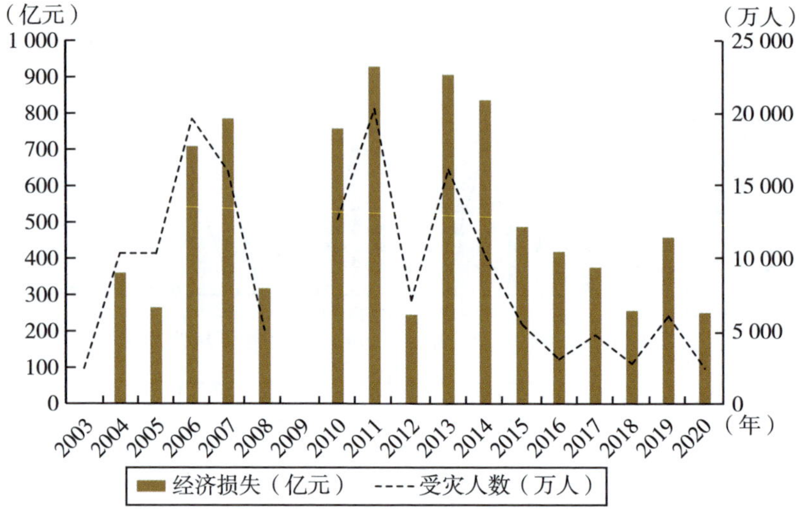

图 6－3－7　中国 2003—2030 年干旱灾害损失

资料来源：中国气象局《气象灾害统计年鉴》

农田受灾，造成了 3 000 多人死亡以及 2 600 亿元的经济损失。另外，2003 年夏季淮河流域也遭受了严重的洪涝灾害，自 6 月 21 日至 7 月 22 日期间，淮河流域的降水量达到了 500～600 毫米，超过了同期气候平均值的 1～2 倍。2007 年 6 月下旬至 7 月上、中旬淮河流域与长江中、上游普降持续性暴雨，淮河流域的降水量比同期气候平均值增多了 2 倍，产生了三次洪峰，发生了仅次于 1954 年的严重洪涝灾害，分洪应急措施造成了基础设施的运行中断和损坏，导致了严重的经济损失。

台风灾害是我国沿海地区面临主要气候灾害之一，给当地的生产生活造成了巨大的影响。由于灾害防范基础设施的不足，20 世纪初台风灾害影响了较多人口的生命和财产安全，2005 年和 2006 年台风灾害受灾人口分别达到 7 367.9 万人次和 7 225.1 万人次。随着沿海地区的经济发展和基础设施建设，受灾人口逐渐降低但是直接经济损失相对上升，2012 年和 2013 年台风灾害造成的直接经济损失分别达到 1 048.3 亿元和 1 260.3 亿元（见图 6－3－9）。

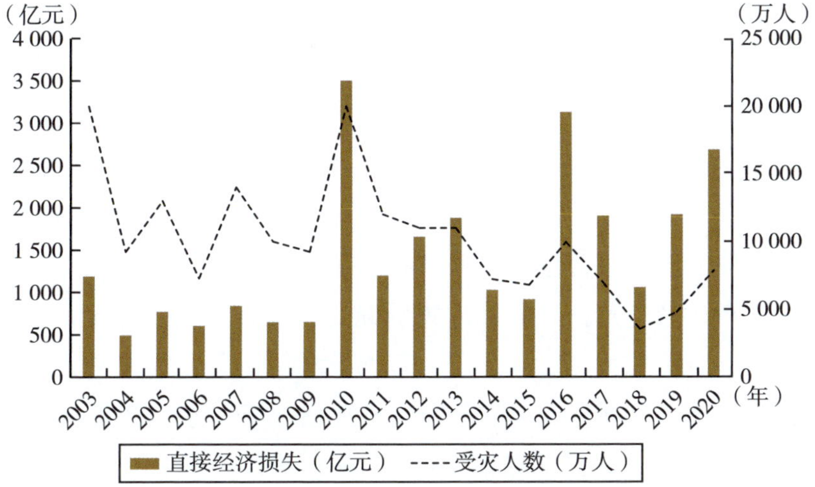

图 6-3-8 中国 2003—2030 年暴雨洪涝灾害损失

资料来源：中国气象局《气象灾害统计年鉴》

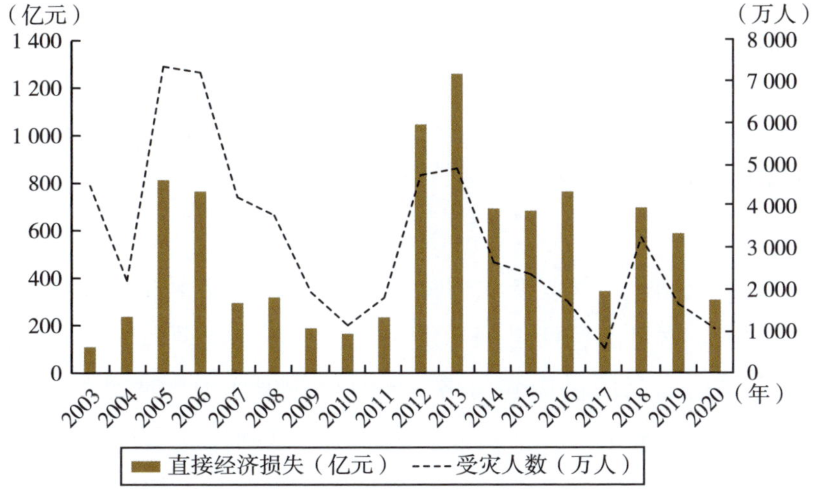

图 6-3-9 中国 2003—2030 年台风灾害损失

资料来源：中国气象局《气象灾害统计年鉴》

二、慢性气候风险经济损失分析

IPCC AR6 第二工作组报告指出，尽管温室气体排放水平较低，中国因高温导致的死亡人数仍然会上升。即使全球升温限制在 1.5℃以下，中国城市中与高温相关的每年死亡率将从每百万人 32 人增加到每百万人 49～67 人；如果减排步伐较慢，全球升温达到 2℃，该指标将上升至每百万人 59～81 人。此外，海平面上升和河流洪灾也将对中国的农业、基础设施和人民生命安全造成威胁。该报告指出，海平面上升和河水泛滥对中国的经济损失在全球范围内居首位，根据当前的减排计划，到 2080 年，直接经济损失将约为 640 亿美元；但如果排放量继续高涨且冰川不稳定，损失将增至约 1 180 亿美元。

该报告引用了一项研究，显示在高排放情况下，水稻产量将下降 7%，而在迅速减排的情况下，下降幅度仅为 3%；小麦产量在高排放情况下将下降 11%，而在迅速减排的情况下降 6%；玉米产量在高排放情境下将下降 8%，而在迅速减排的情境下将下降 4%。在 2000 年到 2010 年期间，中国因气候冲击导致玉米和大豆减产造成的损失总价值约为 5.95 亿美元至 8.58 亿美元。

此外，中国的内陆渔业和水产养殖业也容易受到气候变化的影响，尤其对热带气旋极为敏感。根据报告引用的研究，在高排放情境下，到 2030 年至 2050 年期间，中国的鱼类产量可能下降 40%，贝类产量也可能下降 67%。

除了直接影响外，气候变化还将对其他国家造成冲击，从而间接但深刻地影响中国。这可能包括对国际供应链、市场、金融和贸易的打击，可能影响中国国内商品的供应和价格，同时可能破坏中国商品的出口市场。气候变化对经济的冲击，包括农业产出减少、基础设施受损和商品价格上涨，都可能引发金融市场不稳定。

总之，相较于没有气候变化的情景，极端升温可能导致全球 GDP 在 21 世纪末下降 10% ～23%。几个主要经济体可能因气候变化而陷入经济衰退。根据报告引用的研究，如果全球温室气体排放持续高位，到 21 世纪末，中国的 GDP 损失可能达到 42%。

第四章 气候风险对基建与不动产类保险资管产品投资风险影响机制分析

第一节　气候风险对保险资管行业的影响机制

一、内部损失机制及风险度量分析

（一）资产类别及极端气候灾害事件类型

以基础设施及不动产领域债权投资计划为统计对象，主要涵盖交通、市政、商业不动产、能源、水利、保障房及棚户区改造六大资产细类。

近年发行基础设施及不动产领域关于交通的债权投资计划主要投向道路、桥梁、地铁高铁等轨道交通、港口运输及航空等细分领域；市政领域主要投向工业园区、污水厂、文旅项目、公园绿化、停车场、专用目的建筑（体育场等）等细分领域；能源领域主要投向火电、核电、电网建设等细分领域；水利领域主要投向自来水厂、供水管网建设、污水处理、水生态修复等细分领域；商业不动产领域主要投向各类商圈大楼、酒店、商业住房等细分领域；关于保障房及棚户区主要投向居民住宅的保障房、回迁房、人才房等细分领域。

气候灾害事件类型包括：台风暴雨洪水、河流洪水、干旱、高温与热浪、寒潮、野火等类别。

（二）资产类别受极端气候灾害事件类型影响分析

不同气候灾害事件类型对不同资产产生不同影响，但整体上灾害事件时空分布、强度特征等因素通过对不同资产或项目的建设期停工及损毁、运营期终止运行与损毁等路径产生影响。

一方面，增加资产或项目现时或未来预期现金流出，另一方面减少现时或未来预期的现金流入，同时对建设类项目具有工期延长冲击。上述多方面因素综合作用下，会影响项目整体估值及项目对应主体偿债能力。具体可以通过资产类别及灾害事件类别分类矩阵完成机制细化梳理及风险度量分析。

二、风险外部传输及转化分析

根据资产内部损失情况，分析投资机构的风险外部传输及转化。风险外部转化，包括转化为信用风险、市场风险、流动性风险、操作风险、声誉风险等。本研究主要聚焦债权投资计划，因此主要研究转换为信用风险。对于信用风险主要以期望损失为输出，并结合资产类别与灾害事件类别分类矩阵，全面量化不同类型债权投资计划面临各类急性物理风险程度（见表6－4－1）。

表6－4－1　资产类别——灾害事件类别分类矩阵示例

<table>
<tr><th colspan="2">资产类别</th><th colspan="6">灾害事件类别</th></tr>
<tr><th>大类资产类别</th><th>投向领域类别</th><th>台风暴雨洪水</th><th>河流洪水</th><th>干旱</th><th>高温热浪</th><th>寒潮</th><th>野火</th></tr>
<tr><td rowspan="3">保险资管债权投资计划</td><td rowspan="3">交通</td><td>敞口：××</td><td>…</td><td rowspan="3">…</td><td rowspan="3">…</td><td rowspan="3">…</td><td rowspan="3">…</td></tr>
<tr><td>损失期望值：××</td><td>…</td></tr>
<tr><td>损失标准差：××</td><td></td></tr>
</table>

续表

<table>
<tr><th colspan="2">资产类别</th><th colspan="6">灾害事件类别</th></tr>
<tr><th>大类资产类别</th><th>投向领域类别</th><th>台风暴雨洪水</th><th>河流洪水</th><th>干旱</th><th>高温热浪</th><th>寒潮</th><th>野火</th></tr>
<tr><td rowspan="7">保险资管债权投资计划</td><td rowspan="3">市政</td><td>…</td><td rowspan="3">…</td><td rowspan="3">…</td><td rowspan="3">…</td><td rowspan="3">…</td><td rowspan="3">…</td></tr>
<tr><td>…</td></tr>
<tr><td>…</td></tr>
<tr><td>商业不动产</td><td>…</td><td>…</td><td>…</td><td>…</td><td>…</td><td>…</td></tr>
<tr><td>能源</td><td>…</td><td>…</td><td>…</td><td>…</td><td>…</td><td>…</td></tr>
<tr><td>水利</td><td>…</td><td>…</td><td>…</td><td>…</td><td>…</td><td>…</td></tr>
<tr><td>保障房及棚户区改造</td><td>…</td><td>…</td><td>…</td><td>…</td><td>…</td><td>…</td></tr>
</table>

资料来源：本课题组

其中期望损失分两个计算层面：一是以项目的收益核算差为对象；二是以项目主体违约概率为对象。

项目收益核算差是气候灾害影响现金流导致项目核算的净现值（Net Present Value，NPV）与项目最初预测产生差值，差值部分会计处理上为会计提减值，风险角度为产生损失，影响项目估值。

项目主体违约概率，将债权投资计划当作普通债券研究，可以通过外部评级、内部评级等更新评级及违约概率。当两种方式都不可行时，可以通过风险中性测度下的结构化模型实现更新违约概率及违约损失率，例如 Merton 模型或 KMV 模型。以下公式介绍了风险中性测度下的莫顿模型计算违约概率及违约损失率。

$$ECL = PD \times LGD$$

式中，ECL 指期望损失，单位为金额；PD 指违约概率，单位为%；LGD 指违约损失率，单位为%。

$$PD = N[-d_2] = N\left[-\frac{\ln\frac{V}{D} + \left(rT - \frac{\sigma^2 T}{2}\right)}{\sigma\sqrt{T}}\right]$$

式中，PD 指违约概率，无量纲；V 为企业价值，单位为金额；D 为企业负债，单位为金额；r 为无风险利率，无量纲；T 为期限，单位为年；σ 为企业价值波动率，无量纲；N 为计算正态分布累积概率分布（CDF）。

$$LGD = \frac{D - Ve^{rT}N\left[-\frac{\ln\frac{V}{D} + \left(rT + \frac{\sigma^2 T}{2}\right)}{\sigma\sqrt{T}}\right] / N\left[-\frac{\ln\frac{V}{D} + \left(rT - \frac{\sigma^2 T}{2}\right)}{\sigma\sqrt{T}}\right]}{D}$$

式中，LGD 指违约损失率，无量纲；V 为企业价值，单位为金额；D 为企业负债，单位为金额；r 为无风险利率，无量纲；T 为期限，单位为年；σ 为企业价值波动率，无量纲；N 为计算正态分布累积概率分布（CDF）。

第二节　基础设施与不动产领域气候风险敞口及脆弱性分析

由急性物理风险公式可知，气候风险单一因素还不能构成对基础设施与不动产的危害，还必须考虑基础设施与不动产对风险的敞口以及其在相应气候风险下的脆弱性因素。

一、风险敞口分析

IPCC 在 AR6 报告中指出，气候风险由危害（hazard）、敞口（exposure）及脆弱性（vulnerability）三方相互作用形成（见图 6－4－1）。危害指气候变化及极端气候事件带来的人员、健康、财产等方面损害，可以按比例计。敞口，即暴露度，指人类、资产组合等面临潜在受气候变化影响的暴露程度，涵盖各类基础设施、生态系统、经济社会因素。脆弱性，指受到不利气候变化的影响程度，包括敏感度等方面（H. Lee，J. Romero et al.，2023）。

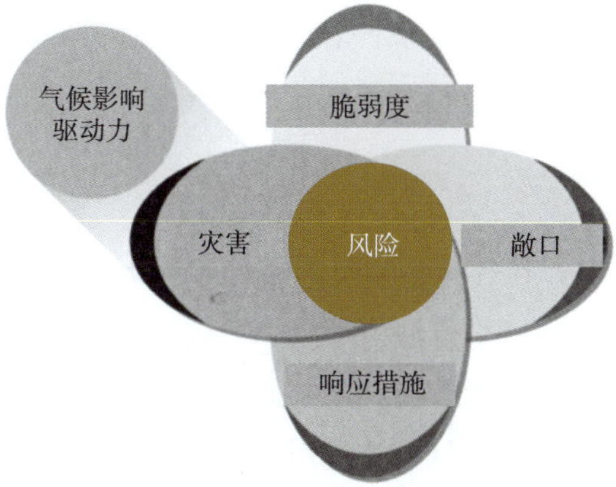

图 6-4-1　IPCC 关于气候风险三个来源以及采取相应措施管理风险

资料来源：IPCC AR6 报告

气候变化背景下，极端气候事件不仅会在历史上特定区域复现，也会有历史上没有出现极端气候事件地区发生极端气候事件的现象，因此敞口随着气候变化深入而不断增加。

以海平面上升为慢性气候物理风险因素分析，我国长三角及大湾区地区受海平面上升因素明显，而这些区域是我国经济发达地区聚集地，GDP 占比极高，风险敞口巨大，潜在期望损失巨大。

二、脆弱性分析

脆弱性在科学研究领域中越来越重要，在自然灾害管理、生态学、公共健康、财产及发展、牲畜保护、饥荒、可持续发展、土地利用、气候影响与适应等领域中已逐渐成为核心概念及影响因素之一。在本研究中，我们从气候影响与适应角度出发进行辨析。

根据 IPCC 定义，脆弱性指受到不利气候变化的影响程度，包括无法处置应对气候变化的不利影响、极端气候事件等。

根据风险量化分析公理，定义下述气候物理风险。

$$CPR = p \otimes S$$

式中，CPR 指急性物理风险损失，单位为金额；p 指气候物理风险事件发生概率，无量纲；S 指某资产在气候物理风险事件中损失严重程度，单位为金额；⊗指卷积运算符。某资产在气候物理风险事件中损失严重程度 S 可以进一步展开：

$$S = E \otimes i \otimes V$$

式中，S 指某资产在气候物理风险事件中损失严重程度，单位为金额；E 指某资产在气候物理风险事件中敞口，单位为金额；i 指气候物理风险事件发生强度，无量纲；V 指某资产在气候物理风险事件中脆弱性，无量纲；⊗指卷积运算符。某资产在气候物理风险事件中危害 H 在气候物理风险中有如下定义：

$$H = p \otimes i$$

式中，H 指某资产在气候物理风险事件中危害，无量纲；p 指气候物理风险事件发生概率，无量纲；i 指气候物理风险事件发生强度，无量纲；⊗指卷积运算符。

结合上述公式可以得到气候物理风险由危害、敞口及脆弱性三方相互作用形成，见下式：

$$CPR = H \otimes E \otimes V$$

式中，CPR 指急性物理风险损失，单位为金额；H 指某资产在气候物理风险事件中危害，无量纲；E 指某资产在气候物理风险事件中敞口，单位为金额；V 指某资产在气候物理风险事件中脆弱性，无量纲；⊗指卷积运算符。脆弱性通过损失方程刻画度量，因此有损失方程原定义：

$$LF = V = f(i)$$

式中，LF 指损失方程中某资产在给定气候物理风险事件强度下损失率，无量纲；i 指气候物理风险事件发生强度，无量纲；V 指某资产在气候物理风险事件中脆弱性，无量纲；⊗指卷积运算符。

因此，气候物理风险公式可转化为：

$$CPR = H \otimes E \otimes LF$$

式中，CPR 指急性物理风险损失，单位为金额；H 指某资产在气候物理风险事件中危害，无量纲；E 指某资产在气候物理风险事件中敞口，单位为金额；LF 指损失方程中某资产在给定气候物理风险事件强度下损失率，无量纲；⊗指卷积运算符。通过对脆弱性进一步定义，可以进一步细化气候物理风险计算公式做延伸计算。损失方程新定义如下：

$$V = LF = MDD \otimes PAA$$

式中，V 指某资产在气候物理风险事件中脆弱性，无量纲；LF 指损失方程中某资产在给定气候物理风险事件强度下损失率，无量纲；MDD 指给定气候物理风险事件发生强度下，某资产平均损失度，无量纲；PAA 指，给定气候物理风险事件发生强度下，某资产受影响程度，无量纲；⊗指卷积运算符。

麦肯锡研究院分析了四种基础设施共 17 类资产在七类气候风险下的脆弱程度，四种基础设施包括电力系统、水利系统、交通运输系统和电信系统；七类风险包括海平面上升、洪水、台风、龙卷风、干旱、温度上升、火灾。研究同时考虑了基础设施面临的直接和间接的风险（见图 6－4－2）。

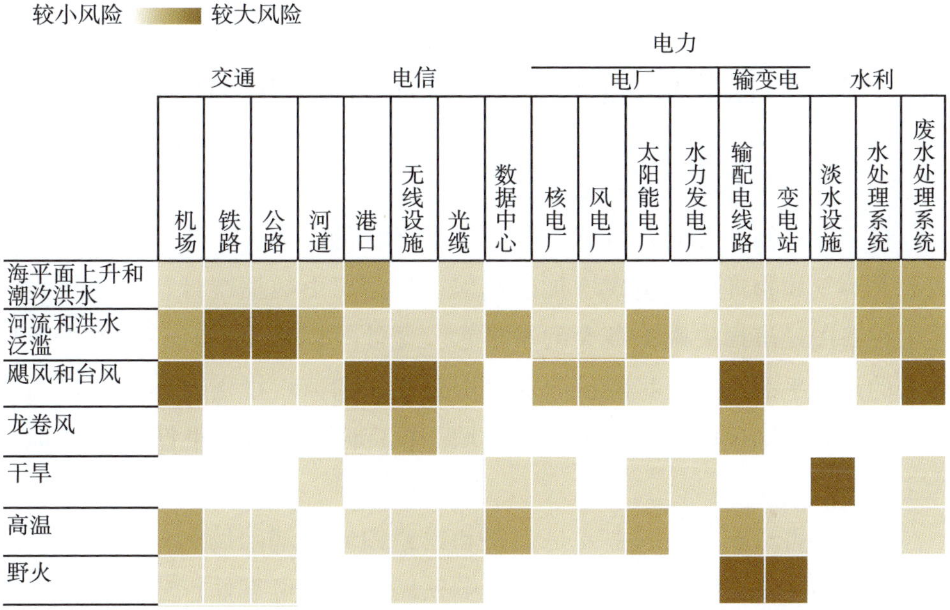

图 6－4－2　四种基础设施在七类气候风险下的脆弱程度

资料来源：麦肯锡全球研究院

可知，洪水容易引起交通信号中断，所以交通类基础设施主要对洪水灾害更敏感；电信系统中的无线基础设施如信号基站等对台风灾害更敏感；而数据中心对洪水和火灾更敏感；核电厂、风电厂对台风灾害更敏感；太阳能电厂对洪水、温度上升更敏感；输配电线路对台风、火灾更敏感；变电站对火灾更敏感；供水系统极易受干旱影响；污水处理厂通常毗邻水体，高度暴露于海平面上升和台风影响下。

值得注意的是，针对基础设施的气候韧性评估，更需要注意其耦合性的影响。不同基础设施系统间的耦合使得灾害的影响不再呈现局部或者线性的特征，更多地表现出涟漪式的后果，威胁着系统与网络的稳定性。一旦因受到气候灾害影响进而引发基础设施内部混乱，基础设施之间相互依赖的关系就会导致灾害的迅速传递，并且无法有效控制。例如，当雷暴天气导致断电，那么供水和储水系统也会随之受到影响，进而进一步影响航运或者住宅。

第三节　气候物理风险对基础设施与不动产影响趋势分析

在全球气候变暖的背景下，我国未来面临的高温、干旱、暴雨及海平面上升等气候物理风险呈现增加的趋势。根据历史数据统计，急性气候风险中对我国经济损失影响最大的是洪水，慢性气候风险中对经济损失影响最大的是海平面上升。我国目前保险资管产品的债权投资计划主要投向交通、市政等基础设施和商业不动产领域，投资区域以经济发达的东部地区为主。

洪水灾害影响较大的主要是道路和铁路领域的基础设施。铁路系统面临因洪水而中断服务的风险，严重影响铁路系统的可靠性；公路只有遭遇重大洪水灾害才会产生物理损害，但 0.05m 洪水就会导致车辆运行速度下降 30%，公路系统的运行效率下降间接导致基础设施运营损失。

海平面上升影响范围比较广，对大部分基础设施都会带来损失。我国的核电厂选址大部分都在海岸线附近，海平面上升可能会破坏电厂的设备设施，缩短设备的使用寿命，增加运维成本。海平面上升影响区域主要在东部沿海地区，而我国沿海地区人口密集、人均 GDP 比较高，基础设施密度也比较大。研究预测，由于海洋持续变暖和冰川冰盖加速融化，未来海平面持续上升并有加快的趋势，极端海平面事件概率将增加，对基础设施及不动产的不利影响将进一步加剧。

第五章　结论与建议

第一节　主要结论

近年来，在政策支持下，保险资管行业积极通过债权投资计划等产品支持基础设施和不动产领域，助力实体经济发展和国家战略实施。随着气候变暖、各项气候灾害频发，气候的物理风险逐渐成为影响基础设施和不动产领域投资风险的影响因素之一。此背景下，立足于强化保险资管机构风险管理与防范，本课题从保险资管产品市场运行特征、中国气候物理风险分析以及气候风险向投资风险的传导机制三方面出发，探究气候物理风险如何影响基础设施与不动产领域保险资管产品，并提出保险资管机构适用的气候风险对投资风险影响的量化模型。具体而言，课题得到结论如下：

第一，从相关领域保险资管产品运行特征来看，债权投资计划是保险资管产品直接对接基础设施及不动产领域的主要渠道，投向领域以交通、市政领域基础设施项目以及商业不动产为主。项目期限集中于 5 ~ 10 年，交通领域项目平均期限最长。新增项目投向区域主要集中于浙江、江苏等经济发达的东部地区。此外，国家绿色化转型加速背景下，贴标绿色债权投资项目也逐渐兴起。

第二，气候风险分为急性风险和慢性风险。从气候灾害的时空特征来看，近年来我国平均气温逐渐升高，高温、干旱等气候灾害频发且影响广泛，且不同气候灾害对不同区域、不同领域的影响存在差异。以气候灾害导致农作物受灾情况为例，暴雨洪涝灾害主要影响长江中游地区；干旱灾害主要影响北方区域；低温灾害主要影响两湖地区。从气候变化趋势来看，我国或将持续变暖，幅度为3～5℃/100a，或将导致部分区域面临更严峻的干旱、洪涝和风暴潮等灾害。从气候风险的经济损失看，近20年我国气候灾害导致的真实经济损失占全国GDP比重0.58%，其中四川和两湖地区受气候灾害影响较大。2020年，干旱、雨涝、台风造成的直接经济损失分别达249亿元、2 686亿元和309.4亿元。慢性气候变化方面，研究认为平均气温升高将导致中国城市中与高温相关的每年死亡率的增加，海平面上升和河流洪灾等也将对农业、基础设施和人民生命安全造成威胁。

第三，影响基础设施和不动产领域保险资管产品投资风险的气候风险类型主要为物理风险，且目前集中表现为急性物理风险，对保险资管产品影响的量化要点主要有危害、敞口及脆弱性，可作为多类极端气候灾害事件的一般范式。急性气候风险中造成最为严重直接经济损失的是洪水，其对交通类基础设施影响最为显著；慢性气候风险造成经济损失最严重的为海平面上升，其对所有基础设施均有不同程度的影响，影响区域主要在经济发达、人口密集的沿海区域，需要重点关注。

第二节　相关建议

气候物理风险系统复杂，多方关联，难以预测和评估，一旦发生将对基础设施及不动产的建设运营环境、安全稳定性和可靠耐久性产生不利影响，从而影响相关资管产品的投资风险。此背景下，提高气候风险管理水平是保险资管机构面临的崭新时代课题，需要监管部门和保险资管机构共同努力。

一、对监管部门的建议

一是强化气候风险管理政策引导，提高保险资管机构气候风险管理意识。一方面，监管部门可通过在相关政策法规中纳入气候管理要求，激励保险资管机构提高气候风险管理能力。如鼓励保险资管机构将气候风险纳入投资决策、研究开展气候风险压力测试等；也可结合国内外法规和相关实践，在政策规则中进一步明确保险资管机构强化气候风险管理的方向；还可加强信息披露和报告，要求保险资管机构定期提交气候风险报告，或在年报中详细披露气候风险信息等。另一方面，可定期组织培训和研讨会，便于相关人员及时跟踪学术界及其他行业最新研究进展，提升保险资管机构相关人员气候风险管理方面的专业知识和技能。同时，还可通过宣传和教育活动，提高保险资管行业对气候风险的重视程度，鼓励机构积极参与气候风险管理。

二是搭建沟通交流平台，促进气候风险领域国内外沟通合作。近年来，国际组织以及多国监管机构积极引领金融体系评估应对气候风险，在推进气候相关财务信息披露、研究衡量气候风险的指标体系、设定未来气候变化情景、开展气候风险压力测试、构建气候风险监管应对框架等方面取得了重要进展。监管部门可积极搭建国际交流平台，推动我国保险资管行业参与国内外气候与金融领域的理论与实践经验交流，便利保险资管行业在各项沟通交流与合作中汲取国外先进方法，同时贡献出应对气候风险的中国经验。

三是推进多部门联动共享，构建气候风险数据平台。保险资管机构强化气候风险应对需要强有力的数据支撑，如在物理风险方面，需要投资标的地理位置、建筑结构、历史气象、地形环境、历史气候灾害造成的经济损失等信息。保险资管机构对上述数据和资料的积累程度有限，部分指标相关政府部门也可能未曾进行过统计收集，因此有必要建立气候风险基础数据收集管理机制，从而强化气候风险数据基础。可推动有关部门应联合建立统一的数据需求清单、采集标准、报送渠道与校准机制，充分参考大数据和人工智能领域的技术方法，尽快搭建起全国范围内准确、完整、高颗粒度的气候风险数据平台。

二、对保险资管机构的建议

一是高度重视气候风险对投资风险的影响，从战略高度推进气候风险管理体系建设。保险资管机构需加快研究建立气候风险管理制度、流程及相关机制，在投资决策、内部控制、风险管理和考核评价中充分体现应对气候变化的要求。**其一，需强化气候风险对其业务的影响的认知。**保险资管机构需持续跟踪研究气候变化下的气候风险类型、特征以及可能产生的潜在影响，深入理解气候风险，并将气候风险管理纳入公司战略和偏好管理当中。**其二，需制定气候风险管理策略。**在深入理解气候风险的基础上，保险资管机构应制定明确的气候风险管理制度和策略，包括将气候风险管理纳入中长期发展规划、将气候风险因素融入风险管理全过程等。**其三，要完善气候风险管理的组织架构。**保险资管机构可建立专门的气候风险管理架构，明确各部门的职责和协调机制，以确保气候风险管理的有效性和高效性。**其四，需提升应对气候变化的专业能力。**如与气候风险管理专业机构开展合作、加强气候风险管理专业人才培训等。

二是丰富气候风险压力测试实践，建立全流程气候风险管理体系。其一，完善投前气候风险评估。可将投资标的气候韧性纳入投资决策，防范气候风险关口前移。同时，保险资管机构可依托保险主业在气候保险、巨灾保险中的气候数据积累和气候风险管理经验，为其投资决策提供支持和参考。**其二，建立气候风险压力测试及预警体系。**通过对可能出现的极端气候事件进行情景模拟和压力测试，对处于气候风险较高的地理区域和行业的投资标的进行风险敞口和脆弱性评估，深化气候风险对投资风险的影响分析，并基于此建立相应的预警机制，以便在风险出现时及时采取应对措施。**其三，优化投后管理与风险缓释机制。**可丰富气候风险应对工具箱，包括在预警阶段进行风险排序、建立风险对冲与保险机制等。

三是依托保险主业优势，强化产品气候风险研究与管理。保险行业通过对气候保险、巨灾保险产品的研究，在气候风险数据收集、风险敞口—损失模型搭建、气候风险管理上已具备一定积累，保险资管机构可借助这些优势强化气候风险管理。一方面，可与关联保险公司建立联合气候风险数据库，为建模、情景分析和风险管理提供数据支撑。另一方面，基于保险主业对巨灾风险模型、损失模型，进一步构建气候风险投资模型，完善保险资管产品气候风险压力测试模型。此外，还可借助投保联动优势对冲和管理气候风险。

四是强化绿色产业支持力度，助力国家战略实施。一方面，保险资管机构可进一步加大对绿色产业支持力度，助力实体经济低碳转型。另一方面，可积极创新绿色投资产品与投资工具、拓宽绿色与生态环保投向领域，拓展投资渠道和触及领域。在加大支持力度的同时，保险资管机构还需进一步强化对投资标的的风险跟踪，避免绿色项目资金被挪用，提高投资收益率。可聘请有资质的第三方机构对在产品发行前对拟投项目进行独立评估认证，在产品发行后进行跟踪，以减少项目“洗绿”“漂绿”的风险。

本专题参考文献

［1］ Carbon Tracker Initiative, 2020 Vision：Why You Should See the Fossil Fuel Peak Coming［EB/OL］. https：//carbontransfer. wpengine. com/wp－content/uploads/2018/09/Di－Caprio－infographics_All_Chinese－1. pdf.

［2］ Charles Fant, Brent Boehlert, Kenneth Strzepek, et al. Climate change impacts and costs to U. S. electricity transmission and distribution infrastructure［J］. Energy. 2020.

［3］ David N. Bresch, Lea Mueller. CLIMADA MANUAL［R］. Swiss：ETH Zurich, 2018.

［4］ Emmanuel Bovari., Gaël Giraud., Florent Mc Isaac. Coping with Collapse：A Stock－Flow Consistent Monetary Macro dynamics of Global Warming［J］. Ecological Economics, 2018, 147：pp. 383－398.

［5］ Geoffrey Guest, Jieying Zhang, Omran Maadani, et al. Incorporating the impacts of climate change into infrastructure life cycle assessments: A case study of pavement service life performance [J]. Journal of Industrial Ecology. 2019, 2 (24): 356 - 368.

[6] H. Lee, J. Romero, et al. In: Climate Change 2023: Synthesis Report. Contribution of Working Groups I, II and III to the Sixth Assessment Report of the Intergovernmental Panel on Climate Change [R]. Swiss: IPCC, 2023.

[7] IPCC. Climate change 2021: The physical science basis [R]. London: Cambridge University Press, 2021.

[8] IPCC. Climate Change 2022: Impacts, Adaptation, and Vulnerability. Contribution of Working Group II to the Sixth Assessment Report of the Intergovernmental Panel on Climate Change [R]. London: Cambridge University Press, 2022.

[9] IPCC. Impacts Adaptation and Vulnerability - Working Group II Contribution to IPCC Fourth Assessment Report [R]. London: Cambridge University Press, 2017.

[10] IPCC. Managing the risks of extreme events and disasters to advance climate change adaptation: a special report of working groups I and II of the Intergovernmental Panel on Climate Change [R]. Cambridge and New York: Cambridge University Press, 2012.

[11] ISIMIP. The Inter - Sectoral Impact Model Intercomparison Project (ISIMIP) Mission & Implementation Document [R]. U. S.: ISIMIP, 2021.

[12] Kai Liu, Qianzhi Wang, Ming Wang, et al. Global transportation infrastructure exposure to the change of precipitation in a warmer world [J]. Nature Communications. 2023, 14.

[13] McGlade, C. Ekins. The geographical distribution of fossil fuels unused when limiting global warming to 2℃ [J]. Nature 2015, 517: 187 - 190.

[14] Meinshausen, M. et al.. Greenhouse - gas emission targets for limiting global warming to 2℃ [J]. Nature. 2009, 458: 1158 - 1162.

[15] MOODY'S RMS. U. S Severe Convective Storm Claims Going Through the Roof [EB/OL]. https: //www. rms. com/blog/2018/08/03/us - severe - convective - storm - claims - going - through - the - roof.

[16] MSCI. MSCI Real Assets Climate Analysis: A Transparent Approach to Calculating Climate Risk [R]. U. S.: MSCI, 2023.

[17] NGFS. NGFS Climate Scenarios Database Technical Documentation V3. 1 [R]. U. S.: NGFS, 2022.

[18] McKinsey Global Institute. Will infrastructure bend or break under climate stress? https: //www. mckinsey. com/capabilities/sustainability/our - insights/will - infrastructure - bend -

or – break – under – climate – stress#/.

[19] NGFS. Ngfs – scenarios – portal [EB/OL]. https://www.ngfs.net/ngfs – scenarios – portal/.

[20] NGFS. Physical Climate Risk Assessment: Practical Lessons for the Development of Climate Scenarios with Extreme Weather Events from Emerging Markets and Developing Economies [R]. U.S.: NGFS, 2022.

[21] Peijun Shi. Natural Disasters in China [M]. Beijing: BNUP and Springer Press, 2016.

[22] Seneviratne S. I. et al. Weather and Climate Extreme Events in a Changing Climate. In Climate Change 2021: The Physical Science Basis. Contribution of Working Group I to the Sixth Assessment Report of the Intergovernmental Panel on Climate Change, Cambridge University Press, 2021.

[23] UNEP. UNEP FI's Comprehensive Good Practice Guide to Climate Stress Testing [R]. U.S.: UNEP, 2021.

[24] Van Ginkel, K. C., Dottori, F., et al. Flood risk assessment of the European road network [J]. Nat. Hazards Earth Syst. 2021, 21: 1011 – 1027.

[25] Wright, D. B., Bosma, C. D. Lopez – Cantu. US hydrologic design standards insufficient due to large increases in frequency of rainfall extremes [J]. Geophys. Res. 201, 46: 8144 – 8153.

[26] 邓雄鹰．巨灾保险"宁波样本"：惠及 34.3 万居民，8 年多累计赔付 2.26 亿 [N]. 券商中国，2023 – 8 – 30.

[27] 丁一汇，任国玉，赵宗慈，等．中国气候变化的检测及预估 [J]. 沙漠与绿洲气象，2007 (1): 1 – 10.

[28] 国家气候中心．国家气候中心业务服务 [EB/OL]. http://cmdp.ncc – cma.net/cn/index.htm.

[29] 黄荣辉，杜振彩．全球变暖背景下中国旱涝气候灾害的演变特征及趋势 [J]. 自然杂志，2010，32 (4): 187 – 195.

[30] 黄荣辉，郭其蕴，孙安健．中国气候灾害图集 [M]. 北京：海洋出版社，1997.

[31] 刘辉．气候变化金融风险的国际应对经验及启示 [J]. 国际研究，2023，1 (47): 69 – 75.

[32] 民政部国家减灾中心．2008 年度中国十大自然灾害事件 [EB/OL]. https://m.mnr.gov.cn/zt/hd/dqr/40dqr/wcdz/201807/t20180709_2054899.html.

[33] 施雅风．全球和中国变暖特征及未来趋势 [J]. 自然灾害学报，1996 (2): 5 – 14.

［34］史培军，王季薇，张钢锋，等．透视中国自然灾害区域分异规律与区划研究［J］．地理研究，2017，36（8）：1401－1414.

［35］孙天琦，苗萌萌．金融业管理和应对气候风险的思考［J］．中国金融，2023（16）：12－15.

［36］吴绍洪．中国综合气候变化风险区划［J］．地理学报，2017，72（1）：3－17.

［37］吴绍洪．综合风险防范［M］．北京：科学出版社，2011.

［38］夏爽．气候变化对采矿业上市公司信用风险的影响研究［D］．西安：西北大学，2023.

［39］郑菲，孙诚，李建平．从气候变化的新视角理解灾害风险、暴露度、脆弱性和恢复力［J］．气候变化研究进展，2012，8（2）：79－83.

［40］中国人民银行研究局课题组，气候相关金融风险——基于央行职能的分析［R］．北京，2020.

［41］珠海农村商业银行股份有限公司．珠海农村商业银行股份有限公司2022年度环境信息披露报告［R］．广东：粤信融，2023.